KB156885

정본 定本 **백범일지**

정본 백범일지

김구 지음
도진순 탈초·교감

2016년 8월 15일 초판 1쇄 발행
2019년 12월 25일 초판 2쇄 발행

펴낸이 한철희 | 펴낸곳 돌베개 | 등록 1979년 8월 25일 제406-2003-000018호
주소 (10881) 경기도 파주시 회동길 77-20 (문발동)
전화 (031) 955-5020 | 팩스 (031) 955-5050
홈페이지 www.dolbegae.co.kr | 전자우편 book@dolbegae.co.kr
블로그 imdol79.blog.me | 트위터 @Dolbegae79 | 페이스북 /dolbegae

주간 김수한
편집 이경아
표지디자인 민진기 | 본문디자인 이은정·이연경·김동신
마케팅 심찬식·고운성·조원형 | 제작·관리 윤국중·이수민
인쇄 한영문화사 | 제본 경일제책사

ISBN 978-89-7199-739-0 (93910)

책값은 뒤표지에 있습니다.

정본定本
백범일지

김구 지음
도진순 탈초·교감

돌베개

『정본 백범일지』를 펴내며
일자천금의 삼매경과 두려움

"내 책들을 더 이상 출간 말라"던 법정 스님의 유언이 아직도 귀에 쟁쟁한데, 『주해본 백범일지』(1997), 『쉽게 읽는 백범일지』(2005)에 이어서 다시 『정본 백범일지』까지 내게 되었으니, 외람되고 두려운 마음이 앞선다. 일반적으로 원본을 탈초·교감한 정본定本을 저본으로 주해본이나 쉽게 읽는 대중용 책을 출간하는 것이 마땅한 순서인데, 이제야 정본을 내게 된 사연부터 해명해야 될 것 같다.

20여 년 전인 1994년, 나는 백범의 영식 김신金信 장군으로부터 『백범일지』 원본의 사본을 기증받아 원본 전문을 이미 탈초脫草하여 정리한 바 있다. 당시 주해본과 동시에 탈초본을 출간할 생각도 있었지만, 주해본을 먼저 출간하여 『백범일지』의 진면목을 대중들에게 널리 알리는 것이 급선무라고 생각하여 탈초본은 출간하지 않았다. 지금 생각하면 그것이 천만다행인 듯하다. 한두 글자를 해독하지 못해도 주해본을 낼 순 있지만, 탈초본에서는 일자一字가 천금千金의 가치가 있어 한 글자라도 손색이 없어야 하기 때문이다. 또한 이번에 작업하면서 탈초 못지않게 중요하다고 생각된 것이, 시초 원본에서 최종 원본에 이르기까지 백범의 다양한 첨삭 과정을 밝히는 것으로, 당시에는 이것까지 생각하지 못했다.

1997년 주해본 출간 당시 서문에서 "미흡한 점은 앞으로 보완하겠다는 것을 분명히 약속드린다"고 밝힌 바 있다. 약속대로 주해본은 지금까지 교정에 교정을 거듭하였지만, 면수를 바꾸어야 하는 대대적인 수정은 차후의 과제로 남겨두지 않을 수 없었다. 여러 해 동안 쌓인 묵은 과제가 마음에 남아, 2013년 연말 주해본을 대대석으로 수정·보완하기로 출판사와 약속하고, 이 기회에 20년 전에 작업한 원본 탈초를 다시 꺼내어 점검하였다. 그 결과, 이제는 주해본의 수정에 앞서 그 모태인 원본의 탈초·교감본 즉 '정본'을 먼저 출간하지 않을 수 없다는 결론에 도달했다.

『백범일지』는 수고手稿라 여러 군데 혼란한 문맥이 남아 있다. 숙독과 전후 비교로 보완하여 글에 비로소 피가 통하고, 그것이 백범의 심중心中과 연결되어야 글이 온전한 생명력을 얻게 되는 것이다. 읽고 또 읽는 탈초·교감 작업에 몰두하면서 예전에 해독되지 않던 글자들이 눈에 들어오는가 하면, 시초 집필한 글자를 찾아내기 위해 백범이 먹으로 지운 부분을 불빛에 비추며 한겨울에도 진땀을 흘리고, 백범이 잘라내고 남은 반절半切 글자를 복원하면서 한여름의 삼복더위를 잊을 수 있었다. 이런 삼매경에 빠져 시간 가는 줄 모르다가 목 디스크가 심하게 악화되었지만, 작업에 들어가면 통증을 잊고 작업이 끝나면 다시 통증이 반복되어, 병이 악화되는 것인지 나아지는 것인지 알 수 없는 지경에 이르렀다. 수없이 읽었던 『백범일지』인데, 탈초·교감 작업을 하면서 다시 느끼는 삼매경이란 무엇인가?

첫째, 백범의 시초 집필에서 출발하여 수정·삭제·추가한 것을 추적하는 것은 마치 백범의 뇌를 시기별 단층사진을 통해 보는 것처럼 흥미진진했다. 백범은 자식에게 물려줄 유일한 유산으로 『백범일지』를 썼고, 피난 중에도 몸에 지니고 다녔으며, 기회 있을 때마다 여러 번 수정·보완하였다. 원본에서 군데군데 떨어져 나간 글자들을 등사본이나 필사본에서 찾아 보완하는 것은 떨어져 나간 살점을 찾아 꿰매는 것과 같았다. 또한 시초 원본과 최종 원본 사이에서 백범이 지우거나 추가한 것을 추적하면서 그간 무심코 지나갔던 구절의 속살이 드러났다. "겨자씨 안에 수미산이 있다" 하였던가. 한 글자의 수정이나 보완이 때로는 백범의 정신세계로 들어가는 비밀 열쇠와 같았다. 최종 결과만 일괄적으로 정서한 필사본이나 주해본으로는 백범 내면의 숨은 의도와 변화를 온전하게 전할 수 없다.

둘째, 주해본은 오늘날의 표준말과 문법으로 『백범일지』 원본의 들쭉날쭉한 표현을 정리하지 않을 수 없다. 그러나, 수고手稿인 원본에는 오·탈자도 적지 않지만, 표준말로 획일화되기 이전의 방언과 옛말들을 풍성하게 만날 수 있다. 현대 서울의 중급 문화인이 아닌 옛날 변방 상민들의 생생한 생활어와 전통·근대·식민이 충돌하면서 한글·한문·중국어·일본어가 뒤섞이던 언어의 격랑을 접할 수 있어, 『백범일지』가 언어학적으로도 상당한 흥미와 가치가 있다는 생각을 지울 수 없다. 예컨대 '날강도'의 '날-'과 같은 의미의 접두사가 붙은 '날殺人', 남색男色 상대를 의미하는 우리말 '벽쟁이' 등 흥미진진한 단어들이 원본 속에 남아 있다.

셋째, 원본 탈초의 묘미는 '아' 다르고 '어' 다른 일자천금一字千金을 실감하는 것이다. 한 글자를 바로 해독하지 못하면 뜻이 전혀 엉뚱하게 파장되는 것이 글의 본성이다. 동학농민군의 병사들에게 "互相拜 互相敬語 等을 廢止"라는 권고를 반대로 독해한 것이나, 북의 김일성과 동일 인물인 '金一聲'(김일성)을 '金一靜'(김일정)이나 '金一擇'(김일택)으로 오독하여 문맥이 의미를 잃어버린 것 등은 이미 1997년의 주해본에서도 지적한 바 있다. 이번 탈초 정본에서는 사소한 오독까지 바로잡고자 노력하였으며, 중요한 글자들은 서체書體 사진도 함께 제시하였다.

　원본이 일자천금의 중요성을 지니는 만큼, 탈초·교감·주해 작업에 소요되는 시간과 공력에는 제한이 없을 것이다. 그러나 이 정도에서 일단락하고 눈 밝은 독자 여러분과 소통하는 것이 이 책의 성장을 위해서도 바람직하다고 판단하였다. 필자가 『백범일지』를 출간할 때마다 그러했듯이 이번에도 백범기념관의 홍소연 전前 실장이 한 자 한 자 다시 점검하였으며, 돌베개 이경아 팀장은 텍스트의 수정과 보완이 잘 드러나도록 하기 위해 편집에 고심을 거듭하였다. 한철희 사장님은 상업성이 의문시되는 탈초 정본의 가치를 누구보다 중시하며 격려하였다.

　1997년 『주해본 백범일지』를 출간하면서 권두 서문에서 "책에도 족보가 있다면, 이 책이 새로운 『백범일지』 가문이 탄생하는 하나의 계기가 되길 감히 기원해 본다"고 밝힌 바 있다. 그러나 『백범일지』 가문의 진정한 모본母本은 두말할 것도 없이 원본이다. 주해본으로 이미 과분한 성원을 받았으니, 그 저본인 원본의 정본 작업이 근 20년의 묵은 숙제라는 기분으로 이 책을 바친다. 그러나 이것 역시 언젠가 태워 없애야 할 또 하나의 부끄러운 업業이 되지 않을지 두려울 따름이다.

백범 탄생 140주년 8월 15일

도진순

차례

*는 교감자가 임의로 부여한 소제목이다.

5 　　『정본 백범일지』를 펴내며 ― 일자천금의 삼매경과 두려움
11 　　권두 사진
31 　　해제 ―『백범일지』 조직 검사: 기억과 망각, 오독과 정독
104 　　일러두기

상권

107 　　與仁信兩兒書
109 　　祖先과 家庭
112 　　出生 及 幼年 時代
119 　　學童 時代
127 　　學究 時代
130 　　東學 接主
152 　　淸國 視察
172 　　國母報讐
180 　　投獄
198 　　受死刑宣告
199 　　大君主 親電停刑
207 　　破獄
230 　　緇徒
264 　　耶蘇敎와 敎育者
284 　　再次投獄 ―哈〔合〕爾濱事件
295 　　三次投獄, 十五年役
325 　　獄中 生活
357 　　農夫

362 出國

364 警務局長

366 喪妻

367 國務領, 國務委員

하권

373 白凡逸志 下卷 自引言

377 上海 到着

380 警務局長*

387 사상 갈등과 좌우 분열*

393 國務領, 國務委員*

396 李奉昌 東京의거*

405 尹奉吉 上海의거*

415 嘉興 海鹽 海寧 : 피신과 유랑*

425 南京 : 蔣介石 면담과 민족운동*

430 長沙로 이동과 어머님에 대한 추억*

435 南木廳 사건*

439 重慶 : 臨政의 확대와 韓獨黨*

447 光復軍*

451 大家族*

456 참고문헌

459 찾아보기

『백범일지』 표지

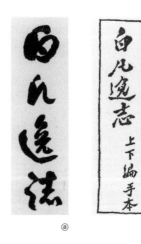

ⓐ **등사본** 1929년 등사본 표지. '逸誌'로 되어 있고, 백범의 필체가 아니다.
ⓑ **上下編 手本 1** 백범 필체의 서명으로는 최초의 것이다.
ⓒ **국사원본** 1947년 12월 한글본(국사원본). 백범이 새로 쓴 서명 사용. 1994년의 원본 영인본(집문
　　당)도 이 서체를 사용했다.
ⓓ **上下編 手本 2** 1999년에 수본(手本)을 개장하면서 표지를 ⓑ에서 ⓒ로 교체했다.

「여인신양아서」

원본 영인본 「여인신양아서」與仁信兩兒書

「여인신양아서」는 『백범일지』 상권의 서문에 해당하는 것이지만, 상권의 다른 부분과는 달리 원고지가 아니며, 필체 또한 백범의 것이 아니다. 하단의 상당 부분이 망실되었으나, 이것을 그대로 필사한 것이 남아 있어서 내용을 복원하는 데는 큰 문제가 없다.

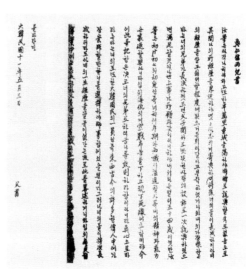

등사본 「여인신양아서」

「여인신양아서」는 현재 4종이 남아 있는데, 등사본의 것이 원본 영인본보다 앞선 시기의 것이다. 해제 참조.

상권
시작 부분이지만 마지막에 정서한 것

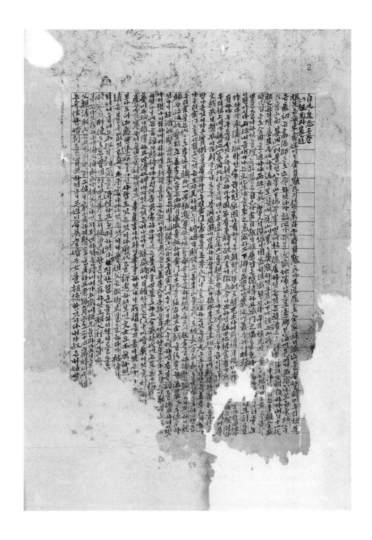

상권 시작 부분

빨간선 240자(24×10) 원고지에 붓으로 썼다. 원고지와 필기도구가 상권의 다른 부분과 다르며, '(一)祖先과 家庭'처럼 번호 매긴 목차가 본문 속에 들어가 있다. 1차 집필분이 아니며 하권까지 다 쓰고 난 뒤 해방 이후 새로 정서한 것이다.

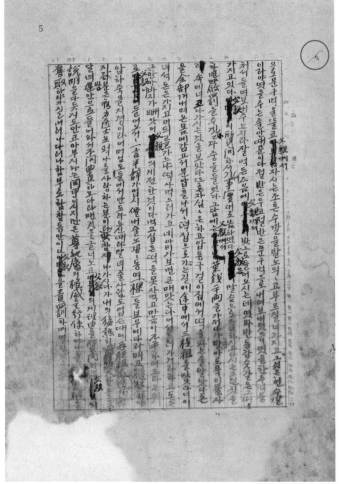

백범이 직접 매긴 면수

상권 6면

『백범일지』 상권의 대부분은 녹색선 450자(30×15) 원고지에 펜으로 쓰고 펜으로 수정했지만, 붓으로 수정·보완한 것도 있다. 상권에서 붓으로 수정한 부분은 대부분 해방 이후의 수정이라 등사본에는 반영되어 있지 않다. 6면에서는 펜으로 쓴 1차 원본의 '아부님'을 붓으로 '父親'으로 수정한 부분이 10군데 보인다. 해제 참조.

상권 6면의 등사본 부분

등사본에는 원본과 달리 '父親'으로 수정되기 이전 1차 집필시의 '아부님'이 10군데 그대로 남아 있다. '아부님'이 어린 시절 실생활 용어였겠지만, 해방 이후 '父親'이란 점잖은 한자어로 수정하였다.

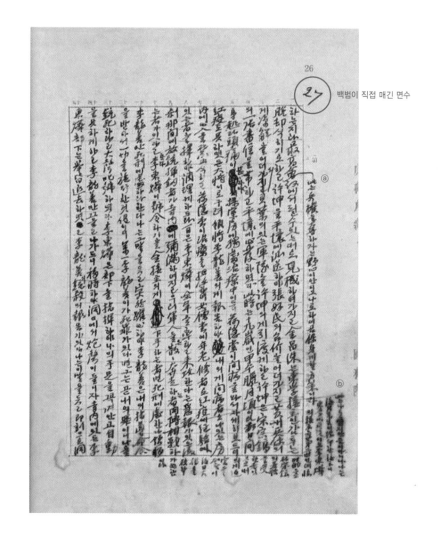

백범이 직접 매긴 면수

상권 27면

원고지 여백을 이용하여 두 군데 삽입구가 추가되어 있다(ⓐ ⓑ). 둘 다 1차 집필과 같은
색의 펜글씨로 추가한 것이지만, 등사본에는 ⓐ만 포함되어 있다. 필사본에는 ⓑ도 들어가
있으나 거의 반대의 의미가 될 정도로 오독이 있다. 해제 참조.

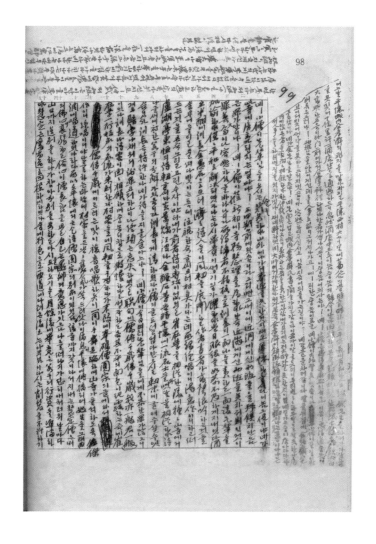

상권 99면

상권의 대부분은 이처럼 펜으로 쓰고, 펜으로 수정·보완했다. 1차 집필 당시 수정한 것은
잉크색이 본문과 같으나, 상당 시간이 지나고 수정·보완한 것은 여백의 경우처럼 잉크색
이 다르다.

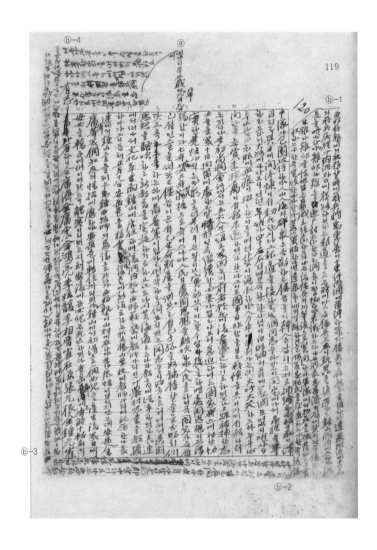

상권 120면

상단의 ⓐ 부분은 집필 직후 바로 보완한 것으로 등사본에 반영되어 있다. ⓑ-1~ⓑ-4는
동일 내용의 삽입인데, 여백의 우단(1)→하단(2)→좌단(3)→상단(4) 순으로 내용을 추
가했다. 이 보완은 등사본에 누락되어 있어, 등사본 이후 보완한 것으로 추정된다.

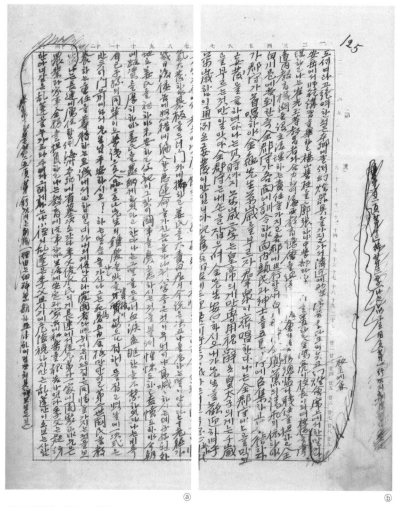

상권 122면(ⓐ), 상권 125면(ⓑ)

122면 여백에는 "'나는 이하'로붙어 一二五頁[項] 第一行까지는 削除(理由는 細碎煩雜, 體禮에 점찬 치 못해 보이는 것", 125면 여백에는 "第一二二頁[項] 第十三行 第三字(나는) 以下로 同頁 第一行까 지 削除, 理由上述"이라는 구절을 추가했다가, 다시 지움 표시를 했다. 백범이 삭제 여부를 고심한 흔적을 볼 수 있다. 1929년의 등사본에는 삭제 지침에 따라 해당 본문이 없으나, 해방 이후의 필사본에는 해당 내 용이 수록되어 있다.

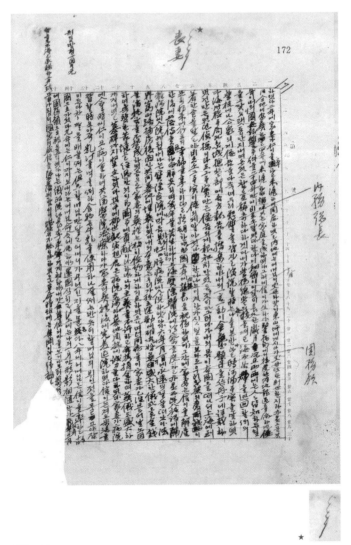

상권 171면

백범은 목차 감이 되는 '內務總長' '國務領' 등을 오른쪽 여백에 펜으로 기록했고, 집필 완료 이후 윗 여백에 ★표시와 더불어 '喪妻'라는 목차를 적었다. 등사본에는 '喪妻'가 정식 목차로 여백이 아닌 본문 속에 반영되어 있다.

상권

후면 또는 별지 보완 3건

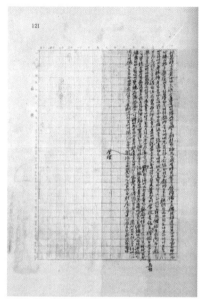

121면 후면

156면 후면

172-1면

「백범일지」의 보완 글

상권에는 누락한 부분을 특별히 별지나 후면에
추가한 경우가 세 군데 있다. 121면과 156면에
서는 문장 중에 ○로 삽입 표시를 하고 여백에
'載後面'이라 기재한 후, 후면에 내용을 추가했
다. 반면 172면 다음(172-1면)은 1차 집필된 본
문의 마지막 부분이 망실되어 보완한 것이다. 앞
의 두 경우와는 달리 이것은 백범의 친필이 아니
고 등사본과 동일한 필체이다. 해제 참조.

하권
「자인언」과 하권의 기본 형식

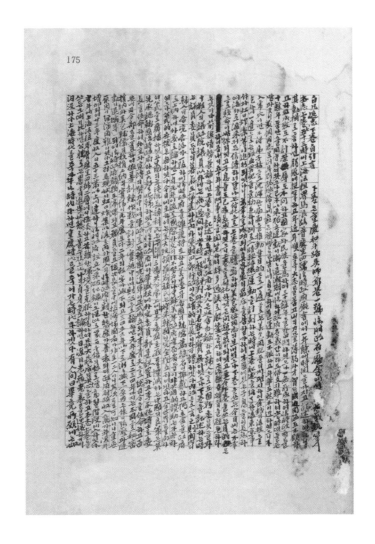

하권 「자인언」自引言

하권은 상권과 달리 모두 빨간선 240자(24×10) 원고지에 붓으로 빽빽하게 기록했다. 이 「자인언」은 원래 권말에 있었는데 하권 권두로 옮겨진 것이다. 해제 참조.

하권
펜에서 붓으로 전환, 기본 모습

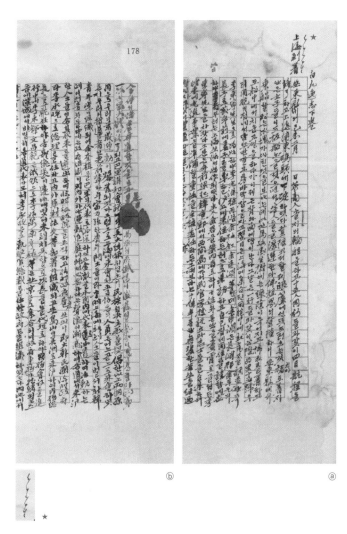

하권 1면(ⓐ)과 1-1면(ⓑ)

1942년 하권 집필을 시작할 때의 상황을 잘 보여 준다. '白凡逸志'라는 서명이 백범 친필로 등장하며, 상권과 같은 형식으로 ★표식과 함께 목차가 표기되어 있으며, 펜으로 집필을 시작했다. 그런데 바로 다음 페이지(ⓑ) 2행 10번째 글자인 '되고'부터 붓으로 전환했다. 이후 붓으로 기록하는 것이 하권 끝까지 이어지는 기본 모습이 된다.

하권
붓으로 쓴 본문에 펜으로 추가

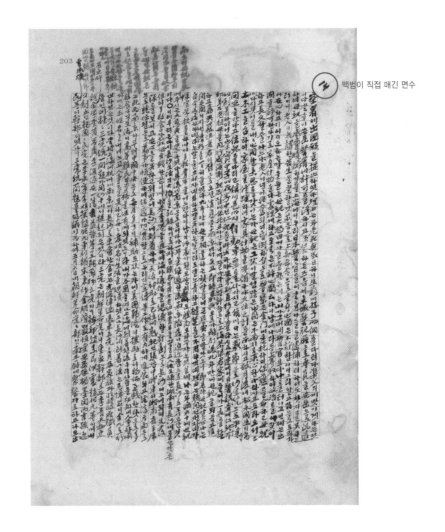

백범이 직접 매긴 면수

하권 14면

하권은 붓으로 1차 원문을 기록했지만, 추후 펜으로 추가한 것도 있다. 본문 속에 들어갈 위치를 ○로 표기하고 상단 여백에 어머님 생신 관련 사연을 펜으로 추가했다. 반면 '崔東昨' '曺成煥' 등은 1차 집필시에 추가한 것으로 원문과 같이 붓으로 쓴 것이다. 해제 참조.

하권
대폭 삭제와 원고지 교체

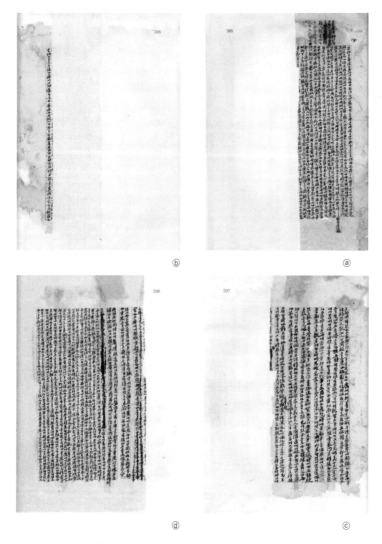

하권 15면(ⓐ), 15-1면(ⓑ), 15-2면(ⓒ), 16면(ⓓ)

『백범일지』 전체에서 가장 많이 삭제된 부분이다. 15면(ⓐ)은 중간부터 좌측 절반, 15-1면(ⓑ)은 마지막 한 줄 남기고 모두 절삭했다. 15-2면(ⓒ)과 16면(ⓓ)의 앞부분은 1차 집필 원고를 완전히 잘라내고 새로운 원고지에 내용을 써서 붙였다. 해제 참조.

필사본
하권 15~16면과 같은 내용의 필사본

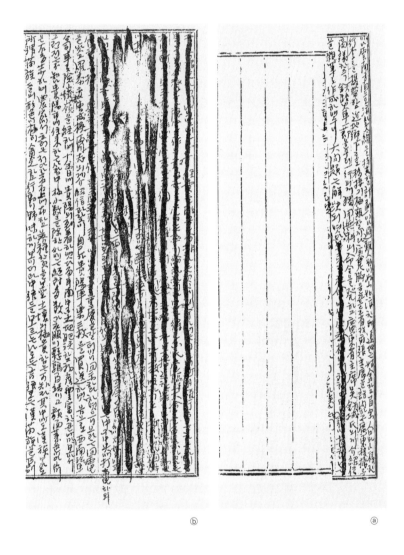

필사본 355~356면(면수는 『백범김구전집』 2권의 것)

원본 하권 15~16면의 삭제된 부분과 같은 내용이 해방 이후 필사본에서도 절삭(ⓐ) 또는 먹으로 지워졌다(ⓑ). 즉 애초에는 이 부분이 원본은 물론 해방 이후 필사본에도 남아 있었음을 확인할 수 있다. 절삭되거나 지워진 부분은 안공근과 관련된 내용이다. 해제 참조.

필사본
본문 첫 부분

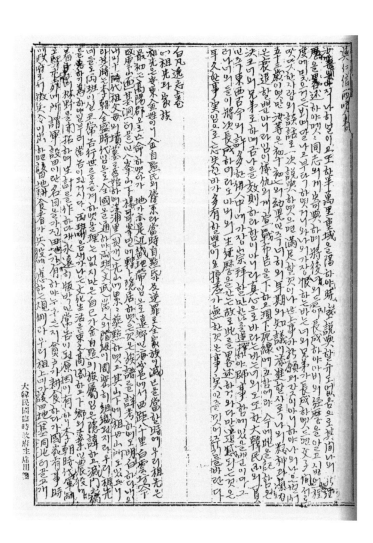

필사본 215면

필사본은 대한민국임시정부주석용전(大韓民國臨時政府主席用箋)으로 인쇄된 종이에 세로쓰기로 매우 빽빽하게 필사되어 있다.「여인신양아서」는 원본에 첨부된 것과 같은 내용이라 원본의 망실 부분을 보완할 수 있다. 상권의 첫 부분에 '(一)祖先과 家族'이라는 목차가 있으나, 이후 어떠한 목차도 없다. 해제 참조.

필사본
상권의 마지막 법률사무소 배접지

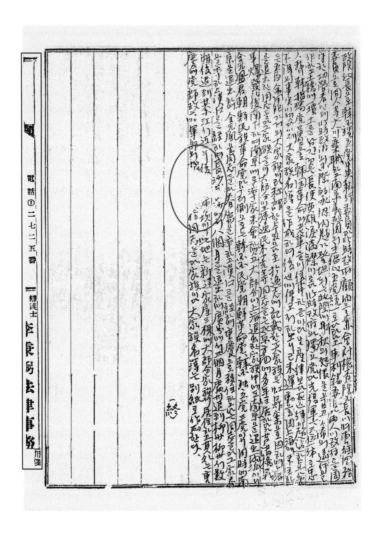

필사본 362면

필사본의 본문 마지막이다. ○부분이 손상되어 다른 용지로 배접했는데, 배접지의 판심(版心)에 '電話 ② 二七二五番 辯護士 李秉弼法律事務 用箋'이라 표기되어 있다. 필사본의 용처를 시사하는 중요한 단서이다. 해제 참조.

필사본
필사본에 포함된 원본과 재판소 용지

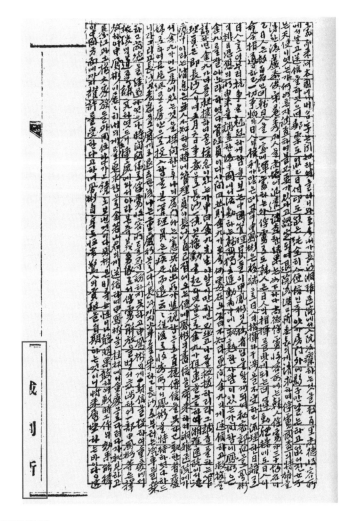

필사본 365면

필사본은 본문 종료 이후에 의외로 원본 2면이 첨부되어 있다. 그중 1면에는 원본을 배접한 용지의 판심에 '裁判所'라는 글씨가 보인다. 이 '재판소'는 앞서 본 '법률사무 용전'과 더불어 이 책의 필사 시기와 목적을 추론할 수 있는 중요한 단서가 된다. 1947년 12월 2일 한국민주당의 장덕수(張德秀)가 암살되자, 백범은 그 배후로 지목되어 결국 1948년 3월 12일 법정의 증언대에 서게 되었다. 필사본은 장덕수 암살 사건의 재판 관계 자료로 준비된 것이다.

해제

『백범일지』 조직 검사

기억과 망각,
오독과 정독

1. 「백범일지」에 대한 오해　　33

1) 이광수의 조작인가?
2) 경순왕의 자손과 범인凡人의 자서전
3) 서명 '백범일지'

2. 판본 소개　　40

1) 등사본 《등》
2) 필사본 《필》

3. 상권의 형식과 내용 수정　　48

1) 「여인신양아서」
2) 조선祖先과 가정家庭
3) 1차 원본의 기본 형태와 다양한 수정
4) 첫 수업과 과거 부정
5) 동학 및 농민전쟁 관련
6) 치하포 사건
7) 3차 투옥
8) 별지 보완

4. 하권의 형식과 내용 수정　　81

1) 「자인언」
2) 하권의 기본 모습
3) 이봉창의 나이 30세? 31세?
4) '김일성'과 1자 오독
5) 어머님 관련 추가
6) 대폭 삭제: 안공근 관련

5. 옛말과 방언　　98

1. 『백범일지』에 대한 오해

1) 이광수의 조작인가?

『백범일지』는 전 국민이 즐겨 읽는 국민적 교양도서라고 할 수 있지만, 이 러저러한 오해 또한 적지 않다. 『백범일지』를 "내 울음의 지성소"라며 극 찬한 고은 시인도 "『백범일지』 원문은 순 한문"이라고 언급한 바 있다. 그 러나 본서에서 확인할 수 있듯이 『백범일지』 원문은 순 한문이 아니라 국 한문 혼용이다. 이러한 오해는 국사원본 권두의 「저자의 말」에서 백범이 "이 책은 내가 상해와 중경에 있을 때 써 놓은 『백범일지』를 한글 철자법 에 준하여 국문으로 번역한 것"이라는 구절을 보고 원본은 순 한문일 것 이라고 유추한 데서 빚어진 착오로 보인다.

이것이 『백범일지』에 대해 지극한 호의를 지닌 대시인의 오해라면, 이와 달리 터무니없는 오해와 비판도 있다. 2001년 『오마이뉴스』는 「백범 일지, 이광수가 조작했다?」라는 자극적인 제목의 기사를 수록했는데, 여 기서 려증동 교수가 제기한 문제의 핵심은 다음 두 가지이다(『오마이뉴스』 2001. 6. 17).

첫째, 본인(려증동)이 직접 심산 김창숙 선생에게 들었는데, 왜놈 앞잡 이 이광수가 백범 집에 가서 백범이 적어 둔 일기를 가지고 자기 집으로 가서 '백범일기'를 없애 버리고, '백범일지'로 조작했다.

둘째, 서명은 '백범일지逸志'가 아니라 '백범일기'라고 해야 바른 표현이다. '일지'逸志란 '뛰어난 뜻'을 의미하는데, 자기가 자신의 뜻을 뛰어나다고 할 수는 없다.

심산 선생까지 거론하고 있지만, 결론적으로 이 두 주장은 모두 황당무계한 것이다. 백범 본인이 뚜렷하게 밝히고 있는바, 『백범일지』는 매일매일 기록한 '일기'가 아니라 1928~1929년(상권), 1941~1942년(하권) 두시기에 집중적으로 집필된 일종의 '회고록'이다. 이 점은 『백범일지』를 바르게 이해하는 데 가장 중요한 기초이다. 려 교수의 주장처럼 '일기'라고하면 『백범일지』를 전혀 이해할 수 없다.

다음, 이광수 관련 문제는 다른 사람들도 주장하므로 좀 더 자세하게 살펴볼 필요가 있다. 『백범일지』의 한글판 윤문에 이광수가 참여한 것은 사실일 가능성이 크지만, 백범 친필의 원문이 1994년에 공개되었기 때문에 이광수의 개작 여부는 원본을 한 번이라도 읽어 본다면 쉽게 판별할 수 있다. 필자는 이미 1996년 『백범일지』의 원본, 필사본, 출간본 등 여러 판본을 자세하게 비교하여 논문으로 제출한 바 있다.[1] 이광수가 윤문에 참여한 것으로 전해지는 국사원본에는 탈초脫草를 잘못한 것, 원본의 내용이 축약·삭제된 것, 원본에 없는 것이 추가된 것 등이 있지만, 이광수에 의한 악의적 왜곡은 거의 없다. 더욱이 1994년에 원본이 공개되었기 때문에, 그 이후 출간된 시중의 『백범일지』는 대부분 백범 친필의 원본을 따르고 있다. 요컨대 『백범일지』에서 이광수 관련은 현재 거의 문제되지 않는다.

사정이 이러함에도 불구하고 "『백범일지』가 전 국민의 교양서로 자리잡게 된 일등 공신은 아무래도 이광수의 몫으로 올려야 할 듯싶다"[2]는 주

---

1 도진순, 「백범일지의 원본·필사본·출간본 비교연구」, 『한국사연구』 92, 한국사연구회, 1996.
2 김상구, 「백범일지는 이광수가 윤문했다」, 『김구 청문회 2』, 매직하우스, 2014, 381~398면.

장이 아직도 제기되고 있다. 앞서 언급한 바와 같이 『백범일지』에서 이광수가 개입한 역할은 있었다고 해도 미미하며, 현재에는 이광수가 전혀 개입하지 않은 백범 친필 원본의 영인본,[3] 원본의 초서草書를 정서한 활자본,[4] 원본에서 최소한의 교정을 한 직해본,[5] 각주가 있는 주해본 등 많은 종류의 『백범일지』가 나와 있다. 아직도 『백범일지』를 두고 이광수 운운하는 것은 무지의 소산이거나, 자신의 정치적 입장에서 백범 내지 『백범일지』를 폄하하기 위한 것이거나, 특정 『백범일지』를 내세우려는 상업적인 욕심 때문일 것이다.

2) 경순왕의 자손과 범인凡人의 자서전

『백범일지』를 이광수와 관련시켜 폄하하려는 주장 중 국사원본에서 상권의 첫 부분 「조상과 가정」의 아래 첫 문단이 추가된 것을 특별히 비판하는 경우가 있다.

> 우리는 안동 김씨 경순왕敬順王의 자손이다. 신라의 마지막 임금 경순왕이 어떻게 고려 왕건王建 태조의 따님 낙랑공주의 부마가 되셔서 우리들의 조상이 되셨는지는 『삼국사기』나 『안동김씨 족보』를 보면 알 것이다. 경순왕의 8대손이 충렬공忠烈公, 충렬공의 현손이 익원공翼元公인데, 이 어른이 우리의 시조요, 나는 익원공에서 21대손이다. 충렬공, 익원공은 다 고려조의 공신이거니와 조선 시대에 들어와서도 우리 조상은 대대로 서울에 살아서 글과 벼슬로 가업을 삼고 있었다.[6]

3   김구, 『백범일지』(영인본), 집문당, 1994.
4   김구, 백범학술원(탈초), 『활자본 백범일지』, 나남출판사, 2002.
5   김구, 윤병석 직해, 『직해 백범일지』, 집문당, 1995.

배경식은 「'역적의 후손'에서 '경순왕의 후손'으로」라는 자극적인 제목으로, 새로 추가된 위의 구절이 "백범 자신이 그토록 강조했던 '범부(서민) 백범'이라는 이미지와 완전히 상충된다"고 평가하고, 다른 주해본에서는 위의 구절에 대해 전혀 지적하지 않은 것처럼 주장하였다.

『백범일지』상·하권이나 다른 글에서 전혀 보이지 않던 '경순왕의 후손'이라는 가계 인식은, 『백범일지』에서 백범이 그토록 강조했던 '범부(서민) 백범'이라는 이미지와 완전 상충된다. 그럼에도 불구하고 1997년에 거의 동시에 출간된 세 출간본(돌베개본, 학민사본, 역민사본)은 국사원본의 가계 서술을 본문의 첫머리에 별다른 코멘트 없이 그대로 옮겨 적고 있다.[7]

『백범일지』상권 첫머리의 경순왕 자손 운운한 구절은 분명 국사원본 출간 때 최초로 추가된 것이다. 그런데 이러한 사실은 필자가 『주해본 백범일지』(돌베개, 1997)의 각주 1번(21면)에서 처음으로 분명하게 밝힌 바 있다.

다음, 위의 구절이 '범부(서민) 백범' 이미지와 완전히 상충된다는 것도 자의적 해석이다. 오히려 국사원본 권두의 「저자의 말」에서 백범은 『백범일지』에 대해 "범인의 자서전"이라는 표현을 처음으로 사용했다. 1929년 집필 당시 서문 격인 「여인신양아서」與仁信兩兒書에서는 집필 목적이 두 아들로 하여금 아버지인 백범을 "效則하라 함이 아니라" "東西古今의 許多한 偉人 中에 가장 崇拜할 만한 니를 選擇하야 師事함에 있을 뿐"이라 하였다(상권 2면). 즉 1929년 원본 집필 당시에는 자식에게 위인 중심의 당부

---

6   『백범김구전집』 2권, 대한매일신보사, 1999, 455면. 이하 『전집』으로 표기.
7   김구, 배경식 풀고보탬, 『올바르게 풀어 쓴 백범일지』, 너머북스, 2008, 42면.

를 했다면, 해방 이후 1947년 출간 때는 민주주의에 대한 호응 때문인지 "범인의 자서전"임을 강조하고 있는 것이다.

그렇다면 국사원본에서 처음으로 추가된 '경순왕의 자손'은 어떻게 된 것인가? 안동 김씨는 두 종류가 있는데, 한쪽은 구舊안동(선先안동)으로 불리고, 다른 한쪽은 신新안동(후後안동)으로 불린다. 이 두 안동 김씨는 혈연적 연관성도 거의 없어 서로 결혼이 가능한, 사실상 다른 집단이다. 구안동 김씨는 경순왕의 손자 김숙승金叔承을 시조로 하고, 신안동 김씨는 고려 태사太師 김선평金宣平을 시조로 한다. 인구수는 구안동이 압도적으로 많지만, 김상용과 김상헌 형제로 대표되는 조선 후기 최대의 명문 가문이자 세도정치의 가문은 신안동 김씨이다. 백범이든 다른 누구든 자신이 안동 김씨라고 밝히면, 다음 단계는 으레 신안동인가 구안동인가를 밝히는 것이다. 구안동은 시조가 경순왕의 손자 숙승, 중시조가 경순왕의 8대손인 고려의 김방경金方慶이기 때문에 '경순왕의 후예'라고도 이야기한다. 요컨대 백범이 "우리는 안동 김씨 경순왕의 자손이다"라고 한 것은 자신이 왕족의 후예임을 강조하기 위해서가 아니라, 구안동 가문임을 밝힌 것이다. 이러한 추가는 적절하고 필요한 것이다.

3) 서명 '백범일지'

앞서 려증동 교수는 '일지'逸志의 의미를 사전에 나오는 대로 '뛰어난 뜻'으로 해석했다. 하지만 이는 단견이다. 흔히 지志는 '기록' 또는 '이야기'란 의미의 '지'誌자와 같은 의미로 사용된다. 만약 『삼국지』三國志를 '삼국의 뜻'으로 해석하고, 『고려사』의 「식화지」食貨志를 '식화食貨(먹거리와 재물)의 뜻'으로 해석한다면 소가 웃을 일이다.

다음, '일'逸은 '뛰어나다'는 의미도 있지만, '숨은' '알려지지 않은'이란 의미로도 널리 사용되고 있다. 한말韓末 장지연이 편찬한 『일사유사』逸士遺事는 조선 시대에 알려지지 않은 중인과 하층민들에 대한 열전列傳인데, 여기서 '일사'逸士란 '알려지지 않은 인물'이란 의미이다. 그러니까 '白凡逸志'는 '백범의 알려지지 않은 이야기'란 의미이다. 이처럼 상식적인 이야기인데도 '일지'逸志라는 서명을 두고 벌이는 수준 낮은 시비는 아직도 계속되고 있다.[8] 『백범일지』의 내용 중에 과장되거나 자신의 자랑이 많다고 평가하는 것과, 제목부터 그렇다는 것은 전혀 다른 이야기이다.

이제 『백범일지』란 서명이 탄생한 과정을 살펴보자. 백범이 1928년부터 1929년까지 『백범일지』(상권)를 집필하는 동안 본문에서 "이 책"(此書)이라 언급할 뿐 '백범일지'라는 서명을 직접 거론한 적은 없다. 상권 도입부에 "白凡逸志 上卷" 여섯 글자가 있지만, 이것은 1928~1929년 1차 집필 당시의 것은 분명 아니다. 상권 집필을 완료할 당시에는 하권 집필 계획이 없었다. 따라서 '백범일지'라는 표현은 있을 수 있지만, 그것의 '상권'이라는 제목은 있을 수 없다. 상권 도입부의 '백범일지 상권' 여섯 글자는 해방 이후 출간을 앞두고 백범이 새로 정서한 것이다(본서 11면 참조).

『백범일지』(상권) 집필 직후 백범이 '白凡逸志'라 명명하고 친필로 써서 표지를 만들었을 가능성은 있지만, 그런 자료는 현재 남아 있지 않다. 백범 친필의 '백범일지' 서명이 처음 등장하는 것은, 상권 집필 직후인 1929년 7월 원본을 등사하여 미국에 보낸 등사본의 표지이다(ⓐ). 그런데 이것은 '白凡逸誌'로 이후 백범이 직접 쓴 표지인 '白凡逸志'와 마지막 글자 '지'가 다르며, 필체도 백범이 쓴 것과는 확연히 다르다. 측근인 엄항섭의 글씨라는 설이 있으나 확실하지 않으며, 백범의 친필 서체보다 부드럽고 온화하다.

8   김상구, 앞의 책, 388~390면.

ⓐ 등사본 　　　ⓑ 원본 　　　ⓒ 국사원본

　현재 백범 친필로 '白凡逸志' 서명이 최초로 확인되는 것은 하권 본문
의 첫 페이지이며(하권 1면), 친필 표제로 최초의 것은 '『白凡逸志』上下編
手本'이다(ⓑ). 이것은 해방 이전 백범이 비장하고 있던 원본『백범일지』
의 표지이며, 백범이 직접 쓴 것이다. 그리고 이 수본手本을 근거로 1947
년 12월 15일 국사원본이 공간될 때, 백범이 새로 서명으로 쓴 것이 현재
원본의 영인본 서체인 '金九 自敍傳 白凡逸志'이다(ⓒ).

2. 판본 소개

저명한 책은 ① 원저자가 처음 집필하고, ② 이후 원저자가 이러저러한 수정과 보완을 하며, ③ 다른 사람들이 ①이나 ②를 등사·필사·영인하거나, ④ 공식적으로 출간되기도 한다. ①을 1차 원본, ②를 수정 원본, ③은 등사본·필사본·영인본, ④는 출간본이라 한다. 『백범일지』의 원본은 실로 여러 번에 걸쳐 수정·보완·삭제되었고, 상권은 등사본과 필사본이, 하권은 필사본이 남아 있다. 이러한 여러 가지 저본들을 활용하면 『백범일지』의 변동 과정을 역동적으로 파악할 수 있다.

《원》　원본. 컬러 영인본은 1994년 집문당에서 출간된 『백범일지』. 흑백 영인본은 대한매일신보사에서 출간된 『白凡金九全集』 1권 105~321면에 수록. 이하 《원》으로 표기.

《등》　등사본. 1929년에 엄항섭이 등사한 『백범일지』 상권. 미국 콜롬비아대학 도서관 소장. 『白凡金九全集』 2권 31~211면에 수록. 이하 《등》으로 표기.

《필》　필사본. 1948년 초 백범의 측근이 원본 『백범일지』 상·하권을 필사한 것. 이석희 소장. 『白凡金九全集』 2권 215~365면에 수록. 이하 《필》로 표기.

《국》　최초 출간본인 국사원본. 『백범일지』, 국사원, 1947. 12. 『白凡金九全集』 2권 417~839면에 수록. 이하 《국》으로 표기.

『전집』　백범김구선생전집편찬위원회 간행, 『白凡金九全集』(1~13), 대한매일신보사, 1999. 이하 『전집』으로 표기.

『백범일지』 판본 현황

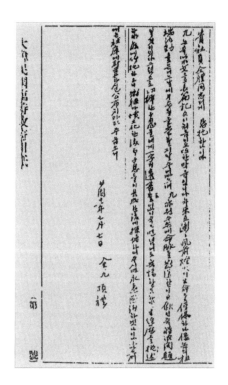

《등》에 첨부된 백범의 친필 편지

1) 등사본 《등》

백범은 『백범일지』 상권 집필을 끝내고 두 달 후인 1929년 7월 7일, 이것
을 등사謄寫하여 미주 지역 동지들에게 보냈는데, 현재 콜롬비아대학에
소장되어 있다. 줄이 없는 백지에 등사되었으며, 등사한 사람은 백범의
측근 엄항섭이라고 한다. 이 등사본의 맨 앞에는 "幼稚한 子息들에게 一
字의 遺書도 없이 죽으면 넘어도 無情할 듯하야 一生經歷을 槪述하야 玆
에 仰托"한다는 백범의 친필 편지가 별도로 첨부되어 있다.

　『백범일지』 하권의 「자인언」自引言에서 "本國에 있는 子息들이 長成하
여 海外로 渡來커든 信傳하여 달나는 付托으로 上卷을 謄寫하여 美·包
幾位 同志"에게 보냈다고 밝힌 바 있는데, '등사'라는 표현에서 알 수 있듯

이 《등》은 『백범일지』 상권 원문을 대체로 충실하게 따르고 있다. 이 때문에 《등》은 원본의 수정 시기를 밝히는 데 중요한 기준이 된다. 즉 1929년 7월 7일 이후 수정한 것은 《등》에 반영될 수 없다. 예컨대 《원》의 여백에 펜으로 기입해 둔 목차는 《등》에서 본문 속에 일목요연하게 정비되었다. 이것은 《원》 여백의 목차가 1929년 7월 이전에 기록되었음을 알려 준다.

또한 《등》은 1차 원본이 이후 수정 또는 망실되었을 경우 1차 원본을 추적할 수 있는 중요한 근거가 된다. 《원》 상권 6면에는 10군데나 펜으로 쓴 1차 원본의 '아부님'을 일일이 붓으로 '父親'으로 수정했지만, 《등》에는 수정 이전의 1차 원본 '아부님'이 그대로 남아 있다. 이것은 백범이 1차 집필에는 '아부님'이라 표현했는데, 그대로 등사하여 미국에 보내고, 그후 다시 《원》에 '父親'이라는 한자어로 수정했던 것이다. 이것은 해방 이후 출간을 앞두고 붓으로 수정한 것으로 《등》에 반영될 수 없는 것이다. 이처럼 《등》은 상권의 1차 원본과 그 이후 수정·보완의 역동적 변화를 추적하는 데 중요한 근거를 제시해 준다.

2) 필사본 《필》

필사본은 이동녕 선생의 손자 이석희李奭熙가 소장하고 있는데, 상권의 일부[9]가 결락되어 있다.

《필》에는 상권 첫 부분에 '(一)祖先과 家族'[10] 이외에는 어떠한 목차도 없다(권두 사진 참조). 이처럼 《필》은 《원》 상권의 원고지 여백에 백범이 기입한 목차를 전혀 고려하지 않았고, 원고지 안에 있는 본문만 황급히 필

---

9   《필》에서 결락된 부분은 『전집』 2권 215~216면 사이 3면, 230~231면 사이 1면, 303~304면 사이 1면 등이다.

10   《원》과 《등》에는 '家庭'인데, 《필》에는 '家族'으로 되어 있다.

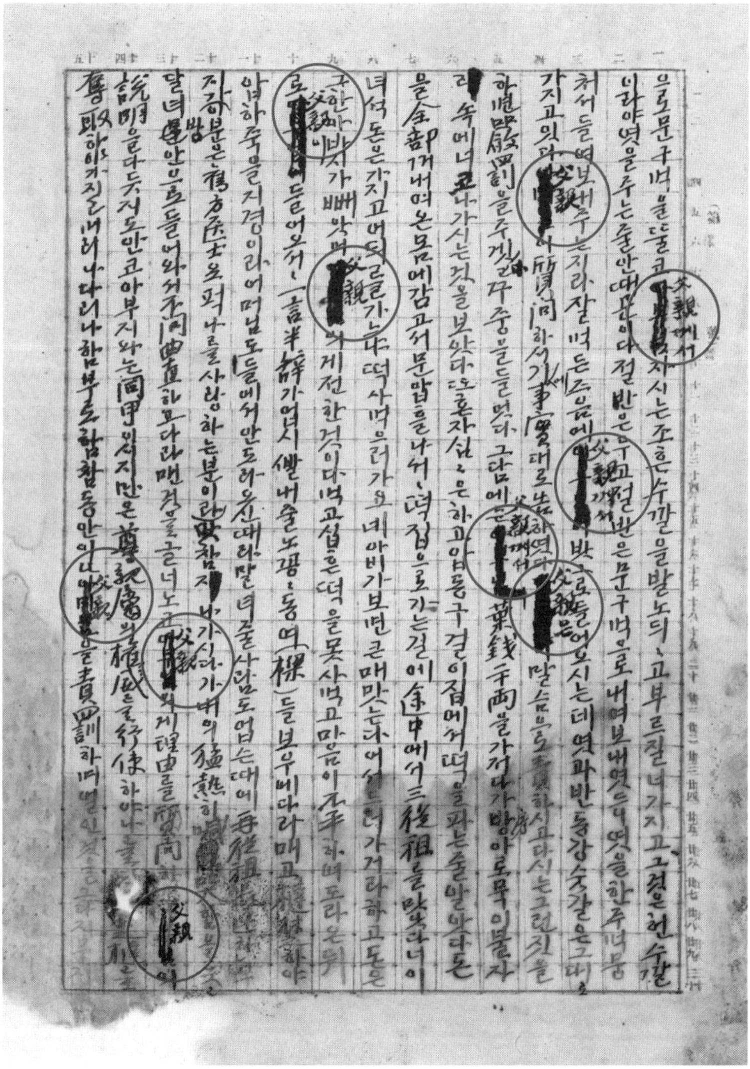

《원》 상권 6면 펜으로 쓴 '아부님'을 붓으로 '父親'이라 수정했다.

《필》『백범일지』 상권 첫부분
용지에 "大韓民国臨時政府主席用箋"이라는 문구가 있다.

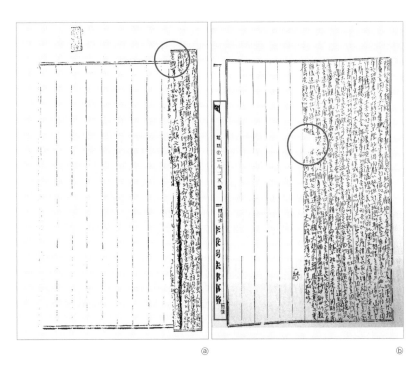

『전집』 2권 355면(ⓐ), 362면(ⓑ)

사했다. 《필》은 여백에 기록된 삽입구뿐만 아니라 별지를 이용하여 삽입한 구절들도 누락되어 문맥이 통하지 않는 곳도 있다. 이처럼 《필》은 매우 황급하게 필사하여 권위가 떨어지는 단점이 있지만, 그럼에도 불구하고 등사본이 없는 《원》 하권의 결락 또는 삭제된 부분을 보완·추적하는 유일한 근거가 된다.

《필》은 세로쓰기로 매우 빽빽하게 필사되어 있는데, 용지에는 모두 '大韓民國臨時政府主席用箋'(대한민국임시정부주석용전)이라는 문구가 있다. 그런데 자세히 조사해 보면 다음의 경우 필사한 종이와 다른 배접지를 이용했음을 확인할 수 있다.

ⓐ『전집』 2권 355면: 대폭 절삭하고 난 이후, 별도의 배접지를 활용

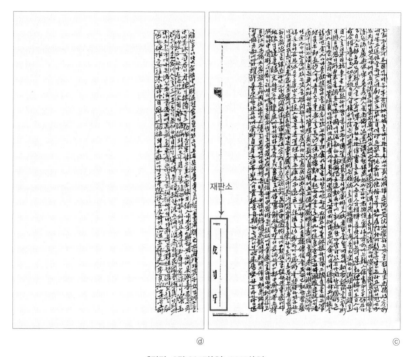

재판소

戊 引 두

『전집』 2권 365면(ⓒ), 366면(ⓓ)

하여 원고지의 윗선이 서로 다르다.

ⓑ 『전집』 2권 362면: 하권 본문의 마지막 부분인데, 본문 용지는 다른 곳과 마찬가지로 '대한민국임시정부주석용전'이 분명한데, 용지의 좌측 판심에 '電話 ② 二七二五番 辯護士 李秉弼法律事務 用箋'이라 표기되어 있다. 그런데 본문의 마지막 행을 보면 중간 부분이 찢어져 약간 망실된 흔적이 남아 있다(○ 부분). 즉 찢어진 필사 용지 '대한민국임시정부주석용전'에 '변호사 이병필법률사무 용전'을 덧붙여 배접한 것이다.

ⓒⓓ 『전집』 2권 365~366면: 이 두 면은 필사한 것이 아니라 원본이다. 《필》을 면밀히 검토하면 『전집』 2권 360면의 12행과 13행 사이에 상당 부분 내용이 결락되어 있다. 필사 완료 후 그것을 발견하고, 아예 원본

의 해당 부분을 가져와 황급하게 첨부한 것이다. 이렇게 하여 원본 두 면은 현재에도《필》에 남아 있는데, 원본을 영인할 때 이 부분을 대여하여 원본 영인본에는 포함되어 있다(집문당, 212~213면).

그런데《필》에 이 부분을 첨부하면서 사용한 배접 용지의 판심에 '裁判所'라는 글씨가 보인다. ⓑ의 배접지가 '변호사 이병필법률사무 용전'이고 ⓒ의 배접지가 '재판소' 용지라는 것은 필사 시기와 목적을 추론할 수 있는 중요한 단서이다. 1947년 12월 2일 한국민주당의 정치부장 장덕수張德秀가 암살되자, 백범은 그 배후로 지목되어 결국 1948년 3월 12일 법정의 증언대에 서게 되었다.《필》은 이 장덕수 암살 사건의 재판 관계 자료로 백범 측에서 급히 필사하여 제출한 것임을 짐작할 수 있다.

3. 상권의 형식과 내용 수정

1) 「여인신양아서」

「여인신양아서」는 1928~1929년 백범이 『백범일지』를 집필한 이유를 기록한 서문과 같은 것으로 매우 중요한 부분이다. 현재 「여인신양아서」는 다음 네 가지가 남아 있다.

① 《원》: 원본 영인본이라고 하지만, 이 부분은 백범의 친필이 아니다. 사용된 용지 또한 『백범일지』 상권 본문의 원고지와는 다른 갱지이다. 내용의 마지막에 집필 시기와 장소에 대한 언급이 전혀 없으며, 하단 부분이 망실되어 있다.

② 《등》: 마지막에 '大韓民國 十一(1929)年¹¹ 五月 三日 父書'로 쓴 날짜가 기록되어 있어, 「여인신양아서」가 본문 종료 이후 쓴 것임을 알 수 있다.

③ 《필》: 해방 이후 원본(①)을 그대로 필사한 것이다. 이것을 이용하면 ①의 망실 부분을 상당 부분 보완할 수 있다.

④ 《국》: 출간 당시 백범이 '仁信 兩兒의게 與한다'로 쉽게 풀어 쓴 것

---

11 『전집』 2권 31면에 수록된 《등》의 「여인신양아서」에는 "十 年"으로 보이나, 《등》 원본에는 "十一年"으로 되어 있다. 영인 과정에서 '一'자가 누락되었다.

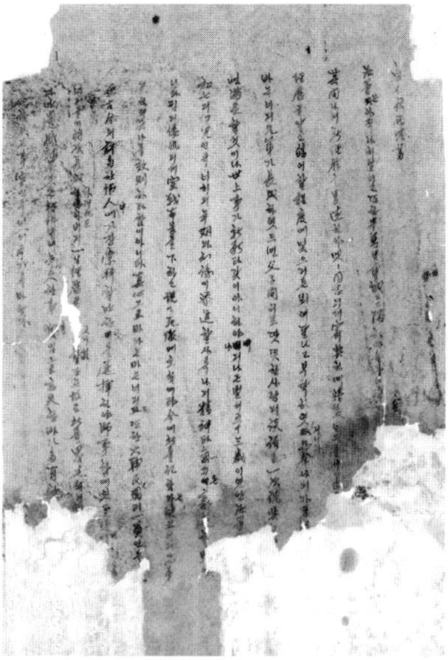

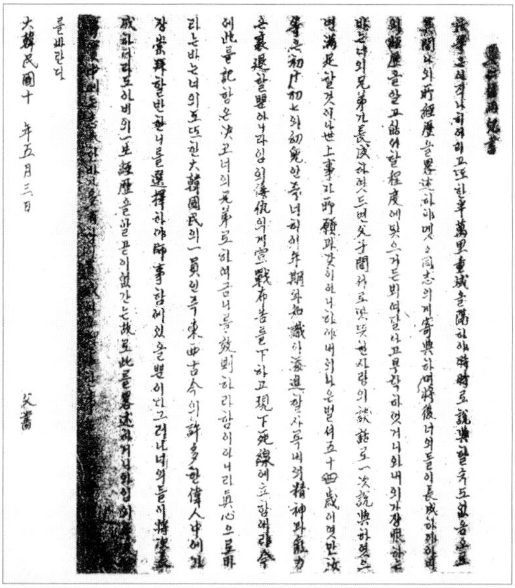

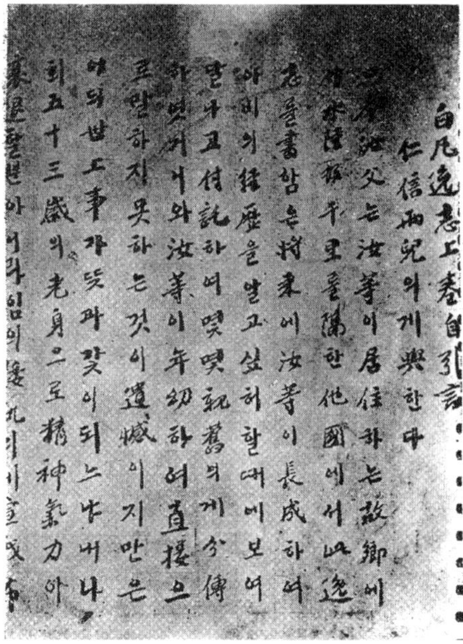

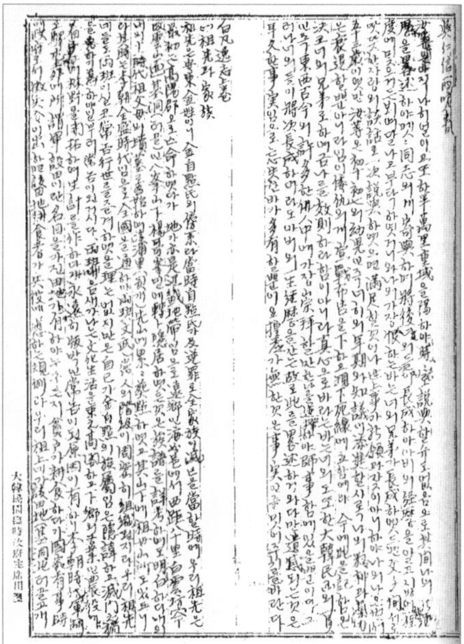

네 가지 판본의 「여인신양아서」 ①《원》 ②《등》 ③《필》 ④《국》

1 2
4 3

이 수본手本 속에 들어 있다(『전집』 2권 438~439면). 여기에는 이 글을 쓴 시기 '大韓民國 十一年 五月 三日'과 더불어 '上海 法租界 馬浪路 普慶里 4號/臨時政府 廳舍에서 書完'으로 집필 장소도 특정되어 있다. 내용에서 근본적인 차이는 없지만, 표현은 상당 부분 수정했다.

네 가지 중에서 가장 오래된 ①과 ②는 모두 백범의 친필이 아니다. 두 글은 내용이 대동소이해서 집필 시기의 선후를 판단하기는 힘들지만, 분명하게 차이 나는 것이 집필 완료 시기 백범의 나이에 대한 기록이다. 즉 ①에는 53세 ②에는 54세로 되어 있다.

백범이 상권 본문의 집필을 완료하고 「여인신양아서」를 쓴 1929년 5월 3일 당시 백범의 나이는 한국식 나이로 54세, 만 나이로 53세이기 때문에 둘 다 맞다. 다만 어느 것이 앞선 기록인가 하는 문제인데, 결론적으로 말하면 1차 원본 집필 이후 두 달여 만에 등사한 ②의 '54세'가 앞선 시기의 것이다.[12] 다시 정리하면 1차 원본의 54세가 2개월 뒤인 ②에서 그대로 유지되나, ①에서 53세로 바뀌며, 그 후 《필》(③)이나 《국》(④)은 모두 《원》에 수록된 ①의 53세를 따르고 있다.

이상을 요약하면 다음과 같다.

첫째, 백범은 1928년부터 『백범일지』를 집필하기 시작하여 1929년 5월 3일 완료하고 난 뒤 서문인 「여인신양아서」를 썼지만, 그 친필 원고는 현재 남아 있지 않다.

둘째, 상권 집필 완료 2개월 후 등사해서 미국으로 보낸 《등》의 ②가 1차 원본에 가장 가까운 것이다(현존 최고 오래된 「여인신양아서」).

셋째, 그 후 어느 시점에 백범의 나이가 53세로 수정된 「여인신양아

---

12 본문 집필 이후 발문으로 쓴 글이 앞으로 당겨져 서문이 되면서 나이가 한 살 줄어드는 것은 하권도 마찬가지이다. 본서 107면 참조.

서」가 현재 《원》의 ①이며, 이것은 53세로 수정된 최초의 「여인신양아서」
이다.

넷째, 《원》의 ①은 아랫부분이 유실되어 내용을 알 수 없지만, 그것을
필사한 ③이 남아 있어서 내용을 복원하는 데 큰 문제는 없다.

다섯째, 해방 이후 '仁信 兩兒의게 與한다'로 표현을 수정하여 쓴 것
이 사진으로 남아 있으며(현존 유일 친필 상권 서문), 그것의 번역본이 《국》의
'인 신 두 아들에게'이다.

2) 조선祖先과 가정家庭

먼저 상권의 본문 시작 부분, 즉 3~4면은 빨
간선의 240자(24×10) 원고지에 붓으로 쓴 것이
다. 사용한 원고지와 필기도구가 상권의 다른
부분과 전혀 다르며, 오히려 하권과 완전 동일
하다. 또한 '白凡逸志 上卷'이란 서명과 '(一)祖
先과 家庭'이란 목차가 본문 속에 정비되어 있
다. 요컨대 이것은 상권 앞부분이지만, 서술 시
기로는 하권까지 다 쓰고 난 뒤, 해방 이후 출
간을 고려하면서 이런 식으로 했으면 하는 모
범으로 앞부분 두 면을 정리한 듯하다.

해방 이후 새로 정서하면서 1차 원본의 내
용을 수정한 것도 물론 있다. 그 대표적인 예가
백범의 생일에 대한 것이다. 백범은 상권 후반
부에서 1925년 나석주 의사로부터 생일 대접
을 받은 것을 영원히 기념하고, 또한 생신 기념

《원》   《등》

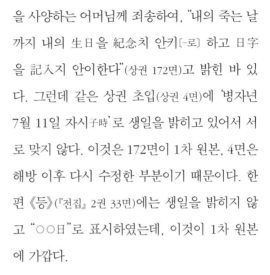

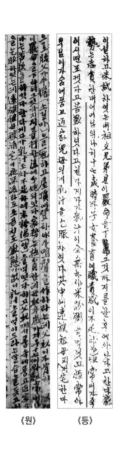

《원》　　　《등》

《원》

을 사양하는 어머님께 죄송하여, "내의 죽는 날까지 내의 生日을 紀念치 안키(-로) 하고 日字을 記入지 안이한다"(상권 172면)고 밝힌 바 있다. 그런데 같은 상권 초입(상권 4면)에 '병자년 7월 11일 자시子時'로 생일을 밝히고 있어서 서로 맞지 않다. 이것은 172면이 1차 원본, 4면은 해방 이후 다시 수정한 부분이기 때문이다. 한편 《등》(『전집』 2권 33면)에는 생일을 밝히지 않고 "○○日"로 표시하였는데, 이것이 1차 원본에 가깝다.

백범은 하권에서 유독 어머님에 대해서 각별하게 내용을 추가했는데, 해방 이후 수정한 상권에서는 어머님과 관련하여 1차 원본에서 오히려 삭제한 부분이 있다. 현재 《원》에는 "母親 年歲가 겨우 十七이라, 恒常 내가 죽어시면 조켓다는 苦歎을 하섯다 한다"로 되어 있다. 그런데 "年歲가 겨우 十七"과 "내가 죽어시면 조켓다는 苦歎" 사이에 인과관계가 잘 연결되지 않는다. 또한 여기서 '내가'가 아들인 백범인지 어머님 자신인지도 분명치 않다.

그런데 《등》에 의하면 이 사이에 "子女 養育에 職責感이 不足하야"가 들어 있다. 그리하여 전문이 "어머님의 나히 十七時라, 子女 養育에 職責感이 不足하야, 恒常 내가 죽어시면 조켓다고 苦歎을 하엿다고 한다"로 전체의 문맥과 인과관계가 부드럽게 이어진다. 이것이 1차 집필 당시의 모습이다. 하지만 이러한 표현이 어머님에 대한 불효라고 생각하셨는지 해방 이후에 《원》과 같이 삭제 수정했다.

백범의 가정과 관련하여 또 하나의 문제가 결혼 연도와 당시 부인 최준례 여사의 나이이다. 《원》에는 결혼 연도를 표기하지 않고 나이만 "當時 十■八歲인데"로 되어 있다. '十' 다음에 1차 집필한 한 글자를 지우고 '六'로 수정하여 정확을 기하고자 한 흔적이 남아 있다. 최준례 여사는 비문에 "ㄹㄴㄴㄴ해 ㄷ달 ㅊㅈ날 남"으로 되어 있듯이, 단기 4222년(ㄹㄴㄴㄴ해) 즉 1889년 3월(ㄷ달) 19일(ㅊㅈ날) 생이다. 최준례 여사가 18세이면 1906년, 당시 백범은 31세이다. 즉 1906년 백범과 최준례 여사가 결혼했다.

그런데 『백범일지』에는 이 결혼 부분이 1905년 을사늑약 이전에 기술되어 있다. 그리하여 대부분의 출간본들이 「연표」에서 『백범일지』 본문 서술의 순서에 따라 1904년에 백범이 결혼한 것으로 기술했고, 1904년을 기준으로 결혼 당시 최준례 여사의 나이를 '28청춘'(16세)으로 서술한 추도사도 있다.[13] 이러한 오류는 수정되어야 할 것이다.

『백범일지』는 일기가 아니기 때문에 연월일 착오가 상당히 많다. 백범이 「여인신양어」에서 "다만 遺感되는 것은 年久한 事實임으로 忘失한 바가 多有"라고 밝히고 있고, 본문에서도 "記錄의 先後가 顚倒되엿다"(상권 131면), "年月日時를 亡失하여 順序를 차리기 難하다"(하권 2-1면) 등의 언급과 같이 날짜 관련 혼란이 많다. 이점을 각별히 유의할 필요가 있어, 이 책에서는 본문 서술 가운데 중요한 곳은 군데군데 〔 〕를 병기하여 날짜를 밝혔다.

---

13   조동걸, 「최준례여사 이장봉안식 추도사」, 『전집』 10권, 1999, 783면.

3) 1차 원본의 기본 형태와 다양한 수정

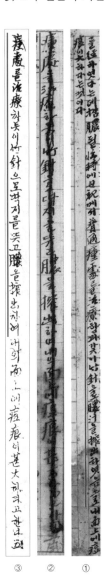

상권의 대부분(5면~172-1면)은 녹색선의 450자 (30×15) 원고지로 판심에 "原稿用紙 國務院"이 반절半切로 씌어 있으며, 집필에 사용된 기본 필기구는 펜 또는 만년필이다.

상권에서 1차 원본이 그대로 남아 있는 것은 5면부터다. 5면에서 흥미로운 부분은 제1행이다. 해방 이후 다시 수정 정서한 4면의 마지막을 시초 원본인 5면과 연결시키기 위해, 5면 1행에서 마지막 "五歲" 앞부분을 붓으로 지움 표시를 하였다. 그러니까 이 지운 부분이 1928년 1차 집필시의 원본이라면, 4면의 마지막은 해방 이후 수정한 부분이다. 《등》과 비교하면서 해독하면 아래와 같다.

① 4면 마지막 부분(해방 이후 수정): "瘇處를 治療함과 갖이 竹針으로 膿汁을 搾出하엿음으로~"
② 5면 1행 지운 부분(1928년 1차 원본): "瘇處를 治療하듯이 竹針으로 딱지를 뜻고, 膿을 搾出하여~"
③ 1929년 7월《등》: "瘇處를 治療하듯이 竹針으로 딱지를 뜻고, 膿을 搾出하여~"

③   ②   ①

내용은 대동소이하지만, 시초 원본과 《등》에는 "딱지를 뜻고"라는 표현이 있고, 해방 이후 정서하면서 삭제되었다. 즉 상권의 앞부분(3~4면)이 시기적으로는 5면 이후보다 훨씬 뒤에 새로 정서한 것이다. 1928년 시초 집필 당시 이 부분의 내용은 《등》을 통해서 추적할 수 있다.

1차 원본과 해방 이후 수정본의 큰 차이 중 하나가 호칭 문제이다. '아부님'은 '父親', '딸'은 '處女' 또는 '處子', '兒孩아부지'는 '胎父' 등 우리말이 한자어로 수정되었다. 앞서 본 바와 같이 《원》 6면의 경우 모두 10군데나 펜으로 쓴 시초의 '아부님'을 붓으로 일일이 '父親'으로 수정했다. 문장으로 예를 들면 1차 원본에 가까운 《등》의 "피개宅 한마님이 밤중이라도 나를 안고만 가면 厭態없이 젓을 먹었다"(『전집』 2권 34면)가 해방 이후 수정된 원본(4면)에서는 "櫻浦宅이 夜深後라도 조곰치도 厭態가 없이 乳汁을 먹이드라"로 수정되었다.

이로써 1928년 1차 원본에서는 생생한 생활어를 사용했는데, 해방 이후 수정본에서는 한문 용어나 문어체로 수정되었음을 알 수 있다. 1차 원본의 표현이 당시 현실과 부합하는 바 있어서, 본서에서는 각주로 《등》의 내용을 몇 군데 밝혀 두었다.

4) 첫 수업과 과거 부정

1887년, 12세의 어린 김창암(백범 김구)은 집안 어른이 갓을 쓰지 못하는 이유가 상놈이기 때문이란 사연을 듣고, 양반이 되기 위해 과거 공부를 시작했다. 아버지는 과거로 입신출세를 꿈꾸는 어린 김창암을 적극 후원하여, 집에 직접 서당을 차리고 인근 마을의 이 생원을 선생으로 모셔왔다.

배움에 한이 맺힌 백범은 생애 첫 스승과의 대면을 평생 잊을 수 없었던 듯하다. 30여 년이 지난 후에 『백범일지』 상권에서 "저리로서 나희가

五十餘歲나 되염즉한 長大한 老人 한 분이 오는데…… 그 先生을 보매 맛치 神人이라 할지 上帝라 할지 엇지나 거룩하여 보이는지"(상권 11면)라 하여, 마치 「사도신경」에서 "저리로서 산 자와 죽은 자를 심판하러 오시리라"는 하느님의 도래를 방불케 묘사했다.

「도중한식」 다섯 글자와 열 글자

백범은 "開學 第一日에" "馬上逢寒食 五字를 배웠다"(상권 11면)고 했다. 그런데 《등》(『전집』 2권 39면)에는 "馬上逢寒食 途中屬暮春 十字"를 배웠다고 되어 있으며, 《원》에서도 1차 집필에는 《등》과 같이 '十字'였음을 확인할 수 있다. 그런데 왜 '五字'로 수정했을까?

'마상봉한식'馬上逢寒食으로 시작하는 송지문宋之問(656~712)의 시 「도중한식」途中寒食 전문은 다음과 같다.

馬上逢寒食　　말 위에서 한식을 맞이하니
途中屬暮春　　나그네 길 가는 중에 봄날은 저물어 간다.
可憐江浦望　　아쉬워라, 강나루 건너 바라보니
不見洛橋人　　낙교의 고향 사람 보이질 않네.

北極懷明主　　북극성은 좋은 군주를 그리게 하고
南冥作逐臣　　남쪽 바다는 쫓겨난 신하를 생각게 하네.
故園腸斷處　　고향 동산 그리워 애끊는 곳에
日夜柳條新　　주야로 버드나무 가지는 새로워지네.

예전 서당에서 한문 공부를 할 때 『천자문』을 공부하고 나면 다음 과정으로 주로 『당음』唐音이라는 책으로 당시唐詩를 배웠는데, 이 책 첫 번째 시가 속어로 '마상담'馬上談이라 불리는 송지문의 「도중한식」이다. 그런데 보통 시를 가르칠 때는 한 구句를 가르치는 경우는 거의 없고, 최소한 두 구로 된 한 연聯을 가르친다. 그러므로, 첫날 10자를 배웠다는 1차 집필과 이를 등사한 《등》의 기록이 사실에 합당할 것이다.

〈원〉　〈등〉

그런데 백범은 왜 5자로 바꾸었을까? 아마도 수련首聯의 제2구에 자신이 없었던 것으로 보인다. 그건 그럴만한 사정이 있다. 송지문의 「도중한식」의 수련이 "馬上逢寒食 , 春來不見餳"으로 잘못 알려지기도 하였다. '춘래불견당'春來不見餳은 송지문과 더불어 '심송'沈宋이라 병칭된 심전기沈佺期의 한식에 관한 시 "嶺外無寒食 , 春來不見餳"에서 비롯된 것이다. 즉 송지문의 제1구와 심전기의 제2구를 엮어 한 연으로 잘못 전해지곤 했던 것이다.

요약하면, 백범은 개학 첫날 송지문의 「도중한식」 제1연 2구 10자를 배웠고, 1차 집필에는 2구 10자로 기록했다가, 제2구에 의심이 남아 '마상봉한식' 제1구 5자를 배운 것으로 수정했다고 보는 것이 타당할 것이다.

과거 부정

백범은 어려운 환경 속에서 5년간 열심히 준비해서 1892년(17세)에 드디어 과거 시험을 보았다. 과거 낙방은 『백범일지』 하권 「자인언」에서 "弱冠에 投筆하고 年 近 耳順토록 大志를 품고" 운운할 정도로 백범 인생에서 가장 중요한 획기 중 하나였다.

『백범일지』를 유심히 읽어 보면, 백범(김창암)도 과거 시험장에서 부정 행위를 했음을 알 수 있다. 즉 백범은 자신의 스승 정문재鄭文哉가 답을 지어 주고, 과거장에서 만난 옆자리의 접장이 대필한 답안지를 아버지의 이름으로 제출했다. 이처럼 백범은 자신의 실력을 훨씬 상회하는 스승들의 실력으로 답안지를 제출했지만, 더 큰 부정이 난무하는 과거 시험장에서 낙방할 수밖에 없었다.

아마도 백범이 자신의 실력으로 과거를 보았으면, 재수 삼수의 길을 선택했을지도 모른다. 그러나 스승과 아버지, 그리고 자신이 동원할 수 있는 최대한(?)의 부정행위에도 불구하고 낙방하자, 과거는 그에게 평생 넘을 수 없는 장벽으로 다가왔다. 그리하여 백범은 '입신양명'하여 가문을 신분 차별에서 구할 수 있는 과거를 포기하지 않을 수 없었고, 그 충격으로 몇 달 동안 두문불출하고 이듬해(1893년) 동학東學에 입도하게 된다. 이러한 방향 전환은 그가 민족운동에 투신하는 관문이 되었다. 그러니 '젊어서 붓을 던진'("弱冠에 投筆") 경험이야말로 백범 인생에서 제1의 획기적 전환인 셈이다.

『백범일지』에 따르면, 1892년의 과거 부정행위는 스승 정문재가 답안은 자신이 직접 지어 줄 것이니 "창암이는 글씨 연습만 하라"고 백범의 아버님께 말한 것에서 비롯된다. 백범의 아버님은 "甚히 기뻐서" 장지壯紙 다섯 장을 구해 오고, 여기에 백범은 글씨 공부만 하고 과거를 본 것이다. 그리고 과거 현장에서 글씨마저 다른 선생님이 대필했던 것이다. 그런데 『백범일지』를 보면 백범 본인이나 아버님이 스승의 부정행위 제안에 아무런 이의도 제기하지 않으며 놀라는 기색도 없어, 무척 의외라는 생각이 든다. 그러나 백범과 부친이 스승의 제안 이전부터 당시

《원》 10면

만연한 과거 시험의 부정에 대해 숙지하고 있었다면 이런 상황은 이해가
된다.

『백범일지』를 보면 백범은 "進士 及第"는 "科擧를 보와서 되는 것이
니라"라는 집안 어른의 말씀을 듣고부터 과거 공부에 매진하는데, 상권
10면을 보면 "것이니라" 부분이 수정된 것임을 알 수 있다. 그것의 1차 집
필은 "것인데, 近來에는 돈이 많으면 試官의게 돈을 주고 하는 이도 많더
라"였다. 지운 잉크색도 본문과 동일하고 《등》에도 수정된 내용이 등사되
어, 이 부분은 1차 집필하면서 바로 수정된 것으로 보인다. 이 지워진 1차
집필 부분에 유의하면, 과거 공부를 시작할 당시부터 백범과 부친은 당시
공공연히 행해지던 과거 부정에 대해 알고 있었음을 보여 준다. 이런 상
황에서 스승 정문재가 부정행위를 제안하자, 아무런 이의 없이 응한 것으
로 판단된다.

5) 동학 및 농민전쟁 관련

밧흔 목

『백범일지』는 백범이 과거 시험에 낙방하고 동학에 입도하기 직전 흉흉한
"四方 謠言 怪說"을 전하는데, 대표적인 것이 "不遠에 鄭都令이 鷄龍山에
都邑을 하고 李朝國家는 없어질 더이니, 밧흔 목에 가서 살아야 第二世
兩班이 된다고, 아모개는 鷄龍山으로 移徙를 하엿느니"(상권 17면) 운운하
는 소문이다.

새로운 나라의 양반이 되기 위해 '밧흔 목'에 가서 살아야 한다는 것
인데, '밧흔 목'에 대해서는 그간 '바른 목' '바깥 목' 등 여러 가지로 풀이
했지만 뜻이 잘 통하지 않는다. 그런데 '밧흔 목'이 《등》에는 '밝은 목'으
로 되어 있다. 이 '밝은'은 '아주 가깝다'는 의미의 북한 지역 방언으로, 가

령 아주 가까운 친척을 '밭은 친척'이라고 한다. 원형 '밭다'의 부사인 '바투'는 '바투 다가앉다'처럼 현재에도 표준말로 사용하고 있다. 따라서 '밧흔 목'이란 새로운 수도가 되는 계룡산의 아주 가까운 길목을 의미하며, 위의 소문은 그곳으로 이사 가는 풍조를 전한 것이다. 이리하여 《등》을 통해서 《원》의 '밧흔 목'의 의미를 정확하게 파악할 수 있다.

백범의 최시형 면담과 황해도 동학농민군 거병 연도

『백범일지』에서 백범의 동학 입문부터 황해도 동학군의 해주성 공격까지의 관련 연기를 정리하면 다음과 같다

① (十八歲되든 正初) 青袍에 綠帶를 씌고 浦洞 吳氏 宅을 訪問하엿다.(상권 18면)

② 翌 癸巳年 秋間에 吳膺善 崔琉鉉 等이 '忠淸道 報恩에 계신 海月 大道主의게 各其 自己 連臂들의 名單를 報告하라'는 敬通(公函)에 依하야 道內에서 望重한 道儒 十五名을 選拔하는데 내가 參選되엿다.(상권 20면) …… 先生은 震怒하는 顏色으로, 純 慶尙道 語調로 "虎狼이가 물너 드러오면 가만히 안저 죽을까! 참나무 몽동이라도 들고 나가서 싸호자!" 先生의 이 말이 卽 動員令이다.(상권 21면)

③ 同年 九月頃에 還鄉하니…… 最高會議에서 首府인 海州城을 先着으로 陷城하고, 貪官汚吏와 倭놈을 다 잡아 죽이기로 決定하고, 八峯接主 金昌洙를 先鋒으로 作定되엿다.(상권 22면)

이것만 보면 ① 18세 되는 정초에 동학에 입문하고, ② 다음해 계사년(1893) 가을에 보은으로 가서 최시형을 만나 동학 접주 첩지를 받고, 최시

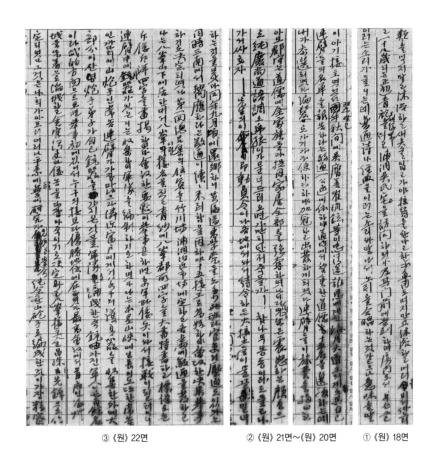

③《원》22면 　　　 ②《원》21면~《원》20면 　　　 ①《원》18면

형이 내리는 농민전쟁 동원령을 목도하고, ③ 그해(1893) 9월 황해도로 돌아와 거병한 것이 된다. 이럴 경우 황해도 동학군의 거병이 1893년의 사건이 되어, 1894년 1월(음력)에 시작되는 전봉준의 고부 봉기보다 앞서는 획기적인 사건이 된다.

　그러나 ①②③ 중에는 분명히 연도 착오가 있다. 무엇보다 ③의 황해도 동학농민전쟁이 1894년 가을에 일어난 것은 여러 자료에서 검증되는 바이며, ②에서 언급한 최시형의 동원령도 1893년에는 있을 수 없으며, 1894년 동학농민전쟁 때, 그것도 1차 봉기가 아니라 2차 봉기 때 내리는 동원령이다. 최시형은 1894년 9월 18일 '기포령'起包令을 내린다.[14] 그리고 ① 백범이 "十八歲되든 正初"는 계사년이다. 규장각 자료에서도 백범의 동학 입도 시기는 1893년(계사년)이다.

이상에서 살펴본 바와 같이, 『백범일지』의 동학 관련 기록에는 연도의 혼선이 있다. 이러한 혼란을 시정하지 않고 동학 관련 연구에 그대로 반영하는 경우가 더러 있는데, 이것은 타당하지 않으므로 각별한 주의를 요한다. 백범도 오래전의 일이라 연도에 자신이 없었는지 ① "(十八歲되든 正初)"는 ( )로 처리하였으며 ②는 1차 집필에서 "同年"으로 했다가 "翌 癸巳年"으로 수정하였다. 백범의 연도 착오는 이렇게 정리할 수 있다. ① 18세 되던 정초가 다름 아닌 계사년, 1893년이다. ② "翌 癸巳年"은 '익갑오년'翌甲午年(1894)이 되어야 옳다. 그러므로 ③의 "同年 九月頃"은 1893년 계사년이 아니라 1894년 갑오년 9월이다.

청포와 청사

동학과 관련하여 하나 더 추가할 것은 1893년 정초 18세의 백범이 동학에 입도하기 위해 동학교도 오씨 댁을 방문할 때 '청포'靑袍를 입었다는 사실이다.

> 나는 好奇心이 생기여 한번 가서 보고 십흔 생각이 낫다. 그런데 그 집을 차저가는 禮節은 "肉類를 먹지 말고 沐浴하고 새옷슬 입고 가야 接待를 한다"고 한다. 魚肉도 먹지 안코 沐浴하고 머리를 비서 싸 느리고 (十八歲되든 正初) 靑袍에 綠帶를 씌고 浦洞 吳氏 宅을 訪問하엿다.(상권 18면)

14　『시천교종역사』(侍天教宗繹史) 제2편 제11장, 19~20면.

이 구절만으로는 백범이 입은 '청포'가 동학측이 요구한 복장인지 백범이 스스로 선택한 복장인지 명확하지 않다. 그러나 동학은 청포 또는 청포의 남색藍色과 깊은 관련이 있으며, 동학 민요 「파랑새」에 나오는 '청포장수'도 '푸른 옷을 입은 청포장수靑袍將帥'로 볼 수 있다.[15] 또한 이 청포는 이육사의 시 「청포도」에 나오는 "내가 바라는 손님은 고달픈 몸으로／청포靑袍를 입고 찾아온다고 했으니"의 청포와 같은 것이다.[16]

《원》 18면

청포의 유래는 중국 사람 후경侯景의 고사에서 비롯된 것이다. 남조南朝 양무제梁武帝 시절 "푸른 실 고삐의 백마를 타고 수양에서 온다"(靑絲白馬壽陽來)는 동요가 유행했다. 548년 후경이 동위東魏에 크게 패한 뒤 800명을 이끌고 양나라 경내의 수양壽陽으로 도망쳤다. 양나라는 그를 받아주었지만, 후경은 그곳에서 자신의 군사들에게 모두 청포를 입게 하고 백마를 타고 푸른 실로 고삐를 만들게 한 뒤, 그 동요童謠를 이용하여 난을 일으켜 양나라의 수도를 함락시켰다. 배은망덕한 후경의 고사 때문에 이후 '청포백마'는 '반란자' 혹은 '난신적자'를 의미하게 되었지만, 이육사는 「청포도」에서 이를 해방 투사의 이미지로 전복시켜 높게 평가했다.[17] 그런데 육사 이전에 동학에서 이렇게 청포를 농민군의 이미지로 활용한 단서가 『백범일지』에 남아 있는 것이다.

---

15   김도형, 「동학민요 파랑새노래 연구」, 『한국언어문학』 67, 한국언어문학회, 2008, 230〜232면.
16   도진순, 「육사의 〈청포도〉 재검토: '청포도'와 '청포', 그리고 윤세주」, 『역사비평』 114(봄)호, 역사비평사, 2016.
17   도진순, 앞의 논문.

1893년 백범이 동학에 입문할 때 '청포'淸泡를 입었는데, 1894년 황해도농민전쟁에서 19세의 '애기접주'로서 기포起包할 때에는 푸른 비단, 즉 "靑紗에 '八峯都所' 四字를 大書特書하고 標語로는 '斥倭斥洋' 四字를 書揚하엿다"고 한다(상권 22면). 이 이야기는 동학농민전쟁에서 "14∼15세쯤 되는 아이가" "작은 남색 깃발을 쥐고 마치 지휘하듯" 하여 전투에 승리하엿다는[18] 풍경과 매우 흡사하다. 즉 동학농민군이 청포와 더불어 청색 또는 남색의 깃발을 애용했음을 보여 주는 귀중한 구절이다. 이러한 현상은 후경候景의 청포 고사와, 음양오행에서 청색이 동쪽을 의미하는 것을 동학에서 활용한 것으로 보인다.

해월 인장

1893년 보은에서 백범은 동학교주 해월海月 최시형崔時亨으로부터 동학 접주의 임명장인 첩지貼紙를 받았다.

우리 十五人의게도 各名으로 接主라는 貼紙[帖紙]를 下付하는데 海月印(圓體에 篆字로 刻)을 捺하엿드라.(상권 21면)

백범은 첩지에 날인된 해월인海月印에 대해 본문의 ( ) 안에 '원형이며 전서체 글자가 새겨져 있다'고 묘사했다. 그런데 이 해월인의 구체적인 모습을 백범의 동료 김형진(일명 김형모金炯模)이 1897년에 받았던 동학 접주 첩지에서 확인할 수 있다.[19] 해월인은 백범이 묘사한 바와 같이 원형인데, 자세하게 살펴보면 양음의 태극으로 구성되어 있다. 새겨진 글자를 해독

---

18 신순철·이진영, 『실록 동학농민혁명사』, 서경문화사, 1998, 69면 재인용. 김도형, 앞의 논문, 232면.
19 도진순 엮어옮김, 『쉽게 읽는 백범일지』, 돌베개, 2005, 36면.

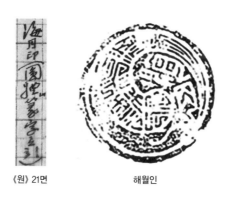

《원》 21면　　　　　　　　　해월인

하면 태극의 한편에는 '海月' 두 자가 음각되어 있고, 다른 편에는 북접 사령부를 의미하는 '北接義所' 네 글자가 양각되어 있다.

호상배 호상경어 등을 폐지

1894년 말 백범은 황해도 동학군의 '팔봉 접주'로 해주성 공격에 선봉으로 나서지만 실패하고, 해주 서쪽 80리 후방인 회학동回鶴洞으로 후퇴했다. 그곳으로 정덕현鄭德鉉이라는 사람이 찾아와 동학군에게 5개 방책을 제시하는데, 제1조가 군기에 관한 것이다.

> 軍紀正肅(兵卒를 對하여도 互相拜 互相敬
> 語 等을 廢止할 일)

《원》 24면　　廢_「漢典書法」

이 구절은 동학군이 '평등주의' 때문에 군기가 문란해진 것을 보고, 정덕현이 상하의 엄격한 군기와 질서를 세울 것을 강조한 것으로, 당시 동학 농민부대의 군율과 기강을 이해하는 데 중요한 부분이다. 그런데 《국》에서는 "1. 군기를 정숙히 하되 비록 병졸에 대하더라도 하대하지 아니하고 경어를 쓸 것"(『전집』 2권 489면)으로 독해하고, 이후 거의 모든 책들이 이것을 따랐다. 이것은 병졸에게도 경어를 쓰는 것이 좋다는 생각에서 비롯되기도 했겠지만, 무엇보다 초서로 씌어 있는 '廢'(폐)자를 오독했기 때문이다. 바로 앞 65면의 그림에서 볼 수 있듯이, 《원》의 ( ) 안에 있는 "廢止"의 폐廢자는 서체자전[20]의 초서체 폐廢와 동일하다.

제2세 접주

『백범일지』에는 원고지 여백 부분을 이용해 삽입구를 추가한 것이 보인다. 가령 《원》(상권 27면)을 보면 다음의 삽입구들이 여백에 적혀 있다.

① 此는 兵權을 奪하자는 野心이 안니오, 나로 하여금 保身게 할 方策이라
② 此는 나를 밉지 안음이 아니나, 나는 海月 先生이 捺印한 接主니 東學에 正統이오, 李東燁의 接主는 第二世인데 臨時的으로 林宗鉉의 差帖을 受한 者임으로, 내의게 迫害를 加함이 後日 大禍를 被할가 恐함이라

①은 본문 "最高會議에서 될 수 잇는 대로 見機하여 가지고 金昌洙는 東學接主인 감투는 脫却식히기로 하고"에 대한 추가 설명이다. 즉 동학농민군 최고회의에서 백범의 동학 접주 자격을 박탈하는 결정이 문책성이 아니라는 것을 추가 설명한 것이다. 백범 또한 이러한 결정에 대해 유감

20   서체자전 『한전서법』(漢典書法)은 《http://sf.zdic.net》에서 볼 수 있다.

《원》27면 부분

이 없다는 것을 밝힌 것이다.

②는 당시 황해도 동학 접주 중에는, 최시형으로로부터 임명된 접주 이외에도, 임종현林宗鉉이 독자적으로 임명한 '제2세第二世 접주'가 있었으며, 이들 사이에 차이와 갈등이 있었음을 보여 주는 대목이다. 특히 황해도 동학농민전쟁에서 맹활약하며 해주를 함락시켜 감사監司의 위치에까지 오르는 임종현이[21] 스스로 접주까지 임명했다는 것은 매우 중요한 기록이다. 물론 이 '제2세 접주'의 임명장에는 앞서 본 '해월인'이 없을 것이다.

'제2세 접주'에 관한 이 중요한 구절은 여백 삽입이라 그런지 《등》에는 누락되어 있고,《필》에는 들어가 있으나 오독이 많다.《원》에서 미워한다는 의미의 '믭지'가 믿는다는 '밋지'로 되어 거의 반대의 의미가 되었고, 그 외에도 '정통'正統을 '전통'傳統, '임시적'臨時的을 '임시시'臨時時로 오기하였다(『전집』 2권 224면).

안태훈과 동학

안태훈이 아들 안중근과 더불어 황해도에서 동학군에 맞서 의병을 일으킨 사실은 『백범일지』 상권에 자세하게 기록되어 있다. 백범은 안태훈의 집에 몸을 맡긴 시절 그의 시를 많이 들었다고 밝히고 있으나, 온전하게 기록한 것은 한 편도 없다. 백범은 겨우 한두 구절을 기억했는데, 1차 기록한 시구를 지우고 여백에 다른 시구를 기록했다(상권 31면). 지운 구절은 "盟山고저 하니까 山이 怒顧을 動하였다는 말"(ⓐ) 운운이나, 이것만으로는 시의 내용을 짐작할 수 없다. 그러나 여백에 추가한 부분은 동학에 대한 안태훈의 입장을 엿볼 수 있는 중요한 구절이다. 여백에는 "東學黨이 猖獗할 時에"로 시작하여 7언절구의 한 연을 소개하였다(ⓑ).

21 김상구, 『김구 청문회 1』, 매직하우스, 2014, 21~24면.

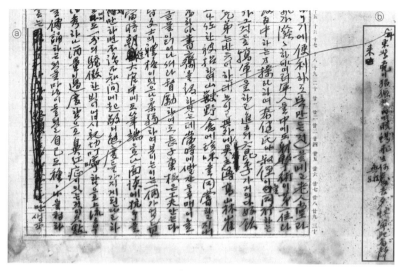

《원》 31면 부분

曉蝎求生無跡去   새벽 굼벵이는 살고자 흔적 없이 달아나는데
夕蚊寧死有聲來   저녁 모기는 죽기를 무릅쓰고 소리치며 달려든다.

이 구절은 집필 당시 삽입한 것으로, 《등》에 수록되어 있지만(『전집』 2권 56면), 《필》에는 착오로 마지막 '來' 한 글자만 본문에 삽입되어 있다(『전집』 2권 226면). 시의 내용은 동학농민전쟁 말기 동학군들이 목숨을 구하기 위해 굼벵이처럼 소리 없이 피신한 경우와, 죽을 줄 모르고 모기처럼 날뛰는 것을 양반의 입장에서 풍자한 것이다.

6) 치하포 사건

선시 '득수반지무족기'

백범이 전국적으로 유명 인사가 되는 것은 1896년 3월 일본인 쓰치다土田

讓亮를 죽인 치하포 사건에서 비롯된다. 그런 긴박한 상황 속에서 백범이 결단을 내릴 수 있었던 것은 스승 고능선高能善이 가르쳐 준 "得樹攀枝無足奇(득수반지무족기) 懸崖撒手丈夫兒(현애살수장부아)"라는 구절 덕분이라고 밝히고 있다. 백범에 따르면 이 구절은 자신에게 부족한 결단성을 보충하기 위해, 스승 고능선이 '구전심수'口傳心受〔授〕, 즉 일종의 맞춤형 교육으로 훈육한 구절이라 한다. 치하포 사건에서도 그러하지만, 이 구절은 이후 백범의 성장과 결단에 큰 영향을 주었고, 오늘날에도 심심찮게 인용되는 구절이다.

그런데 원래 이 구절은 중국 송나라 스님 야보도천冶父道川이 『금강경』에 주석으로 단 선시禪詩에 나오는 구절이다. 시 전체의 원문과 해석은 아래와 같다.

得樹攀枝未足奇　(벼랑에서) 나뭇가지를 잡음은 대단한 것 아니며
懸崖撒手丈夫兒　잡은 손마저 놓아야 장부로다.
水寒夜冷魚難覓　물은 차고 밤도 싸늘하여 고기 찾기 어려우니
留得空船載月歸　빈 배에 달빛만 가득 싣고 돌아오도다.

시의 내용이 오묘하여 그 핵심을 이해하는 것이 만만치 않다. 이 시에 대한 해석으로 『금강경오가해설의』金剛經五家解說誼에 실려 있는 함허선사涵虛禪師(1376~1433)의 다음 설의說誼가 빼어나다.

得一心存未是奇, 一處亦亡是丈夫, 到這裡 凡情脫盡 聖解亦亡 但將 無私照 卻來是非場[22]

22　함허득통(涵虛得通), 이인혜 옮김, 『금강경오가해 설의』, 도피안사, 2009, 231면.

번역하면 다음과 같다. "벼랑에서 나뭇가지를 잡고 오로지 한마음을 얻는 것으로는 대단하다 할 수 없다. 그러한 한마음마저도 없어야 장부丈 夫이니라. 이 경지에 이르러서는 성인의 깨달음이니 하는 분별마저 없어지니, 사심 없이 빈 배를 비추는 달빛과 같은 마음으로, 속된 세상 시비의 현장으로 돌아왔도다." 즉 자신을 버리는 것으로 깨달음을 얻되 속세를 떠난 깨달음이 아니라, 그 깨달음으로 속세의 현장으로 돌아와야 한다는 것을 노래한 것이다.

고능선이 백범에게 과단성을 가르치기 위해 이 구절을 애용했다지만, 원래 이 구절은 오로지 한마음의 결심이나 그런 것마저 버리라는 것이다. 또한 선시에서 장부는 의기충천한 충신열사가 아니라 해탈한 구도자를 의미한다. 자신을 버리는 무아無我의 깨달음을 강조한 불교의 선구禪句를 고능선이 자신의 성리학적 교리로 끌고 와 해석해서 백범에게 결단력을 키우는 구절로 가르치고, 백범은 쓰치다를 죽이는 결단을 하는 데 이 구절을 명심했으니, 원래의 의미와 적용된 것이 이렇게 다를 수도 있다.

인천 압송 일자와 밤바다

치하포 사건은 매우 중요한 사건임에도, 날짜와 관련해서 수정과 착오가 많다. 이는 1896년 21세의 일을 32년이 지난 뒤인 1928년 53세에 기록했기 때문일 터이다. 그런데 치하포 사건은 국가적으로도 중요한 사건이라 다행히 관련 자료들이 규장각에 남아 있어서 시기 확정이 가능하다.

백범은 치하포 사건 이후 체포된 날짜를 《원》 60면의 원고지 위쪽 여백과 오른쪽 여백 두 군데에 "丙申 五月 十一日"로 수정했다. 원래 시초 집필 부분은 지워졌지만, "五月五日 {卽}端午日을當하야"[23]로 해독할 수

---

23 {卽}처럼 { } 안의 글자는 교감자가 추정한 것이다.

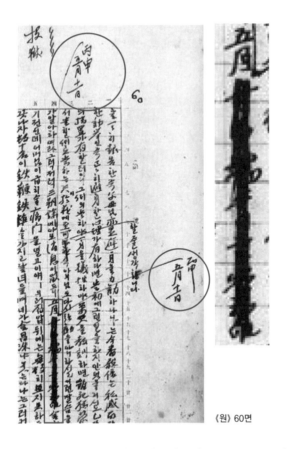

《원》 60면

있다. 즉 체포 날짜가 음력 5월 5일(양력 6월 15일)에서 음력 5월 11일(양력 6월 21일)로 수정되었는데, 규장각 자료에 의하면 체포일은 음력 5월 8일 (양력 6월 18일)이다.(『전집』 3권 232면)

　　다음, 백범이 해주에서 인천으로 이송된 날짜는 《원》 61면의 기록을 보면 앞뒤가 서로 맞지 않다.

　　① 七月 初에 仁川으로 移囚가 되어 仁川 監理營으로 四五名의 巡檢 이 海州로 와서 領去한다.

　　② 陸行은 羅津浦까지 끗나고 배를 탓다. ⓐ丙申 七月 二十五日

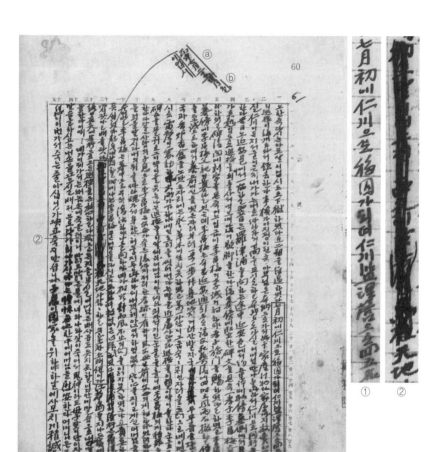

ⓑ月色이 업시 天地가 캄캄하고 물조차 소래 쌘이다.

규장각 자료에 의하면 백범의 인천 압송은 음력 7월 7일(양력 8월 15일) 경으로 ①의 7월 초가 맞다. 그렇다면 왜 ②에서 나진포에서 배를 타고 인천으로 간 날짜를 7월 25일이라고 수정했을까?

백범이 인천으로 이송되던 날 밤, "月色이 업시 天地가 캄캄하고 물조차 소래쌘"인 배 위에서 어머님은 백범에게 동반 투신자살을 제안했고, 백범은 "決코 죽지 안습니다" 하며 만류하여 어머님도 "投江할 決心을 中止"하게 된다. 백범은 배 위에서의 그 캄캄한 밤을 잊을 수 없었을 것이다. 아마도 백범의 기억에 중요한 것은 ⓐ보다는 ⓑ일 것이다. 즉 7월 25일이라 캄캄한 것이 아니라, 캄캄해서 그믐께 7월 25일로 추정한 것이다.

그런데 "ⓐ 丙申 七月 二十五日 ⓑ 月色이 업시"로 수정하기 이전 1차 집필 본문은 지워져 잘 읽을 수 없지만, 유심히 보면 "初生달이 어느새 西天에 {넘어}가고 {深}夜" 정도는 복원할 수 있다. 즉 초저녁에는 초승달이 있다가 지고 한밤중이 되자 캄캄했다는 것이다. 초승달은 보통 음력으로 2~4일경에 뜨며, 일몰 이후 2~3시간 정도 관측이 가능하다. 음력 7~8일은 상현달이 되는데, 상현달도 한밤중에는 진다. 백범은 인천으로 압송되던 날 밤바다에 달이 없고 캄캄하여 그믐께로 수정했으나, 사실은 초순으로 초저녁에 상현달이 있었고, 그것이 지고 난 이후 캄캄한 한밤중에 강화를 거쳐 인천에 도착한 것이다.

7) 3차 투옥

사상의 변화가 반영된 한 줄 수정

1911년 1월, 36세의 백범은 '안악 사건'으로 투옥되어 혹독한 고문을 당한다. 당시 독실한 크리스천이던 백범의 옥중 투쟁을 이해하는 데서 "몽어리돌〔몽우리돌〕신념"은 중요한 개념이다. 몽우리는 멍울을 뜻하는 방언으로, 몽우리돌은 '엉겨 굳은 덩어리처럼 생긴 쓸모없는 돌'을 의미한다. 인간의 관점에서 쓸모없는 몽우리돌이 하느님의 관점에서 "보배로운 모퉁잇돌"(모퉁이의 머릿돌)이 된다는 구절은 구약성경의 「시편」(118:22), 신약성경의 「마태복음」(21:42), 「마가복음」(12:10), 「누가복음」(20:17), 「사도행전」(4:11), 「베드로1서」(2:7-8) 등 여러 군데 언급되어 있다.

예컨대 「베드로1서」에는 "믿는 여러분에게는 이 돌이 값진 것입니다. 그러나 믿지 않는 이들에게는 '집 짓는 이들이 내버린 돌 그 돌이 모퉁이의 머릿돌이 되었네' 하는 그 돌이며, '그들을 걸려 넘어지게 하는 돌이요 장애물이 된 바위'입니다"로 되어 있다. 여기서 '집 짓는 이'들이 조선에서 새로운 식민지를 짓고자 하는 '왜마'倭魔라면, 그들이 버린 돌이 그들을 넘어지게 하는 걸림돌이 되고 새로운 독립국가라는 집을 짓는 머릿돌이 될 것이라는 믿음, 백범 스스로 그 머릿돌이 되었으면 하는 열망, 이것이 이른바 백범의 '몽우리돌 신념'이라 할 수 있다.

백범의 옥중 투쟁에서 '몽우리돌 신념'과 관련하여 《원》 148면의 "그리하여 耶蘇聖書에 肉體는 魔鬼를 服從하고 靈魂으로는 上帝를 복종한다는 것을 더욱 의미깁게 생각하고"는 매우 중요한 구절이지만 삭제했다. 또한 151면에서 안명근에게 자살을 만류하면서 "殺活 自由라는 부처님이라도 入此門內하야는 莫存知解일 것이니" 다음에 있는 "耶蘇 所謂 肉體는 魔鬼를 服從하고 靈魂은 上帝를 섬기라는 말을 생각하라"도 삭제했다.

안명근이 독실한 가톨릭 신자이고 당시 김구가 개신교 신자임을 감안하면, 부처 이야기는 남겨 두고 기독교 관련 구절을 삭제한 것은 당시 실제 상황과는 어긋나는 것이다. 당시 옥중에서 고문에 항복하고 싶은 육체의 욕구에 따르는 것을 마귀(왜마倭魔)에 굴종하는 것이라고 보고, "이 천

《원》148면　　《원》151면

지간 만물들아"로 시작하는 찬송가를 부르면서 이에 항쟁하면서 영혼적으로 하느님(상제上帝)에게 독립을 기원하는 것이 크리스천 백범의 초기 옥중 투쟁의 모습이었다.[24]

성경에서 육과 영의 대비는 여러 군데에 걸쳐 있는 기본 사상이지만, 사도 바울이 쓴 「로마서」에 '마음의 법과 육체의 법'이 특별히 길고 반복적으로 언급되어 있다. "결국 죽어 버릴 육체의 욕망에 굴복하지 마십시오. 그래야 죄의 지배를 받지 않을 것입니다."(6:12) "누가 이 죽음의 육체에서 나를 구해 줄 것입니까? 나는 이성으로는 하느님의 법을 따르지만 육체로는 죄의 법을 따르는 인간입니다."(7:24-25) "육체를 따라 살면 여러분은 죽습니다. 그러나 성령의 힘으로 육체의 악한 행실을 죽이면 삽니다."(8:13) 등등.

여기서 육체에 왜마, 하느님에 상제를 대입하면 백범의 옥중 투쟁 신념이 드러난다. 실제 백범은 투옥되어 알몸으로 고문을 받고 나와서도 동료들에게 "내의 肉體의 生命은 可辱이언정 내의 精誠은 不可奪"(《원》140면)이라고 주장하기도 했다. 그런데 1911년 당시 독실한 기독교인이던 백범이 1928~1929년 『백범일지』를 집필

24　최명식, 『안악사건과 삼일운동과 나』, 긍허전기편찬위원회, 1970, 52면.

76

하면서 왜 위의 성경 구절을 삭제했을까?

그것은 서대문감옥으로 이송되고 난 이후의 상황인 "나의 심리 상태가 체포된 이전과 이후에 큰 변동이 생겼음을 깨달았다"와 깊은 관련이 있을 것이다. 스스로 밝힌 바와 같이 "체포되기 이전에는 십수 년 동안 성경을 들고 교회당에서 설교하거나 교편을 들고" "먼저 자기를 자책"하는 독실한 기독교인이었다. 투옥 직후에는 '마음의 법과 육체의 법'에 따라 고문 등의 육체적 수난을 마귀에 굴복하는 것이라 여기면서 견뎌냈다. 그러나 옥 중에서 활빈당의 김 진사를 만나고, 더욱이 이후 상해임시정부에서 경무 국장을 맡아 왜적과 싸우면서, 백범은 기독교인의 입장을 떠나게 된다. 투옥 이후 이러한 사상적 전환이 추후에 위의 구절들을 삭제하게 된 배경이 아닌가 한다. 즉 처음에는 1911년 사건 당시의 생각으로 기록했다가, 1920년대 후반 집필 당시의 생각으로 삭제한 것이라 생각된다.

형량 수정

백범은 1911년 7월 22일 경성 지방재판소에서 '안악 사건' 관련 '강도미수죄'로 15년, 이어서 '보안법 사건' 관련 '치안방해죄'로 2년을 선고받았다. 『백범일지』에서는 "三次投獄, 十五年役"(《원》 133면)으로 제목을 달았지만, 본문 서술에서는 형량을 수정했다. 즉 1차 집필에서는 "내나 金鴻亮은 듬직하게 짐을 진 탓으로 第二回〔보안법 사건〕에는 참가치 안은 것이다"로 되어 있지만, 이를 붓으로 지우고 여백에 "〔내와 金鴻亮도〕十五年에 二年役을 加하여 合 十七年의 役을 젓다"(《원》 152면)로 수정했다. 《등》(『전

《원》 152면

집』 2권 176면)에는 수정 이전의 1차 원문대로 되어 있어, 이 부분은 해방 이후 수정된 것으로 생각된다.

판결문에 의하면 백범은 7월 22일에 안명근 사건으로 징역 15년형, 보안법 사건으로 2년형, 총 17년형을 선고받았다. 그러나 9월 4일 상소심에서 보안법 관련 선고가 취소되어 전체 형량은 15년으로 확정되었다(『전집』 3권 305~479면). 즉 1차 집필할 때는 상소심 최종 결과를 서술한 것이 되고, 2년을 더해 수정한 것은 그 이전 1심의 형량이라 할 수 있다.

8) 별지 보완

백범은 상권을 집필하면서 세 군데에서 누락한 부분을 특별히 별도의 후면이나 쪽지로 삽입했다.

① 《원》 121면 후반부의 문장 중에 ○로 삽입 표시를 하고, 여백에 "載後面"이라 기재한 뒤 후면에 별도로 삽입했다. 백범이 탈옥 이후 마곡사에서 스님이 된 적 있는데, 애국계몽운동에서 만난 마곡사의 동료 스님 박혜명朴慧明에게 백범이 떠나고 난 이후 마곡사의 변화를 듣고 별지로 소개했다. 《등》에도 이 부분이 실려 있어 원본 1차 집필 직후 추가된 것으로 보인다. 《필》에는 "載後面" 자체를 삽입구로 착각하여 이 3자만 삽입하고 막상 그 내용은 누락되었다.

② 《원》 156면에도 "載後面"이라 표기하고 후면에 추가했는데, 내용은 서대문 감옥에 투옥되어 그곳에서 이승만 박사의 손때와 눈물자국이 묻은 책을 보면서 느낀 소회이다.

西大門 監獄에는 歷代的 珍貴한 寶物이 有하니, 舊日 李承晚 博士가 自己 同志들과 갗이 投獄하엿을 時에 西洋人 親友들을 連絡하야 獄

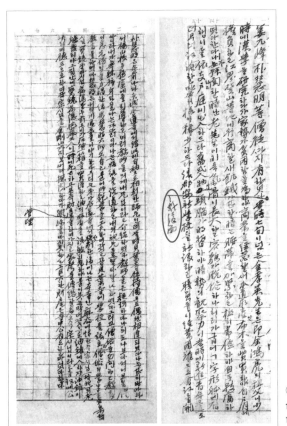

① 121면(오른쪽)
121면 후면(왼쪽)

② 156면(오른쪽)
156면 후면(왼쪽)

中에 圖書室을 設置하고…… 그中에 李博士의 手澤〔손때〕과 淚痕〔눈물자국〕이 斑斑한 監獄署라는 印을 捺한 『廣學類編』『泰西新史』等 書籍을 보앗다. 나는 그런 冊子를 볼 쩌의 內容 보담은 拜謁치 못한 李博士의 얼골을 보는 듯 반갑고 無限의 늣낌이 이섯다.

이것은 1929년의 《등》에는 수록되어 있으나 해방 이후 《필》에는 앞의 경우처럼 "載後面" 3자만 본문 속에 포함되고 별지의 내용은 누락되었으며, 《국》에도 이 내용은 누락되었다.

이승만은 1899~1904년 서대문감옥(당시 한성감옥)에 투옥됐는데, 1911년 백범이 이곳에 투옥되어 '옥중 도서실'에서 이승만이 본 책을 보았으며, 그 소회를 1928~1929년 『백범일지』 상권을 집필하면서 특별히 추가한 것이다. 당시 백범은 임시정부 국무령으로서 "미주 교포들에게 편지 보내기 정책을 실시"하였

③ 《원》 172-1면

고, 『백범일지』 상권 집필을 완료하고 바로 미주 동포에게 《등》을 보냈으므로, 미국의 이승만에게 각별한 연대감을 추가로 피력한 것으로 보인다.

③ 172면 다음에 추가된 상권의 마지막 부분(172-1면)은, 앞의 두 경우와는 달리 페이지 중간 삽입 부분이 아니고, 상권 마지막 부분인 172면 이후 망실 부분을 다시 쓴 것이다. 이것은 백범의 친필이 아니고 《등》과 동일한 필체다. 이것을 보완하는 데는 《등》(『전집』 2권 211면)의 해당 부분을 참고했을 것으로 생각되지만, 다시 정서하는 중에 사소한 표현의 차이는 있다.

4. 하권의 형식과 내용 수정

1) 「자인언」

하권은 1~4면이 면수 표기가 되어 있지 않고, 5면부터 '2'라고 표기되어, 2면 즉 한 장마다 번호가 매겨져 있다. 본서에서는 백범이 표기한 장 번호는 그 면의 번호로 하고, 그다음은 장 번호-1, 면수 표기가 없는 앞부분 1~4면은 최초의 면수 2로부터 역산하여 0, 0-1, 1, 1-1로 표기한다.

    하권 역시 머리말인 「자인언」과 본문으로 구성되어 있다. 하권 「자인언」도 상권과 마찬가지로 본문을 먼저 집필하고 이후에 집필한 것이다. 그것은 필기도구가 본문 후반부의 그것과 일치하며, 《필》에 「자인언」이 본문 이후에 있는 것으로 방증된다. 그런데 《필》의 「자인언」에는 백범의 나이가 "六十七歲"로 되어 있고, 《원》에는 결락 부분 다음에 "七"이 "六"으로 수정되었다. 요컨대 원래 67세 집필로 권말에 있던 「자인언」이 《원》에서는 권두로 옮겨졌고, 66세로 수정된 것이다.

《필》 《원》

    이처럼 《필》은 하권의 1차 원본의 모습, 나아가 수정이나 첨삭·누락된 부분의 시기를 밝히는 데 중요한 역할을 하지만, 급히 필사한 것이기 때문에 오탈자가

大韓民國臨時政府主席用箋

《필》363면 하권「자인언」부분

여럿 있다. 「자인언」도 그러한데, "中蘇美 等는 將來 韓國이 完全 獨立하여겟다고 全世界를 向하여 公式으로 廣播하엿고"라 하여, 미중소가 한국의 완전독립을 약속한 것처럼 되어 있다. 그러나 이것은 필사하면서 1행이 누락되어 생긴 오류이다. 《원》을 보면 "中蘇美 等"과 "將來 韓國" 사이에 다음의 구절이 있다.

中蘇美 等 **政府 當局者들이 非公開的 讚助는 不無하엿으나 公式的 應援은 無하엿다. 今日에 至하여는 美大統領 羅斯福〔루스벨트〕氏는** 將來 韓國이 完全 獨立하여겟다고 全世界를 向하여 公式으로 廣播하엿고

《필》에 누락된 구절(위 예문의 밑줄 부분)을 삽입하면, 미중소의 공식 입장은 반대가 된다. 즉 미중소의 '공식적인 응원은 없었다'는 것이며, 한국의 완전독립을 공식적으로 널리 선언〔廣播〕하였다의 주어는 미중소가 아니라, 루스벨트 미국 대통령이 된다. 때문에 《필》을 저본으로 하는 『백범일지』는 이 부분을 수정해야 마땅할 것이다.

그런데 루스벨트도 한국의 완전 독립을 공식적으로 선언한 적은 없다. 다만 그는 1942년 2월 23일 2차 대전의 전황을 전달하는 라디오 연설에서 "한국 인민과 만주 인민은 일본의 무자비한 폭정을 직접 겪어 잘 압니다"라고 언급한 바 있는데, 백범은 이것을 한국의 완전 독립 선언으로 확대 해석하여 표현한 것으로 생각된다.

2) 하권의 기본 모습

하권 본문은 상권과 같은 스타일로 ★표식과 함께 첫 목차 "上海到着"이

← 목차

《원》하권 1-1면 붓글씨

《원》하권 1면 펜글씨

표기되어 있으며, 펜으로 집필을 시작했다. 그런데 바로 다음 페이지(1-1면) 2행 10번째 글자인 "되고"부터 붓으로 전환했고, 이후 어떠한 목차도 설정되어 있지 않다. 백범은 상권을 집필하고 난 뒤 적절한 목차를 원고지 여백에 병기했으나, 하권의 경우 그러한 여유마저 없었던 듯하다. 하권 집필 종료 당시는 태평양전쟁의 발발 등으로 백범이 매우 바쁜 시기였다는 점을 고려하면 이러한 사정을 헤아릴 수 있을 것이다. 목차 없이 붓으로 기록하는 것이 하권 끝까지 이어지는 기본 모습이 된다.

하권은 모두 빨간선 240자(24×10) 원고지이다. 상권의 350자보다 칸이 적지만, 행 사이 여백에도 빽빽하게 기록하여 페이지당 글자 수는 상권보다 훨씬 많다. 처음에는 원고지 한 칸에 1행, 칸 사이 여백에 1행으로 비교적 여유 있게 기록하였으나, 4~5면부터는 한 칸에 2행, 여백에 1행으로 빽빽하게 기록하였다.

3) 이봉창의 나이 30세? 31세?

이봉창은 젊어서 일본으로 건너가 여러 곳을 전전하다가 1931년 1월 중순 상해에 도착하여 백범을 만난다. 『백범일지』에 소개된 첫 대면에서 이봉창의 발언은 아주 인상적이다.

> 제 나희가 三十一歲입니다. 이앞으로 다시 三十一歲를 더 산다하여도 過去 半生 生活의 放浪生活을 맛본 것의 비한다면 늙은 생활이 무슨 趣味가 있겟음니까. 人生의 目的이 快樂이라 하면 三十一年 동안 肉身으로는 人生 快樂을 대강 맛보왓으니, 이제는 永遠 快樂을 圖키 爲하여 우리 獨立事業에 獻身을 目的하고 上海로 왓음니다.(《원》 하권 6-1~7면)

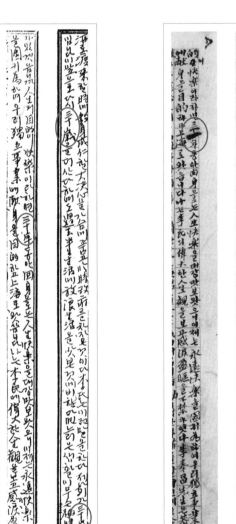

《필》336면　　《필》335면　　　　《원》7면　　《원》6-1면

한국과 일본을 전전하며 신산한 삶의 밑바닥에서 '인생 쾌락'을 맛보며 함부로 살았던 이봉창이 몸으로 체득한 결과 이제 "永遠 快樂을 圖키 爲하여 우리 獨立事業에 獻身"하겠다는 것이다.

그런데 이봉창 의사의 나이 "三十一歲" 두 군데와 "三十一年"의 '一' 자는 모두 두꺼운 획으로 수정한 흔적이 역력하다(《원》 하권 6-1면, 7면). 그런데 《필》(『전집』 2권 335~336면)에는 이것이 "三十歲" 또는 "三十年"으로, 《국》(『전집』 2권 747~748면)에는 "설흔한 살" "삽십일년"으로 되어 있다. 즉 1차 집필 당시에는 '三十'인데, 《필》은 이것을 그대로 필사했고, 그 이후 《원》에서 '三十一'로 수정하였으며, 그것이 《국》에 반영된 것임을 알 수 있다.

이봉창 의사는 1900년 8월 10일 생으로 1931년 1월 백범을 만날 당시 생일이 지나지 않아 일본식 만 나이로는 30세, 우리식 만 나이로는 31세, 우리식 일반 나이로는 32세이다. 일본 생활에 익숙한 이봉창 의사가 백범을 만날 당시 어느 나이로 소개했는지는 확실하게 알 수 없지만, 여러 가지 정황을 고려하면 1차 기록인 30세일 가능성이 크다.

4) '김일성'과 1자 오독

하권에서는 중국 동북 삼성의 정세를 소개하면서, "우리 獨立軍이 벌서 影絶되엿을 터이나" "今日까지, 오히려 金一聲 等 武裝部隊가 依然히 山岳地帶를 依據하고 鴨綠 豆滿을 越하여 倭兵과 戰爭되는 데는, 中國 義勇軍과도 聯合作戰을 하며, 俄國의 後援도 받아서 現狀을 維持하는 情勢이고, 關內 臨時政府 方面과의 連絡은 極히 困難하게 되엿다"(하권 5~5-1면)라는 구절이 있다.

그런데 인명 "金一" 다음의 한 글자를 《필》(『전집』 2권 332면)은 '靜'으

《원》의 김일성 부분과 1·2·3.『漢典書法』

로, 직해본(246면)은 '擇'으로 해독했다. 《원》의 이 글씨를 확대해서 보면
서체자전 『한전서법』(漢典書法)의 '聲'과 일치하며, '靜'과는 획의 운필이
확연히 다르고, '擇'은 유사한 듯하지만 마지막 획에서 역시 차이가 난다.
따라서 '金一聲'으로 독해하는 것이 맞다. '金一聲', '金一靜', '金一擇'은
한 글자 차이이지만, 그 의미는 천양지차다. 왜냐하면 김일성金一聲은 북
한의 김일성金日成과 동일 인물이며, 위의 서술은 분명히 동북지방 김일성
빨치산 부대에 대한 언급이기 때문이다. 백범은 해방 이후 1948년 남북연
석회의를 통해 북의 김일성과 만나 회담했는데, 일제 강점기에도 만주 지
역의 김일성을 주목하고 있었음을 『백범일지』가 보여 주고 있다.

  1940년대 김구는 임시정부의 주석으로서 항일독립운동의 확대와 연
대를 위해 중국 관내關內 지방의 김원봉(민족혁명당)과 합작을 성사시키는
한편, 연안延安의 김두봉에게 서신을 보내 독립동맹과 합작을 모색했으며,
동북 지방의 김일성 빨치산 부대와도 합작을 시도했다. 백범의 측근 안우
생安偶生의 회고에 따르면, 이충모가 백범의 신임장을 휴대하고 김일성을
찾아 중경重慶을 출발하여 산서성山西城 태원太原까지 이르렀으나 중도에서
8·15 광복을 맞이하게 되어 성사되진 못했다고 한다. 일제 말기 김일성과
의 합작은 성사되지 못했지만, 이러한 경험이 1948년 백범이 김일성과 김
두봉에게 서신을 보내 남북합작을 추진하는 배경이 되었다.[25] 그 단서가
되는 인명이 『백범일지』에 '金一聲'으로 남아 있는 것이다.

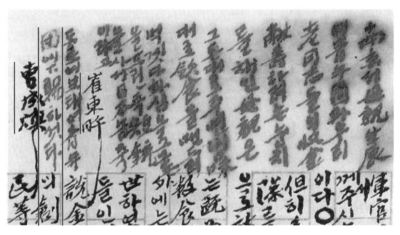

《원》 하권 14면　상단의 어머님 생신 관련 추가 기록

5) 어머님 관련 추가

하권은 상권에 비해 수정과 보완이 거의 없다. 아무래도 서술 대상과 집필 시기의 간극이 상권처럼 크지 않고, 관련 서류들도 현지에 많이 남아 있어 기억의 착란이 적었기 때문일 것이다. 이런 하권에서 거의 유일한 삽입구는 대개 백범의 어머님과 관련되는 것이다. 특히 《원》 하권 14~15 면의 어머님 관련 유명한 이야기는 1차 집필 당시의 기록이 아니라 모두 여백에 삽입된 것이다.

먼저 14면은 붓으로 쓴 1차 원문 본문에 ○로 삽입 위치를 표시하고 어머님 생신 관련 사연을 추가했다.

　　南京서 母親 生辰時 靑年團과 우리 老同志들의 收金 獻壽하려는 눈

25　도진순, 「백범 김구의 평화통일운동, 그 연원과 생명력」, 『백범과 민족운동 연구』 1, 백범학술원, 2003.

치를 채인 母親은, 그 돈대로 주면 내 口味대로 飮食을 맨드러 먹겟 다 하심으로 그 돈을 드린 즉, 短銃을 사서 日本놈 죽이라고 도로여 보태여 靑年團에 下賜하섯다.《원》하권 14면）

하권 14면 상단 여백의 글 중에서 '崔東旿' '曺成煥'은 집필과 동시에 추가되어 먹의 색깔도 같고,《필》에도 본문 속에 이 이름들이 들어가 있 다. 그러나 여백의 나머지 추가 부분은 1차 원본과 글자의 색상 및 필기도 구가 달라 추후에 추가된 것임을 알 수 있다.

1937년 7월 7일 노구교蘆溝橋 사건으로 인해 중일전쟁이 발발하고, 장개석 국민당 정부가 천도遷都를 발표하고, 대한민국 임시정부도 호남성 장사長沙로 옮긴다. 1938년 5월 백범은 남목청楠木廳에서 이운환의 저격 을 받아 병원에서 죽음의 위기를 넘긴 후 퇴원하여 어머님을 찾아뵙는데, 이때 어머님께서 하시는 말씀 중에, "자네의 生命은 上帝께서 保護하시는 줄 아네. 邪不犯正이지"의 다음 구절이 여백에 추가되어 있다.

한갓 遺憾은 李雲漢 韓奸놈도 韓人인 즉 韓人의 銃을 맛고 生存함이 日人의 銃의 死亡함만 不如.《원》하권 15면）

이것은 잉크 색에서 알 수 있듯이 14면 여백의 추가 부분과 같은 시 기에 어머님 관련으로 일괄 추가한 것이다. 그런데《필》에는 하단 여백에 추가한 "한갓 유감"은 본문에 들어가 있지만, 상단 여백의 추가 부분은 누 락되어 문맥이 이어지지 않는다. 백범은《필》의 이러한 미비점을 확인하 고 직접《필》의 여백에도 해당 내용을 추가하였다. 이것은《필》에서 확인 할 수 있는 백범의 유일한 친필 삽입구이며, 어머님 관련 서술을 꼼꼼하 게 챙긴 흔적이기도 하다.

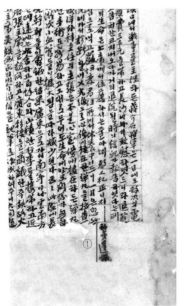

《원》하권 15면　하단(①)과 상단(②)의 추가 기록

[한갓 유감]은 李雲漢이 정탐이나 其亦 韓人인즉 倭놈 銃을 맞고 死亡함이 도로혀 快하다.

《필》의 내용도 《원》과 대략 같지만, 《원》의 "韓奸놈"이 《필》에는 "정탐"으로 되어 있다. 하권 1차 원본에서는 상권과 달리 추가된 부분이 거의 없는데, 이처럼 14～15면에 어머님 관련으로 특별하게 추가하였다.

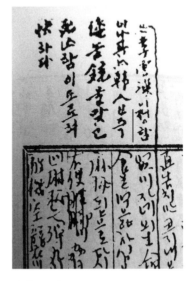

《필》 354면　백범이 친필로 추가 기록한 부분

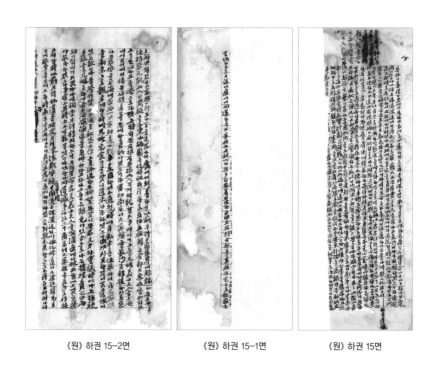

《원》 하권 15-2면　　　　《원》 하권 15-1면　　　　《원》 하권 15면

6) 대폭 삭제: 안공근 관련

하권은 상권에 비해 수정과 보완이 거의 없지만, 대대적으로 절삭된 부분
이 특별하게 한군데 집중되어 있는 것이 큰 특징이다. 즉 하권 15면의 좌
측 반 페이지 이상, 15-1면의 마지막 1행을 제외한 전 페이지, 15-2면의
좌측 반 페이지 정도, 16면의 우측 시작 부분 등 총 4면에 걸쳐 절삭과 지
움, 그리고 2차 수정 집필이 있다. 『백범일지』 전체에서 가장 대대적으로
삭제 수정된 부분이며, 《필》에서도 해당 부분을 찾아 일일이 절삭하거나
지웠다.

　　먼저 육안으로도 15면과 15-1면 그리고 16면의 ③ 부분은 하권 다른
부분과 마찬가지로 원고지 칸 사이의 여백에도 1행씩 빽빽하게 기록했지

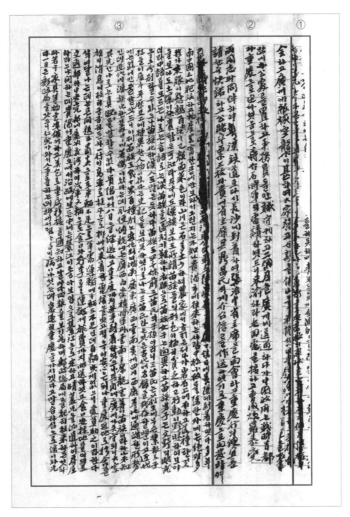

《원》 하권 16면

만, 15-2와 16면의 ②에서는 이와 달리 행간 여백에는 글을 쓰지 않고 비웠다. 즉 15면, 15-1면과 16면의 ③ 부분은 1942년 1차 집필시의 원본이나, 15-2면과 16면의 ② 부분은 1차 원본을 대폭 절삭하고 난 뒤 필요한 부분만 다시 정서해서 붙인 것이다. 많은 내용을 잘라내고 필요한 부분만 재정리하다보니 행간이 넓게 여유가 생긴 것이다.

15-2면은 전체가 새로 수정한 원고지이며, 16면에서는 ② 부분을 새로운 원고지에 수정 집필하여 붙인 것이다. 그리하여 ②의 좌우 경계에는 수정한 새 원고지를 붙이면서 1차 원본에서 중복되는 부분을 지운 흔적들이 많이 남아 있다. 16면의 ① 부분은 1차 집필시의 원고지만 거의 대부분 지워졌다.

이러한 대대적인 수정이 언제 이루어진 것인가는 《필》과 대조함으로써 추적할 수 있다. 동일 부분이 《필》에서는 『전집』 2권의 355~356면이나. 355년에서는 원래 필사한 것은 ① 부분만 남기고 잘라내고, 다른 종이 ②로 배접했다. 356면에서는 1차 집필 용지를 그대로 두었지만 앞부분 9행 정도를 먹으로 지웠다. 여기에서 먼저 확인할 수 있는 것은 《필》의 시기(1948년 초)까지 해당 부분은 《원》에도 《필》에도 남아 있었다는 것이다. 이후 《원》은 물론 《필》에까지 해당 부분을 찾아서 절삭 또는 지웠다는 것은 그 내용이 중요하고 민감한 것임을 짐작케 한다.

그렇다면 그 내용은 무엇인가? 15면의 마지막 "大問題"는 15-1면의 "言約하고"로 이어지지 않고, 15-2면의 첫 구절 "는 解決되었다"로 이어진다. 즉 대폭 절삭되고 난 뒤 남아 있는 15-1면의 마지막 한 줄은, 15-2면에서 동일 내용을 다시 자세하게 기록하게 되어 쓸데없는 내용이 되어 버렸다. 요컨대 15면의 마지막 "大問題" 이하 대폭 절삭되었는데, 그 문제는 어떤 식으로든 해결되었다(15-2면)는 것을 알 수 있다.

문제는 그다음 부분인데, 《원》 하권 16면 우측 ① 부분에 1942년의 1차 원본이 반절 형태로나마 3행 정도가 부분 부분 남아 있다. 1행에서는 절삭 부분 다음에 "를 하듯 하며 靑年들에게 分派的으로" 이하 절삭되었고, 2행에서는 중간 이후 "勇斷으로 安恭根의 罪狀을 宣布하고 六個月 停權", 3행에서는 "大會에 宣布하고 恭根의 悔" 등을 확인할 수 있다.

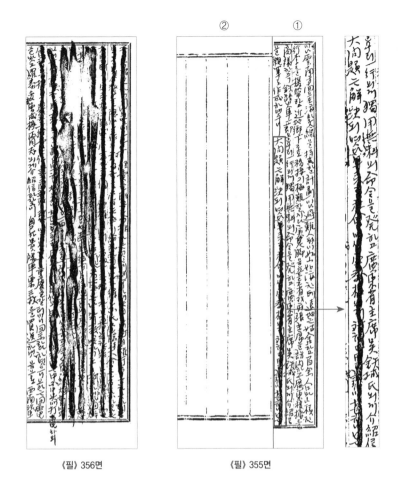

《필》356면　　　　《필》355면

　다음《필》355면에도 절삭 부분 바로 앞의 행에서 "大問題는 解決되
였다" 다음 부분을 먹으로 지웠는데, "에서 安恭根의게 對하여"는 해독이
가능하다.《필》의 356면도 먹으로 지웠지만, 역시 부분 부분 독해가 가능
하다. 1행에서 "安恭根" "經費를 酌量 分配하든", 2행에서 "分派" "隱" "紛
亂" "不得已 國民黨 臨時大會를 召集하야", 3행에서 "大勇斷으로 安恭根
의 罪狀을 宣布하고 六個月 停權" 등을 확인할 수 있다.

　이상에서 보면 『백범일지』 하권에 대대적으로 절삭한 부분은 다름 아닌 안중근 의사의 동생 안공근 관련 기록임을 추적할 수 있다. 『백범일지』에서 백범과 안공근이 서로 관계가 어긋나는 것을 짐작케 하는 구절은 남아 있지만, 삭제된 부분처럼 노골적인 대립이 서술된 부분은 없다. 그래서 이 절삭 부분은 대단히 중요한 의미를 지닌다.

1895년 2월, 20세의 동학 접주 백범(김창수)이 황해도 신천 청계동 안태훈 진사에게 몸을 의탁함으로써 안중근 의사 집안과 인연이 시작되었다. 이렇게 아름다운 인연으로 시작된 백범의 청계동 시절은 『백범일지』 상권에 자세하게 묘사되어 있다. 그러나, 백범과 안 의사 집안의 인연은 결국 비극적으로 끝나게 되는데, 그 핵심에 안중근 의사의 막내동생인 안공근 문제가 있다. 1932년 백범이 이봉창·윤봉길 의거를 주도할 때까지만 해도 안공근은 한인애국단의 단장으로서 핵심적인 역할을 했다. 그러나 1937년 7월 중일전쟁 이후 김구와 임시정부가 남경을 떠날 즈음부터 서로 관계가 어긋나기 시작하여, 중경 도착 직후는 거의 돌이킬 수 없을 정도로 악화되었다. 이런 중에 안공근이 갑자기 행방불명되었다.[26]

해방 이후 백범은 장개석을 만나 안중근의 아들 안준생安俊生의 친일 행위를 들어 처벌을 요구했고(『전집』 5권 710면), 1945년 11월 5일 귀국길에 상해에 들른 백범은 "민족 반역자로 변절한 안준생을 체포하여 교수형에 처하라 중국 관헌에게 부탁"하기도 했다.[27] 해방이 되었지만 안중근의 부인과 아들 안준생 일가는 안준생의 친일 행위로 인해 귀국하지 못하고 상해에 머물렀다.

안중근의 동생이자 안공근의 형인 안정근도 해방 이후 조국으로 귀국하지 못하고 상해로 갔다. 형님 안중근의 집안도 수습해야 했으며, 중

---

26   이정식 김학준 김용준, 『혁명가들의 항일 회상』, 민음사, 2005, 427~428면: 최영방·최영화, 김대구 엮음, 『대한독립운동 최후의 광경』, 한국이민역사연구소, 2008, 267~269면.
27   김구, 도진순 주해, 『백범일지』(개정판), 돌베개, 2002, 408면.

경에서 실종된 동생 공근의 생사 여부와 유해도 확인하고 싶었을 것이다. 그러나 결국 그는 형과 아우의 유해를 가져오지 못한 채, 1949년 3월 17일 상해에서 고단한 삶을 마쳤다.[28]

한편 안정근의 딸이자 백범의 맏며느리인 안미생은, 1945년 11월 23일 시아버지인 백범을 따라 귀국했다. 그러나 그녀도 1948년 홍콩을 경유해 미국으로 갔다. 1949년 3월 17일에 부친 안정근이 돌아가시자 상해의 아버지 장례에는 참여했지만, 6월 26일 시아버지인 백범이 서울에서 암살되었을 때는 조전弔電만 보냈다. 그녀는 1948년 조국을 떠난 이후 한 번도 돌아오지 않았다.

안공근의 장남 안우생安偶生은 해방 이후 김구의 대외 담당 비서로서 좌우합작과 남북합작의 한가운데에서 활약했다. 그는 남북연석회의를 막후에서 준비하고 평양으로 가는 김구를 수행했지만, 결국은 김구 진영을 떠나 북에서 생애를 마쳤다. 이렇게 안중근 의사 집안은 모두 백범을 떠나게 된다. 그 이유는 여러 가지가 있겠지만, 가장 중요한 사건이 안공근의 실종 사건이다. 그 비극을 암시하는 대목이 원래 『백범일지』 하권에 있었는데, 이제는 이렇게 절삭된 부분으로 남아 있는 것이다.

---

28 이하 안중근 가문에 대한 언급은 도진순, 「안중근 가문의 유방백세와 망각지대」, 『역사비평』 90(봄)호, 역사비평사, 2010 참조.

5. 옛말과 방언

『백범일지』 원본은 수고手稿로 오탈자가 적지 않지만, 현대 표준어로 획일화되기 이전의 방언과 옛말이 풍성하게 수록되어 있다. 즉 현대 서울의 중급 문화인이 아닌 변방 상민들의 생생한 일상 생활어, 한글·한문·일본어가 뒤섞이던 개항기의 언어 격랑激浪을 접할 수 있다.

《원》 상권의 표현만 열거해도, '알고 싶다'가 아니라 '먹고 싶다'의 의미로 "심히 궁금한 쩍[때]에"라 표현하고, 구멍은 방언인 "구먹"(상권 6면) 또는 "구녁"(66면. 80면)으로 적었다. 머릿속 생각이나 짐작을 의미하는 북한 지역 방언인 "윈금"(31면)이 쓰였고, '입 속 말씀'을 "입안에 말슴"(61면)이라 썼다. 죄인을 묶을 때 쓰던 줄인 '오라'에서 나온 형용사 '오라지다'가 '시절'을 수식하는 말에도 적용되어 상황이 악화되는 것을 "날이 오라지는"(68면)이라 표현했다. 마지막이란 의미의 '막음'을 사용하여 "막음 보려 왔소"(70면), 부인과의 "막음 作別"(171면)이라 썼다. 접두사 '참'과 '찰'을 사용한 "참도적"(81면)과 "찰强盜"(157면)가 쓰였고, '마주 보다'라는 의미의 접두사 '맛'을 사용하여 마주 보면서 하는 부탁을 "맛請"(86면)이라 표현하였다. 이외에도 '지난'이란 의미의 접두사 '간'을 사용한 "간새벽"(86면), 일출 또는 일몰의 모습을 형용한 "발앙발앙"(93면), 제 앞가림을 의미하는 "제앞쓸이"(95면), 마마자국을 의미하는 "손틔"(102면), 한쪽이 크거나 기능이 다른 짝짝이란 의미의 "봉충이"(155면) 등 옛말이나 방언을 풍부하게 만날 수 있다.

이미 언급한 "밧흔 목"처럼, 우리말 표현 중에서 그간 해독이 잘못된 경우를 몇 가지 소개하면 다음과 같다.

'손에 걸리다'와 '손에 잡히다'

백범이 치하포 사건으로 인천감리서에 투옥된 뒤, 백범의 모친은 박영문 객줏집에서 일하게 되는데, 해당 내용에 대한 묘사는 다음과 같다.

> 어머님이 비록 下鄕農村에서 生長을 하섯으나 凡事에 可堪〔堪當〕하시고 더욱 針線침선〔바느질〕이 能하신지라 <u>무슨 일이 손에 걸넛으랴만은</u>, 子息의 命을 救키 爲하야 監理署 三門 外에 開城人 朴永文의 집에를 들어가서 所從來〔내력〕를 잠시 이약이하고 그 집에 동자꾼으로 請하엿다.(상권 62면)

동자꾼은 가정부나 부엌데기를 뜻하는 황해도 사투리이다. 그런데 거의 모든 주해본이 "무슨 일이 손에 걸넛으랴만"을 '무슨 일이 손에 잡히셨을까만'으로 해석하고 있다. 하지만 이것은 바로 앞 문장에서 어머님이 모든 일을 다 감당하실 수 있다는 말과 배치된다. 여기서 '손에 걸리다'라는 표현은 '가슴에 걸리다' '신경에 걸리다' '마음에 걸리다' 등과 같이 '맞지 않다' '거슬리다'의 의미가 있다. 즉 위의 구절은 무슨 일이든 하고 싶은 마음이 없는 '무슨 일이 손에 잡히셨을까만'이 아니라, 반대로 무슨 일이라도 할 수 있다는 의미의 '무슨 일이든 못하리오만'으로 독해하는 것이 옳다.

벽쟁이와 남색

《원》 77면

백범은 인천감리서 감옥에서 탈옥 준비를 시작할 때 죄수 중에 실권자인 황순용黃順用이란 사람을 이용하기 위해 그의 "男色" 파트너인 김백석金白石〔姜白石〕을 움직였다. 그런데 '남색'이란 표현의 1차 집필은 옆의 도판에서 볼 수 있듯이 "벽쟁이"였다(상권 77면). 우리말로 '사내끼리 성교하듯이 하는 짓'을 '비역질'이라 하는데, '비역'의 준말이 '벽'이며, '벽쟁이'는 바로 '비역질의 상대'를 지칭한다. 《등》(『전집』 2권 101면)에서는 "男色동무"로 표현했다. 둘 다 재미있는 표현이다.

'오늘날 살인'과 '오늘 날살인'

《원》 86면

백범은 인천감리서 감옥을 탈옥한 이후 삼남 지방으로 피신했는데, 강경포 공종렬孔鍾烈의 집에서 하룻밤 묵던 날의 기록은 가슴 조마조마하게 하는 긴장감이 도저하다. 뜰에 달빛이 가득한 심야에 칼 빛이 번득거리자, 백범은 행여 변을 당할까 긴장하고 있었다. 사연인즉, 공종렬의 누님이 천주학 교도인 그 집 하인과 눈이 맞아 아이를 출산하다 죽었고, 공종렬이 하인과 그 갓난아이를 쫓아내려 하지만 하인이 말을 듣지 않았다. 이에 공종렬이 백범에게 이 일을 해결해 주십사 부탁한 것이다. 백범이 대신 나서서 그 하인을 협박하여 결국 하인은 새벽에 집을 떠났고, 이어서 백범도 자신의 은거가 탄로 날 것을 우려해 그 집을 떠났다.

　　翌朝에 孔君을 作別하고 茂朱行을 써낫다. 江景浦을 채

버서 나지 못하야서 거리에 사람들이 숭성숭성한다. "간새벽에 갯가에 얼인 아희 우는 소리가 들니드니, 소리가 끊어진지 오랫으니, 그 아희는 죽은 거시라"고 야단 일다. 나는 이 말을 들으매 天地가 아득하다. 오늘날 殺人을 하고 가는 길이로구나…… 그 者가 밤에 내의 面目을 對할 쩍의 甚히 무서워 하든이, 孔鍾烈의 말을 곧 내의 命令으로 생각하고 제 子息을 안아다가 江邊에 버리고 逃走한 것 안인가? 갓드그나〔가뜩이나〕胸中이 盍積〔울적〕한데다가, 世上에 아모 罪惡이 없은 幼兒를 致死케한 것이 얼마나 큰 罪惡이냐. 一生을 爲하야 甚히 悲觀된다.(상권 86~87면)

천주교 신자인 하인은 신분제를 넘어섰기 때문에 주인집 여인과의 관계에 대한 공종렬과 백범의 협박이 억울했을 것이다. 더욱이 그 갓난아이야말로 아무 죄가 없다. 백범은 그런 아이를 죽인 것을 '날살인'이라고 표현했다. 그런데 대부분의 주해본은 '오늘날 살인을 했다' 또는 '오늘 살인을 했다'라고 독해한다. 시대를 지칭하는 '오늘날'은 갓난아이가 죽은 '간새벽'이란 구체적인 시점과 어울리지 않는다. 따라서 이 대목은 '오늘 날살인'으로 띄어 써야 의미가 온전하다. 여기서 '날-'은 '날강도' '날건달' '날도둑' '날송장' 등의 접두사 '날'과 같은 의미인바, '날살인'은 일반 살인보다 더 질이 나쁜 살인으로, 무고한 어린아이를 죽게 만든 회한이 반영된 단어라 할 수 있다.

아울러 "一生을 爲하야 甚히 悲觀된다"에서, '일생'은 백범의 평생이 아니라 꺼져 버린 '한 생명', 즉 갓난아이를 의미한다. 또한 여기서 '비관'은 '낙관'樂觀의 반대말이 아니라 '자비관'慈悲觀과 같은 의미로, 어린 한 생명을 위하여 애절하고 슬프다는 의미이다.

어이새와 어미새

1911년 백범은 안악 사건으로 경무총감부에 투옥되는데, 옥중에서 이종록李宗錄이라는 어린 청년에게 사식私食을 먹이는 장면이 나온다.

내가 房外에서 밥을 먹다가 고기 한 덩이와 밥 한덩이를 입에 물고 房內에 들어와서 口內로서 도로 꺼내여 맞이 <u>어이새가 색기를 물어 먹이듯</u> 하엿다.(《원》141면)

《원》 141면

왼쪽의 《원》 141면 도판에서 볼 수 있듯이 1차 집필에는 '어미새'였는데, 백범은 굳이 '어이새'로 수정했다. 그러나 《등》과 《필》에는 모두 "어미새"로, 《국》에는 "제비"로 되어 있다(『전집』 2권 165면. 297면. 667면). 모두 '어이새'라는 단어를 몰라서 일어난 착오로 보인다. 백범이 '어미'를 '어이'로 수정한 것은 '어이'가 어머니과 아버지를 아울러 이르는 말이기 때문이다. 예컨대, 『월인석보』(2:12)에는 "鸚鵡ㅣ 그 穀食을 주서 어싀를 머기거늘"이라 하며, 자식새가 어이새에게 곡식을 물어다 먹이는 장면을 묘사하고 있다.

영문도 모르다

《원》에는 한글과 한문이 뒤섞인 흥미로운 표현들이 많다. 중국에서 들어온 붉은 무를 "紅唐무우"(상권 64면)라고 표현하고, 말의 의미를 이렇게 저렇게 해석할 수 있게 넓게 펴서 확대한다는 의미로 "말의 意味를 平平하게 한다"(상권 77면)라고 표현한다. '한턱내다'를 "한卓을 내다"(상권 79면), '맨상투'를 북쪽 방언인 "土상투"(상권 81면)로 표현한다.

한문과 결합된 표현으로 "營門도 모로고"(하권 11면)라는 표현이 등장

한다. 1932년 백범은 윤봉길 의거 이후 피신 유랑을 다녔는데, 해염 감포진澉浦鎭에서 중국 경찰에게 심문을 당한다. 백범이 나중에 동행한 중국 묘지기인 수산인守山人에게 사정을 물으니, 수산인은 "그까짓 警察들 營門도 모로고 張先生이 廣東人이 아니고 日本人이 아니냐" 물었다고 전한다.

여기서 '영문'營門은 감영監營이나 병영兵營의 문을 지칭하는 것으로, 그 지역 사람이면 누구나 아는 것을 의미한다. 그러니 이것을 모른다는 것은 아무것도 모른다는 의미이다. 그런데 '영문도 모른다'는 표현이 중국어에는 없다고 한다. 《원》에 이 구절이 중국인 묘지기의 직접화법으로 등장하지만, 실은 백범이 한국식으로 번역하여 표현한 것으로 보인다.

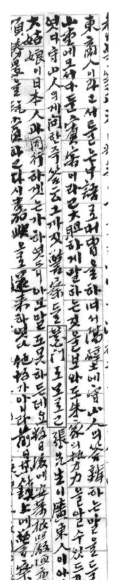

《원》 하권 11면 부분

일러두기

1. 이 책은 『白凡逸志』 원문을 탈초(脫草)하여 활자화한 것이다.
2. 원문은 세로쓰기로 되어 있으나, 가독성을 높이기 위해 가로쓰기로 한다.
3. 본문의 좌우에 별색으로 표기한 면수는 백범이 원본에 표기한 것이다. 본서에서 '상권 @면', '하권 @면'이라 표기한 것은 원본에 표기된 면수를 기준으로 한다. 원본에 면수 표기가 없는 경우는 교감자가 면수를 역산해서 임의로 넣었는데, 이것과 관련해서는 주석에서 자세히 밝혀 놓았다.
4. 백범이 원문에 부여한 소제목으로 이 책의 차례를 구성하였다. 단 하권의 '警務局長' 이하로는 백범이 별도의 소제목을 부여하지 않아 교감자가 임의로 소제목을 부여하고, 백범의 것과 구분하기 위해 차례의 제목 옆에 ＊ 부호를 넣었다.
   예: 南木廳 사건*
5. 본문의 둥근 괄호 ( )는 백범이 원본에서 ( ) 혹은 작은 글씨로 설명한 원주이다. 본서에서는 『백범일지』 본문의 글자 급수와 같게 하였다.
6. 각괄호 〔 〕는 본문의 의미를 쉽게 파악할 수 있도록 교감자가 삽입한 것으로, 『백범일지』 본문과의 구분을 위해 글자의 급수를 작게 하였다.
7. 대괄호 〔 〕는 지워져 잘 보이지 않는 글자를 추정해서 쓸 경우 사용한다.
8. 뜻에 따라 그 음이 달라지는 한자와 비교적 독음이 어려운 한자의 경우에 한하여 글자 옆에 작은 글씨로 음독했다.
   예: 父보 塞색
9. 원본에서 망실된 글자 중 《등사본》, 《필사본》에서 확인되는 것은 찾아서 보완하였다.
10. 수정되기 이전의 1차 집필을 살펴볼 필요가 있을 경우, 그리고 여백·별지 등으로 수정·보완한 것 중 특이한 것은 본서의 권두 사진과 해제에서 그 원본의 모습을 볼 수 있도록 사진으로 제시하고 설명하였다.
11. 원문 독해를 위해 주해자가 삽입한 문장부호는 ,/./' '/" " 정도이며, ?/! 등은 모두 원본 그대로 따르고, 그 외에 특별한 문장부호를 삽입하지 않았다.
12. 가독성을 높이기 위해 문단을 나누어 내용을 구분하였다.
13. 각주는 본문 독해와 관련된 것을 위주로 하였으며, 주해본의 내용과 겹치는 것은 상당 부분 생략하였다.
14. 『백범일지』 원본은 《원》, 등사본은 《등》, 필사본은 《필》, 국사원 출간본은 《국》, 『백범김구전집』은 『전집』이라 약칭하였다.

상
권

汝等은 아직 나히 얼이고 또한 半萬里 重域을 隔하야 時時로 說與할 슈도 없음으로[2] 其間 나의 所經歷을 略述하야 몟몟 同志의게 寄與하며 將 後 너의〔희〕들이 長成하야 아비의 經歷을 알고 싶어 할 程度에 밋으거든 뵈여 달나고 부탁하엿거니와, 나의 가장 恨하는 바는 너의 兄弟가 長成하 엿드면 父子間 서로 땃뜻한 사랑의 談話로 一次 說與하엿으면 滿足할 것 이나, 世上事가 所願과 갓이 아니하야, 나의 나은〔'나으'는 '나이'의 고어〕 벌 셔 五十三歲이엿만[3] 汝等은 初十 初七의[4] 幼兒인즉, 너히의 年期와 知識 이 添進할사록 나의 精神과 氣力은 衰退할 뿐 아니라, 임의〔이미〕 倭仇의 게 宣戰布告을 下하고 現下 死線에 立함애랴.

今에 此을 記함은 決코 너의 兄弟로 하여금 나를 效則하라 함이 아니 라, 眞心으로 바라는 바는 너의도 또한 大韓民國의 一員인즉, 東西古今의 許多한 偉人 中에 가장 崇拜할 만한 니를 選擇하야 師事함에 있을 뿐이 다. 그러나 너의들이 將次 長成하더라도 아비의 一生 經歷을 알 곤이 없

---

1   『백범일지』 상권에는 5면부터 백범이 직접 기입한 면수 표기가 있다. 2~4면은 주해자가 역산 하여 부여한 면수이다.

2   時時로~없음으로: 《원》에 첨부된 「여인신양아서」(與仁信兩兒書)는 이 부분이 망실되었지만, 이를 그대로 필사한 《필》(『전집』 2권 215면)로 망실된 부분을 복원하였다.

3   《등》(『전집』 2권 31면)에는 '54세'로 되어 있다. 처음에는 이처럼 54세로 기록했다가 이후 53 세로 수정했다. 《필》(『전집』 2권 215면)과 《국》(『전집』 2권 453면)에는 모두 53세로 되어 있다. 해 제 참조.

4   장남 김인(金仁)은 1918년 11월 12일생(음력), 차남 김신(金信)은 1922년 8월 1일생(음력)으 로, 1929년 『백범일지』 집필 완료 당시 각각 12세(만 11세), 8세(만 7세)였다.

간는 故로 此를 略述하거니와, 다만 遺感되는 것은 年久한 事實임으로 忘失한 바가 多有할 뿐이요, 捏虛날허[날조]가 無한 것은 事實인즉 밋어 주기를 바란다.

大韓民國 十一[1929년] 五月 三日 父書[5]

5 《원》에는 이 부분이 없으며, 이를 필사한 《필》에도 없다. 이것은 《등》에 의한 것이다. 한편 《국》의 「仁信 兩兒의게 與한다」에는 집필 완료한 일자와 더불어 "上海 法租界 馬浪路 普慶里 4호/ 臨時政府 廳舍에서 書完"으로 장소까지 특정되어 있다(『전집』2권 439면). 해제 참조.

﹅白凡逸志 上卷

(一) 祖先과 家庭

祖先〔조상〕은 安東 金姓이니, 金自點 氏의 傍系라.[6] 當時 自點 氏가 反逆罪로 全家族이 滅亡을 當할 時에, 우리 祖先은 最初는 高陽郡으로 亡命하엿다가, 該地가 亦是 近畿地帶임으로 遠鄕인 海州邑에서 西距 八十里 白雲坊(今改 雲山面) 基洞(터골)인 八峯山 下 楊哥峯 밑에 新卜〔새로 자리 잡아〕 隱居하엿든 것은 族譜를 詳考하여도 明白하다. 내의 十一代 祖父母의 墳墓로 爲始하여 後浦里(뒷개) 先山에 累累 葬點하엿고, 其山 下에 祖母 山所도 있느니라.[7]

其時는 李朝 全盛時代임으로 全國을 通하야 兩班(文武) 常人의 階級이 周密히 組織된지라, 우리 祖先네도 兩班이 슬코〔싫고〕 常놈 行世를 즐

---

6 《국》에는 "金姓이니"와 "金自點 氏의" 사이에 한 문단이 추가되어 있다. 이에 대해서는 해제 참조.
7 《원》 3~4면도 아랫 부분이 손상·망실되어, 《등》(『전집』 2권 32면)으로 복원하였다. 원래 먼저 집필된 것은 해제에 밝힌 바와 같이 《등》이다.

겨 하엿을 理는 없지만은, 自己가 金自點의 族屬임은 隱諱하고 滅門之禍를 免하기 爲하야 일부러 常놈이 된 거시다.

兩班 내음새가 나는 文化生活을 束之高閣하고[8] 下鄕의 正業인 農役에 着手하여 林野를 開拓하여 生計를 作하다가 永遠히 '版박인 常놈'이 된 原因이 有하니, 李朝時代 軍制로 驛屯土 外에 所爲 軍役田이란 名目을 가진 田地가 有하야, 누구든지 貧戶가 耕食하다가 國家 有事時에 政府로서 徵兵令이 出하면, 該 田地 耕食者가 兵役에 應하는 規例라. 우리 祖上네가 該 田地(基洞 北 터골 고개 넘어 左邊 長尾田)[9]를 耕食한 後로 아조 '牌를 찬 常놈'이 된 거시니, □□□朝에 尊文賤武의 弊風이라.[10]

到于今日토록 基洞 周圍에 世居하는 晋州 姜氏와 德水 李氏 等 土班들의게 賤待와 壓制를 代代로 받아 온 것이다. 그 實例를 略擧하면, 우리 金門 處女를 姜·李氏 門中으로 出嫁하는 것은 榮光으로 알지만은, 姜·李氏의 處子가[11] 우리 金門으로 시집오는 것은 보지 못하엿으니, 婚姻의 賤待요, 姜·李氏들은 代代로 坊長(今 面長)을 世襲으로 하지만은, 우리 金哥는 代代로 尊位의 職外에 一步 難進(尊位는 坊長의 命令을 受하여 坊內 各戶에 稅金을 收捧하는 職任이니라)하니, 就職 卽 政治的 壓制요, 姜·李氏들은 兩班의 淫威를 施하여 金門의 土地를 强佔[占]하고 金錢을 强奪한 後 農奴로 使用하엿나니, 經濟的 壓迫이요, 姜·李氏들은 비록 編

8　속지고각(束之高閣)은 '묶어서 높은 시렁 위에 두다', 즉 한쪽에 따로 치워 놓고 쓰지 않는 것을 말한다. 《등》에는 "兩班 내음새가~束之高閣하고" 구절이 없다. 즉 1차 원본에는 없었을 가능성이 크다.

9　《등》(『전집』 2권 32면)에는 "基洞 北 二里 加峴(덧고개) 右邊 長尾田"이라 되어 있다. 터골의 고개 이름이 덧고개임을 알 수 있다. 《원》과 《등》에는 좌변 우변의 차이가 있다.

10　《등》에는 "□□□朝에 尊文賤武의 弊風이라"라는 구절이 아예 없다. 원래 이 구절도 해방 후 재집필하여 삽입한 것으로 보인다.

11　"金門 處女", "姜·李氏의 處子"가 《등》(『전집』 2권 32면)에는 '딸'로 되어 있다. 즉 1차 집필시 '딸'로 기록했다가 해방 이후 한문으로 수정한 것이다.

髮 小兒라도 우리 金門에 七十 八十의 老人을 對하면 劣等語를 使用하여 '이랬나' '저랬나' '이리 하게' '저리 하게'의 賤待를 받는 反面에, 우리 집 老人들은 姜·李氏의 子孫들의 加冠한 童子라도 반드시 敬語로 恭待하엿나니, 此는 言語의 賤待이다.

그런데 좀 異常하다 할 것은 基洞을 世基로 하고 全盛時代에는 瓦家가 櫛比하고 先墓에 石物이 雄偉하고 世傳奴婢까지 있는 것은, 내 나이가 十餘歲 時에 目睹한 것은, 門中에 婚葬이 잇을 時에는 解放奴(〔우리 문중의〕 家産이 貧寒하여 〔노비에게〕 自由를 許하엿다고) 李貞吉이가 와서 奉事하엿나니, 所謂 '종의 종'이엿든가. 우리 運命보다도 더 凶惡한 運命을 가진 사람도 잇든 것이다.

歷代를 詳考하여 보면 文士도 不無하엿으나 顯達의 痕績은 볼 수 없엇고 每每 不平客이 많엇든 것이니, 曾祖父는 假御使질을 하다가 被捕되여 海州 官衙에 捉囚되여 서울 어느 兩班의 請簡을 得付하고 免刑하엿다고 집안 얼운〔어른〕들의 이약이〔이야기〕를 들었다.

내가 五六歲 時 家庭 形便으로는, 曾祖行〔항렬〕이 四兄弟로서 從曾祖 한 분이 生存하엿고, 祖父行 兄弟는 다 生存햐엿으며, 父行 四兄弟는 다 生存하다가 伯父 伯永 氏가 祖父보다 먼저 別世하엿을 時에 내가 五歲에 從兄들과 갗이 哀哭 □□□□.

父親 淳永[12] 氏는 四兄弟 中 第二位니,[13] 家貧하여 娶室을 못하고 老總角으로 二十四歲 時에, 所爲所謂 三角婚姻이라는 奇怪한 婚制를 實施하엿으니, 三姓이 各其 當婚 子女를 相換한 것이다. 내 外叔은 내 姑母의 媤妹夫[14]들인 것이니, 내 母親은 長淵 牧甘坊 文山村 玄風 郭氏의 딸노

4

12 족보와 본서의 다른 부분(상권 9면)에는 '順永'으로 되어 있다.
13 《등》에는 "내의 아부님이 둘재시엿다"(『전집』 2권 33면)로 되어 있다. 원래는 이렇게 썼는데, 해방 이후 상권을 다시 정비할 때 '父親' '第二位' 등 한문으로 수정했다. 해제 참조.

十四歲 時에 成婚하고, 內外분이 아들이 한 분만 있는 從祖宅에 依居하시며 母親께서는 年弱役重하야 無雙한 苦生을 하섯으나, 內外분이 情分이 좋으신 탓으로 一年 二年을 經過하야 두 분이 獨立家庭으로 지내시는 때에 내의 出生이 되엿는데, 母親이 夢中에 풀은[푸른] 밤(栗)송이에서 붉은 밤 한 개를 얻어 깊이서 감초아 둔 것이 胎夢이라고 母親은 늘 말슴하시드니라.

(二) 出生 及 幼年 時代

丙子年[1876년] 七月 十一日 子時(祖母 忌日)[15]에 基洞 俗名 웅텅이 大宅[큰집], 祖父 伯父가 居住하는 집에서 分娩되엿다. 내의 一生도 崎嶇기구한 預兆이든지 類例가 稀少한 難産이엿든 것이다. 痛勢가 있은 지 近 一週에 母親의 生命이 危急한 形勢에 陷하였다. 親族 全部가 畢集하여 醫理的으로 迷信的으로 온갓 試驗을 다하엿으나 效力이 無한즉, 자못 慌怖황겁한 中에 家口口口口으로 胎父가 牛擔(소길마)을 冠하고[16] 屋頂에 登하야 牛鳴聲을 作하라는데, 父親이 不肯하자[17] 내 祖父 兄弟분이 嚴命을 下하여 그것까지를 行한 後에 分娩되엿다.

14　삼각혼은 교환혼의 일종으로 세 집안이 딸을 바꾸는 것이다. 즉 갑이 을에게, 을은 병에게, 병은 갑에게 딸을 시집 보내는 것이다. 물레 돌리듯이 순환한다고 해서 '물레혼인', '물레바꿈'이라고도 한다. 이럴 경우 외숙(外叔: 외삼촌)은 고모의 시누의 남편 즉 시매부(媤妹夫)가 된다. 《등》에는 삼각혼 부분이 없다.

15　《등》(『전집』 2권 33면)에는 생일이 ○○로 표시되어 밝혀져 있지 않다. 해방 이후에 날짜를 밝혔다. 해제 참조.

16　《등》(『전집』 2권 34면)에는 '胎父'가 '兒孩 아부지', '소길마'가 사투리이자 고어인 '소기르마'로 되어 있다. 역시 《등》의 것이 1차 원본에 가깝다.

17　1차 원본에 가까운 《등》(『전집』 2권 34면)에는 "아부님이 실타고 未試하였는대"로 되어 있다.

家勢는 極貧한데 母親 年歲가 겨우 十七이라, 恒常 내가 죽어시면 조켓다는 苦歎을 하섯다 한다.[18] 게다가 乳汁[젖]조차 不足하여[19] 米粉湯(암) [암죽]을 먹엿다 하고, 父親께서 품속에 품고 近家 産母의게 乳汁을 乞服하엿는데, 遠族 祖母 "稷浦宅이 夜深 後라도 조곰치도 厭態가 없이 乳汁을 먹이드라"[20]는 말슴을 듯고, 내가 十餘歲 時에 그분이 作故하여 基洞 東麓에 埋葬하여슴으로, 나는 每每 其墓 前을 行過할 時마다 敬意를 表하엿다.[21]

내가 三四歲에 天然痘를 罹經하엿다[걸렸다]는데 括膿괄농될 臨時에 母親께서 普通 瘇處[腫處: 종기]를 治療함과 갓이 竹針으로 膿汁을 搾出하엿음으로[22] 내 面上에 痘痕이 大하다는 것이다.

▼五歲 時[1880년]에 父母님이 從祖 再從祖 三從祖 諸宅이 康翎郡 三街里 背山臨海한 곳으로 移居한 뒤를 조차 그리로 移居하엿다. 거긔서 二年을 經過하는 中에 우리 집은 孤寂한 山口 虎途에 在하야, 種種 虎狼이가 사람을 물고 우리 門前을 經過하야, 夜間은 門前에도 出入을 못하나, 晝間에는 父母는 農業 或은 海産物 採取로 出家하시고, 나는 近洞 新豊 李生員 家에 가서 그 집 아희들과 놀다가 오는 것이 日課인데, 하로는 夏節 村兒의 常習으로 下衣만 着하고 自臍[배꼽] 以上은 赤身[알몸]으로 그 집

5[23]

18 "十七이라"와 "내가 죽어시면 조켓다는 苦歎"의 연결이 부드럽지 못하다. 그 사이에 "子女 養育에 職責感이 不足하야"가 있었으나(《등》, 『전집』 2권 34면), 어머님에 대한 불효라 생각하셨는지 나중에 삭제하였다. 해제 참조.
19 1차 원본에 가까운 《등》(『전집』 2권 34면)에는 "乳汁이 全無하야"로 되어 있다.
20 1차 원본에 가까운 《등》(『전집』 2권 34면)에는 "피개宅 한마님[할머님]이 밤중이라도 나를 안고만 가면 厭態 없이 젓을 먹었다"로 되어 있다.
21 1차 원본에 가까운 《등》(『전집』 2권 34면)에는 "그 무덤을 經過할 時마다 自然 思慕하여지더라"로 되어 있다.
22 1차 원본에 가까운 《등》(『전집』 2권 34면)에는 "瘇處를 治療하듯이 竹針으로 딱지를 뜻고 膿을 搾出하여"로 되어 있다.
23 5면부터 1928년 1차 집필 당시의 원고이다.

에 가서 舍廊房에서 놀든 中에, 그 집 아희들은 年期가 날과〔나와〕 同甲도 있으나 二三年 長兒도 잇는데, 其兒들이 共謀하고 "海州ㅅ놈 따려 주자" 하야 한 채례〔차례〕를 무리하게 매를 맞고 나서는, 곧 집에 와서 부억에서 큰 食刀(菜刀)를 가지고 다시 그 집에를 달려가서 그 兒드를 다 질너 죽일 決心을 하고, 舍廊 前門으로 들어가면 彼等이 보고 예비할 터이니 칼노 바자(籬)〔울타리〕를 裂破하고 後門으로 突入할 計劃으로 바자를 뜯는 時에, 마참 그 집 안마당에 잇든 十七八歲의 處女가 내의〔-가〕 칼을 든 채 안으로 들어오는 것을 보고 놀나서 저의 오라비들의게 告發하야, 그 아희들이 밀녀 나와서 실컷 때려 주고 칼까지 빼앗기고, 도라〔-와〕서 칼을 일흔 罪로 집에 와서 시침이 떼고 잇섯다.

또 하로는 집에 혼자 안저서 심히 궁금한²⁴ 씬〔때〕에 門前에 飴商이상〔엿장수〕이 지나가면서 "헌- 유긔〔鍮器〕나 부러진 수제〔수저〕로 엿을 사시오" 하는지라, 이 말을 듯고 엿은 먹고 십흐나 얼은〔어른〕들의게 드르매 "엿장사는 아희들에 腎(□□)²⁵을 베혀 간다"는 말을 들은지라, 무섭기는 하나 엿은 먹고 십허서 방문 걸쇠를 걸고 엿장사를 불넛다. 주먹으로 문구먹〔구멍〕을 뚤코 父親께서 자시는 조흔 수깔〔숟가락〕을 발노 듸듸고 부르질너가지고, 그것은 헌 수깔이라야 엿을 주는 줄 안 때문이다, 절반은 두고 절반은 문구먹으로 내여 보내엿드니 엿을 한 주먹 뭉처서 들여보내 주는지라. 잘 먹든 즈음에 父親께서 밧그로〔밖에서〕 들어오시는데, 엿과 반동강 숫갈은 그대로 가지고 잇다. 父親이 質問하시기에 事實대로 告하엿다. 父親은 말슴으로 責하시고 "다시는 그런 짓을 하면 嚴罰을 주겟다"고 꾸중을 들엇다.

---

24 여기서 '궁금'은 '알고 싶다'가 아니라 '먹고 싶다'는 의미이다.

25 《원》의 이 부분은 훼손되었지만, 남아 있는 획으로 유추하면 □□은 '陰囊'인 듯하다. 《등》(『전집』 2권 35면)에는 '신'(腎)으로 되어 있고, 《국》에는 '자지'로 번역되어 있다(『전집』 2권 460면).

그담에는 父親께서 葉錢 二十兩을 가저다가 방(房) 아로묵〔아랫목〕이 불자리 속에 너코〔넣고〕 나가시는 것을 보앗다. 또 혼자 심심은 하고, 압동〔앞동네〕 구걸이 집에서 떡을 파는 줄 알앗다〔알았기 때문에〕, 돈을 全部 꺼내여 온몸에 감고서 문 압흘 나서서 떡집으로 가는 길에 途中에서 三從祖를 맛낫다. "너 이녀석 돈은 가지고 어듸를 가느냐." "떡 사 먹으러 가요." "네 아비가 보면 큰 매 맛는다. 어서 드러가거라" 하고 돈은 그 한아바지〔할아버지〕가 빼앗어 父親의게 전한 것이다. 먹고 십흔 떡을 못 사 먹고 마음이 不平하며 도라온 뒤로 父親이 들어오서서 一言半辭가 업시 쌜내줄노 꽁꽁 동여 (樑)들보 우에 다라매고 撻楚〔매질〕하야 압하 죽을 지경이라.

어머님도 들에서 안 도라오신 때라 말녀 줄 사람도 업슨 때에, 再從祖 長連 하나부지〔할아버지〕가(이분은 舊方醫士〔한의사〕요 퍽 나를 사랑하는 분이라) 맛참〔마침〕 지나가시다가 내의 猛烈히 喊哭함을 듯고 달녀 방 안으로 들어와서 不問曲直하고 다라맨〔달아맨〕 것을 글너 노코〔끌러 놓고〕 父親의게 理由를 質問하매, 父親의 說明을 다 듯지도 안코, 아부지와는 同甲이시지만은 尊親屬의 權威를 行使하야 나를 치든 楚撻〔회초리〕를 奪取하야 가지고, 머리나 다리나 함부로 함참〔한참〕 동안이나 父親을 責罰하며, "얼인 것을 그다지 무지하게 따리느냐" 하는 것을 볼 쩌의, 아부님이 매를 맞는 것이 퍽도 시원하고 곰압다〔고맙다〕. 再從祖는 나를 등에 업고 들노 가서 수박과 참외를 실컷 사서 먹이고 自己 宅에로 업고 간즉, 從曾祖母끠서 또한 아부지를 책망하시고 "네 아비 밉다. 집에 가지 말고 우리 집에서 살자" 하시드니 밥과 반찬을 잘하여 주는지라 얼마큼 깃부고, 父親이 그 하나지〔할아버지〕의게 맛든 것을 생각하니 상쾌함도 짝이 업드라. 여러 날을 묵어서 집에를 왓드니라.

한때는 여름 장마비가 와서, 근처에 새암이 솟으아서 小川이 흐르는데다가 붉은 染色과 푸른 染色을 筒으로 兦내다가 源頭〔상류〕에다 푸러 노

7

코〔풀어 놓고〕靑川 紅川이 合流하는 寄觀을 구경하다가 어머님의게 몹시[26] 매를 맛즌 일도 잇다.

從祖父는 當地〔장련長連〕에서 作故하야 海州 本鄕으로 百餘里의 遠距里 運柩 方便으로 喪輿에 單輪〔바퀴 하나〕을 달고 사람이 끄을고 가다가, 도로혀 不便하다고 輪을 除去하고 억게(肩)에 메고 가든 것이 紀憶된다.

七歲 時〔1882년〕에는 該處〔장련〕에 移住하든 至親 宅들이 한 집 두 집 도로 基洞 本鄕으로 還住하기 始作하는데, 父母님들도 還鄕하는데 나는 아부님과 三寸들에 등(背)에 업히여 오든 것이 紀憶된다.

還鄕 後에는 어머님과 아부지가 農業을 하시고 生活을 하는데, 父親의 學識은 겨오 記姓名이나 하는데, 骨格이 俊秀하고 性情이 豪放하야, 飮酒無量하야 輒醉하면〔문득 취하면〕姜·李氏를 맛나는 대로 痛打하여 주고 海州 官衙에 滯囚하기를 一年 幾次式 되여 門中에 騷動을 起케 하고, 隣近 兩班들의 注目 嫉惡을 受하나 容易히 壓制를 못하는 모양이더라.

그 時代에 普通 地方 習俗이 사람을 구타하여 傷害를 加하면 被傷者〔맞은 사람〕를 下手者〔때린 사람〕의 집으로 떠머여다〔떠메어다〕누이고 生死의 辨을 待하는 법이라. 그럼으로 엇던 때는 한달(一月)에도 몃 번식 거진〔거의〕죽게 된 사람, 全身에 피(血)투성이 된 者를 사랑방에 누여 놋는 째가 이섯다. 父親이 酒量이 過하지만은, 醉性所爲〔술주정〕로가 안니고 純全한 不平으로 因함이다. 그갓이 몹시 맛(被打)는 者들이 父親과 直接 關係로가 아니라, 엇던 사람들이나 悖强凌弱者만 보면 親 不親을 勿論하고 水滸志式으로 조곰도 참지를 못하는 불(火)같은 性情이라, 隣近 常놈들은 畏敬하고 兩班들은 畏避하는 터이라.

보면 每每年 晦時〔그믐 때〕는 우리 집에는 닭과 鷄卵과 煙草 等物을 多

26 1차 집필은 "죽도록"이다.

數히 準備하여 어듸로 보낸 後에는, 回謝로는 曆書와 海州墨 等物이 오는 것을 보왓는데, 내 나희가 八九歲 時에 깨달은 것은 父親이 한 달에 몃 번식 訴訟을 맛나 海州에 滯囚됨에, 直接 苦痛을 免키 爲하야 兩班들은 監使나 判官을 狎近〔접근〕하는 反面에, 父親은 營吏廳 使令廳에 稷房게방이란 手續을 밟고 每每 歲除에 各人의게 선샤〔선물〕를 하는 것이다. 그리 하엿다가 萬一 營門이나 本衙에 被囚가〔갇히게〕 되면 獄이나 營廳에 囚禁을 當하되 어느 곳에나 稷房인 까닭에, 表面은 몃 달 몃 날 滯囚되는 듯하나, 事實은 使令이나 營吏들과 同飲食 同居處하다가, 笞杖 棍杖을 맛는다 하여도 반듯이 歇杖홀장(압푸지 안토록)을 當하고, 나와서는 反對 訴訟을 提起〔-하〕여, 그 兩班 卽 土豪들은 捉囚 식히는 날에는 財産을 잇는 대로 虛費하야 監使나 判官의게 納賂를 하여서 謀免을 하드라도, 虎蝎호갈〔호랑이나 전갈〕 같은 使令이나 營屬들에게 別別 苦痛을 다 當하게 한다. 그런 수단으로 一年 동안에 海西에 富豪 十餘人이 蕩敗탕패를 當하엿다 하드라.

　隣近에 兩班들이 懷柔策이엿든지 父親으로 都尊位〔수석 존위〕의 職을 薦任하엿으나, 行公할 時에 普通 兩班에게 狎近하든 尊位들의 手段의 反對로, 兩班들의게는 苛酷하게 公錢을 收刷하고, 貧賤戶에는 自當을 할지언정 苛斂은 안이 하엿으며, 三年이 못 되여 公錢欠逋〔공금횡령〕를 내이고 免任되엿다. 遠近 兩班들이 金順永이라면 兒童 婦女들까지 손꼬락질을 하는 미움을 밧는 것을 보앗다. 그럼으로 父親이 兩班의 舍廊(客堂)에 가는 때에 다른 兩班들이 列座한 時에는, 主人으로부터 "하- 金 尊位 왓는가"의 劣等語를 使用하되, 從容〔조용〕한 따〔장소〕에서 所謂 '머듸레 恭待'(잇다금 "이랫소" "저랫소")를 하는 것을 보앗다.

　父親의 兒時 別名은 孝子니, 祖母 作故 時에 左手 無名指를 刀斷하야 落血注口하야, 〔조모祖母가〕 三日間을 回生하엿다가 내가 出生하든 날에 永故하엿다 한다. 父親行 兄弟 四人에, 伯父의 名은 伯永이오, 아부

9

님은 順永, 셋자는 弼永, 넷재는 俊永이니, 伯父와 셋재는 無能無爲이 資格, 僅僅 農軍이오, 아부지와 넷자 三寸이 特異한 性質이 有한데, 俊永 三寸도 酒量이 甚大하고, 文字는 國文을 三冬 내내 "각" 하고 "갈" 하고 하다가 못 배우고 말드라.[27] 그런데 酒性이 怪惡하야 술만 취하면 큰 風波를 起하는데, 아부님과 反對로 아모리 醉中에도 敢히 兩班의게는 近手〔손대지〕도 못하면서 一門 親族에는 上下를 不顧하고 凌辱打爭을 能事로 하든 까닭으로 祖父님과 아부님이 늘 따려 주는 것을 보앗다.

내가 九歲〔1884년〕에 祖父 喪事를 當하고 葬禮日에 大演劇이 生하니, 俊永 三寸이 술이 醉하야 行喪時 護喪人을 모조리 打傷식이고, 及其也에는 隣近 兩班들이 自己 奴僕을 한 名式 보내(큰 生色) 喪輿를 메(肩)고 가든 것까지 다 따려 쪼찻다. 結局은 俊永 三寸을 結縛하여 집에 가두고, 집안 食口끼로〔끼리〕 喪輿를 들어다가 葬禮를 畢하고, 從曾祖 主催로 家族 會議를 開하고 '俊永 三寸을 두 발 뒤를 斷하야 廢人을 만들어 平生을 안저 잇게 하자'는 決議가 되여 발 뒤를 베이엿다. 忿김에 그리하엿으나, 힘줄(筋)이 傷치 안엇음으로 病身은 안 되고, 從曾祖宅 舍廊에 누어(臥)서 범 울 듯 하는 바람에 나는 무서워 근처에도 못 갓다. 只今 생각하니, 이것이 常놈에 本色이오 所爲라 하겟다. 其時에 어머님은 날〔나〕을 對하야 이런 말슴을 하섯다. "너희 집에 許多 風波가 擧皆〔모두〕酒之所以니, 두고 보아서 네가 또 술을 먹는다면 나는 斷然코 自殺을 하엿어도 네 꼴을 안 보겟다." 나는 이 말삼을 深刻하엿다.

그리고 나는 國文을 배워서 古談(小說)은 볼 줄 안다. 漢文도 千字文은 이 사람 저 사람의게 배웟다. 하로는 집안 어룬드리〔어른들이〕 지낸 이

---

27 한글을 배울 때 초중성합용(初中聲合用)의 '가갸거겨고교구규그기' 다음 단계인 초중종 삼성 합용작자(初中終三聲合用作字)인 '각' '간' '갇' '갈' 등을 배우다가 그만두었다는 의미이다.

야기를 하는 中에 크게 激動을 밧엇다. 몃 해 전에 집안에 새로 혼인한 집이 잇는데 어느 하나부지가 서울을 갓든 길에 騣冠(馬尾冠)〔말총갓〕[28] 一個를 사다가 藏寘 장치 하엿다가 새(新) 사돈을 보려고 夜間에 그 冠을 쓰고 갓다가, 隣洞 兩班의게 發覺되여 그 冠을 被裂하고서는 다시는 冠을 못 쓴다고 한다.

學童 時代

나는 힘써 물엇다. 그 사람들은 엇지하여 兩班이 되엿고, 우리 집은 엇지하여 常놈이 되엿슴을. 對答은 "砧山 침산 姜氏도 其 先祖는 우리 先祖만 못하엿으나, 一門에 進士가 三人式 生存하지 안엇느냐. 鰲潭 오담 李 進士 집도 그럿다."

나는 또 무럿다. "進士는 엇지하여 되는가요." 答, "進士 及第는 學文을 工夫하여 큰 선배〔선비〕가 되면 科擧를 보와서 되는 것이니라."[29]

이 말을 들은 後부터 글工夫할 마음이 간절하엿다. 아부님의게 졸낫다. 어서 書堂에 보내 달라고. 아부님은 躊躇하는 빗이 잇는데, "洞內는 書堂이 없고 他洞으로 보내야겟는데, 兩班의 書堂에서는 잘 밧지도 안흐려니와, 設或 收容한다 하여도 兩班의 子弟들이 蔑視할 터이니 그 꼴은 못 보겟다"〔-하시더니〕 門中에 學齡 兒童을 모으고 隣洞 常놈 친구의 兒童을 몃 名 모와 노코, 訓料는 쌀과 보리로 가을에 모와 주기로 하고, 名字

---

28 말의 갈기로 만든 말총갓. 원래 당상관 이상 쓰는 것이지만 후대에 양반들이 일반적으로 사용했다.
29 "것이니라" 부분이 시초 집필시에는 "것인데, 近來에는 돈이 많으면 試官의게 돈을 주고 하는 이도 많더(?)라"엿는데, 펜으로 지움 표시를 하엿다. 해제 참조.

〔존함〕는 이젓다〔잊었지만〕 淸水里 李 生員 한 분을 모서 왓는데, 그분이 글이 넉넉지 못하여, 양반이지만은 ▼같은 兩班으로는 그분을 敎師로 雇用하는 者가 없어서, 結局 우리의 先生이 된 것이나, 나는 그 先生님 오신다는 날 넘어 조하서 못 견딜 지경이라. 머리를 빗고 새 옷을 입고 迎接을 나갓다. 저리로서〔저기에서〕 나희가 五十餘歲나 되염즉한 長大한 老人 한 분이 오는데,[30] 아부님이 먼저 인사를 하고 나서 "昌巖아 先生님끠 절하여라" 하시는 말슴대로 절을 공순히 하고 나서, 그 先生을 보매 맛치 神人이라 할지 上帝라 할지 엇지나 거룩하여 보이는지 感想을 다 말할 수 없드라. 第一着으로 우리 舍廊을 學房으로 定하고 食事까지 奉養하게 되엿다.

十二歲〔1887년〕 開學 第一日에 나는 '馬上逢寒食' 五字[31]를 배웟다. 뜻은 알든 모르든 깃분 맛에 밤에도 어머님 밀(麥)磨질을 도와드리면서 작고〔자꾸〕 외운다. 새벽은 일즉 깨여서 先生님 방에 가서 누구보다도 먼저 배우고 밥글읏을 메고 멀니 오는 동무들을 내가 또 가라처 주엇다.

우리 집에서 三朔을 지내고 다른 學童의 집으로 올마〔옮겨〕 갓는데, 近隣인 山洞 申 尊位 집 舍廊으로 移設됨에, 나는 또한 앗츰〔아침〕이면 밥그릇을 메고 山嶺을 넘어 단인다〔다닌다〕. 집에서 書堂에 가기까지 書堂에서 집에 오기까지 口不絶聲으로 외오면서 通學을 하는데, 程度로는 나보다 나흔 者 有하나, 成跡으로는 講案에 언데든지 最優等이엿엇다. 不過 半年에 申 尊位의 父親과 先生과 사이에 反目이 生起여 그 先生을 解雇하게 되엿는데, 表面 理由는 그 先生이 밥을 많이 먹는다는 것이나, 其實은 自己 孩材〔아이〕는 鈍材로 工夫를 잘 못하는데 나의 工夫는 日就月長을 하는 것을 嫉忌〔猜忌〕함인 것은, 從前에 月講을 할 때의 先生은 내의게 從容

---

30 "저리로서~오는데"는 「사도신경」의 "저리로서 산 자와 죽은 자를 심판하러 오시리라"를 방불케 하는 묘사이다. 바로 뒤에 나오는 신인(神人), 상제(上帝)라는 표현도 거의 같은 맥락이다.
31 《등》(『전집』 2권 39면)에는 "馬上逢寒食 途中屬暮春 十字"로 되어 있다. 해제 참조.

〔조용〕한 부탁이 잇섯다. "네가 늘 優等을 하엿으니, 이번에는 네가 글을 일부러 못 외는 것처럼 하고, 내가 무러도 대답을 모른다고 하여라." 나는 "그리 하오리다" 하고 先生 부탁과 갖이 하엿드니, 그날은 申 尊位 아들이 壯元을 햇다고 沽酒殺鷄고주살계하여 한 밥을 잘 먹은 적이 있으나, 畢竟은 그 先生이 解雇되엿으니 眞所謂 常놈에 ▾行事이다. 어느날 내가 아즉 아츰밥을 먹기 前에, 그 先生님이 집에를 와서 나를 보고서 作別을 宣言한다. 나는 精神이 앗득하여, 그 先生에 품에 달녀매여 放聲大哭을 하엿다. 그 先生도 눈물이 비오듯 하엿다. 及其也에는 눈물노 作別를 하고 나서는, 나는 밥도 잘 안 먹고 울기만 하엿다. 그다음에 곧 그와 갖은 '돌님〔림〕先生'을 한 분 모서다 공부는 한다.

好事多魔格으로 아부님이 突然 全身不遂가 되섯다. 그때부터는 工夫도 못하고 집에서 아부님 심부림을 하게 되엿다. 根本 貧寒한 살림에 醫師와 藥物을 使用함에 家産은 蕩盡되엿다. 四五朔 治療 後에는 半身不遂가 되여 입(口)도 기우러 語音도 分明치 못하고 한 다리 한 팔을 쓰지 못하나, 半便이라도 쓰는 것은 퍽 神奇해 보이더라.

그리하자 돈이 없은즉 高明한 醫員을 聘用키는 不能하고, 父母님 內外가 無錢旅行을 떠나서 門前乞食을 하면서 어듸든지 高明한 醫員을 探聞하고 受治코져 써낫다. 집까지, 食鼎까지 다 放賣하여 가지고, 나는 伯母宅에 떼여 두어, 從兄들과 갖이 犢犙독비〔송아지 고삐〕를 끄을고 山腹과 田頭에서 歲月을 보내게 되엿다.

父母가 그리위〔위〕서 견딜 수 업슴으로, 旅行하는 父母를 따러서 信川·安岳·長連 等地로 流離하다가, 나는 長連 六村 親戚의(長連 再從祖 妹氏) 집에 두어 두고, 父母 內外만 本鄉으로 祖父 大祥祭[32] 擧行次로 가시

---

32 대상제(大祥祭)는 돌아가신 지 두 돌 만에 지내는 제사이다.

고 맛엇다.

그 宅에서도 農家인 까닭에 主人과 갓이 九月山 나무를 베이러 가섯는데, 내가 어려서는 類달니 크지를 못하야 나무짐을 지고 단이면 나무짐이 거러가는 것과 갓앗고, 또한 그러한 苦役을 처음 당하니 苦痛도 되려니와, 그 동내는 큰 書堂이 有하야 밤낫 讀書聲을 聞할 時마다 말할 수 업는 悲懷를 禁할 수 업섯다.

其後 父母님이 그리로 오신 後에 나는 굿게 故鄕으로 가서 工夫를 하겟다고 졸낫다. 그時에는 아부님이 한 편 팔다리도 좀 더 쓰고 氣力도 次次 回復이 되신지라, 내가 그와 갓이 工夫의 熱心하는 것을 嘉尙히 녁여 還鄕에 길을 떠낫다. 及其也에 還故鄕을 하고 보니 衣食住에 依據가 조곰도 없은지라 族戚들이[33] 抽捐[추연]을 하여 겨오 居接를 하고, 나는 곧 書堂에를 단이게 되엿다. 書冊은 비러서[빌려서] 읽으나 筆墨價도 날 곳이 업다. 어머님이 김품[김매기 품팔이]과 질삼[길쌈]을 하여 먹과 붓을 사 주시면 엇지나 감샤한지 말노 할 수 업섯다.

그러나 나희가 十四歲나 되고, 先生이라고 맛나는 이가 擧皆 固陋하여, 아모 先生은 벼(稻) 十石짜리, 아모 先生은 五石짜리, 訓料 多少로 其 學力을 斟酌하게 되엿다. 그쑨 아니라 얼인 쌔 所見으로도 其 用心處事가 人의 師表의 資格으로 뵈여지지 안는다.

其時 아부님은 種種 내에게 일언 訓戒가 잇엇다. "갑[밥] 버러먹기는 장탕령[장타령]이 第一이라고, 너도 큰 글을 하랴고 애쓰지 말어라. 그러니 時行文[실용 문서]을 注力하여라." '右明文事段'은 土地文券 作成하기와, '右謹陳訴旨段'인 呈訴狀과, '維歲次敢昭告'인 祭祀文과, '僕之第幾子未

---

33 시초 집필은 "一家 집에서"인데 본문과는 완전 다른 빨간색 펜으로 "族戚들이"로 수정하였다. 《등》에는 수정 이전 "一家 집에서"로 되어 있다(『전집』 2권 41면). 《필》은 수정 이후라 마땅히 "族戚들이"라고 되어야 하나 필사가 부실해서 "戚들이"라고 되어 있다(『전집』 2권 216면).

有仉儷[배필]'인 婚書文과, '伏未審'인 書翰文을 쌈쌈이 練習하여, 無識 叢中[무리 중]에 一明星이엇엇다.

門中에서는 내의게 屬望하기를 將來에 相當한 尊位의 資格만으로 許하지만은, 나는 其時난 漢文의 程度가 겨오 讀文[34]을 하는데『通鑑』[『통감절요』]『史略』[『십팔사략』]을 읽을 째의 '王候[王侯]將相 寧有種乎'[왕후장상의 씨앗이 어찌 따로 있으리오]인 陳勝의 말과, '拔劍斬蛇'[칼을 빼어 뱀을 베다]한 劉邦의 行動이나, '乞食漂母'[빨래하던 아낙에게 밥을 얻어먹다]인 韓信에 事跡을 볼 씌의는 不識不知間에 兩肩에 生風하엿다.

그리하여 엇지하든지 工夫를 繼續하고 십허하나 家事가 末由하여, 집을 써나 高明한 先生의 負笈[책상을 메고 따라가 배움]할 形便은 되지 못한즉, 아부님은 甚히 苦悶해 하신다. 本洞서 東北 十里許 鶴鳴洞 鄭文哉 氏는 우리와 같은 階級의 常人이나 當時 科儒의 掘指하는 선비요 伯母와 再從男妹間이라, 그 鄭氏 집에는 四處에서 선비들이 集會하여 詩도 짓고 賦도 지으며, 一邊에는 書堂을 兼設하여 兒童을 敎養하든 터이라, 아부님이 鄭氏와 交涉하야 免費 學童으로 通學의 承諾을 得하엿다.

나는 極히 滿足하여 四節을 勿論하고 每日 飯網[도시락 보자기]을 메고 險嶺 深谷을 跋涉하여, 寄宿하는 學生들이 起寢도 안을 째에 到着하는 적이 居多하엿다. 製作으론 科文의 初步인 '大古風十八句'[35]를, 學課로 漢唐詩와『大學』『通鑑』을, 習字로는 粉板을 專用하엿다.

其時는 壬辰年[1892년] 慶科[36](科制 最後)를 海州서 擧行한다는 公布가 되엿다. 鄭 先生이 一日은 아부님에게 일언 事情을 말하엿다. "금번 科

14

---

34 《등》과 《필》(『전집』 2권 41면, 217면) 모두 '續文'으로 해독했다. 《원》의 글자가 다소 애매한 부분이 있지만 續보다는 讀에 가깝고, 문맥의 뜻으로는 더욱 그러하다.
35 대고풍(大古風)은 7언 18구에 운(韻)을 달지 않은 우리나라 특유의 한시체(漢詩體)이다.
36 경과(慶科)는 나라에 경사가 있을 때 임시로 보는 과거를 말한다.

行에 昌巖이를 다리고 가면 조켓는데, 글씨를 粉板에만 같으면 제 明紙〔답안〕는 쓸 만하나, 조희〔종이〕에 練習이 없으면 初手로 잘 못 슬 터이니 狀紙[37]〔書厚紙〕를 좀 쓰엿으면 조켓는데, 老兄 貧寒한 터에 周旋할 道理가 없겟지?" 아부지, "조희는 내가 周旋을 하여 볼 터이지만은 글씨만 쓰면 되겟나?" 先生이 "글은 내가 지여 줌세."

아부님은 甚히 깃버서 엇지하여 書厚紙 五張을 買給하신다. 나는 깃부고 감샤하야 筆師의 敎法대로 精誠을 다하야 練習하고 보니, 白紙가 墨紙가 되엿드라. 科費를 辦備치 못하야 父子서 科期에 먹을 만치 粟米를 背負하고 先生을 조차 海州에 到着하여, 아부님이 自前으로 熟親한 稧房 집에 寄宿하면서 科日를 當하엿다.

觀風閣(宣化堂 側) 周圍에 草索網〔새끼줄〕으로 圍하고, 正刻에 所謂 赴門(科場 門을 開放)을 한다는데, 선비들이 接接이(白布에 山洞接 石潭 接 等의 各其 接名을 書하야 장싹이〔장대〕 끝에 달고, 大規模의 紙陽傘을 擧하고, 道袍에 儒巾을 쓴 사람들이 제接금 地點을 先點하랴 勇者를 先導로) 이 大混雜을 演하는 光景이 볼만도 하더라. 科場에는 老少貴賤이 업시 無秩序한 것이 遺風이라 한다.

또 可觀인 것은 老儒덜에 乞科[38]니, 觀風閣을 向하야 (삭기 구물〔새끼 그물〕에 머리들을 드리밀고) 口頭 陳情하는 말, "小生의 姓名은 某이옵는데 먼- 시골에 居生하면서 科時마다 來參하엿사온데 今年 七十 多歲올시다. 요 다음은 다시 못 參科하겟습니다. 初試라도 한 番 及格이 되면 死無餘恨이 올시다." 或은 高喊을 지르고, 或은 放聲大哭으로, 卑陋도 해 보이고 可憐도 해 보인다.

---

37 장지(狀紙)는 두껍고 질이 좋은 한지로, 과거 답안지로 사용되었다.
38 걸과(乞科)는 합격시켜 달라고 애걸하는 것을 말한다.

本接에 와서 보니 先生과 接長들이 作者作 書者書하드라. 나는 先生님의게 老儒덜 乞科하는 情況을 말삼한 끝에, "이번에 제 일홈[이름]으로 말고 제 父親의 名義로 科紙 作成을 하여 주시면 좋게습니다. 저는 앞으로도 機會가 많지 안켓음니까?"

先生님이 내 말에 感心하여 快樂하는 말을 듯든 接長 한 분이, "그럴 일이라 네가 글씨가 나만 못할 터이니, 너의 父親의 明紙는 내가 써 주마. 後日 네 科擧는 더 공부하야 네가 作之 書之하여라." "네- 곰압습니다." 그날은 아부님의 名義로 科紙를 作成하야 草索網 사이로 試官 앞을 向하야 쏘아 들여보냇다.

그리고 나서 光景을 보면서 이런 말 저런 말을 듯는 中에 試官 側에 對하야 不平論은 "通引 놈들이 試官의게는 뵈이지도 안코, 科紙 한아름을 도적하여 갓다"고 하는 말과, "科場에서 글을 짓고 쓸 째의 남을 보이지 안키가 爲主니, 理由는 글을 지을 줄 모르는 者는 남의 글을 보고 가서 自己의 글노써 들인다"는 것이다. 또 怪異한 말은 "돈만 많으면 科擧도 할 수 잇고 벼을도 할 수 잇다. 글을 모르는 富者들이 巨儒의 글을 幾百兩 幾千兩式 주고 사서 進士도 하고 及第도 하엿다"고 한다. 그뿐인가. "이번 試官은 누구인즉, 서울 아모 대신에 書簡을 나려 부처스니까 반듣시 된다"고 自信하는 사람, "아모개는 試官의 수청 기생의게 紬緞[유단][명주와 비단] 몃 匹을 선샤하엿으니 이번에 꼭 科擧를 한다"고 自信하는 者도 잇드라.

나는 科擧에 對한 疑問이 생기기 始作된다. '이 우에[위의] 몃가지 現狀으로만 보아도 科制를 施하는 나라의(나라가 임금이오, 임금이 곧 나라로 알게 된 時代)서는 무슨 必要가 잇으며, 이 모양의 科擧를 한다면 무슨 價値가 잇는가?' 내가 血心을 다하야 將來를 開拓하기로 工夫를 하는 것인데, 선비에 惟一 進路인 科擧의 꼬라구니[꼬락서니]가 이 모양인즉, 나라

16

일이 이 지경이면 내가 詩를 짓고 賦를 지어 科文 六體[39]에 能通한다 하여도 아모 先生 아무 接長 모양으로 科場에 代書業者에 不過할지니, 나도 이제는 前路에 다른 길을 硏究하리라.'

科行에 不快한 또는 悲觀을 품고 집에 도라왓다. 아부님과 相議하엿다. "今番 科場에서 種種을 살펴보니, 내가 어듸까지든지 工夫를 成就하여 가지고 立身揚名을 하야 姜哥·李哥의게 壓倒를 免할가 하엿드니, 惟一 進路라는 科場의 惡弊가 如此한즉, 나는 비록 巨儒가 되엿어 學力으로는 姜·李氏를 壓倒한다 하여도, 그들에게는 孔方(孔方 卽 돈)의 魔力이 有한데 엇지하올이가. 또한 巨儒가 되도록 공부를 하려면 多少의 金錢이라도 있어야 되겟는데, 집안이 이같이 赤貧인즉 從此로 書堂 工夫는 廢止하겟습니다."

아부님 亦是 올케 넉이시고, "너 그러면 風手 工夫나 觀相 工夫를 하여 보아라. 風手에 能하면 明堂을 어더 祖先을 入葬하면 子孫이 福祿을 享하게 되고, 觀相을 잘 보면 善人君子를 만나느니라."

나는 매오 有理하게[사리에 맞다고] 생각된다. "그것을 工夫하여 보겟습니다. 書籍을 어더 주십시요" 하엿드니, 爲先『麻衣相書』[40] 一冊을 借來하여다가 獨房에서 相書를 工夫한다. 相書를 공부하는 方法이 面鏡을 對하야 部位와 名辭를 自相으로보터 他相에 及하는 것이 捷徑이라. 그러고 보니 興味가 잇는 것은, 他人의 相보다 내의 相을 잘 볼 必要가 잇다고 覺悟하고, 門外不出하고 三朔 동안이나 相論에 依하야 自相을 觀察하여 보

39 과문(科文) 6체(體)는 문과 과거 시험 때 작성하는 6가지 글로, 시(詩)·부(賦)·표(表)·책(策)·의(疑)·의(義)를 말한다.
40 『마의상서』(麻衣相書)의 원제목은『마의상법』(麻衣相法)이다. 관상학의 2대 경전으로는 달마대사가 지은『달마상법』(達摩相法)과 마의도사가 지은『마의상법』이 있다. 『달마상법』은 불교, 『마의상법』은 도교의 대표적인 관상학 경전이다.

아도 한 곤대도 貴格 富格인 達相이 업슬 뿐 아니라 얼골과 온몸에 賤格 貧格 凶格만으로 되여 버렷다. 前者 科場에서 어든 悲觀을 解脫하기 爲하야 相書를 工夫하든 것이 그 이상 强度인 悲觀에 臨하엿다. 畜生과 갗이 살기나 爲하야 살가, 世上에 살고 십흔 마음이 업서진다.

그런데 相書 中에 이런 句節이 잇다(相好不如身好 身好不如心好). 이것을 보고 好相人보다 好心人이 되어야겟다는 생각이 굿게 定하여진 다. 이제부터는 外的 修養은 엇지 되든지 內的 修養을 힘쓰야만 사람 구 실을 하겟다고 마음을 먹고, 從前에 工夫를 잘하여 科擧를 하고 볏을〔벼 슬〕 하야 拔賤을 하여 보겟다든 생각은 純全히 虛榮이오, 妄想이오, 好心 人은 取할 바 아니라고 생각된다. 그러나 不好心人으로 好心人 되는 方法 이 잇는가 自問함에는 亦是 漠然하다.

相書는 그만 덥허 버리고, 地家書도 좀 보앗으나 趣味를 엇지 못하 고, 兵書에 『孫武子』·『吳起子』·『三略』·『六韜』 等 冊을 본즉 理解치 못 할 곧이 많으나, 將材〔장수將帥의 자질〕에 잇서서 '泰山覆於前 心不妄動' '與 士卒同甘苦' '進退如虎' '知彼知己 百戰不敗' 等句는 매오 興味잇게 誦讀 하면서, 一年間(十七歲) 門內〔가문〕 小兒를 모아서 訓長질을 하면서 意味 도 잘 모른 兵書만 읽엇다.

學究 時代[41]

그러할 지음에 四方 謠言 怪說이 紛한데, 어데서는 "異人이 나서 바

41 여기부터 내용이 동학으로 이어져 19면에 '동학 접주'라는 목차가 있다. '학구(學究) 시대'는 이 전의 내용, 즉 과거 낙방 이후 동학 이전 1년간 다른 것을 두루 공부한 것을 이렇게 명명한 듯하다.

다(海)에 써다니는 火輪船을 못 가게 딱 부처 노코 稅金을 늬여야 노아 보낸다"는 등, "不遠에 鄭都令이 鷄龍山〔-에〕 都邑을 하고 李朝國家는 없 어질 더이니, 밧흔 목〔장소〕[42]에 가이서〔가서〕 사라야〔살아야〕 第二世 兩班이 된다고 아모개는 鷄龍山으로 移徙를 하엿느니" 하는 中이다.

自本洞 南距 二十里 浦洞이란 곧에 吳膺善과 隣洞 崔琉鉉 等은 忠淸 道에서 崔道明〔최시형崔時亨〕이란 東學 先生의게 入道를 하여 가지고 工夫 을 하는데, ▼"出入에 房門을 開閉치 안코 忽然 有, 忽然 無하며 空中으로 步行한다"고 하며 그 先生 崔道明은 "一夜間에 能히 忠淸道를 來往한다" 고 한다.

나는 好奇心이 생기여 한번 가서 보고 십흔 생각이 낫다. 그런데 그 집을 차저가는 禮節은 "肉類를 먹지 말고 沐浴하고 새 옷슬 입고 가야 接 待를 한다"고 한다. 魚肉도 먹지 안코 沐浴하고 머리를 비서 짜 느리고 (十八歲되든 正初)〔1893년〕靑袍에 綠帶를 씌고 浦洞 吳氏 宅을 訪問하엿 다. 及其 門前에 當到하여 房內로서 무슨 글 읽는 소리가 들니는데, 普通 詩나 經典을 읽는 소리와 달나서 노릭를 合唱하는 것 같으나 意味를 알 수가 없엇다.

恭敬하야 門에 나아가 主人 面會를 請한즉, 妙妙〔젊은〕靑年 一人이 接待를 하는데, 그도 兩班인 것은 알고 간 터이라, 본즉 상투(髻)를 짜고 通天冠[43]을 써드라. 恭順이 納拜를 한즉, 그이도 맞은절〔맞절〕을 공손히 하

---

42 '밧흔 목'은 '바른 목' '바깥 목' 등 여러 가지 의미로 풀이하였지만 맞지 않다. '밧흔'은 '아주 가 깝다'는 의미의 북한 지역 방언이다. 여기서 '밧흔 목'이란 새로운 수도가 되는 계룡산 가까운 길목 을 의미한다. 해제 참조.

43 통천관은 황제가 조칙을 내리거나 정무를 볼 때 쓰는 것이다. 고종이 황제 즉위 이후에야 비로 소 쓰게 된 것으로, 동학 청년이 착용할 수 있는 것이 아니다. 통천관과 외양이 비슷한 와룡관(臥龍 冠)이나 치포관(緇布冠)일 가능성이 크다. 와룡관과 치포관은 선비들이 일상 생활에서 즐겨 쓰던 관모이다.

고, 첫말이 "도령은 어듸서 오섯소?"

나는 惶恐하여 본색을 말하엿다. "제가 얼언(加冠의 意味)이 되엿어도 당신끠 공대를 듯지 못하려든, 함울며[하물며] 아희을잇가." 그이는 感動하는 빗을 뵈이면서 "千萬엣 말슴이요. 다른 사람과 달나서 나는 東學道人인 때문에 先生의 教訓을 밧아 貧富貴賤에 差別 待遇가 업슴니다. 조곰도 未安하여 마시고 찾으신 뜻이나 말삼하시요."

나는 이 말만 드러도 別世界에 온 것 갓다. 나는 뭇기를 始作하엿다. "제가 오기는 先生이 東學을 하신단 말을 듯고 道理를 알고 십허 왓슴니다. 이런 아희의게도 말삼하여 주실 수 잇슴니까." 答, "그처럼 알고 십허서 오섯다는 데는 내가 아는 데까지는 말슴하겟슴니다."

問, "東學이란 學은 엇던 宗旨이며 어느 선생이 闡明하엿슴니까." 答, "此道는 龍潭 崔水雲 先生이 闡明하엿으나 임이 殉教하섯고, 至今은 其侄 崔海月 先生이 大道主가 되 布教 中인데, 宗旨로 말하면 末世 奸邪한 人類로 하여곰 改過遷善하여 새 백성이 되게 하여 가지고, 將來에 眞主를 모서 鷄龍山에 新國家를 建設하는 것이외다."

나는 一聞之下에 甚히 歡心이 發한다. 相格에 落第를 하고 好心人이 되기로 心誓를 한 내의게는, "天主를 몸에 모시고 體天行道[44]한다"는 말이 第一 緊着[간절]하고, 常놈 된 寃恨이 骨髓에 사못찬 내에게 東學에 入道만 하면 差別 待遇를 撤廢한다는 말이나, 李朝의 運數가 盡하엿으니 將來 新國家 建設한다는 말에는 더욱여 昨年에 科場에서 悲觀을 품은 것이 聯想된다. 東學에 入道할 마음이 불길갓이 니러난다. 吳氏의게 入道 節次를 問한즉, "白米 一斗, 白紙 三束, 黃燭 一雙을 準備하여 가지오면 入道式을 行하여 주마"고 한다.

---

44 체천행도(體天行道)는 하늘의 운행을 본받아 도를 행한다는 동학 원리 중 하나이다.

『聖經大全』〔『동경대전』東經大全〕과 『八編歌辭』〔『용담유사』龍潭遺詞〕와 『弓乙歌』等 東學 書籍을 閱覽한 後에 집에 도라와, 아부님의게 吳氏와 會語한 一切를 詳細히 報告한즉 아부님은 快히 許諾하고 入道式에 對한 禮品을 準備하여 주시더라.

東學 接主

나는 此 禮品을 가지고 곧 가 入道를 하고 東學 工夫를 熱心으로 한다. 아부님도 니어 入道하섯다. 其時에 人情 狀態로 兩班덜은 加入하는 者가 稀少한 反面에, 내가 常놈인 만큼 常놈들의 趣向이 東學으로 많이 쏠녀 들어온다. 不過 數月애 連臂[45](部下라 할가 弟子라 할가) 數百名의 達한다.

其時에 내게 對한 無根의 謠說이 隣近에 두루 流布된다. 나를 차자서 "그대가 東學을 하여 보니 무슨 造化가 나드냐" 무르면, 나는 正直하게 "諸惡莫作 衆善奉行이 斯學의 造化라"고 하지만, 듯는 者들은 自己네게는 아즉 그런 造化를 보여 주지 안는 것으로 自認하고 傳播하기는 "金昌洙(그때부터 行用하는 일홈)가 一丈 以上에 步行하는 것을 보앗다"고 한 것이다. 以誤傳談하야 漸漸 高道聲〔명성〕이 喧藉훤자하게 되매, 黃海 一帶는 勿論이고 平安南北道에까지 聯臂가 數千에 達하엿다. 當時에 兩西 東學黨 中에 年少者로 가장 多數한 連臂를 가젓기 때문에 別名이 '아기 接主'엿엇다.

45 《원》의 다른 곳에서는 '聯臂'로도 기록하였다.

翌 癸巳年[46] 秋間에 吳膺善 崔琉鉉 等이 '忠淸道 報恩에 계신 海月 大道主의게 各其 自己 連臂들의 名單를 報告하라'는 敬通(公函)에 依하야 道內에서 望重한[명망 높은] 道儒 十五名을 選拔하는데 내가 參選되엿다. 編髮로 가기가 不便하다 하야 加冠하고[갓을 쓰고] 出發하게 되엿다. 連臂들이 旅費를 捐出하야, 土産 禮品으론 海州에서 香墨을 特制하여 가지고, 陸路 水路를 지내여서 報恩郡 長安이라는 洞里에 到着한즉, 이 집 저 집 이 구석 저 구석에서 "侍天主 造化定" "永世不忘 萬事知"와 "至氣今 至 願爲大降"의 呪文 외오는 소리가 들니고, 一邊은 떼를 지어 가나고[나가고], 一邊은 몰녀 들어오고, 집이 잇는 대로 사람이 가득 가득 하드라. 接待人의게 우리 一行 十五名의 名單을 주어 海月 先生의게 通刺통자를 하엿다.

移時하야[곧] "黃海道 道人들을 부른다"는 通知를 밧고, 十五名이 一齊히 海月 先生 處所에 갓다. 引導者의 뒤를 따러 그 집에를 가서 海月 先生 앞에 十五名이 한거번에 절을 하는데, 先生도 亦是 한번에 안즈어서 上體를 구부리고 손을 따의[땅에] 집고 答禮拜를 한다. 그리고 "멀니셔 수고시레 왓다"는 簡單한 人事를 하드라. 우리 一行 中에 代表로 十五名이 各히 成册한 名單을 先生 앞에 드럿다. 先生은 그 名單册을 文書 責任者의게 맞겨서 處理하라고 分付를 하드라.

그리고 다른 同行들도 그런 생각이 갓겟지만은, 不遠千里하고 간 것은 先生이 무슨 造化줌치(囊)나 주면 하는 마음과, 先生의 道骨 道風은 엇더한가 보려는 생각이 간절하든 터이라. 先生은 年期가 近 六十 되여 보이는데,[47] 채수염[길게 드리운 수염]이 보기 조케 약간 거문[검은] 오리[가닥]

---

46 '翌 癸巳年'은 '翌 甲午年'(1894)이 되어야 타당하다. 해제 참조.
47 1894년 갑오농민전쟁 당시 해월 최시형의 나이는 68세였다.

가 보이고, 面貌는 淸瘦한데, 머리에 큰 黑笠을 쓰고 조고리만 입고 안저 視事하드라. 房門 앞에 노힌 水鐵火爐 藥罐에서는 獨蔘湯을 다리는 김과 내음새가 나는데, 先生이 잡수신다고 한드라.

房外 房內에 許多 弟子들이 擁衛하는 中에 더욱 親近히 모시는 者는 孫應九(秉熙) 金演局 두 사람은 先生의 女壻〔사위〕라 하고, 其外에 有名한 朴寅浩 等 弟子들이 많이 잇다. 나의 보기에 孫氏〔1861년생으로, 1894년 당시 34세〕는 幼幼 靑年이고, 金氏〔1857년생으로, 1894년 당시 38세〕는 年期가 近 四十하야 보이는데 純實한 農軍갓하 보이고, 孫氏는 文筆도 잇어 보이고, 符畫〔부적〕에 天乙天水라고 쓴 것을 보와도 筆才도 있서 보이더라.

其時에 "南道 各 官廳에서 東學黨을 逮捕하야 壓迫을 하는 反面에, 古阜에서 全奉準은 벌서 起兵을 하엿다"고, 우리가 그 자리에 立侍한 째에 들어와서 報告하는 것을 들엇는데, 連하야 "아모 郡守는 道儒(道儒는 東學黨人의 自稱 他稱의 名詞)에〔의〕 全家族을 다 捉囚하고 家産 全部를 强奪하엿나이다" 한다. 先生은 震怒하는 顏色으로, 純 慶尙道 語調로 "虎 狼이가 물너 드러오면 가만히 안저 죽을까! 참나무 몽동이라도 들고 나가 서 싸호자!"

先生의 이 말이 卽 動員令이다.[48] 各地에서 와서 待令하든 大接主들 이 물 끌틋〔끓듯〕 밀녀 나가기 始作한다. 우리 十五人의게도 各名으로 接 主라는 貼紙를 下付하는데 海月印(圓體에 篆字로 刻)을 捺날하엿드라.[49]

先生의게 하직 一拜를 하고, 俗離山을 救景하고, 次次 歸路에 入하 자, 벌서 곧곧에 聚黨이 되여 白衣佩劍者를 種種 逢着하게 되고, 廣惠院

---

48 전봉준의 동학농민전쟁 1차 봉기는 1894년 음력 1월인데, 이때 최시형은 봉기에 비판적이었 다. 백범(김창수)이 최시형을 만난 것은 1894년 9월경으로, 동학농민전쟁 2차 봉기 때의 일이다. 최 시형은 1894년 9월 18일 '기포령'(起包令)을 내린다(『侍天敎宗繹史』 제2편 제11장, 19~20면).
49 '해월인'에 대해서는 본서 해제 참조.

場을 到着하니 數萬 東學軍이 陣營을 버리고[벌이고] 行人 檢查를 하는데, 可觀은 隣近 兩班에[으로] 平時 東學黨 虐待한 者들을 잡아다가 길가에 안치고 짚신을 삼기는 것이더라.

우리 一行은 證據를 보고 無事히 通過를 식히드라. 附近 村落의 景況은 밥을 짐으로 지어서 時稱 '都所'로 보내는 것이 計數키 難하고, 논에서 벼를 베이든 農軍들이 東學黨이 물미듯[물밀듯] 集會하는 것을 보드니 投鎌 逃走하는 것도 보왓다. 京城을 지나면서 보니, 벌서 京軍이 三南을 向하야 行하는 것을 보앗다.

同年[1894년] 九月 頃에 還鄕하니 黃海道 東學黨들도 多少 兩班과 官吏의 壓迫도 있는 同時, 三南에서 '響應하라'는 「敬通」이 續續 來到함을 因하야, 十五 接主로 爲始하야 會議한 決果 擧事하기로 決定되엿다. 第一回 總召集의 位實[위치]를 竹川場(浦洞 附近 市場)에 定하고 各處에 「敬通」을 發하고, 나는 八峯山 下에 居한 대서 '八峯'이란 接名을 짓고, 靑紗에 '八峯都所' 四字를 大書特書하고, 標語로는 '斥倭斥洋' 四字를 書揚하엿다.[50]

會議한 要點이, 擧事 곧 하면 京軍과 倭兵이 와서 接戰이 될 터이니, 連臂 中에 武器가 잇는 니는 收集하여 軍隊를 編制하기로 하엿다. 나는 本是 山峽에 生長이오 또한 常놈인 까닭에 山炮手[51]인 常놈 連臂가 가장 많으다. 隣近 富戶에게서 若干의 護身器를 收集한 外에, 大部分이 산영[山營] 炮手 弟子가 自己 銃器를 가지온 것을 軍隊로 編成한즉, 銃 가진 軍人이 七百餘名이라, 武的 方面으로 보면 擧事 初에 있어서 누구의 接보다

---

50   동학농민군의 청포 청사 관련은 해제 참조.
51   현재는 일반적으로 '砲手'라고 쓰지만, 『백범일지』 동학농민전쟁 부분에서는 대부분 '砲'가 아니라 '炮'를 사용했다. 여기서 '炮'는 대포가 아니라 화승총을 의미한다. 따라서 아래 나오는 "炮聲"은 포의 소리가 아니라 총성(銃聲)을 의미한다.

優勝 地位에 在하엿다.

最高會議에서 首府인 海州城을 先着으로 陷城하고, 貪官汚吏와 倭놈을 다 잡아 죽이기로 決定하고, 八峯接主 金昌洙를 先鋒으로 作定되엿다. 그것은 나희가 아모리 어리나 平素에 武學에 硏究가 잇엇고, 當今 純全한 山砲手로 編成한 것이 가장 精密하다는 것이나, 裏面에 自己네가 銃알밧지 되기 슬타는 理由도 잇는 것이다.

그러나 나는 承諾하엿다. 卽時로 全體는 後方으로 따르고, 나는 先鋒이라는 司令旗를 잡고, 馬를 타고 先頭에 立하야 海州城으로 向進한다. 海州城 西門 外 仙女山 上에 留陳〔陣〕한 後에, 總指揮部에서 總攻擊令이 下하고, 先鋒에게 作戰 計劃을 任한다. 나는 이런 計劃을 提是하엿다. "至今 城內에 아즉 京軍은 到着지 못하엿고, 烏合으로 編成한 守城軍 二百餘 名과 倭兵 七名이 有한즉,[52] 先發隊로 하여곰 먼저 南門으로 向하야 進攻하면, 先鋒 領率 部隊는 專注力으로 西門을 攻陷할 터이니, 總所에서는 觀其勢하야 虛弱한 곳에 應援하라"한 獻計한 것을 採用케 되엿다.

그리는 즘에 倭兵이 城上에 올나 試驗銃 四五放을 開하는지라, 南門으로 向하든 先發隊는 逃走하기 始作하는데, 倭兵은 南門으로 出하야 逃走하는 群衆에게 向하야 銃을 連發하는지라. 나는 全軍을 指揮하며 先頭에 立하야 西門 下에 到着하야 猛攻을 하는데, 忽然 總所에서 退却令을 發하고, 先鋒隊는 回頭도 하기 前에 滿山遍野에 逃亡하는 빗〔조짐〕이라.

退却하는 原因을 問한즉, "三四名 道儒가 南門 外에서 中彈 致死함"이라 한다. 그런즉 先鋒軍도 退却 안을 수 없엇다. 比校的 從容하게 退却하야 가지고, 海州 西距 八十里에 回鶴洞 郭 監役 家에 先導隊를 派送하

52 일본 육군 보병 소위 스즈키 아키라(鈴木彰)가 기록한『황해도 동학당 정토략기』(黃海道 東學黨 征討略記.『전집』3)에 의하면 1894년 12월 23일 해주성 전투에 참여한 동학농민군은 3만 명 정도이고, 일본군은 한 소대 병력 40명 정도였다.

고 後方 退兵을 集合하기로 하고, 最後에 있어 軍人을 指導하여 가지고 回鶴洞에 到着한즉, 武裝 軍人들은 全部가 集合되엿드라.

大部分 整頓을 식히고〔시키고〕, 今番 失敗에 憤慨하야 軍隊 訓練에 盡力하기로 하야, 遠近 地方에 東學 非東學을 不問하고 從前 將校의 技術이 잇는 者는 卑辭厚禮로 迎來하야다가 銃術과 行步며 體操를 敎鍊하든 차에, 一日은 門外에 엇던 人士가 面會를 請하는지라. 接對한즉 文化 九月山 下에 居住하는 姓名 鄭德鉉 禹鍾瑞 兩人이라. 年期는 나보다 十餘歲 以上이오, 博覽博識의 名士라.

來訪한 理由를 問한즉, 泰然하게 對答하는 말이 "東學軍이란 한 놈도 쓸 것이 없는데, 風聞則 그대가 좀 낫다는 말을 듯고 한번 보고져 왓노라" 한다. 秘密 面會가 아니기 때문에 座中으로부터 該 二人을 指目하야 '毀道者'니 或은 '無禮漢'이니 가즌〔갖은〕 是非가 起한다. 나는 大怒하야 座中 諸人을 責한다. "該賓 等이 나와 面談하는 時에, 如此 渾雜〔混雜〕 無禮함은 나를 도음〔도움〕이 아니고 나를 蔑視함"이라 하고, 다시 座中을 向하야 "좀 나가 달나"고 請하여, 三人만 會談하게 되엿다.

나는 恭遜히 鄭·禹 兩氏를 對하야 "先生들이 如是 不顧勞而來하심은 小生의게 良策을 가라쳐 줄 盛意〔誠意〕가 有치 안은가?" 鄭氏가 하난 말이 "내가 設或 計策을 말하여도 君이 듯고나 말넌지, 實行할 資格이 있는지가 疑問"이라 한다. "요새 東學軍 接主나 한 者들이 豪氣冲天하야 선배를 眼下視하는 판에 君도 接主에 一人이 안인가?" 나는 더욱 下氣하야 "本接主는 他接主와 달을넌지, 그것은 小生을 가라쳐 주신 後에 施行 如何를 보신은 것이 엇더하심닛가?"

鄭氏 欣然 握手하고 方針을 말한다.

一, 軍紀正肅(兵卒를 對하여도 互相拜 互相敬語 等을 廢止할 일)[53]

二, 得民心(東學黨이 銃을 가지고 村閭에 橫行하며 所謂 執穀이니 執

錢이니 强盜的 行爲를 禁止할 일)

三, 招賢文을 發布하야 經綸之士를 多得할 事

四, 全軍을 九月山中에 集中하고 諫練[訓練]을 施할 일

五, 糧道[양식]는 載寧 信川 兩郡에 倭가 貿米積置한 것이 數千石이니 그것을 沒收하야 貝葉寺에 移積할 일 等이라.

나는 滿心 歡喜하야 五個策을 施行하기로 決定하엿다. 卽時로 總召集令을 發하야 集合場에 나가서, "鄭氏는 謀主라, 禹氏는 從事"라 廣布하고, 全衆를 指揮하야 該 兩氏의게 最敬禮를 行하엿다. 從此로 簡易한 軍令 幾條를 公布하고, 違令者에게는 笞로 棍으로 施罰하며, 九月山으로 移接할 準備를 着手한다.

하로밤에는 安 進士의 密使가 왓다.[54] 安 進士 泰勳은 ▼本陣인 回鶴洞 東距 二十里 千峯山이란 一座 大山을 隔한 信川郡 淸溪洞에 居生하는데, 文章 名筆이 海西는 勿論 京鄕에 著名하고 智略이 兼備하야, 當時 朝廷 大官들 中에도 器重[재기才器를 중하게 여김]의 特遇를 밧는 이로서, 東學의 蹶起함을 보고 此를 討伐하기 爲하야 子弟로 當兵케 하고, 三百餘名의 炮手를 募集하야, 淸溪洞 自宅에 義旅所를 設立하고, 京城 某大臣들에 援助와 黃海監使 ○○의[55] 指導下에서, 벌서 信川에서는 東學 討伐에 成績이 良好하야 各接이 恐懼戒備하는 中에 잇고, 우리도 淸溪洞을 向하야 警備하든 터이라.

53 '廢止'의 탈초에 대해서는 해제 참조.

54 다음에 "鄭 謀主와 禹 從事로 接待케 하얏는데"가 지움 표시 되어 있다. 《등》에도 이 구절이 없는 것으로 봐서 집필 과정에서 바로 삭제된 것이다. 그러나 이 구절이 있어서 백범이 안태훈의 밀사를 직접 만난 것은 아니라는 것을 알 수 있고, 또한 다음 문단 모두에서 "鄭氏 等이 密使와 接洽한 內容" 운운을 보다 선명하게 이해할 수 있다.

55 원문에는 이름이 밝혀져 있지 않으나, 갑오농민전쟁 발발 당시 황해감사는 정현석(鄭顯奭, 1817~1899)이다. 안태훈은 정현석의 추천으로 황해도 초모관으로 임명된 바 있다(장석흥, 「19세기 말 安泰勳 書翰의 자료적 성격」, 『한국학논총』 26, 2004, 142면).

鄭氏 等이 密使와 接洽한 內容이, "安 進士는 秘密 調査로 君〔김창수〕의 年少膽大한 人品을 愛重하야 擧兵討滅를 不爲할 터이나, 金昌洙는 隣近之地에서 重兵을 擁하고 있으니, 萬一의 淸溪를 侵犯하다가 敗滅을 當하게 되면 人材可惜이란 厚意로 密使를 派하엿다" 한다. 卽時로 參謀會議를 開하고 議決한 結果, '人不侵我 我不侵人'과, '兩方에서 不幸에 陷케 될 時에 互扶互助'할 密約이 成立되엿다.

旣定 方針대로 九月山 貝葉寺로 軍隊를 出發하엿다. 該寺로 本營을 삼고 洞口에는 把守幕을 짓고 軍人의 山外 出入을 嚴禁하고, 信川郡에 倭의 費置한 白米 千餘石을 沒收하야 노코, 山下 各戶에 訓令을 發하야 "白米 一石을 貝葉寺까지 運搬하는 者는 白米 三斗식을 給與한다" 하엿으니 當日 內에 全部가 寺內에 移積되는지라. 그것은 運稅를 厚給한 所以드라.

各洞에 訓令하야 "東學黨이라 稱하고 金錢을 强徵하거나 行悖하는 者가 有할 時는 星火馳報하라" 하고, 告發되는 대로 軍人을 派送 逮捕하야다가 武器가 잇는 者는 武器를 奪下한 後에, ▾棍杖 笞杖으로 嚴刑治罪하고 徒手行悖者도 嚴重治之하니, 四境이 安堵하고 人心이 安定되드라.

每日 軍人들로 하여곰 實彈 鍊習과 戰術을 敎授하며 招賢文을 發布한 後에, 나는 指路者를 앞에 세우고 九月山 內外에 知鑑〔知人之鑑: 식견〕이 잇다는 人士를 調査하야 單身 徒步로 訪問하는 中에, 月精洞 宋宗鎬 氏를 師事之하고 人馬를 보내여 山寺에 모시고 顧問을 받으니, 宋氏는 일즉이 上海에 遊歷하야 海外 事情도 精通하고, 爲人이 奇傑하고 英雄의 氣風이 有하드라. 豊川郡으로부터 許坤이란 名士가 來會하니, 許氏는 文筆이 可嘉하고 識時務의 人士더라.

該寺〔패엽사〕中에 가장 道僧이라는 名聲이 京鄕에 頗著한 荷隱堂이란 중이 一切 寺事를 總持하는데, 弟子와 學人을 幷〔합쳐〕 數百名의 男女

僧徒가 有하더라. 時時로 荷隱 大師에 道學說을 聞하며 間間 最高會議를 開하고 將來 方針을 討論하엿으나, 其時는 京軍과 日兵이 海州城을 點據하고, 近方에 散在 東學 機關을 掃蕩하고 漸次 西進하야, 瓮津 康翎 等地를 掃平하고 鶴嶺으로 넘어온다 하는데, 九月山 近邊에 遍滿한 東學 中에 李東燁이란 接主가 大勢力을 占하고, 種種 貝葉 附近 村落에 攎掠을 하다가 우리 軍人의게 잡히여 와서 軍械〔무기〕를 被奪하고 刑罰을 當하고 도라간 者와, 나의 部下로 間間 村間에 가서 財寶를 掠奪하고서 嚴刑을 밧고서 李東燁의 部下가 되는 者ㅣ 日增하고, 도적질을 하고 십흔 者는 暮夜 逃走하야 李東燁의 部下로 도라간즉, 나의 勢力이 日縮하는지라.

最高會議에서 될 수 잇는 대로 見機하여 가지고 金昌洙는 東學 接主인 감투는 脫却식히기로 하고(此는 兵權을 奪하자는 野心이 안이오, 나로 하여곰 保身게 할 方策이라)[56], 許坤을 平壤에 派送하야 張好民의 召价를 어더 가지고, 黃州兵使의게 凉解를 어더서 貝葉의 잇는 軍隊를 許坤의게 引渡케 하고, 許坤은 宋宗鎬의 一張 書信를 帶하고 平壤에 出發하엿다. 此時는 十九歲인 甲午〔1894년〕 臘月〔섣달〕頃이라.

數日間 身熱과 頭痛이 甚하야 操室房에 獨處 治療中이드니, 荷隱堂이 問病을 와서 자세히 보드니 "紅疫도 못하엿든 大將이로구려", 領將 李龍善의게 報告하야 내의게 問病者로 나 잇는 房內에 出入을 禁止식히고, 荷隱堂이 治療를 擔任하여 女僧堂에 年老修者로 紅疫에 經驗 잇는 者를 擇하야 調理케 하드라.

一日은 "李東燁이 全軍을 率하고 來攻한다"는 急報가 잇은 後, 刹那間에 放銃揮釰〔劍〕者[57]가 寺內에 彌滿하여지고, "우리 軍人들은 散散奔走

56 ( ) 안의 글은 여백에 삽입한 설명이다.
57 백범은 劍(검)을 대부분 釰(인)으로 썼다. 한국 현대 발음으로는 이처럼 분명하게 구분되지만, 뜻은 모두 칼을 의미하며, 중국 발음으로는 釰(劍)과 같이 jiàn으로 병용하기도 한다. 또한 서체 사전

하는 者, 肉搏相戰하는 者가 잇다"고 한다. 李東燁이 號令하기를 "金 接
主의게 下手하는〔손대는〕 者면 死刑에 處한다(此는 나를 밉지 안음이 아니
나, 나는 海月 先生이 捺印한 接主니 東學에 正統이오, 李東燁의 接主는
第二世인데 臨時的으로 林宗鉉의 差帖을 受한 者임으로, 내의게 迫害를
加함이 後日 大禍를 被할가 恐함이라)[58]." "領將 李龍善만 死刑에 處하라"
한다. 나는 그 말을 듯고 突然 躍出하야 "李龍善은 내의 指導 命令을 받아
서 一切를 施行한 것뿐이니, 萬一 李龍善이가 死罪가 잇다면 그는 곳 내
의 罪이니 나를 銃死하라"고 大聲 叱號하엿다.

李東燁은 部下를 指揮하야 나의 手足을 꼭 껴안고 自動을 못하게 하
고, 李龍善만 끄을고 나가드니, 移時하야〔이어서〕 洞口에서 炮聲〔총성〕이
들니자, 寺內에 잇든 李東燁 部下는 擧皆 退去하엿고 李龍善의 銃殺의 報
告가 잇다. 나는 이 말을 듯고 卽刻으로 洞口에 馳往하여 본즉 果是 李龍
善은 銃을 마자 이즉 全身에 衣服의 불이 붓는 中이라, 나는 抱頭痛哭을
하다가 나의 저고리(어머님이 남에 웃사람 노릇한다고 近 二十살에 처음
으로 지여 보내신 綿紬 저고리)를 벗어 李龍善의 머리를 싸서, 洞民의게
指揮하야 잘 埋葬케 하고, 雪中에 赤身으로 號哭하는 것을 본 隣人들이
衣服을 갓다 주는지라. 밤으로 缶山洞 鄭德鉉 집에 가서 所遭를 說明한즉
鄭氏는 말하기를, "李龍善 君의 遇害는 不幸이나, 兄은 至今부터는 了事
丈夫〔할 일이 끝난 장부〕니, 幾日間 紅疹 餘毒이나 調理하야 가지고, 나와 風
塵을 避하야 遊覽이나 떠납시다" 한다.

나는 '李龍善의 復仇'를 말하엿다. 鄭氏는 "義理에 當然하나, 至今 九
月山을 掃蕩하려는 京軍과 倭가 이즉 猛攻을 試치 못하는 것은, 山外에

에서 볼 수 있듯이 劒(검)의 초서체는 백범이 쓴 釼(인)과 흡사하다. 이하 한국에서 통용하는 劍으
로 바꾸어 탈초한다.
58   ( ) 안의 글은 여백에 삽입한 중요한 설명이다. 해제 참조.

李東燁의 形勢가 크고, 山寺에 우리의〔가〕天險을 依하고 比較的 精兵이라 探問을 한 것이나, 今日 所聞을 듯고서는 卽刻으로 李東燁 殲滅하는 卽時로 貝葉을 占領하리니 復仇를 말〔할〕餘地가 업습니다."

李龍善은 咸鏡道 定平人이니, 平時에 商行으로 黃海道에 와서 居住하는데, 狩獵의 銃術이 잇고 無識은 하나 御人之才〔사람 거느리는 재주〕가 잇서 火砲 領將을 任하엿든 것이다. 其後에 自己 子姪들이 와서 定平 本鄕으로 移葬하는 時에, 洞中人들에게 李氏 被殺 當時에 情況을 듯고 屍身을 掘出하다가 내의 저고리로 그 얼골을 싼 것을 보고서 내의게 對하야 惡感을 품지 안고 가드라는 말을 들엇다.

鄭氏 집에서 二三日을 療養한 後에 長淵郡 夢今浦 近洞으로 避亂하야 三朔을 隱居하엿다. 東쪽으로 傳來하는 風聞을 들은즉, 李東燁은 벌서 잡히여 가서 死刑을 當하고, 海西 各郡에 東學은 거의 掃蕩되엿다 한다.

鄭氏와 同伴하야 基洞 本第에 와서 父母를 뵈옵는데 매우 不安 狀態에 在한 것은, 倭兵이 竹川場에 留陳〔陣〕하고 附近 東學黨을 搜索하는 中이라, 父母게서는 "도로 遠地에 가서 避禍하라"고 말삼한다.

翌日 鄭氏는 "淸溪洞 安 進士를 가 보자"고 한다. 나는 躊躇하엿다. 安氏가 容納한다 하야도 敗軍之將인 나로서 俘擄와 같은 待遇를 한다면 갓든 길이 後悔될가 念慮한다. 鄭氏는 힘써 "安 進士의 密使 派送한 眞意가 援兵的 術策이 안이요, 眞正한 兄의 年少擔大한 材器를 愛함이니 勿慮 同行"을 力勸한다.

나는 鄭氏와 同伴하야 卽日노 千峰山을 넘어 淸溪洞口에 當到하엿다. 該洞은 四圍가 險峻秀麗한데, 周密치는 못하나 四五十戶 人家가 여긔저긔 잇는데, 洞前에 一條〔한 줄기〕長川이 流去하고, 石壁 上에 安 進士의 親筆 書刻한 '淸溪洞天' 四字가 流水聲을 따라 活動하는 것 같다.

洞口에 一座 小山이 有한데 山頂 炮臺가 잇고, 守兵의 質問에 依하야

名刺를 提한즉, "義旅長에 許可가 잇다" 하고 衛兵이 引導한다. 衛兵을 따라 義旅所(卽 安 進士 宅)를 드러가면서 觀察한즉, 門前에 小規模의 蓮塘을 堀하고, 塘中에 一間 草亭을 築하고, 安 進士 六兄弟가 平日에 飮酒 咏詩로 消遣〔소일消日〕한다고 한다.

大廳에 入하면서 壁上에 '義旅所' 三字를 安 進士의 親筆로 橫額을 써 부첫드라. 우리의 名刺를 본 安 進士는 正堂에서 우리를 마자서 親切히 迎接하고, 修人事 後에 第一 첫 말이 "金 碩士가 貝葉寺에서 危險을 脫却한 後에 내 생각은 甚히 憂慮되여, 애를 써써 계신 곧을 探索하엿으나 아즉 下落〔거처〕을 모른든 터에, 今日에 이처럼 차자 주시니 가샤〔감사〕함니다." 다시 나를 向하야 "俱慶下라시든데[59] 兩位 분은 어듸 安接할 곧이 게심니까?" "別노 安接할 곧이 없고, 아즉 本洞에 게심니다." 卽時로 吳日善의게 三十名 擔銃 軍人을 點名하여 맛기어 "當日로 基洞에 가 金 碩士 父母님 모시고, 該 近洞에 牛馬를 잡아 그 댁 家産 全部를 搬移케 하라" 命令하고, 隣近에 一座 家屋을 買入하야 當日노 淸溪洞 居住를 始作하니, 나의 二十歲되든 乙未年〔1895년〕 二月이라.[60]

安 進士는 親切히 付託한다. "날마다 舍廊에 와서 내가 업는 새이라도 내의 同生들과도 놀고, 舍廊에 모히는 親舊들과도 談話를 하든지 書籍을 보든지 마음대로 安心하야 지내라"고 한다. 安 進士 六兄弟의 長兄은 泰鎭, 其次는 泰鉉, 安 進士 泰勳은 行之三이오, 第四 泰健, 第五 泰民〔泰敏〕, 第六 泰純이 擧皆 學識이 膽富〔풍부〕하고 人格이 相當한 中에, 安 進士가 學識으로나 器量으로나 優勝 卓越하드라.

安 進士는 내의게 種種 試驗的으로 質疑도 하고 談論도 하나, 實地로

---

59 구경(俱慶), 구경하(俱慶下)는 양친이 모두 살아 계시는 경사스러운 상태를 말한다.
60 시초 원고에는 "乙未 正月인 나의 滿二十歲되든 時年라"로 되어 있다.

나는 幼稚한 動擧가 많은 씨라, 一日은 春氣和暢한 씨라, 炮軍들을 다리고 酒肴를 設備하야 愉快하게 노는 씨에, 脚戲〔씨름〕 잘하는 者를 募集하야 脚戲를 식히다가, 最後 決勝의 兩人이 勇猛스럽게 씰흠을 하는 것을 구경하다가, 才勇이 相適〔비슷〕하야 容易히 勝負를 決치 못하드라.

安 進士는 내의게 "昌洙가 보기에는 어느 사람이 得勝할 듯한가" 뭇는다. 나는 이러케 對答하엿다. "키가 크고 힘이 서〔세〕 보이는 사람이 좀 적은 사람의게 질 줄 생각합니다." 進士는 그러케 보여지는 理由를 뭇는다. 나의 對答은 "내가 보는 바로는 악가〔아까〕 씰흠할 씨에 키 큰 사람의 바지가 찌저저 그 볼기가 들어나게 된 것으로, 기운을 다 쓰지 못하는 빗이 잇음이〔잇으니〕 나는 斷然코 그 사람이 질 줄 압니다." 言未已에〔말이 끝나기도 전에〕 果然 그 사람이 지는 것을 본 進士는 날을 더욱 사랑하드라.

進士 有子 三人에 長子는 重根이니, 當年 十六歲에 상투를 쪼젓고〔쫏았고〕[61] 紫紬 手巾으로 머리를 동이고, 돔방銃(普通 長銃이 아니고 메고 다니기에 便利하도록 만든 것)을 메고, 老人堂과 薪上洞으로 날마다 狩獵을 일삼드라. 英氣가 潑潑하야 여러 軍人들 中에도 射擊術이 第一位라고 하드라. 산양〔사냥〕할 씨에도 飛禽 走獸를 百發百中하는 才操라 하여, 泰健 氏와 叔侄이 늘 同行하는데, 엇던 씨는 一日에 노루 고라니를 여러 마리를 잡아다가 그것으로 犒軍〔군사에게 음식으로 위로〕을 하고, 進士의 六昆季〔형제〕가 거의 다 好飮酒 好讀書하는지라, 즘성을 산양하여 오면 自己 六兄弟는 반듯이 한데 모이고, 其外에 吳 主簿·高 山林·崔 先達 等이엿고, 나는 飮酒咏詩에 아모 資格이 업스나 쏘한 被招하여 山獸 野禽에 珍味를 同嘗하고 지내엿다.

進士가 自己 子侄〔아들과 조카〕을 爲하야 書齋를 設하엿는데, 當時에

---

61 1895년 당시 안중근은 열일곱이었고, 1894년에 결혼하여 상투를 틀었다.

쌀간 두루맥이를 입고 머리를 짜서 느러친 八九歲인 定根[1885년생, 11세]
恭根[1889년생, 7세]은 "글을 읽어라" "써라" 督勵하여도, 長子 重根[1879년
생, 17세]은 工夫 안는다고 叱責하는 것은 보지 못하엿다.

　進士 六兄弟는 擧皆 文士의 體格이 잇으나 柔弱하여 보이는 이는 一
個가[한 분도] 업고, 其中 進士는 眼采가 明透하야 壓人之氣[압도하는 기운]
가 잇음으로, 當時 朝廷 大官 中에도 筆端으로나 面談에 抗爭을 當하고,
'왼금⁶²에는 安 進士를 惡評하든 者라도 面對만 하면 不識不知間에 起敬
의 態度를 가지게 된다'고 하고, 내의 觀察도 그런데, 퍽 疎脫하야 無識한
下流들에게도 一分의 驕傲한 빗이 업시 親切 叮嚀[정중]함으로, 上流로부
터 下流까지 擧皆 樂與爲用⁶³하드라. 面貌가 甚히 淸秀하나, 酒量이 過度
함으로 鼻紅症이 잇는 것이 欠點으로 보이더라.

　當時 詩客들이 安 進士 律의 明作[名作]을 傳誦하는 것을 많이 들엇
고, 自己도 種種 나를 對하야 得意作을 많이 들니어 주엇으나, 紀憶에 殘
存으로는 東學黨이 猖獗할 時에 "曉蝎求生無跡去효갈구생무적거 夕蚊寧死有
聲來석문녕사유성래"⁶⁴만 생각난다. 黃石公에 『素書』⁶⁵를 自筆로 써서 壁臧 門
에 부치고 酒醉이 잇을 씨는 늘 朗讀하드라.

　安 進士 祖父[부친] 仁壽 氏는 十二三世나 海州府 內에 世居하다가,
自己가 鎭海 縣監을 歷任한 뒤에,⁶⁶ 有餘한 資産을 强近至親[가까운 일가]

32

62　왼금은 '머릿속 생각이나 짐작'을 뜻하는 북한 지역 옛 방언이다.
63　낙여위용(樂與爲用)은 '같이 일하기를 즐거워 하더라'는 뜻이다.
64　"東學黨이～夕蚊寧死有聲來": 이 부분은 1차 집필한 "盟山고저 하니까 山이 怒顧을로 動하엿
　다는 말과"를 지우고 여백에 새로 추가한 것이다. 해제 참조.
65　『소서』(素書)는 진(秦)나라 말기 은사(隱士)인 황석공(黃石公)이 장량(張良)에게 주었다는
　비결(秘訣)이다. 안태훈이 그 비결의 여러 가지 구절들을 써서 벽에 붙여 놓았다는 것이다. 이 『소
　서』의 구절들은 안태훈은 물론 안중근에게도 상당한 영향을 주었을 것으로 짐작된다.
66　안중근의 할아버지인 안인수(安仁壽)는 순흥(順興) 안씨 시조인 안향(安珦)의 24대손, 해주
　입향 시조인 안효신의 13대손이다. 백범이 12~13세라고 한 것은 해주 입향 시조로부터 헤아린 것

의게 分配하여 주고, 自己는 三百餘石 秋收의 資本을 남겨 가지고, 淸溪 洞이 山水만 秀麗할 뿐 아니라 足히 避亂地가 되겠다고 생각하고, 長孫 重根이 二歲 時에 淸溪洞으로 移居하엿고,[67] 安 進士는 擧子〔과거 시험생〕 로 京城 金宗漢[68] 집에 多年 留連하며 科試에 參加하엿고, 及其也 小成 〔소과〕의 入格됨도 金宗漢이 試官인 쩌라 한다. 그리하야 安 進士는 '金宗 漢의 門客'이니 '食口'니 하는 當時에 所聞이 잇엇다.

나는 날마다 그 舍廊에 다니며 노는데, 一位 老人의 年氣가 五十餘歲 나 되여 보이고 氣骨이 長大하고 衣冠이 甚히 儉素한 분이 種種 舍廊에를 오면 安 進士는 極恭極敬하야 首座에 迎接하는 이가 잇다. 하로는 進士가 나의게 召介하여 그분에게 拜謁을 식힌 後에, 自己는 내의 略歷을 그분에 게 告한다. 그분은 卽 高能善〔高錫魯〕[69]이라는 學者이다. 사람들이 '高 山 林' '高 山林' 부르드라.

高能善은 海州 西門 外 飛洞에 世居하엿고, 柳重庵 重敎 氏[70]의 弟子 로 柳麟錫 毅巖〔1842~1915〕의 同門人인 當時 海西에 行儉〔精行儉德: 올곧은

이다. 안인수가 진해현감을 실제 역임한 것은 아니고, 일종의 명예직으로 종6품 진해현감 직을 받
았다.

67   안중근이 말하는 청계동 이사의 내력은 『백범일지』와 조금 다르다. 안 진사는 1884년 갑신정
변 당시 경성에 머물면서 박영효가 모집한 해외 파견 유학생 70명에 선발되었다. 그런데 갑신정변
이 실패하고 박영효가 일본으로 망명하자 안태훈도 몸을 피해 해주로 내려왔다. 안태훈은 출세의
길을 버리고 산속으로 들어가 구름과 달과 더불어 살기로 결심하고, 아버지 인수의 승낙을 받아 가
산을 정리하고 70~80명 대가족을 이끌고 청계동으로 피신하였으며, 그때 안중근의 나이는 예닐곱
살이었다고 한다. 「안응칠 역사」(신용하 편, 『안중근 유고집』, 역민사, 1995, 24~25면).

68   김종한(金宗漢, 1844~1932)은 조선 말기의 문인이며 정치가이다. 1894년 도승지에 오르고
이어서 김홍집 내각에도 참여했다.

69   고능선(1842~1922)은 조선 후기의 성리학자이다. 호는 후조(後凋), 별칭은 산림(山林)이며,
다른 이름은 고석노(高錫魯)이다. 청계동에서 백범을 만난 당시 나이는 54세이다.

70   화서(華西) 이항로(李恒老, 1792~1868)의 학맥은 중암(重菴) 김평묵(金平默, 1819~1891)
―성재(省齋) 유중교(柳重敎, 1832~1893)로 이어지는데, "柳重庵 重敎"라 한 것은 착오이다. 그
런 연유로《등》에서는 重庵을 삭제했다.

행동과 검소한 마음가짐]으로 掘指하는[손꼽히는] 學者이엿다. 安 進士가 倡義 初에 高能善을 謀師로 모서 오고, 其 全家를 搬移하야 淸溪洞에 居住하 든 터이라.

一日은 亦是 安 進士 舍廊에서 高氏를 拜會하야 終日 놀은 後 허[헤] 여저 갈 즈음에, 高氏는 내의게 이러한 말을 한다. "昌洙, 내 舍廊 구경은 좀 아니하겟나-." 나는 感心하야 "先生님 舍廊에도 가서 놀겟음니다" 하 엿다.

翌日에 高 先生 宅을 訪問하엿다. 高 先生은 老顏에 喜色을 씌고 親 切히 迎接한다. 長子 元明을 불너 나와 人事를 식힌다. 元明은 年期가 三十이 넘엇고 姿品이 明敏은 해 보이나, 雄偉寬厚한[위엄있고 너그러운] 그 父親은 繼跡을[따라가지] 못할 이라고 뵈여지드라. 次子는 成人이 되여 死 亡하고 寡婦 며느리만 率居하고, 元明은 十五六歲 된 長女와 四五歲 된 딸까지 兩個 女息을 두엇고, 아즉 아들은 업다고 하드라. 高 先生이 居處 하는 舍廊은 적은 房인데, 房內에 싸힌 것은 擧皆 書籍이며, 四壁에는 古 代 明賢·達士의 左右銘과 自己心得書 等을 돌나 부처스며, 高 先生은 斂 膝危坐[71]하야 涵養도 하고, 間間 『孫武子』와 『三略』 等의 兵書도 閱覽하 드라.

33

高 先生이 나를 對하야 談話를 하는 中에 "자네가 每日 進士 舍廊에 를 다니며 놀지만은, 내가 보기에는 자네의게 切實히 有益될 精神 修養에 는 效益이 없을 듯하니, 每日 내 舍廊에서 나와 갓이 世事도 談論하고 文 字도 討論함이 엇더한가?" 나는 惶恐 感謝하엿다. "先生님이 이처럼 厚容 하시나 小生이 엇지 堪當할 만한 才質이 有함닛가?" 高 先生은 微笑를 씌

---

71 염슬위좌(斂膝危坐)는 무릎을 개고 단정하게 앉은 모습으로, 특히 단정하게 꿇어앉은 것을 염 슬궤좌(斂膝跪坐)라고 한다. 고능선이 염슬위좌한 모습이 사진으로 남아 있다.

우고 明白히 說明은 아니하나, 내의게 對하야 사랑하는 마음이 充滿한 것을 엿볼 수 잇드라.

내의 其時 心理 狀態로 말하면 第一着으로 科場에서 悲觀을 품엇다가 希望을 『相書』工夫로 옴기엿고, 自己 相格이 넘어도〔너무도〕 못생긴 것을 悲歎하다가 好心人 되리라는 決心을 하엿고, 好心人 되는 方法이 杳然하든 차에는 東學의 修養을 밧아 가지고 新國家 新國民을 꿈꾸엇으나, 到今 와서 보면 그도 亦是 捕風〔바람 잡듯 헛된 일〕이고, 이제 敗軍將에 身勢〔身世〕로 安 進士의 厚意를 입어서 生命만은 安保를 하지만은, 將來를 생각하면 엇던 곧에다가 立足을 하고 進路를 取함이 可할가? 하는 데는 가슴에 悶盉〔悶鬱: 답답함〕함을 늣기든 즘이라. 高 先生이 저처럼 나를 사랑하는 빗이 뵈이지만은, 참으로 내가 저러한 高明한 先生의 사랑을 바로 밧을 만 素質이 잇는가? 내가 그이에 過分한 사랑을 밧는다 하여도, 從前에 科擧니 觀相이니 東學이니 하든 것과 갓이 效果를 내이지 못할 지경이면, 내의 自身이 墮落됨은 둘재요, 高 先生과 같이 純潔하여 보이는 양반에게 累를 貽이할가〔끼칠까〕 恐懼〔두려움〕가 생긴다.

나는 高 先生을 對하야 眞情대로 말을 한다. "先生님! 先生님은 저를 明察하여 가라처 주셔요. 저는 不過 二十살에 一生 進路에 對하여 自欺自誤로 許多 失敗를 經하고, 到今하여는 참으로 민망합니다. 先生님이 제의 資格 稟性을 밝히 보시고, 長就〔장점〕가 잇어 보이시그던 사랑도 하여 주시고 敎訓도 하여 주시려니와, 萬一 조흔 사람 될 兆朕이 없을진대 저는 姑舍하고 先生님 高德에 累를 貽함을 願치 아니 하나이다." 모르는 결에 有淚盈眶〔눈에 눈물이 가득〕하여 진다.

高 先生은 내의 마음에 苦痛이 잇음을 極히 同情하는 말노 "사람이 自己를 알기도 容易의 事ㅣ 아니그던, 況 他人을 밝히 알 수 잇는가. 그럼으로 聖賢을 目標하고 聖賢에 발자최를 밟아 가는 中에, 古來로 聖賢의 地

位까지 達到한 者도 잇고, 좀 不及되는 者도 잇고, 聖賢되기까지는 아조 高遠하다 하야 中途 橫走〔옆길로 빠짐〕하거나, 또한 自暴自棄하야 違禽獸不遠〔짐승 같은〕에 陷在하는 者도 有하니, 자네가 好心人 될여는 本意를 가진 以上에, 몃 번 길을 잘못 드러서 失敗니 困難이니 經過하엿을지라도, 本心만 變치 말고 改之不已 進之不已하노라면 目的地에 達하는 一日이 必有하리니, 今에 心理에 苦痛을 가지는 것보다는 力行을 할 것 안인가? 失敗는 成功의 母이오, 苦惱는 快樂의 本이니, 자네는 傷心 말게. 如此 老夫도 자네의 前程에 或是 補益이 잇다면 老夫도 光榮이 안인가" 한다.

나는 高 先生의 말삼을 듯고서 慰安만 될 뿐 아니라, 젖을 주리든 小孩가 母乳를 吮연함〔빠는 것〕과 갓다. 나는 高 先生의게 다시 무럿다. "그러시면 前途에 對한 一切를 先生님 보여지는 대로 敎訓하여 주시면 盡心奉行하겟음니다" 하엿다. 高 先生은 "자네가 그갓이 決心하면, 내의 眼光이 밋는 데까지 자네 力量이 잇는 대로 내게 잇느니 만큼은 자네를 爲하야 盡心할 터이니, 젊은 사람이 넘어 傷心 말고 每日 나와 갓이 놀세. 갑갑할 썩는 우리 元明이와 山 구경도 단이며 놀게."

그날부터는 밥을 안 먹어도 배곱흔 줄을 모르겟고, 高 先生님이 죽으라면 죽을 생각이 난다. 그다음부터는 每日 高 先生 舍廊에 가서 논다. 先生은 古今 偉人들을 比評하여 주고 自己가 硏究하야 쌔다른 要旨를 가라처 주고, 『華西雅言』[72]이나 『朱子百選』[73] 中에 緊要한 節句를 가라치고, 主로 "義理가 엇던 것"과, "사람이 超群의 才와 能이 有한 者라도 義理에 버서지면 그 才能이 도로혀 禍根이 된다"는 말이던지, "사람의 處世는 맛당이 먼저 義理에 基本하며, 事爲를 爲하는 데는 判斷·實行·繼續 三段

35

72 『화서아언』(華西雅言)은 화서 이항로의 저서이다.
73 『주자백선』(朱子百選)은 『주서백선』(朱書百選)으로 송나라 주희(朱熹)의 글 100편을 엮은 책이다.

으로 事業을 成就한다"는 種種의 金言을 들녀주는데, 가만히 보면 어느째든지 내의게 보여 주기 爲하야 冊章〔冊張〕을 접어 두엇다가 들처 보이는 것을 보와도, 그 精力을 傾注하야 가라침을 알겟드라. 그런즉 高 先生 생각에 經書를 序次〔차례차례〕로 敎授함보다, 내의 精神 如何와 才質을 보아 가지고, 비유하면 뚜러진 곧을 기위 주고 뷔인 구석을 채워 주는 '口傳心受〔授〕'[74]의 捷徑 敎法이라 하겟드라.

高 先生이 나를 지내 보고 가장 缺點으로 생각한 것은 果斷力이 不足하여 보인 듯하다. 每每 訓辭를 할 쩌의 무슨 일이나 밝히 보고 잘 판단하여 노코도, 實行의 初發點인 果斷 곧 없으면 다 쓸데업다는 말을 할 쩌의〔에〕는,

得樹攀枝無足奇 득수반지무족기

懸崖撒手丈夫兒 현애살수장부아[75]

의 句를 힘잇게 說明하드라. 그리하기를 數朔을 經過하는데 安 進士도 種種 高 先生을 訪問하야 三人이 會坐한 中에, 進士와 高 先生 서로 주거니 밧거니 古今事를 講論함을 傍聽하는 趣味가 比較할 데 업더라.

그런데 내가 淸溪洞에 居住하며 처음에는 갈 곧도 아는 사람도 없〔-음〕으로 安 進士 舍廊에를 가서 노는데, 安 進士 곧 在座치 안흐면 炮軍者들이 나를 向하야 들어라 하고 "저者(나를 가라처)는 進士님만 안이드면 벌서 썩어젓을 것이다. 아즉도 接主님 하고 여러 사람들에 對接 밧든 생각이 날걸-." 내가 듯는 줄 알면서 "그럿코말고. 저者가 우리 같은 炮軍들 보기를 草芥같이 볼 걸." 或者는 입을 빗죽하며 "여보게(저의 同軍을 向하

74 구전심수(口傳心授)는 상대방이 절실히 필요한 바를 파악하여 말과 마음으로 전수하여 주는 것을 말한다.
75 이 구절은 백범의 성장과 결단에 큰 영향을 주었는데, 원래 중국 송나라 스님 야보도천(冶父道川)이 『금강경』에 주석으로 단 선시(禪詩)의 앞부분이다. 해제 참조.

36

야) 그런 말덜 말게. 귀에 ˇ담아 두엇다가 後日에 東學이 다시 得勢하는
날은 報寃〔원수 갚음〕할지 알겟나!"

　이런 말을 들을 제는 卽時로 淸溪洞 生活를 免하고 십흔 생각이 火花
〔불꽃〕와 같으나, 主將인 安 進士가 그갖이 厚待하는데 無識한 兵卒의 所
爲를 탓함이 도로혀 庸劣타 생각하고 隱忍하고 지내엿다. 그러나 進士는
每每 舍廊에서 宴飮을 할 씌나 興致 잇게 놀 씌는 高 先生은 반듯이 모시
고, 나는 술노나 글노나 年期로나 쏘한 外華로나 座席에 光彩를 減損식힐
것밧게 업는 나이지만은, 내가 被招하고〔초대받고〕 조금만 遲刻이 되려도
軍人이나 下人을 分付하여 "너 速히 돼지골 가서 昌洙 金 書房님 모서 오
나라" 한다.

　自然 炮軍들만 내의게 對하야 恭遜한 態度가 생길 뿐 아니라, 安 進
士 親弟들도 從前에 初음으로 맛나서 酬酌을 하여 본즉, 〔내가〕別노 볼 것
이 업서슬 것이 事實이겟고, 自己 舍廊에서 軍人들이 나를 對하야 弄的
言行을 側聞할 씌에도 그 軍人들에게 注意를 식히는 빗도 보이지 안엇다.
그는〔그것은〕모로겟다. 그이덜이 自己 兄님인 進士가 離座 時에 軍人들의
言動을 듯고 進士의게 報告하여서, 進士는 無識한 軍人들을 直接 叱責하
는 것이 도로혀 내게 利롭지 못하겟다 생각하고, 나를 그와 갖이 特別 待
遇를 하는지? 엇더튼지 軍人들이 漸次 態度가 恭遜하여지고, 더옥여 高
先生이 親近 接待함을 본 洞中 諸人들의 態度까지도 次次 달너지더라.

　나는 疝症[76]이 幾年 前브터 始作되여 種種 苦生을 한다. 그씌에도 疝
氣가 發하야 安 進士 舍廊에 늘 다니는 吳 主簿의게 問症한즉 沙蔘〔더덕〕
을 많이 먹으면 斷根〔근절根絕〕된다 하드라. 그럼으로 高 先生 宅에서 놀다

76　산증(疝症)은 고환이나 음낭이 붓고 커져 아프면서 아랫배가 아프며 오줌이 잘 내리지 않는
병증으로, 산(疝)·산기(疝氣)·산병(疝病)이라고도 한다.

가는 元明과 藥광이를 둘네[러]메고 뒤山에 올나가 沙蔘도 쾌고, 岩上에 안즈어서 元明과 情談도 하며 歲月을 보내는데, 三朔을 沙蔘 長服을 하엿 드니 果然 疝症은 根治되더라. 그 所聞을 들은 當時 信川郡守 某[김상현金商絢]는 安 進士의게 請하야, 安 進士가 다시 나의게 請함으로 沙蔘 한 구럭을 캐여 보낸 일도 잇다.

每日 高 先生 宅에서 놀다가는 밥도 先生과 갖이 먹고, 夜深 人寂할 時는 國事를 議論한다. 高 先生은 이런 言論이 잇다.

"萬古天下에 興해 보지 못한 나라이 업고 亡해 못 본 나라이 업다. 그러나 從前에 亡國이라 함은, 土地와 人民은 가만 두고 그 君位[임금 자리]만 奪하는 것으로 興이라 亡이라 하엿다. 到今은 不然하야, 土地와 人民과 主權을 竝呑하는 것이다. 우리나라도 반듯이 亡하게 되엿는데, 畢竟은 倭놈에게 滅亡을 當케 되엿다. 所謂 朝廷 大官들이 全部가 媚外미외[외세 영합] 思想을 가지고, 俄[러시아]를 親하야 自己 地位를 保全할가, 英美를 佛를 倭를 親하면 自己 地位가 鞏固할가, 純全히 이 생각쑌인즉, 나라는 亡하는데 國內에 最高 學識을 가젓다는 山林學者들도 世事를 咄嘆돌탄[한탄]할 쑌이지, 엇더한 救國의 經綸이 잇는 者 보이지 안음이 큰 遺憾일세. 나라 亡하는 데도 神聖하게 亡함과 더럽게 亡함이 잇는데 우리나라는 더럽게 亡해게 되겟네."

나는 놀나서 質問하엿다. 先生은 對答한다.

"나라이 神聖하게 亡한다 함은 一般 人民이 義를 伏[의지]하야 끗까지 싸호다가 敵의게 覆沒[배가 뒤집혀 가라앉음]을 告하야 亡함이오. 더럽게 亡한다 함은 一般 臣民이 敵을 阿附하다가 敵의 術中에 써러저 降服하고 亡함일세. 只今 倭놈의 勢力이 全國에 橫溢하고 闕內까지 侵入하야 大臣을 敵의 意思대로 黜陟출척[내쫓거나 등용]하고, 萬般 施政이 弟二 倭國이 안인가. 萬古天下 無長存不亡之國이오[망하지 않는 나라 없고] 萬古天下에 無長

生不死之人인〔죽지 않는 사람 없는〕즉, 자네나 내나는 一死報國의 一件事〔한 가지 일〕만 殘存하엿네."

先生은 歔欷하는 面色으로 나를 본다. 나도 울엇다. 나는 쏘 물엇다. "그런데 亡할 것으로 하여곰 亡치 안케 할 方針은 없음닛가?"

"자네 말이 올흐네. 已爲 亡할 나라라도 亡치 안케 힘써 보는 것도 臣民의 義務이지-. 우리는 現 朝廷 大官들 모양으로 媚外的으로 하지 말고, 互助的으로 淸國과 結托은 할 必要가 잇지. 昨年에 淸日戰爭에 淸國이 敗하엿으니, 언제나 淸國이 復讐 戰爭은 한 번 있을 터이니, 相當한 人材가 有하면 이제 淸國에 가서 事情도 調査하고 人物도 連絡하엿다〔-가〕, 後日에 同聲 相應하면 絶大 必要하니 자네 한번 가 보려나?" "저 같은 年少 沒覺으로 간들 무슨 效果를 엇으을잇가?" 高 先生은 半笑의 態度를 가지고 이런 말을 하드라.

"그게야 그럿치. 자네만으로 생각하면 그러치만은, 우리 同志者들이 많으다 하면 淸國 政界나 學界나 商界나 各 方面에 들어가서 活動을 할 찐이나, 그런 뜻을 가진 사람을 알 수 잇나. 자네 一個의 생각이라도 그러케 하는 것이 後日 有益할 것으로 본다면 實行하여 보는 것뿐이니."

나는 快諾하엿다. "마음이 恒常 鬱積하니 먼- 곧 바람도 쏘일겸 쩌나 보겟슴니다." 高 先生은 甚히 滿足하야 "자네가 쩌난 後에는 자네 父母 內外가 孤寂할 터이니 자네 아부지와 내가 亦是 우리 舍廊에 모혀서 니야기나 하고 놀겟네."

나는 곰압게 생각한다. 나는 또 물엇다. "安 進士와도 相議를 하면 엇덧슴니까?" 高 先生은 이러한 말을 한다. "내가 安 進士의 意向을 짐작하는바 天主學을 하여 볼 마음이 있으니,[77] 萬一 洋夷를 依賴할 心理가 잇다

38

77   일반적으로 안태훈이 천주교에 입교한 시기는 1896년 10월 군량미 사건으로 서울의 종현성당

면 大義에 違反된 行動이니, 安 進士의게 對한 態度는 後日에 決定할 날
이 있으니, 아즉은 出國의 對한 問題는 말을 마는 것이 좋겟고, 安 進士는
確實한 人材니 後日에 자네가 淸國에 遊歷한 結果 良好한 動機가 잇을
지경이면 其時에 相議하여도 未晩인즉, 今行은 秘密에 付하고 떠나는 것
이 合當할가 하노라." 나는 可케 녁이고 出發을 準備하든 中이라.

淸國 視察

一日은 安 進士 舍廊에를 갓다가 참빗(竹梳) 장사 한 사람을 보앗다.
감안이[가만히] 그 言語 動止[행동거지]를 본즉 普通 도라다니는 참빗 장샤
와는 달나 보인다. 人事를 請하엿다. 그 사람은 南原郡 耳洞 사는 金亨鎭
[1861~1898]이라 한다. 나와 同籍이요 年齒로는 나보다 八九歲 長이라.[78]
그 사람의게 請하엿다. '내 집에서 참빗을 살 터이니 갖이 가서 팔나'고 한
즉 應諾하고 집에를 싸러온다. 一夜 同宿하며 問答한 結果, 그는 普通 竹
梳 商業을 目的함이 아니라, 三南에서도 信川 淸溪洞 安 進士는 當世 大
文章 大英雄의 風聲이 있기로 한번 尋訪코저 함이라 한다. 人格이 그다지
出衆하고 學識이 넉넉지는 못하나, 時局에 對하야 不平을 품고 무슨 일을
하여 보겟다는 決心은 있어 보이드라. 翌日 同伴하야 高 先生 宅을 訪問

으로 피신하여 천주교 신앙에 대해 알게 되고, 많은 천주교 서적을 가지고 청계동으로 돌아온 때로
본다. 그런데 위 고능선의 발언은 1895년 4~5월경으로, 이 기록이 정확하다면 안태훈이 천주교에
관심을 가진 시기가 일반적으로 알려진 것보다 1년 정도 앞선 것이 된다.
78 김형진(金亨鎭)의 본명은 김원명(金元明)이고, 백범보다 15세 연상이다. 그는 갑오농민전쟁
을 겪고 난 뒤 1895년 음력 4월 '척양척왜의 대도를 가기로 결심하고 상경하여 정세를 살피던 중,
같은 해 5월 황해도 신천 청계동 안태훈 의려소에 이르러 김창수(김구)를 만났다. 이들은 곧 의기투
합하여 청나라로 구국의 여행을 하게 되는데, 김형진은 그 자세한 행적을 『노정약기』(路程略記)란
여행기로 남기고 있다. 이 책은 『백범일지』의 관련 부분과 좋은 대비가 된다.

하고, 金亨鎭의 人格을 鑑定케 하엿다. 高 先生도 談話하여 보드니 "主腦的 人物은 못 되나 因人成事〔남의 도움으로 일을 이룸〕에 素質은 있어 보인다" 한다.

집에서 부리든 馬 一匹을 放賣하야 二百兩의 旅費를 辦備하여 가지고, 金亨鎭과 同伴하야 淸國으로 出發하엿다. 路程으로 先次 白頭山이나 踏破하고, 東三省으로, 最後는 北京까지를 目的하고 出發하엿다.

平壤까지를 無事이 到着하야 旅行 方法을 協議한 結果, 金亨鎭이 旣爲 참빗 장사로 行世하니 同一한 方法으로 하기로 되여, 旅費 全部로 참빗과 筆墨과 其他 山中에서 要緊한 物品을 購得하야, 兩人이 한 짐식을 지고 牧丹峯[79] 乙密垈〔臺〕를 暫時 구경하고, 江東으로, 陽德·孟山으로, 高原·定平을 지내여 咸興 監營에 到着하엿다. 平壤서브터 咸興에 到着한 其間 經過 事情은 아즉까지 紀憶에 殘存한 것은 江東 엇던 市場에서 宿泊을 하다가 該 市內 七十 老夫인 酒狂의게 無理히〔이유 없이〕 매를 맞은 일이 있으나, 遠大한 目的을 품고 遠行하는 處地로서 些少한 橫遭〔사건〕를 置意〔개의介意〕할 배 아니라 하야 金亨鎭과, 韓信이 淮陰 少年의게 當하든 일을 談話하고[80] 서로 위로하엿다.

高原郡 咸關嶺 上에서 李太祖에 勝戰碑(戰勝靺鞨之碑)[81]를 구경하고 洪原 新浦의 景致와 北魚 잡이 하는 光景과, 엇던 튼튼한 女子가 광주리에 꽃궤(花蟹) 한 머리를 힘껏 이고(頭載) 가는데, 궤다리 한 개가 내

40

---

79 목(牧)자 위에 초(草)변이 있으나 그런 글자는 없다. 오류로 보여 바로잡았다.
80 한신(韓信)이 젊었을 때 회음(淮陰)의 부랑배가 시비를 걸어 왔는데, 부랑배가 자기 가랑이 밑을 기어서 지나가라고 하자 한신은 싸우지 않고 그렇게 하였다. 원대한 이상을 품은 사람은 작은 일에 구애받지 않는다는 고사이다.
81 승전말갈지비(戰勝靺鞨之碑)는 고려 말 이성계가 원나라 승상 나하추(納哈出)의 침략을 물리친 일을 기념하여 순조 30년(1830)에 세운 달단동승전기적비(韃靼洞勝戰紀蹟碑)를 말한다. 말갈(靺鞨)은 달단(韃靼)의 착각이다. 또 이 비는 고원군이 아니라 홍원군에 있다.

의 팔둑보다 굵은[굵은] 것을 보고, 咸鏡道에 敎育制度가 兩西보다 일즉이 發達된 點으로는 아모리 貧戶로 궤싹지[게의 등딱지] 만큼식[-한] 家屋(普通으로도 兩西에 比하면 構造가 整齊하다) 짓고 사는 洞里일지라도 書齋는 반듯이 瓦家로 成造하엿고, 其外에 都廳이라[-고 하는] 每洞里 公用 家屋을 比較的 寬大 且 華麗하게 짓고, 그 집에 모히여 놀기도 하고, 古談[옛이야기 책]도 보고, 草鞋[짚신]도 緗하고[짜고], 洞內 뉘 집에나 來賓이 有하면 食事를 待接하여 都廳에서 歇宿케[싸게 자게] 하며, 無錢客이 歇宿을 請하면 該 都廳 公款[공금] 中으로 飮食을 待接하는 規例가 잇고, 또는 娛樂의 器具로는 북(鼓) 장구(缶) 쟁과리(錚) 통소(簫) 等物을 備置하여 두고, 洞人이 種種 會樂도 하고 來賓 慰勞도 하는 美俗이 잇드라.

洪原 엇던 큰 洞里 書齋를 訪問한즉, 建築이 宏傑한데[크고 웅장한데] 敎師 三人이 有하니, 高等 敎師 一人은 學生 中 經書班을 担任 敎授하고, 其次는 中等科를, 其次는 幼穉班을 分擔 敎授하는데, 大廳 左右에 鼓과 錚을 懸하고, 북을 치면 學生들이 讀書를 始하고, 錚을 치면 讀書를 罷하는 美規를 보왔다.

咸興에 到着하야 南大川의 木橋로는 朝鮮에 第一 크다는 다리[만세교 萬歲橋][82]를 지나는데 水深은 漲潦[큰비] 時를 除한 外에는 居常[보통] 捲衣濟水할[옷 걷고 건널] 만한데, 廣流[강폭]로는 그 다리와 갖이 弱 五里의 巨離이라. 金炳燕「南大川詩」에 (山疑野搾超超立산의야착초초립 水恐舟行淺淺流수공주행천천류)[83] 等句을 明作[名作]이라 한다.

---

82 만세교는 함흥평야를 관류하는 성천강(城川江)을 가로질러 놓인 다리이다. 함흥 명승의 하나로 조선 역대 군주들의 만수무강을 기원하는 뜻에서 만세교라 불렀다. 1895년 백범이 본 만세교는 이후 1905년 러일전쟁 당시 퇴각하던 러시아군이 방화하여 소실되었다. 그후 일본 공병대가 1906년 목조로 가교에 착수, 1908년 준공했으나 이것도 1928년 대홍수로 유실되어, 1930년 함흥시에서 철근콘크리트로 다시 건설했는데, 너비 5.4m, 길이 500m로 당시 우리나라 유수의 긴 교량이었다.
83 김병연(金炳燕, 1807~1863)은 조선 시대의 방랑시인 김삿갓[金笠]을 말한다. 김삿갓 시의

該橋를 經過하니 朝鮮에 四大物의 一인 長承(木製人像이니 頭에 紗帽를 쓰고, 面에 赤色으로 染하고, 눈을 부릅뜨고 威嚴이겟 製造한 것) 四個가 左右 路傍에 對立하엿다〔마주 서 있다〕. 朝鮮 四大物이란 것은 慶州 인경(鍾),[84] 恩津 彌勒(石佛), 連山 鐵(釜), 咸興 長承〔長栍: 장승〕, 이것들이라. 李太祖에〔때〕 建物이라는 咸興의 樂民樓[85]도 구경하엿다.

北靑에서 본 것은, 該邑이 山中 巨邑이오, 該邑 人士들은 自來로 科擧에 熱心한 結果 郡內에 生存 進士가 三十餘名이오, 生存 及第가 七人이라 한다. 南大川 左右에 솔때〔솟대〕가 (進士를 한 사람은 大長木柱에 龍의 形像을 圖畫하고 木端에는 橫飛하는 龍體를 木刻하야 冠한 것이라)[86] 林立한〔늘어선〕 것을 보앗다. 可謂 文華鄕이더라.

端川 摩雲嶺을 越하야 甲山郡에 到하니, 乙未〔1895년〕 七月頃이라. 該邑 亦是 山中 巨邑이오, 異常한 것은 城 內外에 官舍을 除한 外에는 屋頂〔지붕〕에 靑草가 茂盛하야, 얼는 보기에는 荒廢한 無人 古都의 感이 잇다. 그것은 거긔 말노 '봇껍질'노 집웅〔지붕〕를 덥고, 흙을 布하고〔덮고〕, 草種을 取하야 흙에 落種하야 茂盛케 한 것은 大雨 傾盆하여도〔퍼부어도〕 흙이 流落하지 안는 것이니, 該 봇나무를 본즉 兩西에 잇는 벗나무 皮色〔껍질〕이〔의〕 赤色과는 判異하다. 該 봇껍질은 色白하고 彈力이 强하야 집웅를 덤〔덮〕흘 제는 반듯이 죠악돌이나 흙으로 눌러 놋는 것인데, 土瓦〔흙기와〕

원문은 "山疑野狹遠遠立 水畏舟行淺淺流."『백범일지』에는 '窄超超' '恐' 등 네 글자의 착오가 있다. 시를 해석하면 "산은 들이 좁을까 멀리멀리 솟아 있고, 물은 배가 지날까 얕게얕게 흐르는구나." 넓은 함흥평야에 얕게 흐르는 성천강의 모습을 노래한 것이다.

84   인경은 조선 시대에 통행금지를 알리거나 해제하기 위하여 치던 종으로, 경주의 인경이란 성덕대왕신종, 일명 에밀레종을 말한다.

85   낙민루(樂民樓)는 조선 태조 때의 건물이 아니라, 1607년 장만(張晩, 1566~1629)이 함경도 관찰사로 재임할 때 세운 것이다. 낙민(樂民)은 '여민동락'(與民同樂)의 뜻이다.

86   과거에 급제한 사람을 위하여 마을 입구에 높이 세우던 화려한 장대로, 장대 기둥에는 용을 새기고, 꼭대기에는 용이 비상하는 모습을 조각하여 붙인다.

石瓦〔돌기와〕보다도 長久 不敗한다는 것인데, 고〔그〕곧에서 사람이 죽은 後 歛襲〔殮襲〕에 봇껍질노 싸면, 地中〔지하〕에서 萬年 가도록 骸骨이 散落하지 안는다고 한다.[87]

惠山鎮에 到하야 祭天堂을 參觀한즉, 該堂은 白頭山脈이 南走하야 朝鮮 山脈의 祖宗이 된 곧이라. 該堂에 柱聯을 본즉 (六月雪色은山〔六月雪色山〕 白頭而雲霧 萬古流聲水 鴨〔鴨綠〕而洶湧)[88] 年年이 朝廷에서 官吏를 派하야 白頭山神에게 祭禮를 擧行한다고 한다. 惠山鎮에서 鴨〔綠〕江 越便〔건너편〕에 中國人家에 犬吠聲〔개 짖는 소리〕이 聞하고 鴨江을 捲衣渡去〔옷을 걷고 강을 건넌다〕 하드라.

거긔서 白頭山 路程을 問한즉, "西大嶺을 넘어서 간다" 하야, 三水郡으로 長律郡으로 厚昌郡으로 慈城郡 中江을 건너 中國 地帶인 帽兒山[89]에 到着하였다. 以上 幾郡〔여러 군〕을 經過함에는 無非 險山峻嶺이오. 엇던 곧은 七八十里 無人地境이 有하야, 앗음〔아침〕에 點心밥을 싸 가지고 간 적도 잇고, 山路가 極히 險惡하나 猛獸는 別노 업는데, 森林이 密密하야 咫尺을 分別키 難하고, 樹木의 큰 것은 나무 한 개를 베인 底〔밑둥아리〕에서 七八人이 돌나 안져서 밥을 먹는다고 하드라. 내가 보기에도 나무 한 개를 씩어 넘기고, 그 나무를 切斷하야 穀食 儲藏하는 筒을 파는데, 長丁이 도치(斧)〔도끼〕로 나무 筒 內에서 파는 것을 보앗다. 또는 此 山頂에 老木이 넘어저서 越便 山頂에 걸치여 잇는 것 많은데, 行人은 深谷으로

---

87 자작나무를 함경도 지역에서는 봇나무라고 한다. 봇껍질은 썩지 않고 벌레가 먹지 않아서 함경도와 평안도 산골에서는 지붕으로도 사용하고 영궤(靈机)를 만들기도 한다.

88 갑산 동인촌(同仁村)에 '백두산령신지위'(白頭山靈神之位)를 모시는 제향당(祭享堂)이 있고, 혜산 동남방 2km 지점에는 국사당(國師堂)이 있다. 김형진의 『노정약기』에 의하면 위 주련은 제향당이 아니라 국사당에 있다.

89 중국에는 모아산(帽兒山)이 여러 곳 있는데, 우리 역사와 관계가 깊은 곳으로는 두만강 건너 길림성 연변 조선족자치구 연길시 입구에 있는 것이다. 그런데 여기서 언급된 모아산은 이곳이 아니라 평북 중강진에서 압록강 건너 임강현의 모아산이다.

가지 안코 그 木橋를 타고 건너가게 되엿드라. 우리도 나무를 타고 건너 보앗다. 맛치 神仙의 行蹤인 듯십더라.

그 地境 人心은 極히 順厚하고 食物은 豊富함으로, 來賓은〔을〕 極히 반거워하고 얼마든지 묵여 보내드라. 穀粮는 大槪가 구이리(瞿麥)〔燕麥: 귀리〕[90]와 감자(馬領薯)오, 山川에 이면수(魚名)라는 물고기가 많으고〔많고〕 맛(味)이 참 좋더라. 居民들에 衣服은 獸皮로 製着함을 보면, 原始時代의 生活이 그대로 잇는 것도 갓더라.

三水邑 城外 城內에 民家가 三十餘戶라 한다. 帽兒山으로 西北을 向하고, 老人峙란 山嶺을 넘고 쏘 넘어 西大嶺 가는 路程을 取하야 前進하는 中에, 우리 사람을 百里에 二三人은 逢着하는데(大半 金鑛夫), 逢着되는 사람마다 白頭山行은 勸止한다〔말린다〕. 理由는 西大嶺을 넘는 中途에 响賊[91](中國人)이 樹林 中에 隱伏하고 잇다가, 行人이 有할 時는 銃殺한 後에 屍體를 檢閱하야 携帶品을 가저가는데, 요새도 우리 사람이 그곳이 被殺되엿다 한다. 그럼으로 兩人이 相議하야 白頭山 拜觀을 停止하고, 通化縣城에 到着하엿다.

該〔통화通化〕 縣城은 建設이가 不久하야 官舍와 城樓 門에 椽木〔서까래〕이 아즉 헌빗을 띄엿고, 城 內外 住戶가 五百餘戶라 하고, 우리 同胞는 但只 一戶인데, 男 主人은 編髮 中裝〔중국 복장〕으로 通化縣 軍隊에서 服務한다 하고, 婦人들은 온전이 韓服이더라. 該 主人은 時稱 胡通辭〔중국어 통역〕이다. 附近 十里餘에 沈 生員이라는 同胞를 訪問한즉 文字 稍解하는 者로, 精神없이 鴉片煙을 吸하고 身體가 無異骨人〔뼈대만 남은 사람〕이드라.

此等地를 遍歷하는 中에 가장 切憎해〔미워〕 보이는 것이 胡通辭라. 中

---

90 원문의 구맥(瞿麥)은 패랭이꽃이며, 연맥(燕麥, 귀리)을 잘못 쓴 것이다.
91 향적(响賊)은 마적(馬賊) 즉 말을 타고 다니는 강도를 말한다. 말의 요령 소리가 난다 해서 향적(响賊), 또는 향마적(響馬賊)이라고 한다.

語를 멋 마듸 배와 가지고는, 甲午亂離〔청일전쟁〕를 當하야 避亂을 하며 人地 生疎한 外國에 渡來하야 處處 山林이 險惡하야 中國 사람이 살지 안는 곳을 擇하야 火田이나 起하야 粟과 강낭(玉鷹黍)[92]이를 作農하야 圖生하는 者를, 胡通辭들이 中國 사람의게 依附▾하야 가지고 無理한 別別 虐待가 많으다. 女子의 精操〔情操〕를 蹂躪유린하고 錢穀을 侵奪하는 等等의 不忍說에 惡行이 許多하다.

一處에서는 中國 人家에 우리 韓服한 處女 卽 編髮 一名이 보인다. 他人의게 問한즉, 該 處子의 父母들이 該 處子를 爲하야 求婚하는 눈치를 안 通辭는, 胡人處에 債務 還償〔償還〕을 못한 代에〔대신에〕 該 處子 仲媒서 주마는 承諾을 하고, 그 處子의 父母를 威脅하야 强制로 그 中國人의게로 보낸 것이라 한다. 내가 도라단인〔돌아다닌〕 곳 (通化, 桓仁, 寬甸, 臨江, 輯安) 等 郡인데[93] 어데나 胡通辭의 弊는 同一하드라. 其時에 水田은 보지 못하엿으나, 根本 土味 肥沃하야 雜穀은 무엇이나 小許〔약간〕의 肥料를 施치 안어도, 一人이 作之하야 十人이 食之하여도 足하겟고, 한갓 소금만이 第一 貴物이더라. 그 地境에 들어가는 소곰(鹽)은 다 義州 方面으로브터 水道 數千里하야 販賣되더라.

곳곳에 二三戶 乃至 十餘戶까지 山林을 開拓하고 如斗小屋〔콩만큼 작은 집〕을 結構하고 居生하나, 人心이 極히 純厚하야 거긔 말노 '압대 나그네'(故國人이라는 뜻)가 왓다면 반가워서 한 동리를 들어가면 제적〔각〕금 迎接을 하고, 男女老幼가 모이여 古國〔故國〕 이약이를 하라고 조르고, 이

---

92 옥천서(玉鷹黍)는 '玉蜀黍'(옥촉서)의 오류.《등》에는 수정되어 있다. 옥촉서는 껍질을 벗기면 옥(玉)과 같은 알맹이가 있고, 촉(蜀) 지방에서 유래한 기장〔黍〕이라는 의미이다. 옥촉서의 중국어 발음이 '위수수'인데, 여기서 우리말 '옥수수'가 유래되었다는 주장도 있다. '玉垂穗'(옥수수)라고도 쓰는데, 수수는 이삭(수염)이 아래로 늘어져 있다는 의미이다.
93 이곳에 붓글써로 "當時는 通化 以外 他縣은 縣治를 設치 못한 것"이라는 구절이 삽입되어 있다. 붓글써 수정은 시초 집필 한참 이후에 한 것이라 역시《등》에는 이 구절이 없다.

집 저 집에서 다토 와 飮食을 待接하드라. 그곧에 移住民은 大部分이 生活亂을 爲하야〔때문에〕간 者 多한데, 甲午 淸日戰爭에 避亂으로 건너간 住戶가 많으고, 最少數는 犯罪 逃走者 卽 各道 各郡에 民擾 狀頭〔주동자〕들과 公金欠逋〔공금횡령〕한 平安 咸鏡 兩道에 吏屬〔서리배〕或是 잇드라.

地勢로 말하면 婆猪江파저강 左右에 薛仁貴, 泉蓋蘇文의 營壘 遺址가 잇고, 到處마다 一夫當關 萬夫莫開의〔한 사람이 막으면 만 사람이 열 수 없는〕天險이 잇다. 女眞, 金, 遼, 高句麗의 發祥原地라 한다. 寬甸관전인 듯하다. 한 곧에는 碑閣이 잇는데, 碑文에는 '三國忠臣 林慶業之碑'라고 한 것이 있고 近處 中國人들이 病이 有한 者는 該碑에 와서 致祭하는 遺俗이 잇다.

該 地方을 巡歷하며 探聞한즉, 碧潼人 金利彥이 勇力이 過人하고 學識이 贍富〔풍부〕한데, 일즉이 瀋陽刺史[94]가가 金利彥의 勇力을 嘉奬하야 駿馬 一匹과 『三國志』 一部를 주엇고, 淸國 高級 將領의게 隆崇한 待遇를 受하는데, 現下 淸國에 援助를 밧아 가지고 義兵을 이르킨다는 圖謀가 잇다 하는지라, 何如間 探訪하여 보기로 相議하고 兩人이 分途 或은 同伴하여 金利彥의 秘密 住所를 探得하였다.[95]

江界郡 西門(仁風樓) 外로 八十餘里를 가서 鴨綠江을 건너 居民 通稱 皇城이란 곧이 잇고, 附近 十餘里 三道溝라는 곧에를 갓다. 金利彥을 차자갈 時에 兩人이 同行함보다 서로 모르는 사람인 모양으로 '金利彥의

94　자사(刺史)는 중국에서 주(洲)의 지사(知事)에 해당하지만, 당시에 이 지역에 자사라는 관직은 없었다. 그런데 당시 심양 지역에는 연왕(燕王) 의극당아(依克唐阿)가 유력자로 반일 운동을 후원하였다. 『노정약기』에 의하면 김창수·김형진 등은 중국의 힘을 빌리기 위해 연왕에게 상소를 올렸고, 연왕은 서경장(徐慶璋)과 의논하여 이들에게 진동창의사(鎭東倡義使)라는 직위를 주고 지원을 약속하였다.

95　여기서부터 『백범일지』와 『노정약기』의 중국 기행은 큰 차이가 있다. 『노정약기』의 1895년 중국 원정은 「6~7월의 1차 원정」과 「9월의 2차 원정」 두 번에 걸쳐 있다. 백범과 김형진이 삼도구(三道溝) 김이언 부대에 합류하여 11월 초 거사하는 것은 2차 중국 원정에서 돌아올 즈음일 것이다.

人格과 참말 義兵의 擧事할 心理인가', '或是 무슨 術策이나 가지고 誣民者나 안인가' 面面 各察하자는 意思가 같음으로, 幾日을 先하야 金亨鎭을 遊覽하는 人士의 行色으로 先次 出發케 하고, 나는 참빗 장사의 行色으로 金利彦과 其 追隨하는 사람들의 內客을 探知하기로 하고, 나도 四五日程을 後하야 出發 南進하는 터이라.

一日은 行路中 鴨江〔압록강〕이 한 百餘理 앞에 둔 路中에, 忽然 淸國 武官 一人이 궁뎅이에 宮印을 烙한 馬를 타고, 머리에 마락이(滿淸 軍帽)이에〔위에〕 璔〔繒〕子(玉鷺)를 꽂고 紅絲〔붉은 실〕를 布垂한〔늘어뜨린〕 것을[96] 쓰고 지나가는 者를 逢着하엿다.

나는 덥허노코 앞으로 나아가서 馬首〔말 머리〕를 執하엿다. 그 武官은 곧 下馬하엿다. 나는 淸語를 不解하기 썬문에 懷中에 趣旨書 一張을 書藏하엿다가 淸人 中 文字를 解하는 者의게 該 趣旨書를 出示하든 것이다. 該 武官의게 該書를 示하엿다. 該書를 讀未半에〔반도 읽지 않고〕 忽然히 路上에 털석 주저안즈며 放聲大哭하는지라. 나 亦〔-是〕 놀나서 붓들고 理由를 問한다. 該 武官이 書中 "痛彼倭敵與我 不共戴天之讎"[97] 此等 字를 指點하며 다시 나를 붓들고 痛哭한다.

於是乎〔이제야〕 나는 携帶하엿든 筆筒을 꺼내여 筆談을 始하엿다. 그 사람이 뭇기를 "倭는 엇지하야 君의 仇讎이뇨?" 答, "우리나라는 壬辰〔1592년 임진왜란〕으로브터 世世 國讎일 쑨 아니라, 去月〔지난 달〕에 倭가 우리 國母〔명성왕후〕를 焚殺하엿음이라."[98] 나는 反問한다. "君이 初面에 如是

<hr>

96 군모(마라기)는 전립(戰笠)을 말하며, 증자(繒子)는 전립 따위의 위에 꼭지처럼 만든 꾸밈새로 품계(品階)에 따라 금, 은, 옥, 석(石) 등 다른데, 그중 옥로(玉鷺)는 옥으로 해오라기 모양을 만든 것이다. "紅絲 布垂"는 전립에 붉은 실을 술로 늘어뜨린 것을 말한다.

97 "통탄할 바, 저 왜적과 나는 같은 하늘 아래 살 수 없는 원수이다."

98 명성황후 시해 사건은 1895년 8월 20일(양력 10월 8일)이다. 지난 달이라 하엿으니, 백범이 淸國 武官을 만난 것은 1895년 9월경이다. 백범은 1차 청국행 이후 국내에 돌아와 명성황후 시해

痛哭함은 何오." 彼 答, "我是 甲午[1894년 청일전쟁]에 平壤에서 戰亡한 徐玉生의 子(名은 忘却)이라.[99] 江界 觀察使의 照會[100]하여 '父親의 屍體를 차저 달나' 依賴하엿드니, 江界 觀察의 回照[답변]에 父親 屍體를 차저 노와스니 와서 運柩하라 하엿기로, 가서 본즉 父親의 屍體가 아니기에 空還하는 途次[도중]"라 한다. 自己 집은 錦州인데 家養兵 千五百名 中에 自己 父親이 千名은 領率 出戰하엿다가 自己 父親과 갗이 全滅되고 現在 우리[서경장] 집을 守護하는 軍人 五百名이 잇고, 資産은 饒足하고, 自己[서경장]는 三十多歲요, 妻는 幾歲요, 子女 幾人이라고 詳細히 告한다.

나는 初也 平壤 普通 野畔에 '徐玉生戰亡處'(日人 所立)란 木碑를 본 것을 말하엿다. 徐君은 나의 나히가 自己 年下임으로[101] 나를 呼하기 "듸듸"[弟弟](아오란 말)라고 自己들어는 "哥哥"(兄이란 말) 呼하라고 書示하고, 곧 내의 질머진 보씸을 馬鞍[말안장]에 달아 매고, 나를 붓드러 馬背에 올녀 태우고, 錦州를 向하야 馬鞭[채찍질]을 加하면서, 언제까지든지 報讐할 時機가 오도록 "우리 집에 가서 同居하자" 한다. 나는 未安하여 "가치 步行"하기를 請한즉, 徐君 曰 "勿慮하라[걱정마라]. 不過 十里에 官馬를 잡아 탈 터이라" 한다.

나는 馬上에서 곰곰 생각한다. 徐君 뜻을 보면 將來 交際의 좋은 길이 되겠으니 가서 갗이 지내는 것은 極히 좋겠으나, 先途하야[먼저] 간 金

사건을 전해 듣고, 9월 12일 두 번째 청국행에 올랐다. 도진순, 「1895~96년 김구의 聯中義兵과 치하포 사건」, 『한국사론』 38, 서울대 국사학과, 1997 참조.

99　1894년 9월 15일 평양 현무문에서 청일간에 치열한 공방전이 있었는데, 당시 현무문을 지키던 청군 사령관은 좌보귀(左寶貴), 그 바로 밑이 도사(都司) 서옥생(徐玉生)이었다. 서옥생은 이 현무문 전투에서 사망했다. 백범은 그가 만난 서옥생의 아들 이름을 잊었다고 했지만, 규장각 자료에 의하면 그의 이름은 서경장(徐慶璋)이다. 그는 나중에 김창수(백범)에게 '의병좌통령'(義兵左統領)이란 직함을 주며, 일본군을 물리치기 위해 서로 연합할 것을 약속한다.

100　조회(照會)는 사람의 인적 사항 따위를 관계 기관에 알아보는 것을 말한다.

101　당시 서장경은 33세, 김창수는 만 19세로 나이 차이가 상당히 난다.

亨鎭의게 事實을 通知할 기[길]도 업고, 또는 金利彦이가 倡義를 한다는 데 其 內客을 알고 십흔 생각에 期限이 업시 錦州 徐家에 逗遛[두유]할 마음이 업는지라.

下馬하야 徐君을 問하야 "여보 哥哥, 내가 故國 父母를 離別한 지 幾近 一年에 消息을 알지 못하고, 皇室[102] 遭變[명성황후 시해 사건] 後에 政治 現狀도 如何케 됨을 모로니, 弟가 一次 回國하야서 父母의게 承諾을 엇어 가지고 와서, 哥哥와 常常的으로[늘] 同居하야 將來를 經營함이 如何오" 한즉, 徐君은 大段히 愴然缺然하야[슬퍼하고 서운하여], "弟弟, 事情이 然타[그렇다] 하면 從速히 故國 父母를 뵈온 後 來會"함을 再三 淚托[눈물로 부탁]하고 서로 作別하엿다.

五六日 後에 三道溝에 到着하여 이 집 저 집에 訪問하면서 참빗 장사로 行世하면서 金利彦의 動靜과 其 部下를 探察하는 中이라, 首로[먼저] 金利彦은 好事의 癖[벽]이 잇는이 만큼, 自身이 過하야 人[타인]의 謀를 容納性이 不足해 보이고, 勇力은 絶等하야 當年 五十餘歲에 瀋陽에 五百斤 大炮를 平坐하야[앉아서] 兩手로 上之下之[들었다 놓았다] 하엿다 하나, 나의 觀察노는 心勇이 不足할가 하는 觀이 잇고, 金利彦보다는 其 同志인 楚山 吏房을 經한 金奎鉉이란 人士가 義絶도 잇고 劃策도 善能하여 보이더라.

金利彦은 倡義의 首領이 되여 가지고, 鴨綠江을 새[사이]에 두고 此邊은 楚山·江界·渭原·碧潼 等에 炮手를 密密 募集하고, 彼邊으로 淸國 沿江 一帶에 移住民 炮手(家家 居半 獵銃이 有함)를 募集한 數가 近 三百이라. 擧義의 名義는 "國母가 倭仇의게 被殺됨이 國民 一般의 大辱이니 坐忍할 수 업다"는 理由로, 善文인 金奎鉉이 檄文을 지여 散布하고, 起兵

---

102 대한제국의 황제로 위호가 격상되는 것이 1897년이기 때문에 당시에는 '왕실'이라고 하는 것이 맞다.

할 謀議에 우리 兩人도 參加하야, 나는 秘密히 江界城에 들어가서 火藥을 買入하야 背負하야 鴨〔-綠〕江을 건늬우고〔건네주고〕, 楚山 渭原 等地에 潛行하여 炮軍을 募集하여 갓다.

　擧事한 씌는 乙未〔1895년〕 十一月 初이다. 鴨綠江은 擧皆 氷板으로 成結되여, 三道溝에서 行軍하여 氷上으로 江界城까지 直達할 計劃이라. 나는 渭原에서 了事하고 策源地 三道溝으로 回還하다가, 獨行으로 薄氷을 밟앗〔밟아〕 가다가 몸이 江中에 陷하고 겨오 머리와 兩手만 氷面에 남아 잇을 씌의〔-에〕 死力으로 솟아올나 陸地에 達하엿으나, 衣服이 霎時間삽시간에 氷塊〔얼음 덩어리〕로 化하야 一步의 動足이 難하야, 溺死는 纔免재면하엿으나 凍死가 片刻間〔짧은 시간〕에 在한 時에, 高喊을 聞한 山谷 居民이 나와서 自己 집으로 끄을고 가서 救護하야 주어서 겨오 살아갓다〔살았다〕.

　金利彦의게 江界 進攻策을 問한즉, "已爲 江界 兵營에 將校들의 內應이 有한즉 入城은 問題가 업다" 한다. 그러면 "該 將校들이 純然한 愛國心으로 內應하는 것인가, 其他 理由가 有한가?" 金利彦은 如下히 答한다. "내가 旣爲 瀋陽에 가서 仁明 老爺[103]를 親하고〔직접 만나〕 賜馬까지를 得한 事를 該 將校들이 알고서, 언제나 淸兵의 應援을 밧아 오면 우리가 다 響應한다고 굿게 相約하엿으니 所以로 入城은 容易하다" 한다. 나는 또 무럿다. "그러면 淸兵을 이번에 多少間이라도 使用케 되는야?" 答, "금번은 못 되나 우리 擧事하여 江界라도 佔〔占〕領하면 援兵이 온다"고 한다.

　그리고 募集한 炮手들에 服裝 問題가 나서, 나는 이런 意見을 主張하엿다. "炮軍 中에는 淸語를 잘하는 者 많으니, 幾十名은 淸兵 長官〔장교〕의 服色을 하야 淸國 將校 혹 大將이라 假飾하고, 其餘는 韓服을 着하야

103　노야(老爺)는 '나리' '어르신'이라는 뜻의 중국어의 존칭. 인명(仁明) 노야가 누구인지 불명확하지만, 당시 심양 지역에서 반일 운동을 후원하던 연왕(燕王) 의극당아로 추정된다.

後方에 싸르고, 先頭에는 君의 賜馬를 乘케 하고 長釰을 佩한 淸裝 軍人이 先頭 入城함이 得策일가 한다. 理由는 江界城 將校들에 所謂 內應이란 것을 純全히 밋기 難한 것은, 其者들은 但是 淸兵이 온다는 데 內應이지 義理上 內應이 안인데다가, 淸兵의 影子〔그림자〕도 없으면 勢不得已 反對 方向으로 갈 것"과, 〔그가〕第一着으로 高山鎭을 처서 軍器를 奪取하야 가지고 第二次로 江界를 着手하기로 하는 데 對하야, 〔나는〕'不可'를 力說하엿다. 理由는 "今에 三百餘에 炮手가 有한즉 이것만 가지고 疾風雷雨의 形勢로 馳入하면, 先發隊가 비록 數爻가 不多하여도, 우리의 뒤가 얼마나 한〔많은〕지를 몰녀야 〔할〕 必要〔가〕 하〔있〕다"는 말을 金奎鉉, 白 進士(京城人) 等은 다 내의 意見에 贊同하나, 獨斷的인 金利彦은 反對한다. 理由는 "一. 淸裝과 淸 將校의 假裝이니, 우리가 堂堂하게 國母報仇를 傳檄한 以上 當然 白衣軍人으로 入城함이 可하고, 二. 아즉 軍人은 有하나 軍器가 不足하니 先次로 高山鎭(거긔 말노 고사리)을 처서 軍器를 奪取하야 가지고 翌日에 江界를 佔〔占〕領함이 可하다" 함이라.

우리 兩人은 金利彦이 固執하고 나가는 데 對하야, 決裂의 態度는 取치 말고 "싸라가 보자" 議定하고, 第一着 高山鎭을 夜間에 侵入하여 軍器를 끄내여 徒手從軍하는 者에 分配하고, 翌日에 江界로 進軍하야 三更 夜半에 全軍이 氷上을 踏破하야 仁風樓 外 十里許에 先頭가 到着하자, 江南岸인 ▼松林 中에는 多數히 火繩(火繩銃) 불빛이 반짝거리는 中으로, 幾個 將校가(江界隊) 迎來하야 金利彦을 차저서 첫번 말이 "이번 오는 中에 淸兵이 잇는가" 問한다. 金利彦은 "爲先에 江界 佔領하고 通奇하면 곧 淸兵이 來한다" 答하엿다. 該 將校들은 搖頭而去〔머리를 흔들며 돌아감〕하자마자, 松林 中으로브터 砲聲〔총성銃聲〕이 轟轟쾅쾅하며 彈丸이 雨下한다. 左右 山谷이 險峻한 氷板上에, 近 千名의 人馬가 大渾雜을 演出하야 물밀듯 도로 밀녀 나가며, 벌서 中彈而死하는 者, 被傷呼哭하는 者가 잇다.

나는 金亨鎭과 幾步를 退步하면서 相議한다. "金利彦에 今番 失敗는 永久 失敗라 다시 收拾을 못할 터이니, 우리가 갗이 退却한다야 아모 必要가 업고, 生疎한 行色으로 被捉되기 易한즉, 江界城 附近에서 避禍하야 故鄕으로 감만 不如하다"고 議決하고, 山邊으로 올나서 江界城 咫尺인 村落에 入한즉, 一洞이 全部가 避亂하고 家家無人이라. 한 집에 들어간즉 外戶 內門을 不關하엿으나, 主人을 불너야 亦是 一個人도 업슨 空家라, 內房에 入한즉 房 한구석에 화덕(山郡 居民은 房 구석에 굿배기火爐〔화덕〕를 備設하야 煖爐로 代用하는 것)에 불이 일억일억〔일렁일렁〕한다.

　우리 두 사람은 火덕 옆에 안저 手足을 녹이고 잇노라니, 방안에서 길음 내음새와 술 내음새가 잇다. 架上〔선반 위〕에 광주리를 끄내여 본즉, 온갖 고기가 갓득하엿다. 爲先 鷄脚〔닭다리〕과 猪脇〔돼지갈비〕을 숫불에 쏘여 먹는 즘에, 布巾〔베 망건〕을 쓴 사람이 門을 가만이 열고 房안을 드려다본다. 나는 거짓 책망을 한다. "웬 사람인데 夜半에 남에 집에를 問議도 없이 侵入하는가?" 그 사람이 恐懼하는 빗을 띄고 하는 말이 "이것은 내 집인데요" 하고 머뭇거린다. "누가 主人이든지 如此 雪夜에 들어와 몸이나 녹이시오." 그 사람이 들어온다. 나는 무럿다. "그대가 이 집 主人이라면 집을 뷔이고 어데를 갓든야. 내가 보기에 主人 같아 보이지 안으나, 치〔취〕울 터이니 고기나 자시오." 그 사람도 하도 어의가 없어 니야기를 한다. "오늘이 내의 어머님 大祥임니다. 各處 弔客이 와서 行祀를 하려든 즘에 洞口에서 炮聲이 震動함으로 弔客이 散散 奔走하고, 나도 食口들을 山中에 갓다가 두고 잠시 왓든 길이오." 나는 一邊 失禮를 稱道〔말〕하고 一邊 慰安을 한다. "우리도 商業 次로 城內를 當到하자마자 亂離가 낫다고 騷動을 하기로, 村에 나와서 避亂을 할가 하고 와서 본즉 당신 집이 문이 열니엿기로 들어왓고, 들어와 본즉 饌物이 잇기로 饒饑를 하든 中이니, 亂時에는 일언〔이런〕 일도 잇을 일이니 容恕하시오."

49

主人은 그제야 安心을 한다. 그리고 主人을 勸하야 "山中에 避隱한 食口를 還回하라"고 하엿다. 主人은 惻겁이 나서 하는 말이 "至今도 본즉 洞口 外에 兵隊들이 밀녀 가든데요". "兵隊가 무슨 일노 出發한다는지 들으섯소." 主人 曰 "江 건너(指 淸國)서 義兵이 밀녀와서 江界를 치려다가, 兵隊의게 몰녀 간다고 하나, 멀니서 작고〔자꾸〕炮聲이 들닌즉 알 수 잇슴닛가. 勝負가 엇지 될지 암닛가."

우리는 이렛케 말한다. "義兵이 오나, 兵隊가 오나, 村民의게야 무슨 關係가 잇겟소? 婦幼〔여인과 어린애〕가 雪中 過夜를 하다가 무슨 危險이 잇을지 모르니 速히 回家하게 하시오." 主人 曰 "내 집 食口뿐 아니라 全洞이 擧皆 山上 經夜할 準備를 하엿은즉, 손님은 過慮치 마시고 旣爲 내 집에 오섯으니 守家나 하여 주시오. 나는 山上에 食口들을 가서 보고 오리다."

그 집(仁風樓 外 路邊 첫 洞里)에 宿過하고, 翌朝에 일즉이 出發하여 江界를 써나서 狄踰嶺을 넘어, 數日만에 信川에 到着하엿다. 淸溪洞을 向하고 가는 길에서 探問한즉, "高 先生의 집에 虎烈剌〔剌〕病이 들어서 長子 長婦인 元明 夫妻가 一時에 俱沒하엿다"는 驚報를 들엇다. 洞口에 들어서서 먼저 高 先生 宅에를 가서 慰問하엿다.

高 先生은 도로혀 自若〔태연〕한 빗이 有하나, 나는 臆塞하야〔가슴이 막혀〕무슨 말을 할 수가 없엇다. 父母 게신 집으로 가려 하직을 할 찌에, 高 先生은 意味를 解키 難한 한마듸 말슴이 잇다. "곧 成禮를 하게 하세-." 듯고만 집에를 가서 父母님과 이야기하는 中에, "네가 써난 後에 高 先生 孫女(元明의 長女)와 너와 約婚이 되엿다." 그제야 비로소 高 先生 말슴하든 것을 깨닷겟드라.

아부님과 어머님은 번거러〔번갈아〕가며 約婚하든 經過를 說明하신다. 아부님 말삼, "네가 써나간 後에 高 先生이 집에 차저오서서 '요새는 아들도 업고 매오 孤寂하실 터이니 내 舍廊에 오서서 니약이나 하고 놀으십다' 한다. 감사하야 그 舍廊에를 가서 노는데 高 先生은 네가 自幼時로 行動하든 것을 細密이 뭇드라. 그래서 나는 네의 얼엇을 씩의 工夫를 熱心하든 것과 海州 科場에서 極端에 悲觀을 품고 도라와 相書를 보다가 落心하든 말과, 好心人 될 길을 차저서 東學에 入道하든 말과, 隣洞에 姜·李 들은 祖骨을 賣買하는 死的 兩班이나, 저는 心的 修養과 身的 實行으로 生的 兩班이 되겟다든 말을 하엿다."

어머님 말슴, "어느날에 高 先生이 우리 집에를 오서서 나드러도[나에게도] 네의 잘알[자랑] 씩 하든 擧動을 무르시기에, 네가 康翎서 長刀를 가지고 新豊 李 生員 집 兒孩들을 죽이러 갓다가 칼도 被奪하고 매만 맛고 왓든 것과, 돈 二十兩을 腰帶하고 씩 사먹으러 갓다가 저의 父親의게 매를 맛든 말과, 내가 사서 둔 靑紅 染料를 全部를 가저다가 개천에 푸러 놓은 것으로 싸려 주든 일이며, 아츰에 울기를 시작하면 終日토록 울든 이야기를 햇다."

아부님 말슴, "하로는 高 先生 宅에 가서 놀드니, 先生이 忽然 '老兄, 우리 집과 婚姻하엿으면 엇덧슴니가' 한다. 나는 무어라고 대답할지를 몰낫다. 先生은 다시 말슴을 한다. '내가 淸溪洞에 와서 잇은 後로 無數한 靑年을 다 試驗하여 왓으나 당신 아들만 한 사람을 아즉 보지 못하엿고, 不幸히 子婦 俱沒하고 본즉 내의 心身을 全部 依托할 사람을 생각한즉, 老兄 아들과 내 長孫女와 婚姻을 하고 나까지 昌洙의게 依托하면 엇덧소?' 나는 惶恐하여 先生의게 對하야 '先生씌서 그처럼 미거한 子息을 사랑하시는 것이 감사하나, 班常의 別노나 德行으로나 제 집의 形便으로나 子息의 處地로 堪當할 수 없음니다. 제 子息이 內心은 엇던지 모르나, 저도 自認함과 갗이 外貌도 하도 못나서 先生 門戶에 辱이 될가 恐한다' 하엿다. 高 先生은 이런 말을 하드라. '知子莫如父[자식은 아비가 제일 잘 안다]

라고 하나, 내가 老兄보다 좀 더 알는지 알겟소? 아들에게 對하야 못생겻다고 그다지 근심은 마시요. 내가 보건데 昌洙는 虎相입되다. 人中이 짜른(짧은) 것이라든지, 이마가 俗붙은 것으로, 거름거리가, 將來 두고 보시요. 범의 내음새도 푸이고(피우고) 범의 소리도 질너서, 世上을 驚動케 할 넌지 알겟소.' 그러그러(그러구러) 約婚을 하엿다" 한다.

나는 高 先生이 그갗이 내의게 囑望하고 自願하야 孫女를 許함에 對하야, 責任이 重하고 盛意를 堪當키 難한 感이 잇스나, 該 閨秀에 姿品이나 相當한 家庭 敎訓을 受한 點으로나 滿足한 마음도 잇다.

그 後는 高 先生 宅에를 가면 內庭(안방)에서도 認定하는 빗이 보이고, 次孫女 六七歲 兒는 나더러 "아젓씨"라고 부루고 "안아 주고 업어 주오" 한다. 該 閨秀는 祖父 食床에 내의 밥과 兼設한 床을 들고 내가 앗(앉)은 자리에도 들어온다.

나는 마음에 퍽 깃벗다. 元明 夫婦에 葬禮도 내가 助力하여 지내엿다. 高 先生의게 淸國 遊歷한 始終을 ——히 報告하는 中에 鴨綠과 豆滿江 越便의 土地의 肥沃함과 地勢의 要隘요애(요충 要衝)과 人心 狀態며, 徐玉生의 子와 結義한 眞狀과, 回路에 金利彦을 맛나서 擧義에 同參하엿다가 失敗한 等等을 말슴하고, 將來에 北方에 가서 活動 地帶 卽 用武之地인 것을 周詳이 報告하엿다.

適其時(바로 그때)에 斷髮令이 나는 즘이라(1895년 음력 11월 15일), 軍隊 警察은 擧皆 斷髮되고, 文官도 各郡에 面長까지 實施하는 中이라. 高 先生과 相議하고 安 進士와 義兵 倡起할 問題를 가지고 會議하다가, (안 진사가) "아모 勝算이 업시 일어나면 失敗할 것밧게 업슨즉 아즉 擧起할 생각이 업고, 아즉은 天主敎나 奉行하다가 後日에 見機하야 倡義를 하겟스나, 至今은 머리를 깎에 되면 깎이까지라도 할 意向을 가지노라"고 한다. 高 先生은 두말 아니하고 "進士 오늘부터 끗네"(我國의 自來로 士類

가 絶交하는 標示)로 말을 맞이고 退席하는 쌔에, 나의 心事도 매오 齟齬
저어하여진다. 以前 安 進士의 人格으로 된 것이나 못 된 것이나, 自國 內
에 이러난 東學은 討伐하고 洋夷가 하는 西學을 한다는 말이 甚히 怪異하
고, 義理之士는 '頭可斷이언정 髮不可斷'(寧爲地下無頭鬼 不作人間斷髮
人)[104]이라는 義論을 持하는 쩍의 安 進士가 斷髮할 意向까지 보임은 無
義하지 안은가 이런 생각을 하고, 高 先生과 相議하기를 速히 成婚이나
하고서 淸溪洞을 써나기로 決定하엿다. 父母님은 달은 子女가 업고 但只
나 一個임으로, 쏘는 高 先生과 같은 훌륭한 家門 出身인 며느리를 맛게
됨이 무엇보다도 깃버서 全力을 다하야 婚需와 婚具를 準備하기에 奔走
한 中이라.

엇지 쯧하엿으랴, 好事多魔로 怪異한 일이 생긴다. 하로난 十餘里 海
州 檢丹 等地 親友의 집에 가서 일을 보고 日氣 저무러 그 집에서 자고 겨
오 아츰에 起床하는 쩍의 高 先生이 나를 차저왓다. 千萬落心하여 하는
말이, "자내가 얼여슬[어렸을] 제 뉘의 집에 約婚을 하엿다가 자네가 不願
하야 退婚하엿다고 하든 것이 到今 와서 問題가 되네그려. 내가 昨日 舍
廊에 앉엇노라니, 姓이 金哥라고 하는 사람이 차저와서 '당신이 高某냐'
問하기로, '然하다' 한즉, 내 앞에다가 칼을 내여 노코 하는 말이, '드르
니 당신 孫女를 金昌洙의게 許婚하엿다 하니 妾으로 주는 것이오, 正室이
요' 뭇기에, 하도 怪常하야 金哥를 責하며 '初面에 그게 무슨 無禮한 말이
냐?' 한즉, 金哥는 奴氣가 騰騰하야 하는 말이 '金昌洙에 正妻는 곧 내의
쌀인데, 이제 드르니 당신 孫女와 結婚을 한다 하기로, 妾이라면 可하나
正室이라면 이 칼노 生死를 決하겟다' 하기로, 나는 '金昌洙가 從前에 約

52

104 "목을 자를지언정 머리카락은 자를 수 없다." "저승에서 머리 없는 귀신이 될지언정 이승에서
머리 깎는 사람은 되지 않겠다."

婚한 곧이 有하엿으나 임이 罷婚된 줄노 알고 許婚을 하엿으나, 이제 그
대의 말을 듯건대 依然히 約婚中이라 하니, 내가 金昌洙를 보고 解決할
터이니 그대는 물너가라' 하야 돌녀보내엿네. 이을 엇지 하쟈나? 우리 집
안 女子들은 大騷動이 낫네."

나는 이 말을 듯고 始初가 慈味 없이 된 것으로 보고 高 先生의게 말
슴한다. "제가 先生님을 信仰한 本意 孫壻나 됨에 잇지 안코, 親炙叮嚀친구
정녕한 敎訓을 心骨에 銘刻하고, 終身토록 聖敎를 奉行하기로 心誓 以上,
婚不婚이 무슨 相關이 되겟음잇가. 婚事 一款은 서로 斷念하고, 義理로만
先生님을 밧들겟음니다" 하엿다. 말을 할 적에 事機가 임이 順調로 못 될
줄 알고 割斷하야 말을 하엿으나, 內心에는 매오 섭섭하엿다.

高 先生은 내의 말을 듯고 落淚하며 自歎한다. "내의 將來에 身心을
依托할 만한 사람을 物色하기에 許多 心力을 費하야 자네를 맛낫고, 더옥
여 未婚임으로 婚事까지를 成約한 것인데, 이런 怪變이 어듸 잇겟나. 그
러면 婚事는 更無擧論일세. 그러나 當今 官吏가 斷髮 後는 平民의게도 實
行할 터이니, 자네는 時急히 脫身하야[몸을 피해] 髮禍를 免하게. 老父는
髮禍가 밀으면 죽기로 作定하네" 하드라.

여긔서 已往 歷事에 除外하엿든 一事件을 追述한다. 내 나희가 四五
時에, 아부님이 엇던 酒店에서 咸鏡道 定平人 金致景이란 함지박 장샤를
相逢하여 醉中에 言往說來하다가, 金致景의 八九歲 女兒가 有함을 보고
弄談갗이 請婚하엿다. 金致景은 婚事를 承諾하엿다. 四柱까지 보내엿다.

그후에는 아부님이 該 女兒를 집에 種種 다려온다. 나는 書堂에 단일
씌인데, 洞里 兒輩들이 調弄[嘲弄]한다. "너는 함지박 장사에 사위다" "너
의 집의 다려온 處女가 곱드냐" 이런 嘲弄을 밧을 씌의 心事가 不快한 데
다가, 一日은 冬寒 氷板에서 팽이(쓰리)[105]를 돌니며 놀드니, 그 女兒가
내의 겻해[곁에] 와서 구경하다가, 自己도 팽이 一個를 깎아 달나는 말을

듯고 極端에 厭症이 發하야 어머님의게 졸나서 그 女兒를 도로 보내엿으나 婚約을 解除한 것은 아니라.

그랫다가 甲午年 淸日戰爭이 起하자 一般 人心에 有子有女한 者는 婚姻하기를 惟一時務〔급무급무〕로 알든 時라, 當時는 〔내가〕 東學 接主를 하여 가지고 東奔西走하는 판에, 하로는 집에 들어온즉 釀酒製餠양주제병하며 一切 婚具를 準備하는 中이라. 나는 限死하고 장개를 가지 안키로 父母님의게 請하엿다. 父母님도 할 수 없어 金致景의게 "子息이 絶對로 不願하니 婚約을 解除"하기로 相議하고, "그대의 쌀도 他處에 出嫁식히라"고 한즉 金致景도 無妨히 생각하고, 信川 水踰嶺(距 淸溪洞 十餘里許)〔-으로〕 金致景이 移舍하여 酒商을 하든 時라. 其時에 金致景이 高 先生 宅과의 婚姻 所聞을 듯고서 妨害를 하면 돈이나 좀 줄 것으로 생각하고 짐짓 妨害한 것이라. 아부님이 憤氣撑天하야 곧 金致景의 집에 가서 싸홈을 하엿으나 已往之事요. 金致景 內心에는 벌서 自己 쌀은 隣洞에 돈을 밧고 婚約하엿다 한다.

54

高 先生은 飛洞으로, 우리 집은 基洞으로 搬移하고, 나는 時急히 淸國 錦州 徐玉生의 집으로 갈 길을 作定하고, 金亨鎭은 自己 本鄕으로 가기로 되여 同行을 못한다. 單身으로 出發하엿다.[106]

平讓에 到着하니 觀察 以下 全部가 斷髮하고, 길목을 막고 行人을 붓드러 머리를 꺼기〔깍〕인다. 或은 村으로, 或은 山郡으로 避亂하는 人民의 冤聲이 載途함을 目擊하는 나는 머리 끗가지 憤氣가 가득하야 安州에 到

105 팽이에 대한 방언은 다양한데, 북쪽 지역에서는 '쇠리' '서리' '세리'라고 한다.
106 약간의 전후 설명이 필요하다. 1895년 중국에 다녀온 후 김창수와 김형진은 김재희, 최창조, 백낙희 등과 함께 장연에서 산포수를 모아 1896년 설날에 거병하여 해주부를 공략하고, 청병과 합류하여 경성까지 진격하는 거사를 추진했다. 그러나 거사 직전에 백낙희 등이 검거되어 거사는 실패하고 김창수와 동료들은 황급히 도피했다. 이들은 체포의 위험 때문에 각각 흩어졌고, 이후 김창수와 김형진은 만나지 못했다.

着하야 揭示板을 본즉「斷髮停止令」이드라. 傳聞한즉 "京城서는 鍾路에 셔 市民들 斷髮의 所致로 大騷動이 起하야 日人의 家屋을 破碎하고 日人 을 多數히 打殺하는 等 變亂이 나고, 當時 政府 當局者에 大變動이 生하 엿다" 한다.

그런즉 將次 國內 多事의 秋〔때〕라, 굿하여〔구태여〕 出國할 것이 업고, '三南 方面에 義兵이 蜂起한다 하니 도로 回程하야 時勢를 觀察하리라' 決心하고 回程하야, 龍江郡에서 安岳郡 鴟河浦(安岳邑에서 東北 四十里 許)로 渡船하는 中에, 時는 丙申〔1896년〕二月 下旬이라.[107]

國母報讐[108]

江上에 冰山이 流動하야, 十五六人의 男女 船客이 該 冰山에 包圍되 여 鎭南浦 下流까지 싸여 나려갓다가, 潮水를 짜라서 다시 上流까지 오르 락나리락하매, 船客은 勿論 船父들까지 冰魂이 된 줄 알고, 遑遑悶措〔悶 燥〕[109] 하는지라. 나도 年年히 結氷 解氷 兩期에 此等 津處에서 冰山에 包 圍로 種種 慘事가 잇는 것을 아는 바, 今日에 不幸히 危境에 陷한지라. 船 中人이 擧皆 呼天呼母의 哭聲이 震動하드라.

나는 生路〔살길〕를 硏究한다. 該 船中에는 食糧이 없어, 凍死보다 먼 저 飢死할 터인데, 該 船中에 當幸이 驢子여자〔당나귀〕一匹이 잇는지라. 冰

---

107 당시 보고(규장각 자료)에는 1896년 3월 8일(음력 1월 25일)이다. 도진순, 앞의 「1895~96년 김구의 聯中義兵과 치하포 사건」 참조.
108 《원》에는 이 제목이 다음 페이지 상단에 표시되어 있으나, 《등》에는 '時는 丙申 二月 下旬이 라' 앞에 있다. 내용상 《등》에 따라 장제목을 여기에 둔다.
109 '황황'(遑遑)은 마음이 몹시 급하여 허둥지둥하는 모양, '민조'(悶燥)는 초조하고 걱정스러운 모양.

山 包圍가 多日을 繼續할 터이면 殘忍하나마 不得不 驢子를 屠殺하야 十五六人에 生命을 保하기로 하고, 한갓 號哭이 濟生의 途가 안인즉, 船役을 船夫의게만 依賴할 것 아니고, 全部 船客이 一齊히 用力하야 冰山을 排擠하면 卒然間에 冰山이 退却지 안을지라도 身體 運動만으로도 有益하다는 議論을 猛烈히 主張하고 同力을 求한즉, 船客 船夫가 一齊히 應하는지라. 나는 奮身하야 冰山에 上하야 그 結成된 山勢를 視察하고, 大山을 依據하야 小山을 排擠하기에 努力하든 中에, 忽然히 一條〔한 줄기〕 生路를 得한지라. 原處인 鴎河浦에는 達치 못하고 五里 外 江岸에 登하니, 西山에 지는 달(月)이 아즉 餘光이 잇드라.

鴎河浦 浦主人(旅館 例兼)이 집에 入하니, 風浪으로 因하야 留宿하는 客人 等이 三間 旅房에 彌滿한지라, 時干〔時間〕이 夜午가 넘은 고로 房房에서 鼻聲만 聞하드라. 우리 同苦同行도 房 三間에 分配하야 歇宿한다. 잠이 들자마자 行客들이 써들며 "今日은 日氣가 順하니 渡船케 하라"고 야단일다. 移時하야 아랫房에서부터 朝食 始作이 되여, 中房으로 上房까지 食床이 들어온다.

其時 中房에는 一個 斷髮人이 韓服을 着한 者가 同席한 行客과 人事를 하는데, 姓은 鄭이라 하고 居住 長淵(其時에 黃海道에는 長淵이 先次로 斷髮되여, 平民들도 斷髮한 者 或 有하엿)이라 한다. 語調는 長淵 말이 안이고 京城 말인데, 村翁들은 참 朝鮮人으로 알고 니야기를 하나, 내가 듯기에는 分明 是 倭놈이라. 仔細히 삷여〔살펴〕보니, 白布周衣(두루막이) 밑으로 劍匣이 보인다.

去路를 問한즉 "鎮南浦로 간다" 한다. 나는 그놈에 行色에 對하야 硏究한다. 저놈이 普通 商倭나 工倭 같으면, 當地〔이곳〕는 鎮南浦 對岸임으로 日日〔매일매일〕 數名의 倭가 倭의 本色으로 通行하는 곳이라, 當今 京城 紛亂을 因하야 閔后를 殺害한 三浦梧樓[110]가 潛逃함이 안인가. 萬一의

此倭가 三浦가 안이라도 三浦의 共犯일 것 갓고, 何如튼지 佩劍密行하는 倭로서는 우리 國家 民族에 毒菌일 것은 明白한지라. 저놈 한 名을 죽여서라도 國家에 對한 恥辱을 雪하리라. 環境과 力量을 삷혀보건대, 房 三間 總客員의 數가 四十餘名이오, 저놈의 鷹犬[패거리]이 幾名이 渾在한지는 不知나, 나히 十七八歲의 總角이 在傍하여[가까이서] 무슨 말을 한다.[111] 나는 單身赤手가 안인가. 섭들니[섣불리] 動手를 하다가 죽이도 못하고 내 목숨만 저놈에 칼 아래 끄어 보내지 안흘가. ▼그레 된다면 내의 意志와 目的도 世上에 表示치 못하고 도적놈에 一個 屍體만 남기고 永遠의 길을 갈 것 안인가. 또는 내가 赤手로 한 번에 죽일 수는 업고 죽을 決心을 하고 下手를 한다손 房中人들이 挽留할 것이오. 挽留하는 時는 저놈 칼이 내 몸에 들어올 것이니, 아모리 생각하여도 不可能의 事이다.

이런 생각할 씌에 가슴이 웅넝거인다. 心神이 자못 渾亂한 狀態에 陷하여 苦悶하든 中에, 忽然히 一條 光線이 心胸에 射照한다. 그는 別物이 아니라, 高後凋(能善의 號) 先生의 敎訓 中에 "得樹攀枝無足奇 懸崖撒手丈夫兒"此句라.

곧 自問自答을 한다.

"네가 보기에 彼倭를 可殺可雪의 物노는 確認하느냐." 答, "然하다."

問. "네가 兒時부터 好心人 되기가 至願이 안이냐." 答, "然하다."

"今에 可殺可雪의 讐倭를 죽이다가 成功을 못하고, 反히 倭釼[劍]에 死하면 다만 盜賊의 遺屍를 世上에 남기것다 하니, 그럿하다면 너는 好心人 될 願은 것짓이고 好身好名人 될 至願이 안이든가?"

110 미우라 고로(三浦梧樓, 1846~1926)는 육군 중장 출신으로, 을미사변을 주도한 조선 주재 일본 공사이다.
111 규장각 자료에 의하면 배의 주인은 조응두(趙應斗), 배에 탄 인원은 일본인 외 7명, 수행 총각은 20세 임학길(林學吉)이었다. 도진순, 앞의 「1895~96년 김구의 聯中義兵과 치하포 사건」 참조.

於是乎 죽을 마음을 作定을 하고는[112] 胸海에 風靜浪息하야 百計가 踊出한다. 내가 房中 四十餘名 客員, 洞人 數百名을 無形의 노끈으로 꽁꽁 뒁여서 發動을 못하게 하고, 彼倭의게는 不安의 狀態를 보이면 準備할 터니 그놈도 安心식히고, 나 一個人만 自由自在히 演劇을 出演하리라는 方法을 施한다.

第一着으로 食床을 受하야, 下房에서 先着 起한 사람, '자든 입에 새벽밥이라' 三分一도 못 먹엇을 적에, 나종에 床을 받은 나는 四五匙에 一器飯을 다 먹엇다. 起立하야 主人을 呼出한즉, 骨格이 俊秀하고 年約 三十七八歲나 되염즉한 사람이 內門 前에 와서 "어느 손님이 불넛소?" "녜, 내가 좀 청햇습니다. 다름 아니라 내가 오늘날 七百餘里나 되는 山路을 踏破할 터인데, 앗음〔아침〕을 더 먹고 갈 터이니 밥 七床(卽 七人分)만 더 차려다 주시오."

主人은 아모 대답이 없이 나를 보기만 하드니, 내 말은 대답도 아니하고 房中에 아즉 밥을 먹는 客들을 보고서 하는 말이 "젊은 사람이 불상도 하다. 밋인(狂) 놈이군-" 한마듸 말을 하고서는 內房으로 들어가 버렷다.

나는 한편에 들어누어서 房內 物議와 空氣를 보면서 倭놈의 動靜을 솗여본다. 房內에는 兩派에 爭論이 起한다. 識者 靑年들 中에는 主人 말과 갗이 나를 밋인 사람이라커니, 긴- 담배대를 食后 第一味로 부처 물고 앉은 老人들은 該 靑年을 責하는 말노 "여보게 말을 함부로 말게, 至今인들 異人이 없으란 법 잇겟나. 이런 末世에 맛당이 異人이 날 찌니-" 靑年들 말은 "異人이 없을 理가 업겟지만은 저 사람 생긴 꼴을 보세요. 무슨 異人이 저러켓서요."

57

---

112 시초 집필에는 "하는 判斷下에 死心이 堅決된다. 이 마음을 作定하니"로 되어 있다. 《등》은 시초 집필과 동일하다.

그 倭놈은 別노 注意하는 빛이 업시 食事를 畢하고 中門 밧게 立하야 門柱를 依支하고 房內를 드려다보면서 總角兒의 食價 會計하는 것을 看檢〔관찰〕하고 잇드라.

나는 徐徐히 起身하야 大呼一聲에 該 倭놈을 발길노 차서 한 길이나 거반 되는 階下에 墜落식히고 좇아 나려가며 倭놈의 목(項)을 한번 밟앗다. 三間 客房에 前面 出入門이 合 四羽라, 下房에 一羽, 中房에 分合門 兩羽, 上房에 一羽라. 該 房門 四羽가 一時에 열니자, 該 門口는 人頭가 爭出한다.

나는 몰녀나오는 群衆을 向하야 簡單一語로 宣言하다. "누구든지 此 倭놈 爲하야 내게 犯하는 者는 擧皆殺之하리라." 宣言 未已에, 一時에 발에 채이고 발에 밟히엿든 倭놈은 새벽 달빗에 釖〔劍〕光이 번적하며 내의게 달녀든다.

나는 面上에 나려지는 釖〔劍〕을 避하면서 발길노 倭놈에 엽구리를 차서 거꾸럿치고, 칼 잡은 손목을 힘끗 밟은즉 칼이 저절노 싸에 써러진다. 그싹는 그 倭釖〔劍〕으로 倭놈을 머리로부터 발까지 點點이 亂刀를 친다. 二月 天氣라, 마당에는 冰板이라 血如湧泉하야 마당에 흘는다. 나는 손으로 倭血을 움켜 마시고, 倭血노 塗面하고, 피가 쑥쑥 써러지는 釖〔劍〕을 들고 房內로 進하며, "악가 倭놈을 爲하야 내의게 犯코저 하든 놈이 누구냐?"

房內에 房客이 밀어 逃走하지 못한 者는 擧皆 蒲伏포복〔匍匐〕하고 "將軍님 살녀주시오. 나는 그놈이 倭놈인 줄 모르고 普通 싸흠으로만 알고 말니려고 나가든 것입니다." 혹은 曰 "나는 昨日에 海中에서 將軍님과 갖이 苦生하든 商人입니다. 倭놈과 갖이 오지도 안엇슴니다." 그中에 老人들은 惻은 나서 벌벌 썰면서도, 악가 靑年들을 責하야 나를 言護한 것으로 가슴이 나와서 하는 말이라, "將軍님 아즉 知覺이 없는 靑年들을 容恕

176

하십시오" 하는 中에, 主人 李和甫 先達이 敢히 房內에도 못 들어고 門外
에 跪伏하야 曰, "小人이 有目無珠하야〔눈이 있으나 눈동자가 없어〕將軍님을
蔑視하엿사오니 罪는 死無餘恨이올시다. 그러하오나 倭놈과는 다만 밥
파러먹은 罪밧게 업습니다. 악가 將軍님을 凌辱하엿사온즉 죽어 맛당함
니다."

나는 房中에 蒲伏하야 썰고 잇는 사람들을 向하야 "내가 알아 할 터
이니 起坐하라"고 命하고, 主人 李和甫의게 問한다. "네가 그놈이 倭놈인
것은 엇더케 알앗느냐?"

李 答, "小人이 浦口 客主를 하는 탓으로 鎭南浦로 來往하는 倭가 種
種 제 집에서 자고 단입니다. 그러나 韓服을 하고 오는 倭는 今始初見이
올시다."

問, "此倭는 服色만 안이고 韓語가 能한데 네 엇지 倭로 알엇는야."

李 答, "數時 前에 黃州로서 온 木船 一隻이 浦口에 들어왓는데, 船人
들에 말이 '日本 令監 한 분을 태여 왓다'고 하기에 알엇슴니다."

問, "그 木船이 아즉 浦口 繫在〔계재〕하엿느냐."

答, "그럿슴니다."

나는 그 "船人을 待令하라" 하엿다.

이와 갖이 問答하든 즘에 能干〔능란〕한 李和甫는 一邊 洗面 器具를 드
려오고, 그後로는 밥 七器를 一床에 노코, 또 一床에 飯饌을 노와 드려다
노코 먹기를 請하는지라, 나는 洗面을 하고 밥을 먹게 되엿다. 밥 한 그릇
을 먹은 지가 十分鍾 밧게 안도〔되〕엿으나 過激한 運動을 하엿음으로 한두
그릇은 더 먹을 수 잇지만은, 일곱 그릇식은 될 수 업는지라. 그러나 당초
에 일곱 그릇을 더 要求한 말을 거짓말노 알니여저서는 자미업는 일이라.
큰 양푼 한 개를 請하야 밥과 식찬을 한데다 두고, 숫갈 한 개를 더 請하
야 숫갈 두 게를 연폭하여〔포개어〕들고, 밥 한 덩이가 사발통맞음〔만큼〕식

겟혜서〔합쳐서〕, 보는 사람의 생각으로 몃 번에 그 밥을 다 먹겟고 하도록
보기 좋게 한두어 그릇 分量을 먹다가 숫갈을 더지고, 혼잣말노 "오늘은
먹고 십흐던 원수의 피를 많이 먹엇드니 밥이 드러가지를 안는다"고 하고
食事는 맛치고 일의 措處에 着手하다.

倭놈을 싯고 온 船人 七名이 門前에 跪伏 請罪한다. "小人들은 黃州
에 居生하는 船人이옵드니, 倭를 실고 鎭南浦까지 船價를 作定하고 가든
罪밧게 업슴니다."

船人들의게 命令하야 倭놈의 所持品 全部를 드려다가 調查한 結果,
倭놈은 土田讓亮이고, 職位는 陸軍 中尉오,[113] 所持金이 葉錢 八百餘兩이
더라. 該 金額 中으로 船價를 計給하고, 李和甫다려 洞內 洞長을 불은즉
李 曰, "小人이 洞長 名色이올시다" 한다.

洞中에 極貧戶에 該 餘金額은 配贈을 명령하고, "倭 屍體를 엇지 하
오릿가" 함에 對하야는 이러케 分付하다. "倭놈, 우리 朝鮮에 사람만 원수
가 안인즉 바다 속에 더저서 魚鰲〔어별〕까지 즐겁게 뜨더 먹도록 하여라" 하
고, 李和甫를 불너서 "筆具를 待令하라" 하여 數行의 布告文을 썻다. 理由
는 "國母報讐의 目的으로 此倭를 打殺하노라" 하고, 末行에 "海州 白雲坊
基洞 金昌洙"라 써서 通路 壁上에 붓치고, 다시 李和甫의게 命令하기를
"네가 本洞 洞長인즉, 安岳郡守의게 事件의 顚末을 報告하여라. 나는 내
집에 가서 下回〔회답〕를 보겟다. 그런데 紀念으로 倭놈의 劍은 내가 가지
고 간다."

出發코저 한즉 全身 衣服이 白衣가 紅衣가 되엿으나, 幸히 버서 걸엇
든 周衣가 잇음으로 허리에 劍을 佩하고 安閒한 態度로 行客과 洞中人 數

---

113 일본 외무성 자료에 의하면 쓰치다(土田讓亮)는 츠시마 이즈하라(嚴原)의 상인으로, 1895년
10월 진남포에 도착한 후 11월 4일 황해도 황주로 가서 활동하였고, 1896년 3월 7일 진남포로 귀환
하던 길이었다. 도진순, 앞의 「1895~96년 김구의 聯中義兵과 치하포 사건」 참조.

百名이 捆集곤집 觀光하는 叢中으로 歸路의 길을 써낫다. 內心에는 甚히 燥急하다. 洞人들이 禁住〔住〕하고 '네가 復讐를 하엿든지 무엇을 하엿든지, 네가 내 洞里에서 殺人을 하엿은즉 네가 잇다가 일을 當〔처리〕하고 가라' 하면(이것은 내 생각쓴이지 그쩌 내의게 그런 理論을 提出할 者는 없을 것이다) 事實 說明도 할 餘暇도 없이 倭놈들이 와서 죽일 것이라. 쌜니 나가는 발길을 일부러 천천히 거러서, 山嶺 上에를 올나스〔서〕면서 곗눈으로 鷗河浦를 나려다본즉, 依然히 사람이 모여 서서 나의 가는 것을 구경하더라.

時間은 아츰 해가 곳비 거리[114]나 올나왓더라. 고개를 넘어서는 쌜니 거러 信川邑에 到着하니, 그날은 信川邑 市日이라. 市中에 이곧저곧서 鷗河浦 니야기가 난다. "오늘 새벽에 鷗河 나루에서는 壯士가 나타나서 日人을 한주먹으로 따려 주엇다지." "그래 그 장사하고 갗이 龍岡서부터 배를 타고 왓다는 사람을 맛낫는데, 그 壯士가 나〔나이〕는 二十도 못 되여 보이는 少年이드라는데, 江上에 冰山이 몰녀와서 배가 그 새에 끼워서 다 죽게 되엿는데, 그 少年 壯士가 큰 冰山을 손으로 미러내이고 사람을 다 살녓다든데." 혹은 "그 壯士는 밥 일곱 그릇을 눈 쌈작할 새 다 먹드라는걸." 일언〔이런〕 말을 듯다가 信川 西部 柳海純(前者 東學 親舊)를 차저갓다.

柳氏가 寒暄〔날씨 인사〕 後에 "兄의 몸에서는 피비린내가 난다" 하며 자세히 보드니, "衣服에 웬 피가 저다지 무덧소?" "길에 오다가 왜갈이(새 일흠)[115] 한 말리〔마리〕를 잡어 먹엇드니 피가 무덧소이다." "그 칼은 웨인 것이오?" "여보 老兄이 東學 接主 노릇할 적에 남에 돈을 많이 強奪하여

<hr/>

114 소의 고삐 정도 거리. 해가 꽤 올라왔다는 의미.
115 왜가리는 새 이름이지만, 여기서는 왜놈을 비유해 한 말이다.

두엇다는 말을 듯고 强盜질을 왓소." 柳氏 曰, "東學 接主가 안이고서 그런 말을 하여야 밋지오.[116] 어서 眞情을 말하라"고 졸은다.

　나는 大綱 經過를 말하엿다. 柳海珏 柳海純 兄弟는 놀나면서 "果是 快男兒 所爲라" 하고 本宅으로 가지를 말고 他處로 避身를 强勸한다. 나는 切對不可로 말한다. "사람의 일은 光明하여야 사나 죽으나 갑시 잇지, 世上을 속이고 苟且히 살기만 도모하는 것은 丈夫의 事ㅣ 아니라" 하고 곧 써나서 집에 도라와 아부님꺼 所行事를 一一히 報告한즉, 父母님 亦是 避身을 力勸하나, 나는 "今番 殺倭는 私感 所致가 아니요, 國家 大恥를 爲한 動擧인즉, 區區히 避身할 心理가 有하다면 當初에 그런 일을 하지 안엇을 거시오. 已爲實行한 以上에는 自然 法司의 措置가 有할 터이니, 그 쩌의 當하야 一身을 犧牲하야 萬人을 敎訓하면 雖死猶榮이오니, 子息 所見에는 집에 앉어서 當할 쩌로 當하는 것이 於義에 至可할 줄 생각합니다." 아부님도 다시 强勸을 아니하시고 이런 말슴을 하섯다. "내 집이 興하던 亡하던 네가 알아 하여라."

投獄

　그럭저럭 三朔餘에 아모 消息이 없드니 五月, 丙申〔1896년〕 五月 十一日[117] 舍廊에서 아즉 잔자리〔잠자리〕에서 니러도 나기 전인데 어머님이 급히 舍廊 門을 열고 "이애- 우리 집 압뒤에는 無數히 보지 못하든 사람들이

116　'동학 접주가 그렇지 않다는 것을 접주를 한 당신(백범을 가리킴)이 잘 알고 있지 않느냐', 이런 의미이다.
117　시초 집필의 "五月五日 〔卽〕端午日을 當하야"를 지우고, 여백 위측과 우측 두 군데에 "丙申 五月 十一日"로 수정하였다. 이에 대해서는 해제 참조.

돌나 싸누나." 말삼이 끗나자 數十名이 鐵鞭 鐵椎를 가지고 달녀들며 "네가 金昌洙냐" 뭇는다. 나는 "그러커니와 그대들은 무슨 사람인데 이갓 搖亂하게 人家에 侵入하느냐."

그제야 內務部令을 等因한[118] 逮捕狀을 보이고 海州로 押上에 길을 떠난다. 巡檢과 使令이 都合 三十餘名이오, 내의 몸은 쇠사슬노 여러 겹으로 동이고, 압뒤에 서서 쇠사슬 끝을 잡고, 其餘는 擁衛하여 간다.

洞內는 二十餘戶 全部가 門族이나 畏懼하야 一名도 敢히 내여다보기를 못하드라. 隣洞 姜·李氏들은 金昌洙가 東學한 罪로 被捉[피체被逮]되는 줄 알고 수군거리드라. 二日 만에 海州獄에 入하엿다.

어머님과 아부님이 다 海州로 오서서, 어머님은 밥을 비러다가 먹여주시는 俗談에 '獄바라지'를 하시고, 아부님은 自己가 前者에 常套的 넉넉지 못하신 使令廳 令吏廳 禊房들의 交涉 手段으로 解放을 圖謀하지만은, 時勢가 前보다 달나지고 事件이 하도 重大함으로 아모 效果가 없엇다.

滯獄 後 一月餘에 訊問이 開始된다.[119] 獄에서 쓰던 大朶木 칼[120]을 목에 걸고 宣化堂 뜰에 들어갓다. 監使 閔泳철[喆][121]이 問曰, "네가 安岳 鴟河浦에서 日人을 殺害하고 도적질을 하엿다니 事實이냐." 答, "그런 일 업소." 又問, "네의 行蹟에 證據가 昭然한데 否認을 하느냐. 執刑하라"는 號令이 나자 使令들이 내의 두 발과 두 무릅을 한데 찬찬[칭칭] 동이고 다리

118 등인(等因)은 공문 내용을 요약할 때 쓰는 말. '……등(等)에 의한[因]'.
119 규장각 자료에 의하면 해주부에서 최초 신문 날짜는 1896년 6월 27일(음력 5월 16일)이다(『전집』 3권 218~219면).
120 "大朶木 칼"은 나무 널판으로 만든 형틀로 죄수의 목에 씌운 옥구(獄具). 大는 '크다', 朶木은 '두꺼운 널빤지', 칼은 '刀'가 아니라 '갏'[枷]에서 'ㅎ'이 탈락하여 '갈'로, 다시 '칼'로 된 것이다.
121 민영철(閔泳喆, 1864~?)은 1896년 7월 해주부 관찰사, 8월 황해도 관찰사가 되었다. 백범이 해주에서 심문받은 것은 그 이전으로 당시 해주부 관찰사 서리(署理)는 김효익(金孝益)이었다.

사이에 朱杖 두 개를 드리밀고, 한 놈이 한 개식 잡아 左右를 힘끗 눌너서, 單番에 脛骨〔정강이뼈〕이 허역에 露出되엿다. 내의 외인〔왼〕다리 정강마루에 큰 傷痕이 곧 이것이라.

나는 緘口 不說하다가 畢竟은 氣絶되엿다. 刑을 中止하고 面上에 冷水를 쌕려서 回生식히고 다시 뭇는다. 나는 監使를 보고 말한다. "本人에 逮捕狀으로 보면 內務部 訓令 等因이라 하엿슨즉, 本 觀察府에서 處理할 수 업슨 事件인즉 內務部에 報告난 하여 주시 오" 한즉, 다시는 아모 말이 업시 도로 下獄하엿다 近 二朔을 經過하엿다.

七月 初에 仁川으로 移囚가 되어,[122] 仁川 監理營으로 四五名의 巡檢이 海州로 와서 領去한다〔데리고 간다〕. 事機가 이 지경이 된즉, 아부님은 本鄕으로 가서 如干〔약간의〕 家産什物과 家屋까지 放賣하여 가지고, 仁川이든지 서울이든지 내가 가는 대로 싸라가서 下回〔결과〕를 보기로 하고 本鄕으로 가시고, 어머님만 나를 따러서 仁川으로 同行을 한다.

當日노 延安邑에서 一宿하고, 翌日은 羅津浦를 向하는 途中, 延安邑에서 約 五里許에 路傍 墓側에서 日氣가 炎熱임으로 巡檢들이 외를 사서 먹으며 앉어 歇脚〔잠시 휴식〕을 한다. 該 墓傍에 竪한 碑文을 본 즉 (孝子 李昌梅之墓)라 하엿고, 碑 後面에 刻字를 본즉 어느 임금〔순조〕이 李昌梅의 孝誠의 對하야 孝子 旌門을 賜하엿다고 하엿고, 李昌梅 墓傍에 李昌梅 父親〔母親의 오류〕의 墓라고 잇는데, 李昌梅는 本是 延安 通引으로 該 父死葬後에 四時로 風雨 不撤하고 侍墓를 至誠으로 하여서, 墓前에 신을 벗은 자리부터 一步一步 拜墓地까지 거러간 발자국, 두 무릅을 꾼 자국과 香爐 香盒을 노왓든 자리에는 永永 草木이 生치 못하엿고, "萬一 사람이 그 움숙움숙 퓌인 자리를 흙으로 메이면 즉시로 雷聲이 震動하며 大雨가

---

122 김창수의 인천 압송은 음력 7월 7일, 양력으로는 8월 15일 경이다. 『전집』 3권 270~271면.

下하야 메인 흙을 씻어낸다"는 말을 近處 사람과 巡檢들이 이약이를 한다.[123]

눈으로 그 碑文을 보고 귀로 그 이약이를 듯는 나는, 巡檢들이 알세라, 어머님이 알세라, 피가 석기인 눈물을 흘니여 李昌梅의게 待罪를 한다. 다 같은 사람의 子息으로 李昌梅는 父母가 죽은 後까지 저리한 孝跡이 有하니, 其 父母 生前에 父母의게 對하야 엇더하엿을 것을 알 거시다. 내의 뒤를 짜라 魂不付身하야〔정신없이〕 허둥지둥 따라와서 내 겻헤 앉어서 하염없이 寒心〔한숨〕을 지이고 게신 어머님을 볼 수 없고, 李昌梅는 墓中으로부터 復活하야 나를 向하야 "네가 樹慾靜而風不止의 句[124]를 읽지 못하엿느냐"고 責妄하는 듯십헛다. 起身 出發할 時에 나는 李昌梅 묻엄을 다시금 도라보며 數없은 心拜을 하엿다.

陸行은 羅津浦까지 끗나고 배를 탓다. 丙申〔1896년〕 七月 二十五日 月色이 업시[125] 天地가 캄캄하고 물조차 소래쑌이다. 江華島를 지나든 즘에 終日 炎天에 步行으로 오든 巡檢들은 放心하고 다 잠을 든 것을 보시고, 어머님은 배사공도 듯지 못할 입안에 말슴〔입안말, 입속말〕으로 내게 말슴을 한다. "이얘- 네가 이제 가서는 왜놈 손에 죽을 터이니, 맑고 맑은 물에 너와 나와 갗이 죽어서 鬼神이라도 母子 갗이 단이자." 이 말슴을 하시고는 내 손을 꼬으시고 배전으로 갓가히 나가신다.

---

123 이창매가 효자 정려(旌閭)를 받은 것은 순조 14년(1814)이다(『순조실록』 14년 9월 5일 참조). 그런데 이창매가 시묘(侍墓)하여 잔디가 나지 않은 것은 부친 묘가 아니라 모친 묘이다. 이에 대해서는 유인석의 시 「과효자이창매묘」(過孝子李昌梅墓)가 남아 있다(『의암선생문집』毅菴先生文集 권1).

124 『한시외전』(漢詩外傳)에 나오는 "樹欲靜而風不止 子欲養而親不待"(나무는 잠잠하고자 하나 바람이 그치지 않고, 자식은 모시고자 하나 어버이가 기다려 주지 않는다)의 구절을 말한다.

125 1차 집필 "初生달이 어느새 西天에 ㅁㅁ가고 (深)夜"를 지우고, 여백에 수정해서 쓴 구절이다. 그런데 앞에서 "七月 初에 仁川으로 移囚가 되어"라고 하였는데, 여기서는 "七月 二十五日"이라 하여 착오가 있다. 해제 참조.

62

나는 惶悚無地한 中에 어머님을 慰安한다. "어머님은 子息이 이번 가서 죽는 줄 아십닛가. 決코 죽지 안습니다. 子息이 國家를 위하야 하날에 사모치게 精誠을 다하야 원수를 죽엿은즉 하날이 도으실 터지요. 分明히 죽지 안습니다."

어머님은 自己를 慰安하는 말슴으로 들으시고 쏘다시 손을 끄으시는 것을, "子息의 말을 웨 안 믿으시냐"고 膽大히 主張하난 말에 投江할 決心을 中止하시고 다시 말슴을 하신다. "너의 父親과도 約束하엿다. 네가 죽는 날이면 양주〔兩主〕 갗이 죽자고-." 어머님은 내가 죽지 안는다는 말슴을 幾分間〔조금은〕 믿으심으로 하날을 向하야 두 손을 비비시면서 알아듯지 못할 나즌 音聲으로 祝願을 하는 모양이더라.

仁川獄에 들어갔다. 내가 仁川으로 移囚된 原因은 甲午更張 以後에 外國人 關係 事件을 裁判하는 特別裁判所더라. 獄의 位寘〔置〕는 內里 마루에 監理署가 잇고, 左翼에 警務廳이고, 右翼에 巡檢廳이오, 巡檢廳 압흐로 監獄 잇고, 그 앞에 路上을 統制하는 二層 門樓가 잇다. 獄은 外圍에 墻壇〔담〕을 높이 쌋고, 담 안에 平屋 數間이 잇고, 折半하야 한편에는 懲役囚와 强·竊·殺人 等 囚를 收容하고, 半分은 所謂 雜囚 卽 民事訴訟과 違警犯 等을 收容하드라.

刑事 被告의 旣決囚는 靑色衣를 着하고, 上衣 背面에 '强盜殺人' '竊盜' 等의 罪名을 墨書하고, 獄外에 出役 時는 左右 肩臂〔어깨와 팔〕를 아울나〔아울러〕 쇠사슬노 동이고, 一組 兩人으로 背上에는 잠을쇠를 채우고, 押牢가 領率하고 다니드라.

入獄 卽時로 나는 賊囚間에 九人用 長梏〔着錮차꼬〕[126]의 中間에 嚴囚한

---

126 차꼬〔着錮〕는 죄수를 가두어 둘 때 쓰는 형구로, 두 개의 긴 토막나무 사이에 구멍을 파서 죄인의 두 발목을 그 구멍에 넣고 자물쇠로 채운다.

다. 鷗河浦서는 李和甫를 一朔 前에 逮捕 押上하야 仁川獄에 가둔 거시라. 李和甫가 나를 보고서 매오 반긴다. 그는 自己의 無罪한 證據를 提出할 줄 암일네라. 李和甫의 家壁 上에 布告文은 倭놈이 가서 調査할 제 떼여 감초고, 純全히 殺人强盜로 交涉한 것이더라.

어머님은 나를 獄門 밧까지 쌀아와 獄門 안으로 들어가는 것을 보시고는 눈물을 흘니시고 섯는 것까지만 잠시 고개를 들너서 보앗다. 어머님이 비록 下鄕農村에서 生長을 하섯으나 凡事에 可堪〔堪當〕하시고[127] 더욱 針線침선〔바느질〕이 能하신지라, 무슨 일이 손에 걸넛으랴만은,[128] 子息의 命을 救키 爲하야 監理署 三門 外에 開城人 朴永文의 집에를 들어가서 所從來〔내력〕를 잠시 이약이하고 그 집에 동자꾼[129]으로 請하엿다. 그 집은 當時 港內에 有名한 物商客主라, 內房에 炊飯 事務와 衣服 針作이 매오 煩多한 탓으로 雇用으로 被選되엿고, 條件은 一日 三時로 獄에 밥 한 그릇식을 갓다 주기로 한 것이다. 押牢압뢰〔간수〕가 밥을 밧아서 드려 주며서, "네 母親도 依接[130]이 되엿고, 네 밥도 每日 三時로 드려 줄 터이니 安心하라"고 한다. 同囚들도 매우 부러워하드라.

古人云 "哀哀父母生我劬勞"[131]라 하엿으나, 내의 父母는 生我時에도 非常 劬勞구로를 하섯고, 活我에는 千重萬重의 劬勞를 備當하시도다. 佛書云 "父母與子女는 千生百劫에 恩愛所遺注"[132]라 한 말이 虛言이 안이

63

---

127 가감(可堪)은 어떤 일을 감당(堪當)하는 것. 범사가감(凡事可堪)은 매사가감(每事可堪), 즉 어떤 일이든지 해냄을 의미한다.
128 모든 주해본이 "무슨 일이 손에 잡히셨을까만"으로 해석하고 있는데, 이와는 반대로 '무슨 일이든 못하리오만' '무슨 일이라도 하실 수 있지만'으로 해석하는 것이 옳다. 해제 참조.
129 동자꾼은 표준말로는 가정부, 부엌데기를 뜻하는 황해도 지방의 사투리이다.
130 의접(依接)은 거처를 얻어 몸을 의지하게 됨을 의미한다.
131 "슬프다. 부모님께서 나를 낳으시느라 고생하셨다." 『시경』(詩經) 「소아」(小雅) 편에 나온다.
132 원래는 "父子之情 千生百劫 恩愛習氣之所流注"이다. 부자간의 정은 천번을 태어나고 백겁이 지나도록 은애(恩愛)와 습기(習氣)가 흘러와 맺어진 인연이라는 의미이다.

로다.

獄內가 極히 不潔하고 아즉 夏炎이라 나는 長窒扶斯〔장티브스〕에 罹이하야〔걸려〕, 苦痛이 極度에 達하야 自殺의 短見을 取하야 同囚들이 잠이 든 찍를 타서 額上에 손톱으로 忠字를 刻書하고 腰帶로 結項하고〔목을 매어〕 드드여 絶息되엿다. 絶息된 片刻〔순간〕으로, 나는 本鄕에를 가서 平時에 親愛하든 再從弟 昌學(卽 今 泰運)이와 놀앗다. 古詩에 "故園長在目, 魂去不須招"133가 實非虛語로다.

忽然 精神이 恢復되니 同囚들이 高喊하야 "죽는다"고 騷動을 한다. 그者들이 내의 죽음을 위하야 그리 하는 것이 아니라, 내가 絶息될 찍의 무슨 激烈한 搖動이 있엇든 것이더라. 그 후로는 여려 사람의 注意로 自殺할 餘暇도 없으려니와, 그 후로는 '病魔가 죽여서 죽든지, 원수가 죽여서 죽든지, 죽여저서 죽는 것은 無奈何어니와〔어찌할 수가 없거니와〕自殺은 不當하다'고 생각된다. 그런 사이에 就汗〔取汗〕134은 되엿으나, 十五日 동안에 飮食은 입에 대여 보지를 못하엿다.

그찍에 맞음 訊問이 된다는 긔별이 잇다.135 나는 생각을 한다. 내가 海州에서 달이〔다리〕껴까지 드러나는 惡刑을 當하고 죽는 데까지 일으면서도 事實을 否認한 것은 內務部에까지 가서 大官들을 對하야 發說하자는 本意이나, 不幸히 病으로 죽게 되엿으니, 不得不 이곧에서라도 倭놈 죽인 趣旨나 말을 하고 죽으리라는 마음을 作定하엿다. 그러자 押牢의 등에 업히여 警務廳으로 들어갓다. 업히여 들어가며 살피여본즉 盜賊 訊問하는 刑具를 森嚴하게 設備하엿드라.

---

133 송지문(宋之問)의 「조발소주」(早發韶州)가 출전이다. 번역하면, "고향이 눈앞에 늘 아른거리니, 굳이 부르지 않아도 혼이 먼저 가 있도다"이다.
134 여기서 취한(取汗)은 장티푸스를 다스리기 위해 땀을 내는 것을 말한다.
135 첫 신문일은 음력 7월 23일, 양력으로는 8월 31일이다.

押牢가 업어다가 門外에 안치우는 나의 形容을 본 當時 警務官 金潤晶(尹致昊의 丈人)은[136] "엇지하야 저 罪囚의 形容이 저럿케 되엿느냐"고 무른즉, "熱病으로 그리 되엿다"고 押牢가 報告하드라. 金潤晶은 내게 뭇는다. "네가 精神이 있어 足히 뭇는 말을 對答할 수 잇는냐." 答, "精神은 있으나 聲帶가 말나붓허서 말이 나오지 안으니, 물을 한 잔 주면 마시고 말을 하겟소." 곧 廳直이다려 물을 가저다가 먹여 주더라.

金潤晶 庭上 앉어 循例대로 姓名 住所 年齡을 뭇고, 事實에 들어가 "네가 安岳 鴟河浦에서 某月 某日에 日人을 殺害한 事ㅣ 有하냐." 答, "本人이 그날 그곧에서 國母의 報讐하기 爲하야 倭仇 一名을 打殺한 事實이 잇소." 나의 이 對答을 들은 警務官, 總巡, 權任[137] 等이[의] 面面이[얼굴들이] 脈脈[끊임없이] 相視할[서로 쳐다볼] 짜름이오 庭內는 非常히 沈黙하여진다.

나의 엽흐로 椅子에 거러 안저서 訊問에 傍聽인지 監視인지 하고 잇든 渡邊[와타나베] 巡査 倭놈이, 訊問 開頭에 庭內가 沈黙하여진 거슬 疑訝하야 通譯으로 質問하는 것을, "이놈" 一聲으로 死力을 盡하야 號令한다. "現今 所謂 萬國公法이니 國際公法이니 하는 條規 가온데 國與國間 通商 通和 條約을 締結한 후에, 그 나라 임금을 殺害하는 條文이 잇느냐? 개같은 倭놈아, 너이는 엇지하야 우리 國母를 殺害하엿느냐. 내가 죽으면 神으로, 살면 몸으로, 네 임금을 죽이고 倭놈을 씨도 없이 다 죽여서 우리

---

136 백범은 당시 경무관의 이름을 김윤정(金潤晶)이라고 기록하고 있으나, 규장각 자료의 심문 기록을 보면 인천항(仁川港) 경무관(警務官)의 이름은 김순근(金順根)이다. 김윤정은 치하포 사건 이후인 1906년 11월 5일 인천부윤(仁川府尹)으로 임명되고, 동년 11월 19일 인천항 재판소 판사를 겸임한 적이 있다. 이에 따른 백범의 착각이라 생각된다. 또 김윤정의 사위는 윤치호(尹致昊)가 아니라 윤치오(尹致旿)이다. 도진순, 앞의 「1895~96년 김구의 聯中義兵과 치하포 사건」 참조.
137 일반 경찰인 순검(巡檢)의 우두머리가 권임(權任), 그 위가 총순(總巡), 그 위가 경무관(警務官)이다.

國家의 恥辱을 雪하리라." 痛罵하는 것이 畏懼하여 보이든지 渡邊이 놈이 "칙소, 칙소"(蓄生)[138] 하며 大廳 後面으로 逃隱한다.

庭內에는 空氣가 緊張하여진다. 總巡인지 主事인지 金潤晶의게 말을 한다. "事件이 하도 重大하니 監理 令監끠 말삼하여와 主訊하여야 하겟다"고 하드니, 幾分 後 監理使 李在正이가 들어와 主席에 안는다. 金潤晶은 訊問하든 眞狀을 報告하드라. 其時 庭內에서 參觀하는 官吏와 廳屬들이 分付 업시도 차물을 갓다 마시워 준다.

나는 庭上 主席인 李在正의게 發問한다. "本人은 下鄕에 一個 賤生이나, 臣民의 一份子(分子) 된 義理로 國家奇恥를 當하고 白日靑天下에 나의 影子(그림자)가 붓그러워서 一名 倭仇라도 죽엿거[-니-]와, 내가 아즉 우리 사람으로 倭皇을 죽여 復讐하엿단 말을 듯지 못하엿거늘, 至今 當身들이 蒙白[139]을 하엿으니, 春秋大義에 君父의 怨讐를 갑지 못하면 蒙白을 안이 한다는 句節도 읽어 보지 못하고, 한갓 榮貴와 寵祿을 盜賊질하는 더러운 마음으로 人君을 섬기느냐."

李在正, 金潤晶으로 爲始하야 數十名의 參席한 官吏들이 내 말을 듯는 光景을 본즉, 各各 面上에 紅唐무우[140]의 빗을 씌우드라. 李在正이가 맞이[마치] 내게 하소연하는 말노 "昌洙의 至今 하는 말을 들은즉, 그 忠義와 勇敢을 欽慕하는 反面에 내 惶愧한 마음도 比할 데 업소이다. 그러나 上部의 命令대로 訊問 上報하려는 것쑨인즉 事實이나 詳細히 供述하여 주시오." 金潤晶은 내의 病情이 아즉 危險함을 보고 監理와 무슨 말을 소

---

138 일어로 'ちくしょう'는 짐승을 의미하며, 욕으로 많이 쓴다.
139 몽백(蒙白)은 국상을 당하여 흰 갓을 쓰고 소복을 입는 것. 당시는 명성왕후 시해 사건으로 국상 중이었다.
140 홍당(紅唐)무우는 중국에서 들어온 붉은 무, 즉 당근(唐根)이다. 당근도 '중국에서 들어온 뿌리'라는 의미이다.

군소군 하고서는 押牢를 命하야 도로 下獄식혓다.

어머님이 訊問한다는 所聞을 드르시고, 〔내가〕 警務廳 門外에서 押牢의 등에 없이여 들어감을 보시고, '身病이 저 지경이 되엿으니 무슨 말을 잘못 대답하여 當場에나 죽지를 안이할가' 하는 근심이 가득하다가, 訊問 開頭브터 官吏 全部가 써들기를 始作하며, 벌서 監理營 附近 人士들은 稀貴한 事件이라고 구경을 하는 者, 庭內는 立足地가 업고 門外까지 圍立하여서 "참말 別人이라. 아즉 兒孩인데 事件이 무엇이냐", 押牢와 巡檢들이 聞見대로 "海州 金昌洙라는 少年인데 閔 中殿媽媽의 復仇次로 倭놈을 打殺하엿다나. 그리고 악가 監理使道를 責妄을 하는데 使道도 아모 對答을 잘 못하든 걸" 이런 니약이가 浪藉〔狼藉〕낭자하드라. 내가 押牢의 등에 없이여 나가면〔-서〕 어머님의 面色을 삶이여본즉, 若干의 喜色이 씌우는 것은 여러 사람들이 구경한 이약이를 드르신 까닭인 듯한데, 나를 업고 가는 押牢도 어머님을 對하여 "당신 安心하시오. 어더면 이런 虎狼이 같은 아들을 두섯소" 하드라.

내가 監獄에 드러가 獄中에서도 一大 騷動을 이르켯다. 다름이 아니라, 나를 다시 賊囚間에다가 착고〔차꼬〕를 치와 두는 데 對하야 나는 크게 憤慨하엿다. 소래를 霹靂갗이 지르며 官吏를 痛罵한다. "前日에 내가 아모 意思를 發表 안이한 째는 待遇를 强盜로 하나 무엇으로 하나 緘黙하엿다만은, 今日은 正當히 意志를 發表하엿거늘 아즉도 나를 이다지 忽待하느냐. 나는 劃地爲獄이라도 義〔議〕不出일다〔이로다〕.[141] 내가 當初에 逃生의

66

---

141 이 문장은 "義"에 막혀 독해가 되지 않는다. 이 말은 중국 한(漢)나라 노온서(路溫舒)의 "劃地 爲獄 議不入"에서 비롯되었다. 이 말은 "땅에 금만 그어 놓고 감옥이라 하여도 의견은 들어가지 않는 것", 즉 민심은 그만큼 감옥에 들어가길 싫어한다는 뜻이다. 백범은 이와 반대로, "땅에 금만 그어 놓고 감옥이라 하여도 자신은 감옥에서 나가지 않는다"고 주장한 것이다. '義'를 '議'로 바꾸어야 문맥이 통한다.

念이 잇엇다면 倭놈을 죽이고 住址姓名을 具하야 布告를 하고 내 집에 와서 三朔餘나 逮捕를 기다리고 이섯겟느냐. 너이 官吏輩가 倭놈을 깃부게 하기 爲하야 내게 이런 劣待를 하느냐."

이런 말을 하면서 엇지나 搖動을 하엿든지 한 착고[차꼬] 구녁[구멍]에 갖이 발목을 너코 잇는 者가 左右로 四人式 合九人인데, 左右에 잇는 囚人들이 말을 보태여서, 내가 한 다리로 左右 八名과 착고 全部를 들고 이러서는 바람에 저이들에 발목은 다 부러젓다고 고함 고함 야단일다.

金潤晶이가 즉시 獄內에 들어와 景光[光景]을 보고 액꾸즌 押牢를 責한다. "그 사람은 與他 自別한데 웨 賊囚와 渾處를 식히느냐. 함을며 重病이 잇지 안으냐. 卽刻으로 조흔 방으로 옴기고 身體에 對하야 拘束은 조곰도 말고 너의들이 잘 보호하여 드려라." 其時부터는 獄中王이 되엿다.

그러자 어머님이 獄門 밧게서 面會를 오시는데 焦悴한 얼골에도 喜色이 돈다. 어머님 말슴이 "악가 네가 訊問 밧고 나온 뒤에 警務官이 돈 一百五十兩(現今 三圓)을 보내고 네 補藥을 먹이라고 하드라. 오늘부터는 主人 內外는 勿論이오 舍廊 손님들도 내의게 매오 尊敬하며 '獄中에 잇는 아드님이 무슨 飮食을 자시고저 하거든 말만 하면 다 해 주겟다'고 한다. 日前에는 엇던 뚜장이 할미가 와서 '當身이 아들을 위하야 이곧에서 雇用을 한은 것보다는 내가 중매를 서서 돈 만코 權力도 만흔 男便을 어더 줄 터이니, 그리 가서 옥에 밥도 맘대로 해 가저가고, 일도 周旋하여 速히 나오도록 하여 주는 것이 엇더냐' 하기로, '나는 男便이 잇어 日間에 此處에 온다'고 말한 일도 잇다."

그 말슴을 드르니 天地가 아득하다. "그것이 다 이놈에 罪올시다" 하엿다. 李和甫는 불녀가서 "訊問 當할 째나 獄中에서나 金昌洙는 智勇이 兼全하야 莫能當之요, 一日 行步 七百里와 一回 能食 七器飯한다"고 宣傳을 하고, 내가 監獄에서 야단을 할 째나, 罪囚들이 騷動할 째나, 李和甫

自己가 已往에 한 말이 符合이나 되는 것처럼 써든다. 그는〔그것은〕自己
가 "自己 집에서 殺人을 하는데 垂手〔袖手〕하고[142] 잇엇으며, 殺人 後라도
殺人者를 結縛하여 놋코 官廳에 告發을 할 것 아니냐"고 訊問을 當한 所
以드라.

翌日부터는 獄門 前에 知面[143] 面會를 請하는 人士들이 하나둘 생기
기 始作된다. 그것은 監理署, 警務廳, 巡檢廳, 使令廳 等 數百名 職員이
各各 自己의 所親대로[144] "濟物浦 開港된 지 九年 卽 監理署 設立된 後에
처음 보는 稀貴한 事件이라" 자랑 兼 宣傳이 된 까닭이더라. 港內 有權力
者와 勞働〔動〕者까지도 아는 官吏의게 "金昌洙 訊問할 씨는 알게 하라"는
請囑이 많으다는 말을 듯던 차, 第二回 訊問日[145]을 當하엿다.

그날도 亦是 押牢 背上에 업히여 獄門 밧글 나서면서 四面을 살피여
본즉, 길에는 사람이 갓득 찻고, 警務廳 內는 各廳 官吏와 港內 有力者들
이 모인 모양이고, 담쟝 꼭댁이와 집웅 우에까지 警務廳 뜰이 보이는 곳
은 사람들이 다 올나갓다.

庭內에 들어가 앉으니 金潤晶이 슬적 내 겻흐로 지나가며, "오늘도 倭
놈이 왓으니 긔운것 號令을 하시오" 한다.(그씨는 金潤晶이 幾分의 良心
이 잇은 듯하나 오늘까지 所謂 京城府 參與官 노릇을 하고 ▾잇는 것을 보
면, 其時에 訊問庭을 한 演劇場으로 認하고, 나를 俳優의 一名으로 衆人

68

---

142 수수(垂手)에도 '손을 늘어뜨리고 아무 일도 하지 않는다'는 뜻이 있다. 그러나 일반적으로 '팔
짱을 끼고 보고만 있다'는 수수방관(袖手傍觀)의 수수(袖手)를 많이 사용한다.
143 지면(知面)은 처음 만나서 서로 알게 되는 것.
144 소친(所親)의 사전적 의미는 '서로 친하게 지내는 사람'(명사)이지만, 여기서는 '所親대로'를
'자기 좋은 대로'라는 의미의 부사형으로 보는 것이 타당하다. 예) "或은俄羅斯, 或은淸國, 或은日
本에 各其主見대로 各其所親대로 開化라는것도 쏘한 黨派的으로하야"(오지영, 『東學史(草稿本)』;
『동학농민혁명사료총서』 1권, 사운연구소, 1996).
145 두 번째 신문일은 음력 7월 28일, 양력으로는 9월 5일이다.

의게 구경식힌 것이라고 解釋할 듯도 하다.[146] 그러나 無恒輩의 所爲로, 其時는 義俠心이 좀 생겻다가 날이 오라지는[147] 대로 마음이 變한 것으로도 볼 수 잇다.)

다시 訊問을 始한 後는 訊問에 對하야는 "나는 前日에 다 말하엿으니 다시 할 말이 업다"고 말을 끗막고, 後房에 앉어서 나를 넘겨다보는 渡邊을 向하야 痛罵를 하다가, 다시 獄에 도라온 後는 日日 面會人 數가 增加된다. 와서는 "나는 港內에 居住하는 某이올시다. 당신에 義氣를 사모하여 訊問庭에서 얼골은 뵈엿소이다. 설마 오래 고생할나고요. 安心하고 지냅시오. 出獄 後에 한 자리에서 반가히 뵈옵시다." 그런 말들이다. 面會올 찌는 음식을 한 床식 盛備하여 들여 준다.

나는 그 사람들에 情에 感心하야, 보는 데 몃 點式[148] 먹고는 賊囚間에 循次로 分配하여 준다. 其時에 監獄 制度는 實施하는 모양이나 罪囚들의 食料를 規則的으로 날마다 分配하는 것이 아니라, 獄役囚라도 집신삼아서 押牢가 引率하고 街上에 나가 파라다가 粥이나 쑤어 먹는 판이라. 내게 가저오는 飲食은 各其 準備하는 사람이 되도록 盛備한 거싯라, 囚徒도 囚徒여니와 나도 처음 먹는 飲食이 많은 터이라, 앉은 차례대로 내가 나오는 날까지 먹이엿다.

第三次 訊問은 監理署에서 하는데 그날도[149] 港內 居住者는 다 모히는 것 갓드라. 그날은 監理使 李在正이가 親問을 하는데, 倭놈은 보이지

---

146 앞서 언급한 바와 같이 당시 경무관은 김윤정이 아니라 김순근이었다. 김윤정이 한일합병 이후 출세가도를 달린 것은 사실이다. 『백범일지』 상권을 집필하던 1928년 당시 훈이등(勳二等) 수서보장(授瑞寶章)과 대례기념장(大禮記念章)을 받았다.
147 '오라'는 죄인을 묶을 때에 쓰던 붉고 굵은 줄. '오라지다'는 '죄인이 오라에 묶이다'는 의미이지만 '오라를 지는 것처럼 잘못되거나 나쁘게 된다'는 뜻으로도 쓰인다. '오라지다'의 변형이 '우라지다'. '오라질' '우라질', '오라지게' '우라지게'는 같은 의미이다.
148 여기서 점(點)은 음식을 세는 단위이다. 예) "고기 한 점" "살 한 점 떼어내다"
149 세 번째 신문일은 음력 8월 4일, 양력으로는 9월 10일이다.

아니 하드라. 監理가 매오 親切히 말을 뭇고, 及終에 訊問書 꾸민 것을 閱
覽케 하고, 校正할 것은 校正하고 白字에 着啣〔서명〕하엿다.[150] 訊問은 끗
이 낫다.

數日 後에는 倭놈들이 나를 寫眞을 박는다고 警務廳으로 또 업히여
들어갓다. 그날도 庭內 庭外에 許多 觀衆이 人山을 成하엿다. 金潤晶은
슬적 내의 귀에 들닐 맑음 말을 한다. "오늘 저 사람들이 昌洙의 寫眞을
박으려 왓으니, 주먹을 쥐고 눈을 브릅뜨고 寫眞을 직히라" 한다.

그리자 寫眞을 직혀 가리 못 직혀 가리가 交涉의 問題가 되여 한참
돈안 議論이 紛紜하다가, 畢竟은 "廳舍에서는 許치 못할 터이니 路中에
서나 직히라"고 하고, 나를 업어서 路中에 앉인다. 倭놈이 다시 請하기를
"金昌洙의게 手錠(手甲〔手匣〕)을 채우든지 捕繩으로 얽든지 罪人된 表像
을 내여 달나"고 한다. 金潤晶은 拒絶한다. "此囚는 階下 罪人[151]인즉 大君
主 陛下끠서 分付가 없은 以上에 그 몸에 刑具를 대일 수 없다"고 한다.

倭는 質問하기를 "政府에서 刑法을 定하야 使用하면 그것이 곧 大君
主의 命令이 안이냐" 한다. 金潤晶은 "更張〔갑오경장〕後에 刑具는 廢하엿
다"고 答한다.

倭는 다시 質問한다. "貴國 監獄 罪囚들이 쇠사슬 찬 것과 칼 쓴 것을
내가 보앗다"고 한다. 金潤晶은 怒하야 倭놈을 책한다. "罪囚의 寫眞을 條
約에 依한 義務는 업고, 但히 互相間 參考 資料에 不過한 微細事로 이갗
이 內政干涉를 하는 데는 施應할 수 업다"고 야단을 한다. 觀衆들은 警務
官이 明官이라고 嘖嘖책책〔떠들석하게〕稱善한다. 及其也에 路中에서 寫眞

---

150 백(白)자에 착함(着啣)했다는 것은 진술서 마지막의 '아뢴다'라는 의미의 글자인 백(白)자 옆
에다 서명했다는 의미이다.
151 '계하(階下)' 죄인은 '계하(啓下)' 죄인의 착오. 즉 임금에게 보고해서 재가를 받아야 하는 죄인
을 말한다.

을 직히게 된다. 倭놈이 다시 哀乞하야 내가 앉은 엽헤 捕繩을 노아만 두고 寫眞을 직는다.

나는 멋날 前보다는 氣運이 좀 도라오는 쩌라, 警務廳이 드럿다 놓으록 소리를 질너 倭놈을 痛罵하고, 一般 觀衆을 向하야 演說을 한다. "이제 倭놈이 國母를 殺害하엿으니, 全國 臣民에 大恥辱일 쑌 아니라 倭놈 毒害가 闕內에만 그치지 안코 당신덜의 아들과 딸이 畢竟은 倭놈의 손에 다 죽을 터이니, 나를 본바다서 倭놈을 보는 대로 맛는〔만나는〕 대로 다 죽이라"고 高喊高喊 지른다.

渡邊 倭놈이 直接 나의게 말을 한다. "네가 그러한 忠義가 있을진댄 엇지 벗을〔버슬〕을 못하엿느냐" 한다. 나는 "벗을을 못할 常놈인 쩨문에 조곰아한 놈이나 죽이거놔, 벗을 하는 양반들이야 너의 皇帝의 목을 버여 원수를 갑흘 터이지-."

그러자 金潤晶은 渡邊을 向하야 "당신들이 囚人의게 直接 訊問할 權利가 없으니 가라"고 하야 退送한 後에, 나는 金潤晶의게 李和甫 釋放을 要求한다. "李和甫는 아모 關係가 없으니 今日노 放免식여 달나고-." "알아 處理할 터이니, 果히 憂慮 마시오" 한다.

獄에 도라와 얼마 못 되여 李和甫를 呼出하드니, 李和甫는 獄門 밧게에서 面會하면서 "당신이 말을 잘하여 無事 放釋되엿다"고 致謝하고 作別하엿다.

從此로 獄中 生活의 大槪를 擧하면,

一. 讀書. 아부님이 오서서 『大學』 一秩을 買入하여 주심으로 日常 『大學』을 讀誦하드니, 該港〔인천〕이 首次로 열닌 港口임으로[152] 歐美 各國

---

[152] 백범은 인천이 제일 먼저 개항된 곳이라 하였으나, 1876년 강화도조약 체결 이후 부산(1876년), 원산(1879년), 인천(1883년) 순서로 개항되었다.

人이 住居者, 遊歷者도 잇고, 各 宗教堂도 設立하엿고, 우리 사람으로도 或是 外國에 遊覽經商하야 新文化의 趣味를 아는 者도 若干 잇든 時라. 監理署 署員 中에도 나를 對하야 談話한 後는 新書籍 購覽을 勸한다. "우리나라의 閉門自守하든 舊知識 舊思想만으로는 救國할 수가 없으니, 世界 各國의 政治·文化·經濟·道德·教育·産業이 엇더한지를 研究하여 보고, 내 것이 남만 못하면 조흔 것은 輸入하야 우리 것을 맨드러 國計民生에 有益케 하는 것이 識時務하는 英雄의 事業이지, 한갓 排外思想만으로는 滅亡을 救치 못할 터인즉, 昌洙와 같은 意氣男子로는 맛당히 新知識을 갖엇으면 將來 國家에 큰 事業을 할 터"이라고 하며, 『世界歷史』『地誌』等 中國에서 發刊된 冊子와 國漢文으로 繙譯[飜譯]한 것도 갓다 주며 閱覽을 勸하느 니도 잇다.

'朝聞道夕死可矣' 格으로 내의 죽을 날이 當하는 찍까지 글이나 실컷 보리라 하고 手不釋卷한다. 監理署員들이 種種 와서 新書籍을 熱心하는 것을 보고 매오 조하하는 빗이 보인다. 新書籍을 보고 새로 쌔다라지는 것은 高 先生의 前日 祖上에 祭祀를 지낼 때 '維歲次 永曆 二百 몃 해'[153] 라고 쓴 祝文을 쓴 것이나, 安 進士가 洋學을 한다고 하여 絶交하든 것이 그리 達觀것 해 보이지 안는다. 義理는 學者에게 배우고, 一切 文化와 制度는 世界 各國에서 採擇하야 適用하면 國家에 福利가 되겟다고 생각된다.

昔日 淸溪洞에서 但히 高 先生을 神人처럼 崇拜할 時는 나도 斥倭斥洋이 우리 사람의 當然한 天職이오, 是에 反하면 非人이오 卽 禽獸라고 생각하엿다. 高 先生 말슴에 우리〔-나라〕사람의게만 一線陽脈이 殘存하엿

---

153 영력(永曆)은 명나라 마지막 연호(1647~1662). 청나라를 만주족으로 멸시하는 존명론(尊明論)에서는 명나라 멸망 이후에도 명의 마지막 연호를 계속 사용하여 '영력'은 '이백 몇 년' 등으로 계속되었다.

고, 世界 各國이 擧皆 被髮左袵한[154] 오랑캐라는 말만 믿엇드니, 『泰西新史』一冊만 보와도 그 深目高準의 與猿猴 不遠인 오랭캐들은 도로혀 建國治民의 良法關規가 사람다운데, 雅[峨]冠博帶[155]로 仙風道骨 같은 우리나라 貪官汚吏는 오랑캐의 尊號를[도] 밧들[받을] 수 업다고 覺醒된다.

二. 敎育. 當時 同囚한 者들이 平均 近 百名식 되는데, 들낙날낙하는 民事訴訟 事件 外에 大多數 窮盜, 竊盜, 私鑄,[156] 略人,[157] 殺人의 懲役囚이다. 十分之九가 文盲잇다. 내가 "文字를 가라처 주마" 한즉, 該 囚徒들이 文字를 배와 自己가 後日에 緊用할 마음보다 내게 잘못 보이면 날마다 珍羞盛饌을 어더 먹는 回謝[답례]로 배우는 체만 하는 者 많다.

花開洞 娼妓書房으로[158] 娼妓를 中國으로 파라 보낸 罪로 十年 懲役을 받은 曺德根은 『大學』을 배우는데 '人生八歲' '皆入小學'[159]을 高聲大讀하다가, '皆入' 二字를 잇고 "개 아가리 小學"이라고 읽는 것을 보고서 絶倒하게 웃은 일도 잇다. 當時 建陽 二年[1897년]쯤이라. 『皇城新聞』이 創刊된 쩌라. 어느날 新聞을 본즉 내의 事件을 略揭하고, "金昌洙가 仁川獄에 드러온 後는 獄이 아니라 學校"라고 한 記事를 보앗다.[160]

三. 代書. 그 時代에도 非理 冤屈[원통 억울]한 訟事가 많든 쩌라. 내가

154 피발좌임(被髮左袵)은 '머리털을 풀어헤치고 옷을 왼섶으로 입는다'는 뜻으로 미개함을 이르는 말이다. 유교적 관점에서 볼 때, 상투를 하지 않고 머리털을 풀어헤치는 것은 부모가 돌아갔을 때나 하는 일이며, 옷을 왼섶으로 입는 것은 북방 미개 종족들의 관습이다.
155 아관박대(峨冠博帶)는 높은 갓을 쓰고 넓은 요대를 두른 모습.
156 사주(私鑄)는 개인이 돈을 불법으로 만드는 것. 당시는 사주가 매우 광범하여 재정 파탄의 한 원인이 되었다.
157 약인(略人)은 사람을 꾀어 물건을 빼앗는 일종의 사기.
158 1883년 1월의 개항으로 제물포는 한적한 어촌이 도시로 바뀌었고, 부둣가에는 기생이 있는 고급 요정과 창기가 있는 유곽이 생겨났다. 기생이 많다고 '화개동'(花開洞)이라 불렸는데, 1905년 일본식 이름 화정(花町)으로 바뀌었다. 현재는 신흥동의 일부가 되었다.
159 『대학』 서문에 "人生八歲 則自王公以下 至於庶人之子弟 皆入小學" 운운한 대목이 있다.
160 『황성신문』은 1898년 9월 5일에 창간되기 때문에 1898년 3월에 탈옥한 백범이 옥중에서 볼 수 없는 신문이다. 위의 기사는 『독립신문』 1896년 11월 7일자 기사이다.

獄中에 滯囚되는 者를 爲하야, 말을 仔細히 드러 보고서 訴狀을 지여 주면 或時 得訟할 적이 잇다. 滯囚人의 處地로 獄外에 通信하야 代書所에 費用을 써 가면서도 困難이 許多하나, 代書者인 나와 相議하야 印札紙[161]만 사다가 써 보내는 것이 極히 便宜도 하고 費用 一分 업시, 또는 내가 誠心으로 訴狀을 지여 주는 탓으로 獄門서는 勿論이고 "金昌洙의 쓴 訴狀은 個個 勝訴된다"는 訛傳이 되여, 甚至於 官吏의 代書까지도 한인 일이 잇다. 非但 代書라, 人民을 構陷구함[모함]하고 金錢을 强奪하는 事件이 잇으면 上級 官吏의게 勸戒하야 罷免식힌 일도 잇고, 押牢들이 나를 꺼리여 囚人들의게 凌虐을 못하엿다.

四. 聲樂. 나는 鄕村에 生長하엿으나, 農軍이 기심[김]매는 소리나 '牧童 갈가보다' 소리 一節도 불너 본 적이 업고 詩나 風月을 吟한 것밧게 업섯다. 그썬 獄規는 晝寢을 許하고 夜間은 罪囚로 하여곰 잠을 자지 못하게 하고 밤새도록 소리나 古談을 식히든 것이다. 理由는 夜間에 잠을 재우면 잠든 틈을 타서 逃走한다는 것이다. 그런 規則을 내의게는 施行을 아니하나 普通이 다 그러하니까, 나도 自然 밤에 오래 놀다가 자게 된다. 그리하야 時調나 打令이나, 남이 잘하는 것을 드러 韻致를 알게 됨으로, 曺德根의게 온갓 詩操에 女唱질음, 南唱질음, 赤壁歌, 가세타령,[162] 개고리타령[개구리타령] 等을 배와서 罪囚들과 갓이 和唱하며 지내엿다.

---

161 인찰지(印札紙)는 미농지에 세로 여러 줄을 쳐서 간을 만들어 인쇄한 종이. 공문서 용지로 많이 쓰였다.
162 가세타령의 원래 이름은 선유가(船遊歌). 경기 지방 12잡가 중의 하나로 후렴에 '가세'라는 말이 자주 나와 일명 '가세타령'이라 불린다.

受死刑宣告

一日은 아츰에 『皇城新聞』을 閲覽한즉, "京城, 大邱, 平壤, 仁川에서 아모 날(지금까지 紀憶되기는 七月 二十七日노 생각한다) 强盗 누구 누구, 殺人 누구 누구, 仁川에는 殺人强盗 金昌洙를 處絞한다"고 紀載되엿다.[163] 나는 그 記事를 보고 故意로라도 自若한 態度를 가지려고 할 터이지만, 엇지된 일인지 마음에 驚動이 생기지 안는다. 斷命臺에 갈 時間이 半日이 隔격하엿지만은 飲食과 讀書며 對人 談話를 平常하게 지낸다. 그 난(그것은) 高 先生의 諸說 中에 朴泰輔 氏 보십(보습) 단근질에 '此鐵猶冷 更煮來'의 事蹟[164]과, 三學士[165]의 歷史를 힘잇게 드럿든 效驗으로 안다.

그 新聞이 配布된 後로 監理署가 술넝술넝하고, 港內 人士들의 산(生)弔問이 獄門에 沓(踏)至한다. 오는 人士들이 나를 面對하고, "막음(마지막으로) 보려 왓소" 하고는 無非落淚라, 나는 도로혀 그 사람들을 위로하여 보내고 『大學』을 외오고 잇노라면 "쏘 아모 나리가 오섯소" "아모 영감끠서 오섯소" 하야 나가 본즉, 그 사람들도 亦是 "우리는 金 碩士가 사라 나와서 相面할 줄 알엇드니 이것이 웬일이요" 하고서 눈물이 비 오듯 한다.

그런데 어머님이 오서서 飲食을 親手로 들여 주시면서 平時와 조곰

---

163 『황성신문』은 『독립신문』의 착오. 법부대신 한규설이 고종에게 김창수의 교수형을 건의한 것은 10월 22일(음력 9월 16일)로, 7월 27일자 신문에 교수형에 처한다는 기사는 있을 수 없다. 『독립신문』은 1896년 11월 7일자로 김창수 교수형 등 법부의 건의를 보도하였다.

164 조선 중기 문신 박태보(朴泰輔)가 1689년 기사환국 때 인현왕후의 폐위를 강력히 반대하다 심한 단근질 불고문을 받았는데, "이 쇠가 차니 다시 데워 오라"고 했다 한다. 그는 유배 가는 길목인 노량진에서 옥독(獄毒)으로 죽었다.

165 삼학사(三學士)는 병자호란 때 청나라와의 화의를 반대한 홍익한(洪翼漢), 윤집(尹集), 오달제(吳達濟) 등 세 사람. 이들은 봉림대군(鳳林大君)이 볼모로 청나라에 갈 때 함께 잡혀갔는데, 그곳에서 처형당했다.

도 달음이 업다. 周圍에 잇는 사람들이 모로게 한 것이다. 仁川獄에서 死刑囚 執行은 每每 午後에 끄을고 나가서 牛角洞에서 絞殺하든 터임으로,[166] 아츰밥 點心밥도 잘 먹고, 죽을 쩌의 엇더케 할 준비도 하고 십흔 마음이 없이 잇으나 獄中 同囚들의 情狀이 참아 보기 슬타. 내의게 飮食을 어더 먹든 同囚들과, 내의게 글을 배우든 獄弟子들과, 내에게 訴訟에 對한 指導를 밧든 雜囚들이 平素 제 父母 죽는데 그레케 哀痛을 하엿을넌지가 疑問이더라.

그리자 끄을녀 나갈 時間은 되엿다. 그 時까지 聖賢에 말에 潛心하다가 聖賢과 同行할 생각으로『大學』만 읽고 앉어스나 아모 消息이 없이 그럭저럭 저녁밥을 먹엇다. 여러 사람들이 昌洙는 特囚인즉 夜間 執行을 하는 것으로 알고 잇다. 밤이 初更은 하여서 여러 사람의 雜踏하는 소리가 들니더니 獄門 열니는 소리가 들니인다. "올치 只今이 그쩌로군" 하고 앉엇는데, 내 얼골을 보는 同囚들은 自己나[-가] 죽이려는 것처럼 벌벌 썬다.

大君主 親電停刑

內間門을 열기도 前에 獄庭에서 "昌洙 어느 방에 잇소?" 나의 대답은 듯넌지 마는지 "아이구 이제는 昌洙 사랏소! 아이구 우리는 監理令監 全署員과 各 廳舍 職員이 아츰부터 至今까지 밥 한 술 먹지 못하고, '昌洙를 엇지 참아 우리 손으로 죽인단 말이냐' 하고 面面相顧[서로 얼굴만 바라봄]하고 恨歎하엿드니, 至今에 大君主 陛下꺼압서 大廳에서 監理令監을 불너

곕시고, '金昌洙 死刑은 停止하라'신 「親勅」을 밧고 '밤이라도 獄에 나려
가 昌洙의게 傳旨하여 주라'는 分付를 듯고 왓소. 오늘 하로 얼마나 傷心
하엿소?'

그씨의 官廳 手續이 엇더튼 것은 모로나, 내의 料量으로는 李在正이
가 그 公文을 밧고 上部 卽 法部에 電話로 交涉한 것 같으나, 그 後에 大
廳에서 나오는 消息을 드르면 死刑은 形式으로라도 임금에 裁可를 밧아
執行하는 법인데, 法部 大臣이 死刑囚 各人 供件을 가지고 朝會에 들어
가서 上監 앞에 노흐고 親監을 經한다고 한다. 그씨 入侍하엿든 承旨 中
뉘가 各囚의 供件을 飜過변과할 제 '國母報讐' 四字가 눈에 異常히 보여서
裁可手續을 經過한 案件을 다시 쎄여다가 임금에게 뵈인즉, 大君主가 卽
時 御前會議를 열고 議決한 結果, 國際關係니 아즉 生命이나 살니고 보
자 하여 電話로 親勅하엿다 한다.

何如하엿든지 大君主(李太皇)가 親電한 것만은 事實이다. 異常하게
는 생각되는 것은 其時 京城府 內는 旣爲 電話 架設이 된 지 오랫으나, 京
城 以外에는 長途 電話가 仁川까지가 처음이오, 仁川까지의 電話 架設 工
事가 完竣된 지 三日째 되는 丙申 八月 二十六日 날이라.[167]

萬一 電話 竣工이 못 되엿어도 死刑 執行되엿겟다고 한다. 監理署에
서 나려온 主事는 일언 말을 한다. "우리 官吏쑨 아니라, 오늘 全 港口에
三十二 客主들이 緊急 會議를 하고 通文 돌인 것을 보앗는데, 港內 每戶
에 몃 사람식이든지 形勢대로 牛角峴에 金昌洙 處絞하는 구경을 가되, 每

---

167 백범은 생명을 구한 날을 잊을 수 없었는지 여백을 이용하여 "丙申 八月 二十六日"을 삽입하
였다. 1896년 음력 8월 26일은 양력 10월 2일로, 이날 인천감리서는 일본 영사관의 압력에 의해 김
창수에 대한 조속한 판결을 법부에 건의했다. 그러나 법부는 당일 전보로 왕이 결정할 사항이라며
이를 유보했다. 따라서 이날 '고종이 전화로 사형을 중단시켰다'는 이야기에는 착오가 있다. 즉 전화
가 아니라 전보이며, 고종이 아니라 법부이고, 사형을 중지시킨 것이 아니라 고종의 재가를 명분으
로 판결을 지연시킨 것이다.

人이 葉錢 一兩식 辦備하여 가지고 오면, 그 모인 돈이 金昌洙 一個의 몸
갑이 不足한 額數는 三十二 客主가 擔當하고 昌洙를 살리려고까지 하든
일이 잇으나, 至今은 天幸으로 사랏고, 幾日이 못 되여 闕內에서 恩命이
겝실 터이니, 아모 념녀 마시고 게시오" 하고 나간다.

霜雪이 나리다가 갑작이 春風이 부는 듯이, 밤에 獄門 열니는 소리를
듯고 벌벌 썰든 同囚들이 이 소식을 전하는 말을 듯고서 넘어 조하 죽을
지경이다. 신꼴 방맹이[168]로 착고[차꼬] 등을 두드리며 온갖 노래를 부르면
서, 靑바지적오리싸리가 춤도 추고 우서운 짓도 하는 것이 맞이[마치] 靑衣
俳優인[169] 演戲場으로 一夜를 지내엿다.

그리고 同囚들부터 참말 異人으로 안다. 死刑을 當할 날인데 平素와
똑갓이 言語 飮食 動作을 한 것이 自己가 죽지 안을 것을 미리 알엇다 한
다. 官吏들 中에도 그럿케 아는 사람이 잇고, 누구보다도 어머님이 그날
밤에야 監理가 大君主 親電을 밧고 어머님의게 傳旨를 하여 비로소 알으
시고, 나를 異人으로 알으신다. 自己가 각구지목[강화 갑곶]을 지나올 쩌의
江中에 갓이 投死하자고 하실 쩌의 나는 "決코 죽지 안는다"고 하든 일을
생각하시고, 내 아들은 미러[리]서 죽지 안을 줄을 알앗다고 確信하시고,
內外분브터 그런 信念이 게시다.

大君主가 親勅으로 金昌洙의 死刑이 停止되엇다는 所聞이 傳播됨애,
前日에 와서 永訣하든 人士로브터 致賀 面會하러 오는 사람이 獄門에 遝
至[답지]함으로, 獄門 內에 자리를 하고 앉어서 몃 날 동안 應接을 하엿다.
死刑 停止 以前에는 純全히 내의 年少義氣를 愛惜히 넉이고 뜨거운 同情

168 '신골' 또는 '신꼴'은 짚신 삼을 때 틀로 쓰는 나무꼴. 신꼴 방맹이는 이것을 방망이로 사용하였
다는 의미이다.
169 당시 기결수(旣決囚)들이 청색의(靑色衣)를 입었기 때문에 "靑바지적오리싸리" "靑衣俳優"라
고 표현했다.

을 하든 사람 以外에, 내가 不久에 大君主의 召命을 입어서 榮貴하게 될 줄을 알고 내가 勢道에 當하면 別數가 생기리라고 생각하고 와서 謅하는 사람이 官吏 中에 잇고, 港內 人士 中에도 그런 빗이 뵈인다.

押牢 中 首班인 崔德萬은 江華邑 內 金 虞候[170] 집 婢夫[171]로서 喪配〔喪 妻〕를 하고[172] 仁川으로 와서 警務廳 使令을 多年 奉職하엿음으로 使令의 頭目이 된 것이라. 崔德萬이가 江華에 가서 自己 舊 上典인 金 虞候를 보고 내의 이약이를 하엿든 것이다. 一日은 監理署 主事가 衣服 一襲〔한 벌〕을 가지고 와서 주며 하는 말이 "江華 金周卿이란 사람이 이 衣服을 지어다가 監理 使道의게 들이고, '金昌洙의게 下付하여 입도록 하여 달나'는 請願을 한 것인즉, 이 衣服을 입고 金周卿이란 親舊가 面會하거던 보시오" 하고 간 後에, 移時하야 獄門에 金周卿이란 사람이, 年期는 近 四十 되여 보이고 面目이 단단해 보이는데, 面對하야 別 말이 업고 "苦生이나 잘 하시오. 나는 金周卿이오" 하고는 물너간다.

어머님이 전녁밥을 가지고 오서서, "악가 江華 게신 金 虞候라는 兩班이 너의 아부지와 나를 차저 보서고, 네 衣服만 자기 집에서 지어 오고, 우리 兩住 衣服은 材料로 끈허 주시고, 돈 二百兩을 주면서 '用處 쓰라'고 주고는 卽時 가면서, '十日 後에 다시 찻겟다'고 하고 가누나. 네가 보니 엇더하드냐. 밧게서 듯기에는 아주 훌륭한 사람이라구 한다." "사람을 한 번 보고 엇지 잘 알 수 잇슴니가만은, 그 사람의 하는 일은 감샤하다"고 母子 이약이를 하엿다.

崔德萬의게 金周卿의 歷史와 人格을 仔細하게 알앗다. 金周卿의 字

---

170 우후(虞候)는 조선 시대의 무관 직명이다.
171 비부(婢夫)는 계집종의 서방을 말한다.
172 "喪配를 하고": 원본에서는 훼손되어 판독이 불가능하나, 《등》(『접집』 2권 97면)에 의거해 복원했다.

卿得이니, 原來 江華 吏屬으로 丙寅洋搖 以後에 雲現〔대원군〕이 江華에 三千名 別武士를 養成하고, 該島 周圍에 石壘를 高築하고 國防營으로 設備하든 씨에 金周卿은 包〔砲〕糧庫直의 任을 經하엿고, 爲人이 自少로 豪放하여 草笠童〔어린〕時代부터 讀書는 안이하고 賭博을 全事하엿다. 其 父母가 懲戒하기 爲하야 金卿得을 庫間에 囚禁하엿다. 金卿得이 庫間에 入할 時에 套錢〔鬪牋: 노름 도구〕학〔한〕목〔目〕을 가지고 들어가서, 갖이인 동안에 妙法을 硏究하여 가지고 나와서, 서울노 올나가서 套錢을 몃 萬具製造할 씨의 眼票〔표시〕하여 製造하여 江華로 運賣를 하엿다. 江華는 島地인 씨문에 四面 浦口에 漁船이 林立한 곧이라, 金卿得은 該 套錢을 同務들에게 分配하여 各 漁船에 들어가 放賣하여 노코는, 金卿得은 各 漁船으로 도라단이며 套錢을 하여 돈을 數十萬兩을 得하야 가지고는, 各 官廳 下屬輩를 全部 買收하야 自己 指揮命令을 받도록 하고, 遠近에 智勇이 잇다는 者는 擧皆 網羅하여 自己 食口를 만들어 노코는, 엇던 兩班이라도 非理의 行動만 보면 間接直接으로 報毒〔앙갚음〕를 하는 터이라. 設使境內에 盜賊이 나서 捕校가 出張 逮捕를 하여도, 맞어〔먼저〕[173] 金卿得의게 報告하여 "잡어가라"면 잡아가고, "내게 두고 가거라" 하면 拒逆을 못하엿다 한다. 當時 "江華에 兩個 人物이 잇는데, 兩班에 李健昌[174]이오 常놈에 金卿得"이라 한다. 雲現이 金卿得의 人格을 探悉하고 包糧監의 重任을 任하엿다 한다.

　　崔德萬의 말을 듯건데, 金卿得은 自己 집에 와서 飮食을 먹으면서 "金昌洙를 살녀 내여야 할 터인데, 至今 政府 大官들은 眼睛〔눈동자〕에 銅綠〔구리녹〕이 쓸어서 돈밧게는 아모 것도 보이지를 안으니, 不可不 金力을

---

173 '맞어' '만저'는 '먼저'의 황해도 사투리.
174 이건창(李健昌, 1852~1898)은 조선 말기의 대문장가이자 양명학자이다. 그는 세 번의 유배 후 만년을 향리인 강화 사내리에서 보냈다.

使用치 안이하면 容易히 放免을 못할 터이니, 自己가 집에 가서 全部 家産을 放賣하여 가지고 와서, 金昌洙 父母를 모시고 京城에 가서 어느 썰까지든지 放釋[석방]식히도록 周旋을 하겟다"고 하면서 回去하엿다고 한다.

十餘日 後에 金卿得이 果然 와서 父母 中에 한 분만 서울노 同行하자고 하여 어머님이 서울노 가시고 아부님은 仁川에 留하섯다. 金卿得은 서울 가서 當時 法部大臣 韓圭卨[175]을 차저 보고 "大監이 責任的으로 金昌洙의 忠義를 表彰하고 縲絏[176]에서 早速히 放免을 하도록 하여야 올치 안은가. 陛下끠 密奏라도 하여서 將來 許多 忠義之士가 생기도록 함이 大監 職責이 안인가" 한즉, 韓圭卨도 內心에는 敬服하면서도 "林權助 日公使[177]가 벌서 이 金昌洙의 事件이 國際 問題로 化할가 疑慮하야, 各 大臣 中에 此 事件으로 陛下의게 上奏하는 者만 有하면 別別 手段으로 危境으로 모라 써러트릴 毒計를 行할 줄 안즉 莫可奈何라 한다"고, 金卿得은 舍館[178]에서 忿氣撑天하야 大官들을 叱辱[질욕]하고서 "何如튼지 公式으로 訴狀이나 들이자" 하여 第一次 法部에 訴紙을 모한 '題旨'에 "報讐爲言이 其義 可尙이나 事關重大하야 未可擅便向事." 第二 第三으로 各 衙門에 一一히 訴狀을 모하엿으나, 此推彼推하고[이리저리 미루고] 決末이 나지를 안이한다.[179]

175 한규설(韓圭卨, 1856~1930)은 조선 말기의 무신이며 정치가이다. 무과에 급제한 후 장위사·의정부 찬성 등을 거쳐 1905년에 의정부 참정을 역임했다. 을사조약 체결에 끝까지 반대했으며, 한일병탄 이후 일본에서 남작의 작위를 내렸지만 거절했다.

176 누설(縲絏)은 '죄인을 잡아 묶는 끈', 여기서는 감옥을 말한다.

177 하야시 곤스케(林權助)는 백범이 탈옥한 이후인 1899년 6월에 부임한다. 백범 투옥 시기의 일본 공사는 하라 다카시(原敬, 재위 1896. 6. 11~1897. 2. 23)와 가토 마스오(加藤增雄, 재위 1897. 2. 23~1899. 6. 1)이다.

178 '사관'(舍館)은 '고관 개인 소유의 저택'. 여기서는 법부대신 한규설의 집.

179 제지(題旨)는 제사(題辭), 즉 소장(訴狀)에 대한 관청의 답변. 그런데 제1차 소장은 법부가 아

訴訟에 全力하기를 七八朔 동안에 金卿得의 金錢은 全部가 消耗된지라, 그동안에 아부님과 어머님이 遞番하야 仁川으로 京城으로 오르락나리락 하다가, 畢竟은 金卿得이 訴訟을 停止하고 도라와서 내의게 一封 書信을 보내엿다. 片紙는 普通 慰問이고 單律〔절구絶句〕一首가 잇다.

脫籠眞好鳥 탈롱진호조

拔扈豈常鱗 발호기상린

求忠必於孝 구충필어효

請看依閭人 청간의려인[180]

此詩를 讀過하고 卽時 金周卿의게, "그간 나를 爲하야 備盡心力함은 至極感謝하나, 一時 苟生을 爲하야 生命보다 重한 光明을 버릴 수 업다. 夥히 憂勞치 말나"는 뜻으로 回答을 하고서, 그대로 獄中 生活을 繼續하며 舊書籍보다 新學文을 熱心으로 보고 잇다.

金卿得은 그 길노 집에 가 본즉 資産이 蕩盡되엿는지라. 同志들 糾合하여 가지고, 其時 官用船(輪船) 青龍丸, 顯益號, 海龍丸 三隻이 잇는데, 其中 어느 배를 奪取하여 가지고 大洋에 써서 海賊을 할 準備를 하다가,

나라 인천감리서에 올렸다. 인천감리서의 제사는 "觀此所訴하니 其義可尙이라 雖極矜憫이나 事係法部하니 官不得 擅斷向事"(소장을 보니 그 뜻은 가상하고 동정이 가지만 법부 결정 사항이라 인천감리서에서 함부로 판단할 수 없다)고 하여, 백범의 어머니는 1898년 2월 16일 법부에 소장을 올렸다. 법부의 제사는 "情雖矜憐 罪關王章 必不可容貸向事"(사정은 비록 안됐지만 죄가 왕의 결정 사항에 관계되므로 〔우리가〕용서할 수 없다)며, 왕의 결정으로 미루었다. 이어서 2월 21일 백범의 아버지도 법부에 소장을 올렸는데, 이에 대한 제사는 "當有參酌矣리니 姑爲退待할 事"(마땅히 참작할 것이니 물러가 기다리라)였다. 이상『전집』3권 286~292면. 백범이 위에 언급한 '제지'(題旨)는 어머니 소장에 대한 인천감리서와 법부의 제사를 부분 부분 취합한 것이다.

180 번역하면, "조롱을 벗어나야 진실로 좋은 새이며/ 통발을 떨치고 나가야 예사스런 물고기가 아니리/ 충은 반드시 효에서 비롯되나니/ 그대여, 오매불망 자식 기다리는 부모님을 생각하소서." 제2구에서 '拔扈'는 '跋扈'. 4구 '依閭人'에서 '閭'는 동구 밖을 볼 수 있는 문, '依閭' 또는 '倚閭'는 이 문에 기대어 자식의 귀환을 절절하게 기다리는(倚閭而望) 부모를 말한다. 나라와 임금에 대한 충성보다 부모에 대한 효도가 우선이라며 탈옥을 권유하는 시이다. 단율(單律)이라 했지만, 4행의 5언 절구이다.

當時 江華郡守 某에 廉探한 바 되여 逃走할 時에, 該 郡守 上京하는 道中에서 실컷 두두려 주고, 海蔘威〔블라디보스톡〕方面으로 갓다고도 하고, 어느 곳에 潛伏하엿다고 하드라. 其後에 아부님이 京城에 가서 呈訟한 文書 全部를 가지고 江華 李健昌을 가서 뵈오고 方策을 무른즉, 李健昌 亦是 歎息만 하고 別方法을 指示함이 업섯다.

其時 獄中에 同苦하는 長期刑인 曹德根 十年, 梁鳳求〔九〕三年, 金白石 十年, 其他에 終身囚도 잇다. 이 사람들이 내게 對하야는 敢히 發言은 못하나, 내가 하려는 마음이 없어 그럿치 萬一 自己네들을 살리려는 마음만 있으면 自己들을 한 손에 녓 名식 쥐고 空中에 나라가서라도 足히 救하여 줄 才操가 잇는 것처럼 밋고, 種種 從容한 씨면 그런 語韻이 비최인다. 어느날 曹德根이가 나를 對하야 "金 書房님은 上監끠서 어느 날이든지 特典을 下하야 나가서 榮貴하게 될여니와, 나 같은 놈은 金 書房을 모시고 近兩年이나 苦生을 하엿는데, 金 書房만 特典을 입어 나가시는 날이면 押牢의 凌虐이 比할 데 없이 甚할 터이니, 엇지 十年 期限을 채우고 사라 나갈 수가 잇습니까? 金 書房 우리들이 불상치 안습닛가? 그간 가라치심을 밧아 국문 한 字 모르든 것이 국한문 片紙를 쓰게 되엿으니, 만일 사라 世上에 나간다면 終身 寶珮가 되겟으나 여긔서 죽는다면 工夫한 것을 무엇함니까?"하며 落淚를 한다. 나는 儼然한 態度로 "나는 獄囚가 안이냐, 彼此에 어느 날이고 同時 出獄이 안 되면 그 섭섭할 마음이야 엇지 言을 待하리요." 曹, "그러나 金 書房은 아즉은 우리 더러운 놈들과 갖이 게시지만은 來日이라도 榮光스럽게 獄을 免하실 터인즉 저를 살니여 주시면 結草報恩하겟슴니다" 말의 意味를 平平하게 한다.[181] 엇지 들으면 내가 大君主의 特典을 입어서 나간 後에 權力으로 自己를 救해 달나는 것도 갓

---

181 말의 의미를 이렇게 저렇게 해석할 수 있게 넓게 퍼서 확대한다.

고, 엇지 들으면 내가 나가기 前에 내의게 잇는 勇力을 가지고 自己를 救
해 달나는 말노도 들을 수 잇다.

破獄

나는 말을 아니하고 말앗다. 그쩌부터는 不識不知間에 내의 마음이
搖動된다. '내가, 無限年하고 노와 주지 안으면, 獄에 죽는 것이 可하냐
不可하냐. 當初에 倭놈을 죽인 것이 우리 國法에 犯罪行爲로 認定한 것이
아니다. 倭놈을 죽이고 내가 죽어도 恨이 없다고 생각한 것은, 내의 힘이
不足하여 倭놈의게 죽던지, 내의 忠義를 몰나주는 朝鮮 官吏들이 罪人으
로 모라 죽이드랴도 恨이 업다고 決心한 것이다. 只今 大君主가 날을 죽
일 놈이 아니라고 아는 것은 閏 八月 二十六日에 電勅한 死刑 停止의 一
事로 足히 證明할 수 잇고, 自此 監理署로부터 京城 各 官衙에 呈訴한 題
旨를 보와도, 나를 罪라고 指示한 곳이 없음을 보와도, 또는 金卿得이 그
갖이 自己 家産 蕩盡하며 내의 한 목숨 살니려 하든 것과, 港內 人士들이
한 名도 내가 獄中에서 죽는 것을 願하는 사람이 없을 것을 明知하난바,
다만 나를 죽이려 애쓰는 놈은 倭仇인즉, 倭놈을 즐겁게 하기 爲하야 내
가 獄에서 죽는 것은 아모 意味가 업는 일이 안인가?' 深思熟慮하다가 破
獄하기로 決心하엿다.

翌日에 曹德根을 보고 秘密히 뭇는다. "曹 書房이 꼭 내가 하라는 대
로 한다면 살녀 줄 도리를 硏究하여 보리라." 曹는 感心又感心하여 "무엇
이나 指導를 服從한다"고 한다. "그대네 집에서 밥 가지고 오는 下人 便에
집에 片紙하야, 돈 二百兩만 가저다가 그대 몸에 감초아 두라"고 하엿드
니 곧 그날노 白銅錢[182]으로 가저왓다. 其時 獄에 罪囚 中 큰 勢力이 잇기

는, 懲役하다가 滿期되여 가는 者의게 罪囚 監視를 하던 터이라. 江華 出生인 黃順用이란 者는 竊盜로 三年을 다하고 出獄日이 十五日이 殘餘하엿다. 黃哥가 獄中에서 當道用事[183]를 한다.

黃哥가 男色으[-로][184] 지내는 金白石〔姜白石〕이는 나히 十七八歲에 竊盜 再犯으로 十年役을 受한 지 幾朔이 못 된다. 曹德根을 暗囑하야 金白石으로 하여곰 黃哥를 보고 哀願하여 살녀 달나고 하면, 黃哥가 白石의 愛情에 못 니겨 살닐 방법을 뭇그던 黃哥다려 "昌洙 金 書房의게 哀願하야 金 書房이 들면 내의 命이 살 도리가 없지 안이하다"고 黃哥를 조르게 하엿다. 黃哥가 白石의 哀願을 듯고 經年〔여러 해〕 지내든 더러운 징에 못 니겨서, 하로는 나를 秘密히 보고서 "白石이를 살녀 달나"고 懇請한다.

나는 黃哥를 嚴責하엿다. "네가 出獄될 期限도 不遠하니 社會에 나가서 좋은 사람이 될 줄 알엇드니, 벌서 出獄도 前에 犯罪의 생각을 하느냐. 白石이는 얼인 것이 重役을 진 것이 나도 愛然치 안음이 아니나, 彼此 囚人의 處地로 무슨 道理가 잇느냐?" 黃哥는 悚然而退하엿다.

다시 曹로 하여곰 白石을 식혀서 再次 三次라도 "金 書房님의게 '白石이 살녀 주마'는 許諾을 하도록 하라"고 가라첫다. 黃哥는 翌〔다음 날〕에 눈물을 흘니면서 "될 수만 잇으면 白石의 懲役을 代身이라도 하겟으니, 金 書房님은 不爲也연정 非不能이니, 白石이를 살녀 주신다면 죽을 데라도 샤양치 안켓습니다."

나는 다시 黃哥를 밋지 못하는 態度로 말을 한다. "네가 白石이를 얼

---

182 1891년 은본위제 채택 후 주조된 근대 화폐. 본위화폐 은전에 대한 보조화이다. 남발로 인하여 이른바 '백동화 인플레'를 초래하기도 했다.

183 여기서 '당도' (當道)는 '도에 합당하다'는 긍정적 의미가 아니라, 길을 막고 '권력을 잡아'라는 부정적 의미이다. 즉 당도용사(當道用事)는 '권력을 휘두른다'는 의미이다.

184 시초 집필 "벽쟁이로"를 "男色으"으로 수정하였다. 해제 참조.

마나 사랑하는지 모로나, 너는 但히 더러운 情으로 白石이를 살넛으면 하는 생각이 잇나보다. 그러나 내의 白石의게 對하야 그 얼인 것이 畢竟 이 獄中 魂이 될 것을 불상히 생각하는 것만 할넌지가 疑問이고, 내가 設使 白石이를 살녀 주마고 許諾하고 살녀 줄 手續을 한다면, 너는 그것을 巡檢廳에 告發하여 나를 妄身이나 식힐가 한다. 네가 나와 近 兩年이나 이 곳에 잇어 보는바, 李順甫가 脫獄하엿을 제 獄囚 全部가 불녀가 매를 맞으나 官吏들이 내게 對하야 敢히 말 한마듸 뭇는 것을 보앗느냐? 萬一의 내의 白石이 불상이 넉이는 마음으로 白石이를 살니려다가, 오늘까지 官吏들의 敬愛를 밧아 오든 것이 점잔치 못한 것만 드러나고, 白石이를 살니려다가 도로혀 白石이를 죽일 터이니, 살고저 하는 白石이보다 살니려는 네 마음을 믿을 수 업다."

黃哥는 別別 盟誓를 다 한다. 그리고 내가 갗이 나가지는 안코, 自己들만 獄門 外에 내여 노흘 度量이 잇는 줄 안다. 黃哥의게 絶對服從하마는 誓約을 밧고 快히 承諾하엿다.

曹德根, 梁鳳求〔九〕, 黃順用, 金白石은 다 내가 自己네들을 獄門 外에 내여 노흘 줄 믿으나 무슨 方法으로 엇더케 할 것은 敢히 뭇지도 못하고, 自己덜 생각에 나는 決코 逃走하는 行動은 업슬 줄 믿고, 自己덜만 내노와 주고 나는 依然히 獄에 잇을 줄 믿는 모양이다. 黃哥가 "우리가 가면 路子돈이 잇어야지요" 하는 데 對하여도, 曹德根이 가지고 잇는 것을 보앗고 내게 한 푼 돈이 없잇다.

戊戌〔1898년〕 三月 初九日 下午에[185] 아부님을 獄門 박으로 請來하여 "冶匠의게 가서 一尺〔30.3cm〕 長에 三菱鎗〔槍〕[186] 一個를 製造하여서, 새 衣

185 이 날짜는 여백에 적어 삽입한 것이다. 그런데 규장각 자료에 의하면 탈옥일은 1898년 3월 19일(음력 2월 27일) 밤이므로 착오가 있다.
186 길이가 1척(30.3cm)인 것으로 보아 삼릉쟁(창)은 창이라기보다 창두(槍頭)이다. 삼릉쟁은 모

服 속에 싸 드려다 달나"고 한즉, 아부님도 무슨 動作을 하는 줄 아시고 卽時로 三菱形으로 製造한 鐵戟 一個를 衣服 中에 너어 주시거늘, 밧아 懷中에 감초앗으나, 曹德根 等은 아지 못한다.

어머님이 저녁밥을 갓다 주실 쩍의 나는 "今夜에 獄에서 나가오니, 아모 쩍나 찾을 쩍를 기다리시고, 父母 두 분은 今夕으로 배를 타시고 故鄕으로 가십시오." 어머님은 "네가 나오갯니, 그럼 우리 두리〔둘〕는 쩌나마" 하시고 作別하엿다.

그날 午後에 押牢를 불너 돈 一百五十兩을 주고, "내가 오늘은 罪囚의게 한卓을 내일[187] 터이니 쌀과 고기와 모-주[188] 한 桶을 사오라"고 부탁하엿다. 別노 乖異괴이〔怪異〕할 것 업는 것은 從前에도 種種 그리한 일 잇엇다. "그대가 今夜 當番이니 五十錢어치 烟土〔아편〕를 사 가지고 밤에 실토록 먹으라" 하엿다. 그쩍에 每夜 押牢 一名式 獄房에서 經夜하는 規例이드라. 그者는 鴉片쟁이고 性行이 不良하야 罪囚의게 特別히 미움 밧든 者드라.

夕食에 五十餘名의 懲役囚와 三十餘名의 雜囚까지 주리엇든 脹子에 고기국에 모주를 실컷 먹고 盃懷울회〔鬱懷〕가 興發할 즈음에 나는 金 押牢의게 請하엿다. "賊囚間에 가서 소리나 식히고 듯자"고, 押牢는 生色이나 쓰는 듯기〔듯이〕 "金 書房님 듯게 너의들의 長技대로 노래를 부르라" 命令이 나리자 罪囚들이 노래하느라고 야단일다. 金 押牢는 自己 房에서 鴉片을 실컷 쌜고 혼곤〔昏困〕하엿다.

서리가 세 개인 마름모꼴 창두이다.
187 '한卓을 내다'는 '한턱내다'의 의미. 탁(卓)은 식탁(食卓).
188 모주(母酒). 인목대비의 어머니 노씨 부인이 만든 술이라고 해서 '모주' 또는 '대비모주'라고 한다. 술지게미를 타서 뿌옇게 걸러낸 술.

나는 賊囚間에서 雜囚房으로, 雜囚房에서 賊囚間에를 왔다갓다 하는 틈에 마루 속에 들어가서, 磚石〔벽돌〕으로 깐돌〔敷石〕을, 창 끝으로 들치고 싸〔땅〕 속을 파고 屋外에 나섯다. 옥담을 넘을 줄사다리를 매여 노코서 문득 짠생각이 난다. '曺德根 等을 다려 내다가 무슨 變이 날지 모르니, 이 길노 곧 가 버렷으면 좃이 안을가? 그者들이 決코 同志는 안일다. 期必코 건저 내면 무엇 하리.' 또 한 생각은 '그러치 안타. 사람이 賢人君子의 罪人이 되여도 戴天立地에 愧作한〔부끄러운〕 마음이 不堪하려든, 저와 같은 더러운 罪人의 罪人이 되고서야 終身之恥를 엇지 견듸랴?' 畢竟 第二 생각이 勝하여젓다. 나오든 구녁〔구멍〕으로 다시 들어가서 天然슬업게 내 자리에 안저서, 눈짓으로 네 명을 하나식 다 내여 보내고, 다섯 번재 내가 또 나갓다.

나가서 본즉 먼저 내여 보낸 四人이 옥담 밑에 앉아서 벌벌 썰고 감히 담을 넘지 못하드라. 내가 한 名식 옥담 밧그로 다 내여 보내고 내가 담을 넘으려 할 제, 먼저 나간 者들이 監理營과 獄을 統合하야 龍洞 마루를 松板으로 돌나 막은 데를 넘노라고 夜間에 搖亂한 소리가 난즉, 벌서 警務廳과 巡檢聽의서 呼角을 불어 非常召集이 되는 모양이다. 벌서 獄門 外에 雜踏하는 소리가 들닌다. 나는 아즉 옥담 밑에 섯다. 내가 萬一 獄房 內에만 잇은 것 같으면 관계가 없으나, 旣爲 옥담 밑에까지 나오고 본즉 急히 脫走함만 上策인데, 남을 넘기여 주기는 容易하나, 내가 혼자서 一丈 半〔4.5m 정도〕이 넘는 담을 넘기가 極히 困難하다. 時機가 急迫지 안으면 줄사다리로나 넘어 볼 터이나, 門外에서는 벌서 옥문 녀는 소리가 나고 監房에 罪囚도 써들기를 시작한다. 곗혜 約 一丈쯤 되는 몽동이(役囚들이 水桶을 맛머〔메〕는 것인데)을 가저 몸을 소소와〔솟아〕 담 꼭댁이를 손으로 잡고 나려 쮜엿다. 그찍는 最后 決心을 한 찍라, 누구든지 내의 去路를 阻礙 조애〔방해〕하는 者 잇으면 決鬪를 할 마음으로 鐵戟을 손에 들도〔들고〕 바로

三門으로 나간다.

三門에 把守 巡檢도 非常召集에 갓는지 人跡이 업다. 坦坦大路로 나왓다. 봄날에 밤안개가 자옥한 데다가 年前에 서울 구경을 하고 仁川을 지낸 적이 있으나 路程이 生疎한지라, 어듸가 어듸인지 咫尺을 分干〔揀〕 못할 黑夜에 밤새도록 海邊 모래沙場을 헤마다가 東天이 훤할 씩에 及其也〔마침내〕 와서 본즉, 監理署 後方 龍洞 마루탁이〔마루터기〕에 當到하엿다.[189] 벌서 본즉 數十步 밧게 巡檢 一名이 군도를 제그럭제그럭 하며 달녀온다. 또 죽엇고나 하고 隱身할 곧을 찾는데, 서울이나 仁川에 길거리 商店에는 房門 밧게〔밖에〕 아궁지를 내고, 房門 앞에 아궁지를 가리워 長板子 一個를 노코, 거긔다가 신을 벗고 店房 出入을 하는 것이다. 선듯 그 板子 밑에 들어가 누엇다. 巡檢의 흔들니는 環刀집이 내 코부리를 싯치는 것갓치 지나간다.

나는 얼는 起身하여 본즉 天色은 밝아 오고 天主教堂 쏐족집[190]이 뵈인다. 그곧이 東쪽인 줄 알고 거러간다. 엇던 집에 가서 主人을 부른즉 "누구냐" 뭇기로, "아저씨 나와 보서요" 하엿다. 그 사람은 더욱 의심이 나서 "누구란 말이야?" 한다. "내가 金昌洙인데, 監理가 秘密 放送하야 出獄하엿으나 갑작이 갈 수가 없으니, 宅에서 낮을 지내고 밤에 가면 엇덧습니가" 하엿다. 主人을〔-은〕 不應한다.

---

189 앞서 언급한 탈옥 지점이 "龍洞 마루를 松板으로 돌나 막은 데"인데, 밤새 헤매다가 아침에 도착한 곳이 "龍洞 마루탁이"이다. '마루'는 '등성이를 이루는 지붕이나 산 따위의 꼭대기', '마루터기'(마루턱)는 그러한 마루의 '두드러진 턱'을 의미한다. 용동 마루탁이는 용동에 있는 높은 지대를 말한다.

190 설립 당시 이름은 제물포본당, 현재 답동성당(畓洞聖堂)으로 인천감리서와 아주 가까운 곳에 있다. 1889년에 초대 신부로 빌렘이 부임하였고, 백범이 인천감리서에 투옥되고 난 직후인 1896년 11월 4일 본당이 축성되어, 1898년 3월에 탈옥한 백범으로서는 처음 보는 건물이 되었다. 한편 빌렘 신부는 1896년 황해도 담당으로 파견되어 백범이 떠난 청계동의 안중근 집안과 특별한 인연을 맺는다.

다시 花開洞을 向하고 幾步를 옴기노라니, 엇던 모군군〔募軍〕一人이 토상토[191] 바람에 두루막이만 입고 食前 막걸니집에를 가는 모양이다. 자든 聲帶로 노래를 부르며 간다. 나는 그 사람을 붓잡앗다. 그 사람이 쌈작 놀나며 "누구시요" 한다. 나는 또 姓名을 自白하고 秘放된 事由를 言及하고 指路를 請한즉, 그 사람은 반겨 承落하고 이 골목 저 골목 幽僻〔외진〕小路로만 가서 花開洞 마루탁이에 올나서고, 東쪽을 향하야 가라치며 "저리로 가면 水源 가는 길이고 저리로 가면 始興으로 서울 가는 小路인즉, 마음대로 行路를 取하라"고 말을 맞이고 作別하엿다. 時機가 急迫하여 姓名도 뭇지를 못하엿다.

나는 始興 가는 길을 取하야 서울노 갈 作定이다. 내의 行色으로 보면 누가 보든지 '참도적놈'으로 보기 쉽다. 染病〔장티푸스〕後에 머리털은 全部가 다 쌔지고, 새로 난 頭髮은 所謂 '솔닙상투'[192]로 꼭닥이만 노끈으로 졸나매고 手巾으로 동이고, 두루맥이 없이 바지저고리 바람으로, 衣服만으로는 貧寒者의 衣件의〔에서〕벗어나고,[193] 새로 입은 衣服에 보기 흉하게 흙이 뭇엇고, 아모리 스사로〔스스로〕살펴 보와도 平常한 사람으로 보여지지 안는다.

仁川港 五里 밧게서 朝日이 升天하엿고, 風便〔바람결〕에 들니는 소리는 呼角 부는 소리요, 仁川 近境에 山上에도 사람이 희득희득〔희뜩희뜩〕[194] 올낫다. 내의 이런 行色으로 길을 간다면 조치 못하고, 山中에 隱身을 한다 하여도 山을 반다시 搜索할 터인즉 隱山도 不可하다.

---

191 '토(土)상투'는 아무것도 두르거나 쓰지 아니한 상투, 즉 '맨상투'의 북쪽 방언.
192 '솔잎상투'는 짧은 머리털을 끌어 올려서 뭉뚱그려 짠 상투인데, 솔잎을 묶은 모양과 비슷하다.
193 원문이 다소 애매하지만, "의복만 본다면 가난한 사람의 옷은 아닌데"라는 의미이다.
194 '희뜩희뜩'은 '다른 빛깔 속에 흰 빛깔이 군데군데 뒤섞여 있는 모양'이다. 여기서는 흰옷을 입은 사람들이 산에 올라와 산이 군데군데 희게 보이는 것을 묘사한 말이다.

생각한 結果 虛則實 實則虛 格으로 '大路邊에 숨으리라' 하고, 仁川서 始興 가는 大路邊에 童松을 養成하야 두문두문〔드믄드믄〕 방석솔[195] 포기가 한 개식 섯다. 나는 그 솔포기 밑으로 두 다리를 드리밀고 반듯이 드러누어 본즉, 얼골만 들어나는 것을 松枝를 꺾으어 가리우고 드러누어서 잇다. 果然 巡檢과 押牢가 쎄를 지여 始興 大路로 달녀간다. 주거니 밧거니 議論히 紛紛하다. "曹德根은 서울노, 梁鳳九는 輪船으로, 金昌洙는 어드로 갓을가. 그中 金昌洙는 잡기가 極難인걸, 果然 壯士야. 昌洙만은 잘햇지. 갓치여 잇기만 하면 무엇 하나." 바로 나를 들으라고 하는 말 갓다.

附近 山麓은 다 搜索한 모양라. 日色이 西山에 걸칠 즘에, 아츰에 가든 巡檢의 누구 누구 押牢 金長石 等이 도로 몰녀 바로 내 발샏리 앞으로 仁川에 回程하는 것을 보고서야, 비로소 솔포기 속에서 나왓다. 나오기는 하엿으나, 어제 저녁 해가 높아서 밥을 먹고,[196] 밤에 破獄의 勞力을 하고, 밤새것 북성고지[197] 모래밧흘 헤매고, 〔다음 날〕 다시 黃昏이 되도록 물 한 술 못 먹고 잇은즉, 하날〔하늘〕 짜히〔땅이〕 핑핑 돌고 精神을 찰일 수가 업다.

近處 洞內에 들어가 한 집을 차자서 나는 서울 靑派〔용산구 청파동靑坡洞〕 살드니, 黃海道 延安으로 가서 穀植〔곡식, 곡물〕을 貿運하다가 간밤에 北城浦에서 破船을 하고 서울노 가는 길인데, 시장하니 밥을 먹이라고 請하엿다. 그 主人은 粥 一器를 준다. 내게는 囊中에 花柳面鏡[198] 一個를 누가 情票로 준 것인데, 그것을 꼬내서 그 집 兒孩를 주엇다. 面鏡 一個의 時價 葉 一兩짜리를 納賂〔납뢰〕하고 "밤을 자고 아츰에 가겟다"고 請하엿으

<hr>

195 '방석솔'은 반송(盤松)과 같이 가지가 옆으로 넓게 퍼져서 자란 소나무.
196 해가 높이 있을 때 일찍 저녁을 먹었다는 의미이다.
197 고지는 곶(串). '북성고지'는 뒤에 나오는 '북성포(北城浦)와 같은 지역으로 현재 인천광역시 중구 북성포 일대로 인천역과 가까운 곳이다.
198 꽃과 버드나무 그림으로 장식한 거울.

나 效力이 업고, 죽 한 그릇을 수물[스물]닷 냥[199] 주고 사서 먹은 것이다. 그 主人은 내의 모양을 보와 수상해 보인 것이다. "저긔 저 집 사랑에는 行客이 더러 자고 단인즉 그 舍廊에나 가서 무러보시오" 하고 退門을 請한다.

할 일 없어 그 집에를 가서 一夜 宿泊을 請하엿으나 拒絶을 當하엿다. 가만히 살피본즉 洞中에 足踏 방애간이 잇고, 그 엽헤는 稻草丹[볏짚단]이 잇다. 稻草를 안아다가 방애간에 펴고 덥고 一夜 高等 旅室을 準備하엿다. 稻草를 깔고 稻草를 덥고 稻草를 베고 누엇으니, '仁川 監獄 特別房에서 兩年 동안 지내든 演劇의 一幕이 닷첫엇고 지금은 방애간 잠이 第二幕 開頭로구나' 懷抱가 생긴다. 『孫武子』와 『三略』을 朗讀하엿다. 洞人들 수근거린다. "거지도 글을 읽는다!" 或은 "그것이 거지가 안인가 보데. 악가 큰 舍廊에 와서 하로밤 자자고 하든 사람이다." 나는 興懷가 생기엿으나, 張良의 "從容步圯上"종용보이상[200] 하든 데 비하야 芻準[雛準]하다고[201] 생각을 하고, 狂人 모양으로 辱說을 함부로 하다가 잠이 들엇다.

새벽 일즉 쌔여 小路를 取하야 京城으로 向한다. 벼리고개[202]를 向하고 行步하다 앛음밥[아침밥]을 乞食하는데, 한 집에 門前을 當到하야 前者 本鄕에서 잇을 찍 所謂 '活人所[活人署] 乞人輩'라고 十餘名식 몰녀 다니

---

199 위에서는 엽전 한 냥, 아래에서는 스물닷 냥이라 해서 서로 맞지 않다. 당시 우리나라에서는 공식적으로 통용되는 신식 화폐 백동전과 민간에서 여전히 통용되던 엽전(상평통보) 두 종류가 있었다. 25냥은 당시의 공식 화폐로 환산한 '백동전'으로 보인다.
200 『사기』(史記)에 나오는 구절이다. "從容步下邳圯上." 장량이 하비(下邳)에 숨어살 때 이교(圯橋: 흙다리) 위에서 황석공(黃石公)이 떨어뜨린 신을 주워 주고 병서(兵書)를 받았던 고사.
201 장량에 비하면 백범 자신의 거지 흉내는 추준(雛準), 즉 병아리 수준의 풋내기라는 의미이다.
202 벼리고개는 별이현(別離峴) 별루현(別淚峴) 또는 성현(星峴)이라고도 하는데, 인천 남동구 만수동에서 부평으로 넘어가는 고개이다. 현재 인천시 북성포구 해변에서부터 만수동을 거쳐 장수 사거리까지의 길 이름이 '백범로'이다. 장수사거리 인근 인천대공원에 '백범광장'이 있고, 김구와 어머니 곽낙원의 동상이 있다.

며 집집에 가서 廣聲大呼로 活潑하게 그런 말과 갗이 넛출지게〔넌출지게〕는[203] 못하고, 다만 "밥 좀 주시오-"는 말을 힘껏 소리를 질넛지만은 사람은 듯지를 못하고, 그 집 개가 紹介員의 職分으로 亂吠난폐하는 서슬에 主人이 出頭한다. "乞食을 할 터이면 미리 식히지 안엇으니 무슨 밥이 잇느냐?" "여보 밥 숭늉이라도 좀 주시오" 하엿다. 下人이 갓다가 주는 밥 숭늉 한 그릇을 먹고 써낫다.

　　大路를 避하야 每每〔번번이〕村里로 行路를 作한다. 이 동니에서 저 동니를 가는 洞人 모양으로 仁川, 富平 等 郡을 지나간다. 二三年間 小天地 小世界의 生活을 하다가, 넑은〔넓은〕世上에를 나와서 기고 십흔 곧을 활개를 처 가며 가노라니 心神이 爽快하다. 監獄에서 배운 詩操〔詩調〕와 打令을 하여 가면서 길을 간다.

　　그날노 楊花渡〔楊花津〕나루를 當到하엿다. 日氣도 已暮하고 배도 곱흐고 나루 船費 줄 돈도 업다. 洞內 書堂에를 들어가 先生과 知面을 請하엿다. 先生은 내의 나히가 얼인 것과, 衣冠을 相當해게 못한 것으로 보아 그럿튼지, 初面에 敬語를 使用치 안코 "누구라 하나"인 劣等語를 使用한다.

　　나는 正色하고 先生을 責한다. "당신이 남에 師表가 되어, 於人에 驕慢하니 兒童 敎養에 잘못될 것 아닌가. 내가 一時 運數가 不吉하야 行路中에 逢賊하고 이 모양으로 先生을 對하나, 決코 先生의게 劣待를 밧을 사람은 아니"라고 하엿다.

　　그 先生이 謝過하고 來歷을 問한다. "나는 京城 사는 某인데, 仁川에 볼일이 있어 간 次, 回路에 베리고개에서 盜賊을 맛나서 衣冠과 行李를

203 '넛출지다'는 '넌출지다'의 고어. '넌출'은 등, 다래, 칡 따위의 길게 뻗어나가 늘어진 넝쿨 줄기. '넌출지다'는 소리가 넌출처럼 끊어지지 않고 길게 늘어지는 것을 의미한다.

被奪하고 집으로 가는 길에, 날도 日暮하고 주리기도 하여 禮節을 아실 만한 先生을 찾엇노라"고 하엿다. 先生은 同處宿食을 承落하고 文字 討論으로 一夜를 經宿하고, 朝食 後에 先生이 學童 一名의게 片紙를 주어 나루 主人의게 傳하야 無料로 楊花渡를 건너 京城을 得達〔도착〕하엿다.

서울노 가는 目的은 別것 업다. 仁川獄에 잇는 동안 各處 사람을 많이 親한 中에 京城 南營義宮〔南永義宮〕[204] 廳直이 한 사람이 배오개 유긔匠 等 五六人을 締結하야〔엮어〕 가지고, 仁川 海上에 배를 뜨이고 白銅錢 私鑄를 하다가 全部 逮捕되어 仁獄에서 一年餘를 苦生을 할 쎠의, 自己덜 말이 "終身不忘의 恩惠를 입엇다" 하고 "出獄 時에 免獄되그던 부듸 알게 하면 自己들이 와서 맛나 보겟다"고 懇切히 부탁한 사람들이엇다. 出獄 後에 衣冠을 改着하여 줄 사람도 없음으로 그 사람들도 찻고, 曹德根도 좀 만나 보려는 作定이다.

南大門을 드러서서 南永義宮을 차저간즉, 日力은 임의 初昏이라, 廳直이 房門 前에서 "이로 오나라" 불넛다. 廳直房에서 누가 미다지를 半즘 열고 하는 말, "어듸서 片紙를 가저 왓으면 두고 가거라." 목소리를 드르니 陳 五衛將이라. "녜, 片紙를 친히 밧아 주세요" 하고 뜰 안에 들어섯다. 陳이 마루에 나와서 仔細히 보드니 "아이거마니 이게 누구요" 하고 보선발노 마당에 쒸어나와 내게 매여 달닌다. 自己 房에 들어가 曲折을 뭇는다. 나는 바른대로 말을 하엿다. 陳 외장(五衛將)은 自己 房에 나를 안치우고, 一邊은 自己 食口들을 請하야 人事를 식히고, 一邊은 그때 共犯들을 請하야 會集하엿다. 내의 行色이 殊常함을 근심하야 "나는〔어떤 이는〕白笠을" "나는 周衣를" "나는 網巾을" 제젓금〔각각〕 사다 쥬며, "速히 冠網

84

204 남별궁(南別宮)이 영희궁(永禧宮)으로 명칭이 변하엿기 때문에 백범이 남영희궁이라 하엿다. 영희궁전은 조선조 태조·세조·원종·숙종·영조·순조의 영정을 봉안하여 제를 지내는 곳으로, 지금의 소공동 조선호텔 자리에 있었다.

〔갓과 망건을 씀〕을 하라"고 한다. 三四年만에 비로소 망근을 쓰니 엇진 일인지 눈물이 써러진다.

몃날 동안 그 사람들과 잘 놀며 쌈에 靑派〔靑坡〕曹德根의 집을 차저 갓다. 門밧게서 "이리 오나라" 불넛다. 曹德根의 큰마누라가 내가 온 줄 알고 끄리는 빛이 잇다. "우리 宅 先達님이 獄에서 나왓다고 仁川 집에서 긔별은 있으나, 姨母宅에 나와서 게신지, 내가 오늘 가 보고 來日 오시면 말슴하겟습니다." 혹시 그러히 넉이고 도라왓다가 翌日에 또 갓다. 亦是 "모론다"고 말을 하는 눈치가, 曹德根과 相議한즉 '그는 自己보다가 重罪囚이니 已爲 出獄한 바에 다시 보와 利益이 없다'고 생각하고 잡아떼는 수작이더라.

世上, 내가 픽도 어리석다. 破獄하고 내가 先次 나왓서 單身으로 容易히 다라나려다가, 그가 내의게 哀乞하든 情景을 생각하고 二重의 險地에 다시 들어가서 그者들을 危險 地帶는 다 免케 하여 준 거신데, 只今 내 赤手로 自己를 차젓을 줄 알고 나를 보면 金錢의 害가 밋흘가 拒絶하누나. 그 사람의 그 행실인즉 深責할 것 업다 하고 도라와서는 다시 가지 안는다. 數日을 두고 이 사람 저 사람들의게 盛饌으로 잘 먹고 歇脚〔휴식〕도 하엿다. 그 사람들의게 八道江山 구경이나 한다고 作別를 한즉, 그 사람들이 路子를 捐合하여 한 짐을 지워 준다.

그날노 銅赤江[205]을 건너 三南으로 向한다. 그씩 心理가 매오 鬱寂하야 僧房뜰〔僧房坪〕[206]에서부터 暴飮을 시작하야 晝夜繼飮하야, 果川을 지

---

205 동작동(銅雀洞) 앞을 흐르는 한강을 동적강(銅赤江)이라고 불렀다.
206 현재 사당역 근처에 조선 시대의 승방평이 있었는데, "옛날 삼남대로(현 동작대로)를 따라 남태령을 넘고자 하는 스님들이 쉬어가던 자리"라는 표지석이 있다. 이 고개를 넘어 과천을 지나 수원으로 가던 길을 삼남대로(三南大路)라 하였다. 서울에서 삼남으로 가는 첫 번째 고개이므로 남쪽이 태평하라는 의미의 '남태령'으로 이름이 바뀌었다.

나 겨오 水原 烏山場을 到着하자, 한 짐을 지고 써난 路資는 告乏고핍[고갈]
되엿다.

烏山場 西으로 洞名은 亡失이나 金三陟 집이 잇는데, 主翁은 曾經[일
찍이] 三陟領將을 지내엿고, 有子 六人에 長子 某가 仁港에서 商業을 經營
하다가 失敗된 關係로 仁川獄에서 月餘를 苦生하는 동안 나를 몹시 사
랑하고, 自己가 放免될 時에도 不忍 分手[작별]에 情義로 後日 相面을 牢
約뇌약[굳게 약속]한 터이라. 그 집에를 차저가서 自己네 六兄弟와 갓이 飮
酒放歌로 幾日을 消遣하고, 若干의 行資를 어더 가지고, 公州를 지내여
恩津 江景浦 孔鍾烈의 집을 차저 드러갓다.

孔鍾烈도 亦是 監獄 親舊이니, 自己 父親 孔 中軍[207]이 作故하야 喪身
이고 爲人이 年小 伶利영리[怜悧]하고 文字도 可堪[감당]하더라. 曾往에[일
찍이] 雲峴宮 廳直을 지냇고, 當時는 趙秉軾[趙秉式][208]의 舍音[마름]으로 江
景浦에 物商客主를 經營하다가 金錢 關係로 被人訴訟하야 屢月 仁獄에
서 滯囚한 동안 나와 極히 親切하게 지내엿다.

江景浦에 들어가 孔의 집에를 當하야 본즉, 家屋이 極히 廣大하야,
孔鍾烈이가 나의 손을 끄을고 일곱재 大門을 들어가서 自己 婦人 房에 나
를 留宿하도록 하고, 孔의 慈堂도 仁川에서 面知하엿음으로 반가히 拜面
하엿다. 孔君의 나를 이갓이 特待하는 것이 獄中 親舊인 同情이고, 該 浦
口가 仁川과 朝發夕止하는[가까운] 地帶이고, 自己 各 舍廊에 亦是 東西南
北人이 出入을 하는 고로, 내의 秘密이 發露될가 恐함이라.

幾日을 休養하고 잇든 中 一夜는 月色이 滿庭한데, 孔君의 慈堂의 房
門 開閉하는 소리가 들닌다. 나는 가만이 이러[일어나] 앉어 窓鏡으로 庭中

---

207 중군(中軍)은 군대의 벼슬 이름.
208 조병식(趙秉式, 1823~1907)은 조선 말기에 요직을 두루 역임하였고, 충청 감사 재임시에 탐
학을 비롯하여 이른바 '5흉'으로 지목될 정도로 횡포가 심하였다.

을 내여다 본즉, 忽然 釰[劍]光이 번적한다. 仔細히 살펴본즉 孔鍾烈은 釰[劍]을 들고, 그 慈堂은 창(戟)을 끄을고, 母子 動兵을 한다. 意外之變이 있을가 하야 衣服을 整頓하고 앉엇노라니, 移時하야[곧] 孔君이 엇던 靑年에 상투를 끄을고 들어와서, 下人을 召集하야 드레집²⁰⁹을 짓고, 그 靑年을 倒懸하고서, 十歲 內外의 童子 兩個를 呼出하야 방치[방망이] 한 개식을 주면서 "네의들의 원수니 네의들의 손으로 따려 죽이라"고 한다.

그리다가 孔君이 내 房에 들어와 "兄이 매오 놀나슬 터이니 未安하다"고 말을 한다. "兄我間에야 무슨 隱諱가 잇게나. 내의 누님 한 분이 寡居守節을 하다가, 내 집 床奴²¹⁰놈과 通姦이 되여 日前에 解産을 하고 死亡된 고로, 그놈을 불너 '네 子息²¹¹을 다리고 遠處에 가서 기르고 내 앞에 보이지 말나'고 하엿드니, 그놈이 天主學을 하며 神父의 勢力을 밋고 내 집 겻헤 乳母를 주어 두고 내 門戶에 羞恥를 끼치니, 兄이 나가서 號令하여 저놈이 멀니 다라나도록 하여 주게."

나는 어드로 보든지 그 맛請²¹²을 안 듯지 못할 處地이다. 承落하고 나가서 다라맨 거슬 푸러 안치고, 그者를 數罪[죄를 열거하며 책망]한다. "네가 이 댁에 길너 낸 恩惠를 생각한들 主人의 面目을 그다지도 無視하느냐" 號令을 하엿다. 그者는 나를 슬적 보드니 惶怯하여 "나리 分付대대로[원문] 하겟슴니다. 살녀 줍시요." 孔鍾烈은 그者를 向하야 "네가 오늘 밤으로 네 子息을 내여다 버리고, 이 地方을 떠날 터이냐?" 그者는 唯唯而

---

209 '드레'는 '두레' '두레박'의 옛말. 두레집은 두레를 매달기 위해 긴 나무 3개의 윗부분을 묶고 밑을 넓게 벌려놓은 것으로 도르레틀 비슷한 것이다.
210 상노(床奴)는 밥상을 나르고 잔심부름하는 하인.
211 상노의 자식. 위의 "十歲 內外의 童子 兩個"와는 다른 아이이다. 공종렬의 누님과 상노 사이에 며칠 전에 출생한 간난 아이를 말한다.
212 '맛'은 '마주'의 옛말. 대표적인 예가 맛선. "맛請"은 만나서 직접 마주 보면서 하는 부탁. 예) "그애가 너와 친햇으니까 그 맛청이야 쉽게 드러줄 테지"(〈寂滅〉(21), 『동아일보』 1937. 6. 23).

退한다〔공손하게 '네' '네' 대답하고 물러난다〕.

　　나는 孔君의게 무럿다. "그者가 子息을 다리고 갈 곳이나 잇느냐?" 孔
答, "개 건너 臨陂〔옥구군 임피면〕 따에 제 兄이 사니까, 그리 가면 子息도
길을 수 잇다"고 한다. "앗가 兩個 童子는 누구냐?" 孔 答, "그것이 내 甥
侄〔甥侄〕이야."

　　나는 明朝에 어나〔어느〕 곳으로 出發할 말을 하엿다. 그 집 形便으로,
나 쏘한 潛伏하엿든 本色이 綻露된지라, 孔君 亦是 그러히 생각하고 自己
妹夫 陳 宣傳이 茂朱邑에 살고 富者요 該邑이 幽僻하니 그리 가서 歲月
을 기다림이 似好하다〔좋겠다〕하며, 紹介 片紙 一張을 써 주는지라, 翌朝
에 孔君을 作別하고 茂朱行을 써낫다. 江景浦를 채 버서나지 못하야서 거
리에 사람들이 숭성숭성한다. "간새벽[213]에 갯가에 얼인아희 우는 소리가 ▼
들니드니, 소리가 끊어진 지 오랫으니, 그 아희는 죽은 거시라"고 야단일
다. 나는 이 말을 들으매 天地가 아득하다. 오늘 날殺人[214]을 하고 가는 길
이로구나. 그者가 밤에 내의 面目을 對할 씌의 甚히 무서워하든이, 孔鍾
烈의 말[215]을 곧 내의 命令으로 생각하고 제 子息을 안아다가 江邊에 버리
고 逃走한 것 안인가? 갓드그나〔가뜩이나〕胸中이 盍積〔울적〕한 데다가, 世
上에 아모 罪惡이 없은 幼兒를 致死케 한 것이 얼마나 큰 罪惡이냐. 一生
을 爲하야 甚히 悲觀된다.[216] 及其 武朱邑 陳 宣傳 집에를 갓으나 區區히

87

213　'간-'은 '지나간'을 의미하는 우리말 접두사. '간밤'은 지난 밤, '간새벽' 지난 새벽, 즉 오늘 새
벽.
214　'날-'은 '날강도' '날건달' '날도둑' '날송장' 등의 접두사 날과 같은 의미이다. 즉 '날살인'이란
일반 살인보다 더 질이 나쁜 살인으로, 무고한 어린아이를 죽게 만든 회한이 반영된 단어라 할 수
있다. 해제 참조.
215　공종렬이 '네가 오늘 밤으로 네 子息을 내여다 버리고, 이 地方을 써날' 것을 요구한 것을 말한
다.
216　여기서 一生은 평생이 아니라, 하나의 생명, 비관은 '낙관'(樂觀)의 반대말이 아니라 '자비
관'(慈悲觀)과 같은 것으로 '슬픔의 눈길로 본다'는 의미이다. 즉 한 어린 생명을 애절하고 슬프게

一處에 逗留함이 盃懷만 徒增할 쑨이라.

드듸여 無錢旅行을 써낫다. 내의 걸음이 已爲 三南에 遊歷하는 바에
는 '南原에 가서 金亨鎭을 相逢하리라' 하고, 平素에 듯건듸 全州 南門 內
漢藥局 主人 崔君善은 金亨鎭의 妹兄임을 알엇으나, 몬저 南原 耳洞〔耳
寺洞〕[217]을 차저가서 金亨鎭을 무른즉, 該 洞人들이 驚訝하며 金亨鎭 찻는
緣由를 뭇는다. 나는, "金亨鎭을 京城서 알어서 過路에 相訪햇다"고 하엿
다. 洞人 曰 "金亨鎭은 果是 此洞에 世居하엿으나, 年前에 金亨鎭이가 東
學에 加入하엿다가 終後에 撤家逃走하고는 다시 消息을 모른다" 한다. 나
는 듯기에 좀 섭섭하다. 金亨鎭이가 나와 淸國까지 同行하며, 多少에 危
險을 갖이 經過하며 親兄弟보다 情義가 深切한 處地에, 내의 一生은 遺漏
없이 自己가 다 알며서 自己의 一端歷事는 隱秘함이 何意思일가.

如何튼지 全州까지 가서 下落[218]을 探知하리라. 全州邑 崔君善을 차
저가 金亨鎭의 親舊임을 自言하고 現住를 問한즉, 崔君善 亦是 冷淡한 語
調로 "金亨鎭 말슴이요. 金亨鎭은 果是 내의 妻男이나, 내의게는 지기 難
한 무거운 짐을 지우고 自己는 벌서 黃泉客이 되엿소." 千辛萬苦를 經하
고 차저간 나는 悲懷를 禁키 難한 中에 崔의 應接이 넘어 不親切한 것을
보고서 다시 더 물어볼 생각이 업다. 곧 作別하고, 그날이 全州 市日임으
로 市上〔시장〕에 나와서 구경을 한다.

88

이리저리 단이다가 白木廛에 가서 布木 換買하는 光景을 보든 즘에,
村農人의 姿態가 보이는 靑年 一人이 布木을 換買하는 것을 본즉 容貌가
恰似한 金亨鎭이라. 金亨鎭보다는 年小하여 보이고, 金亨鎭은 文士의 姿
態가 보이나 이 사람은 農軍의 態度가 보일 쑨이고, 言語動止가 쏙 金亨

여긴다는 의미이다.
217 김형진의 본향은 이동이 아니라 남원군 산동방 이사동(耳寺洞)이다.
218 하락(下落)은 "어디로 가서 어떻게 되었는지"의 의미이다. 예) 不知下落

鎭과 갓다.

나는 그 사람이 市事를 看了하고 回去하려는 즘을 타서 "當身 金 書房 아니시요?" 물엇다. 答, '녜- 그럿치라오만은 當身은 뉘시오닛가?'

再問, "老兄이 金亨鎭 氏 季氏가 아니요?" 그 사람이 머뭇머뭇하고 말대답을 못한다. "나는 當身의 面貌를 보와 金亨鎭 氏 季氏임을 짐작하나, 나는 黃海道 海州에 金昌洙요. 老兄 伯氏 生前에 或是 내의 이야기를 들어 게시오?"

그 靑年은 兩眼淚下에 語不能成說하고 涕泣한다. "果是 그럿음잇가. 내 兄 生前에 當身에 말슴을 들을 분 아니라, 別世하실 쩌에도 昌洙를 生前에 다시 못 보고 죽음을 遺恨이라 하엿지라오. 제 집으로 가십시다."

金溝 院坪으로 가서 조곰아한 집에를 들어가, 이 사람이 自己 慈堂과 兄嫂의게 내가 차저온 것을 말하자, 그 집에는 哭聲이 震動한다. 金亨鎭이 作故한지 十九日 後라 한다.[219] 靈筵[靈室]에 들어가 弔拜하니, 六十 老母는 自己 아들에 생각, 三十 孀婦상부[젊은 과부]는 男便을 생각, 有子 孟文은 아즉 八九歲에 아모 철을 모르드라. 市上에 相逢하든 사람은 卽 亨鎭의 둘재 아우니, 有子 孟悅이가 잇고, 農業을 爲하야 生活을 하드라.

幾日을 休脚하고 務安 木浦를 向한다. 木浦에 到着하니 新開港으로 아즉 官舍 建築도 밋어[미처] 못하고, 諸般이 零星하여 보이더라. 梁鳳九를 相逢하야 仁川 消息을 問한즉, 仁川은 曺德根이가 서울서 잡히여가서[220] 눈 한 개까지 쌔젓고 다리가 부러지고, 其時 押牢의 金哥는 鴉片癮아편은[아편중독]이 몰녀서 獄中에서 죽엇다 하고, 내의 關한 所聞은 듯지를 못하엿다 한다. 그리고 仁川과 木浦 間에 巡檢들도 서로 來往한즉 久

---

219 김형진의 사망일이 1898년 2월 27일(양력 3월 19일)이니, 열아흐레 뒤는 양력으로 4월 7일이다.
220 규장각 자료에 의하면 조덕근은 탈옥 후 열흘 남짓 만인 1898년 4월 초에 붙잡혔다.

留의[오래 머물] 地가 아니라 하고, 若干의 旅費를 辦備하여 주고 離港을
請한다.

　　木浦를 써나서 海南 關頭[221]와 康津 古今島와 莞島 等處를 구경하고,
長興 寶城 松谷面 今 得糧面 得糧里 宗氏 金廣彦[222] 等 家에서 四十餘日
休息, 離時 同里 宣 夫人의 筆囊 制送을 受하엿음[223]으로 和順 同福으로,
順[淳]昌 大明[224]으로, 河東 雙溪寺로 七佛 亞字房[225]도 구경하고, 다시 忠
淸道로 들어와 溪龍寺 甲寺에 到着하니 時期는 八九月이라.

　　寺刹 附近에 柿木[감나무]이 林立한데 불근 감이 익어서 저절노 써러
지더라. 절에서 午飯을 買食하고 앉엇드니 東鶴寺로 와서 點心을 먹는 遊
山客 一名이 잇다. 人事를 한즉 公州 사는 李 書房이라 한다. 遊山詩를

221 현재 해남군 화산면 관동리에 관두산(關頭山)이 있으며, 앞바다 관두포(關頭浦)가 있다. 조선
시대에 제주도 가는 배가 여기서 출발했다. 『배비장전』(裵裨將傳)에서 "강진(康津) 해남(海南) 다
리 놓아 해남관두(海南關頭) 다달으니"라고 했다.
222 백범은 떠나면서 사례의 표시로 김광언에게 『東國史記』를 선물하였다. 백범이 애독하던 이 책
의 속표지에는 당시 사용한 가명 김두호(金斗昊) 명의의 서명과 한시 한 수가 있다.
223 "松谷面~愛하였음": 《등》《필》에는 해당 내용이 없다. 이 송곡리의 경험을 백범은 피난 시절
기억에서 매우 소중하게 여긴 것은 분명하다. 《白凡逸志: 繼續》에는 백범이 1946년 보성을 방문하
여 이 선 부인(宣夫人) 필낭(筆囊)에 대한 감회를 다음과 같이 자세히 언급했다: "다름 아닌 48년
전 동갑 되는 선(宣)씨 한 사람이 있어, 나와 격의 없이 지내다가 내가 그 동네를 떠날 때, 그 부인
의 손으로 만든 필낭 하나를 작별 기념으로 내게 주었던 일이 눈에 선하다. 그 선씨에 대해서 물으
니, '선씨는 이미 세상을 떠났고, 그 부인과 가족은 보성읍 부근에 거주합니다. 그 노부인 역시 옛일
을 잊지 않고 선생님이 지금 가시는 보성읍으로 마중 나온다 합니다'고 소식을 전하였다. 그날 그 동
네를 떠나 보성읍에 도달하니, 과연 그 부인이 전 가족을 거느리고 마중 나온 광경은 참으로 감격에
넘치었다. 만나는 자리에서 나이를 물으니 나와 역시 동갑이라, 과거사를 잠간 토론하며 만나고 헤
어지는 예를 마치었다."(도진순 주해, 『백범일지』(개정판), 돌베개, 2002, 416면 참조). 여기에서 알
수 있듯이 "宣 夫人의 筆囊 制送"은 선씨가 부인이 만든 필낭을 이별 선물로 주었다는 의미이다. 송
곡(松谷)은 현재 득량면 삼정리 '쇠실마을'인데, 이곳에는 현재 '김구 선생 은거의 집'이 있다.
224 전라남도에 대명(大明)이란 지역은 없고, 담양군에 대면(大面: 현재 대덕면)이란 지역이 있
다. 백범이 대명에서 많은 대나무를 보았다는 이후의 내용으로 보아 대명은 담양 지역일 가능성이
크다. 광주, 나주, 순창, 담양은 모두 인접해 있다.
225 경남 하동군 지리산 쌍계사 칠불암(현 칠불사). 김수로왕의 아들 7형제가 성불한 곳이라고 하
여 칠불암이며, 여기에는 아(亞)자 모양의 특이한 온돌방이 있다.

들니는데, 年期는 四十이 넘은 사람으로 선비인데 詩로나 말노나 퍽 悲觀
을 품엇다. 初面이라도 談論이 매〔매우〕接近된다. 그는 나의 行方을 뭇기
로, 나도 "開城에 生長하야 商業에 失敗하고, 禍김에 江山 구경이나 하자
고 써나서 近 一年을 南道에서 지내고, 至今은 故鄕으로 간다"고 말하엿
다. 李 書房은 多情이 내의게 請한다. "老兄이 旣爲 구경을 써난 바에는
여긔서 四十餘里를 가면 麻谷寺란 절이 잇스니, 그 절이나 갗이 구경하고
가시는 것이 엇더하오" 한다.

　나는 麻谷寺란 말이 甚히 有意하게 들닌다. 兒時부터 본바, 우리 집
에『東國明賢錄』一冊이 잇는데, 徐敬德 花潭先生이 冬至賀禮에 參禮하
야 大笑한즉, 임금이 "卿은 何事로 衆人 中에 獨笑하느냐" 問한 즉, 花潭
이 上奏하되 "今夜 麻谷寺 上佐僧이 達夜 煮粥니라가〔죽을 끓이다가〕不勝
其眼하야 粥釜 中에 溺死하엿는데, 衆僧이 全然 不知하고 粥을 퍼 먹으
며 喜喜樂樂하는 것을 생각하니 우섭습니다" 하엿다. 임금이 곧 發馬를
노와 一晝夜 三百餘里 麻谷寺에 가서 調査한바 果驗〔사실〕이라는 文句를
아부님이 늘 小說로 이약이하시든 것이 聯想된다.[226] 承落하고 李 書房과
갗이 麻谷寺를 向發한다.

　漫遊는 여긔 까지 終幕이 될 터인데, 그 새이에 聞見과 親歷한 事實
을 略擧한건댄, 牙山 배암밧 동니[227]에 들어가 忠武公 李舜臣의 紀念碑를
敬覽하엿고, 光州 驛말이란 洞內에 들어간즉 村洞里에 幾百戶인지는 모
르나 洞長이 七名이 看事한다 하니 西北에 보지 못하든 일이며, 光羅州

90

226 『동국명현록』(東國明賢錄)에는 이 이야기가 수록되어 있지 않다. 그러나『한국구비문학대계』
2집 4책(한국정신문화연구원, 1983, 362~363면)에 이 이야기가 「4백리 앞일을 내다본 서화담(徐
花潭)」이란 제목으로 녹취되어 있다. 백범이 어린 시절 아버님에게 들은 야담인 듯하다.
227 현재 지명은 아산시 염치읍 백암리(白巖里)로 현충사가 있는 곳이다. 충무공 이순신(李舜臣,
1545~1598)은 서울 건천동(지금 인현동)에서 태어났으나, 어릴 때 이곳으로 이사하였고, 현재도
종가가 있다.

順大明[228]에 到處 竹林이 亦是 西北에 업슨 特産인데, 내가 十餘歲時까지 竹木도 一年에 一節式 자라는 줄 알앗으나 實地 看驗[看檢]은 처음이며, 長興 寶城 等 各郡에는 夏節에 콩립새[콩잎사귀]를 따서 當場 국도 끄어려 먹고, 또 뜻어 말니엿다 三冬에 먹기도 하는데, 말닌 것을 소의게 말에게 실어서 市上에 商品에[-의] 大宗[으뜸]이 되는 것을 보앗고,[229] 海南에 李 進士 집 舍廊에 幾日 留連하는 中 同時客이 五六名이라, 其中에 그 집 손 노릇한 지가 八九年 된 者이 잇다. "손님이 勢力[일]하면 主人이 貧寒하여진다"는 迷信이 잇다 하야 一指不動하고 主人과 無差別의 待遇를 受한다. 兩班이 못 되면 大財産家라도 敢히 舍廊門을 外面으로 開하지 못한다. 然故로 過客이 主人을 찾어 宿泊을 請하면 첫대[첫째]에 뭇는 말이 "간 밤은 어듸서 留宿하엿소" 한다. 萬一 留宿한 집이 兩班의 집이면 두 말이 업고, 中人의 집에서 잔 것 같으면 客을 勸戒하는[훈계하는] 反面에, 過客 接宿한 常人들은 兩班이 私捕私刑에 別別 怪惡한 習俗이 많으다.

내가 親看은[직접 보지는] 못하엿으나 其 等地에 過客의 有名한 者는 洪草笠 朴道袍 等이라 한다. 洪哥는 草笠童이 적브터 過客으로 終身하엿고, 朴道袍는 늘 道袍만 입고[230] 過客질을 한다는데, 그者들이 어느 집에 投身하든지 主人이 應待를 조곰 잘못하면 無數히 發惡하엿다 한다.

海南은 尹, 李 兩姓이 가장 大兩班 大勢力을 佔[占]有하엿는데, 尹姓의 舍廊에서 留宿하노라니, 暮夜에 舍廊門 앞 馬柱[말뚝]에 엇던 사람을 結縛하고 酷刑을 한다. 主人의 말이 "너 이놈 죽일 놈, 兩班이 作定하여

---

228 '광나주'(光羅洲)는 광주와 나주이며, '순대명'(順大明)은 앞서 언급한 '順[淳]昌'과 담양 '大明'일 가능성이 크다.
229 콩잎은 현재 전라도가 아니라 경상도 쪽에서 먹는다.
230 도포는 조선 시대 사대부 남자들이 즐겨 입던 겉옷이지만, 조선 후기에는 천민도 도포를 입었다.

91

준 雇價대로 밧는 것이 아니라, 네 自意로 加捧하느냐고 秋霜의 號令을 한다. 被刑人은 極口 死[謝]罪를 請한다.

나는 主人의게 무럿다. "兩班이 作定한 雇價는 얼마이고, 常人이 自意加捧은 얼마인가?" 主人 曰, "내가 今年은 洞內 雇價를, 년은 두 푼,[231] 놈은 서 푼식 定한 것인데, 저놈이 어느 宅 일을 하고 한 푼을 더 밧앗기 썬문에 懲治를 한다"고 하드라.

나는 다시 무럿다. "路上에 行人에 旅店食價도 一時份[分] 最下가 五六分인데, 一日 雇價를 밥 한 床 갑에 半額도 못 되면 獨身生活도 支保키 難하거든, 眷屬을 다리고 엇지 生活를 하는가?" 主人 曰, "設使 一家에 長丁이 년놈하여 두 명이라 하면, 每日 一名式 식이라도 兩班집 일을 안을 쩌는 업고, 일만 하는 날은 그놈집 全食口가 다 와서 먹으니, 雇價를 많이 支拂하여 常놈이 自家衣食을 豊足하게 하면 自然 兩班의게 恭遜치가 못하야, 그갖이 雇價를 作定하여 준다"고 한다.

나는 이 말을 듯고 깜작 놀낫다. 내가 常놈으로 海州 西村에 난 것을 늘 恨하엿으나, 이곧을 와서 보니 兩班의 樂地는 三南이오, 常놈의 樂地는 西北이로다. 내가 海西 常놈이 된 것이 큰 幸福이지, 萬一 三南 常놈이 되엿든들 얼마나 不幸하엿을가?

慶尙道 地方에 班常에 特秀한 現狀은, 屠牛漢[백정]은 三南에서 網巾을 쓰지 못하는 것이 常例이나, 맨 머리에 폐랑(平涼[凉]子)이[232]를 쓰고 出入하나, 慶尙道는 폐랑이 밑에 竹丸을 돌나 대고 거긔다가 끈을 맨 것이 白丁 놈인데, 白丁이 行路上에 無論 老少男女하고 逢人則 반듯이 길 아레 나려 스고 "小人 問安 드리오" 하고 行人을 지내보고야 自己가 動步

---

231 푼은 분(分)으로, 1냥(兩)=10전(錢)=100푼(分)이다.
232 폐랑이는 平涼의 음을 취한 패랭이. 대나무를 가늘게 오린 댓개비로 만든 갓으로 초립보다 굵다.

하는 것이다.

三南에 兩班의 淫威 束縛이 甚又甚한 中에도 若干의 美俗이 업지는 아니하다. 移秧 時期에 金堤萬頃[233]을 지나며 본즉, 農軍이 아츰에 出役할 씨에, 司命旗[234]를 들고 箏鼓를 울니며[235] 野外에 나가 農旗를 立하고, 모를 심을 씨는 선소리군은 鼓를 擊하고 農歌를 引導하면 男女 農軍은 手舞足蹈하며 일을 한다. 農主는 濁酒를 논드렁에 여긔저긔 동의[동이]로 노와 두고 隨意로 먹게 하고, 行人이 지나면 닽오와[다투어] 勸한다. 農軍이 飮食을 먹을 씨는 時任[현임] 監使나 守令이라도 馬를 下하야 禮辭를 表한다. 大槪 勞動者가 組織이 잇어, 農主가 役人을 雇用할 時에 其 首領의게 交涉하야 雇人을 決定할 時에 衣服 雇金 休息 疾病 等에 對한 條件을 定하고, 實地 監督은 其 首領(有司, 廳首)이 하고, 萬一 役人이 怠慢하여도 農主 自由 責罰를 못하고 其 首領의게 告發하야 懲戒한다. 班常의 別이 그갗이 甚하지만은 正月 初生[초승][236]과 八月 中秋에는 洞里와 洞里中間에 或은 木柱 石柱를 立하고, 其 柱身에 동아줄을 매고, 各其 自己 洞里로 該 柱端이 向臥하도록 競竟[237]을 하는 씨는 男女老少 班常의 區別이 없이 즐겁게 勇氣를 내여 논다고 한다.

古今島[238]에 忠武公에 戰蹟과 錦山에서 趙重峯의 敗績 遺址[239]와 公州

---

233 김제평야와 만경평야를 가리키는 말이다. '김만경평야'라고도 합쳐서 부르기도 한다.

234 '농자천하지대본'(農者天下之大本) 등을 써넣은 농기(農旗)를 말한다.

235 쟁(箏)은 현악기, 고(鼓)는 타악기이다. 농악에 현악기가 없고, 또한 '울리다'라는 표현과 부합하지 않기 때문에 뭔가 착오가 있다. 쟁고(箏鼓)를 장고(杖鼓, 長鼓)로 보는 것이 타당할 듯하다.

236 정월 초승은 설 직후 며칠 동안, 즉 정초 연휴를 말한다.

237 경경(競竟)은 줄다리기를 말한다. 여기서 경(竟)은 지경(地境), 즉 '땅의 가장자리, 경계'를 말한다.

238 고금도(古今島)는 완도와 조약도 사이에 있는 섬, 현재는 육교로 연결되어 있다. 이순신 장군이 명량대첩으로 큰 승리로 이끈 후 퇴각하여, 이듬해 1598년 고금도 덕동리로 본영을 옮겼다. 이순신 장군은 이곳에서 노량으로 출진하여 대승하였으나, 순국한다. 이처럼 고금도는 이순신 장군의 마지막 본영이 있던 곳이며, 순국 이후 장군의 영구를 83일 동안 봉안하였다가 지금의 현충사로 옮

에서 僧 靈奎의 碑[240]를 보고 많은 늣김이 있엇다.

任實에서 全州를 向하든 途中 堂峴(全州와 任實에 中間 大嶺)[241]을 넘으랴 할 즈음에 엇던 風身[風體] 富家翁 갓이 보이는 四十餘歲 中老 一人이 나귀를 自牽하야 가다가 嶺 밑에 와서 나귀를 나려서 步行으로 가는데 自然 同行되여 人事를 한즉, 任實邑內 文之來라는 사람인데 갖이 이야기를 하며 가면서 嶺上에 當到하엿다.

嶺上에는 四五家의 酒店이 잇고, 酒店 近邊으로는 그날이 全州 市日임으로 褓負商 數十名이 市日에 갓다가 回路에 그 嶺上에서 休脚을 하드라. 文之來가 嶺上에 到着하자 酒店 主人이 나와서 "五衛將 令監 오시느냐"고 반가히 나와 迎接을 하고, "들어가 술이나 한잔 자시라"고 勸하나, 文氏는 辭讓하드니 내의게 "갖이 쉬여감"을 請한다. 文氏가 歡迎하는 사람이 없고 同行하다가 술이나 한잔식 먹자고 請하면 [내가] 辭讓할 배 업지만은, 文氏가 店主의게 歡待 받을 모양임으로 [내가] 固辭를 하고 嶺上을 넘는 때는 日光이 西山에 발앙발앙[발랑발랑][242]하드라. 急히 거러 上關 酒店에 와서 들고 夕食을 먹고 앉어서 담배를 먹을 즘에 急報가 온다. "今日 해가 바로 지기 전에 嶺上에 三十餘名의 强盜가 나타나서, 行商에[의] 財物을 掠奪하고, 文 오위장은 厥盜[그 도둑]를 對하야 醉中에 號令을 하다가, 盜輩가 利斧[날카로운 도끼]로 一打에 頭骨이 兩片이 되고, 再打에 頭

겼던 유서 깊은 고장이다. 사적 제114호로 지정된 충무사와 여타 이순신 장군 관련 유적이 있다.
239 중봉(重峯)은 조선 선조 때의 의병장 조헌(趙憲, 1544~1592)의 호. 임진왜란 때 옥천 홍성에서 의병을 일으켜 금산전투에서 싸우다가 의병 700명과 함께 전사하였다. 패적(敗績) 유지(遺址)는 칠백의총을 말한다.
240 영규(靈奎, ?~1592)는 임진왜란 때 승병장. 조헌과 함께 금산전투에 참가하여 전사하였다. 금산 남쪽 진락산 기슭에 그의 영정을 안치한 진영각(眞影閣)과 비가 있다.
241 지금의 임실군 관촌면 슬치재를 가리키는 듯하다.
242 '발랑발랑'은 '가볍고도 재빠르게 잇따라 움직이는 모양', '발라당발라당'의 준말. 일출 묘사에도 쓰인다: "해가 발랑발랑 뜹니다."

와 身이 三段으로 된 慘事가 생기엇다"고 한다. 그런즉 내가 文氏의 手에
끄을녀 酒席에 同參하엿썻으면 身命이 엇지 되엿을가? 甚히 驚訝하엿다.
들은즉 "文氏는 任實 吏屬으로 自己 親弟가 閔泳駿[243]의 信任 廳直이로
權威를 가지고 附近에 人心을 失한 탓으로 此禍를 遭하엿다" 하드라.

全州에서 본 것은, 全州는 營吏와 使令이 서로 원수인 째문에, 當時
鎭衛隊[244] 兵丁을 募集하는데, 使令이 入營될가 疑懼하야 營吏의 子姪를
全部 兵丁으로 編入하엿다는데, 頭上에는 상토[투]를 그대로 두고 兵帽를
高[높이]가 놉즉[높직]하게 製着하엿드라.

緇徒[245]

○ 再說.[246] 公州 李 書房과 甲寺에서부터 同行하는 中에 李 書房은
鰥夫[홀아비]로 幾年間 私塾 訓長을 하엿고, 至今은 麻谷寺로 가서 중이
나 되여 一生을 安閒하게 지내려는 意嚮이 잇고, 내의게도 勸한다. 나도
幾分의 意向이 잇으나, 突發한 問題임으로 速斷할 수 업서 이야기만 하고
終日 行步하야 麻谷寺 南便 山上에 登하니, 日色으[은] 黃昏인데 滿山楓

243 민영준(閔泳駿)은 민영휘(閔泳徽, 1852~1935)로 개명했다. 민씨 척당의 중심 인물. 1906년
휘문학교를 설립하고 1910년 이후 일본 정부로부터 자작 작위를 받았다.
244 진위대(鎭衛隊)는 대한제국 때의 지방 군대. 1895년 지방대(地方隊)를 고쳐서 진위대라 일컫
다가 1907년에 폐지되었다.
245 치(緇)는 검은 승복, 치도(緇徒)는 승도. '먹물 옷'이라고도 부르는 승복의 빛깔은 검은색[玄
色]에 근원하고 있으며, 오늘날 한국 스님들이 입는 승복 색갈도 담묵색(淡墨色)이다. 한편, 《등》에
서는 이 제목이 어렵다고 생각했는지 '은적법문'(隱跡法門)이란 제목을 달았다(『전집』 2권 93면).
246 89면 끝과 90면 처음에서 "李 書房과 갖이 麻谷寺를 向發한다. 漫遊는 여긔까지 終幕"이라 하
면서 다시 "그 새이에 聞見과 委歷한 事實을" 3쪽 반이나 "略擧"한다. 93쪽 중반에서 다시 마곡사
이야기로 돌아오기 때문에 특별히 "○ 再說"이라 표시하였다.

葉은 누릇누릇 붉읏붉읏 하여 遊子悲秋風인 데다가, 전역[저녁] 안개가 山 밑에 잇는 麻谷寺를 잠을쇠하야 나와 같은 온갓 風塵 속에서 頭出頭沒하는 者의 汚足을 拒絕하는 듯한데, 전역[저녁] 鍾소리가 안개를 헤치고 나와서 내의 귀에 와서 "一切 煩勞를 解脫하고 入門하라"는 勸告를 하는 듯하다.[247]

李 書房은 決定的 意思를 뭇는다. "老兄 엇지하시료? 世事를 다 닛고 중이 되시십다." 나는 李 書房을 대하야, "이 자리에서 老兄과 決定하면 무슨 必要가 잇겟소. 절에 들어가 보와서 중이 되려는 者와 중을 만들 者 새이에 意見이 합하여야 될 것이 안이요." 李 曰, "그는 그럿켓소." 곧 起身하야 麻谷을 向하야 안개를 헤치고 들어간다. 거름거름 드러간다. 한 발거름식 汚濁世界에서 淸凉界로, 地獄에서 極樂으로, 世間에서 거름을 욈기어 出世間의 거름을 거러간다.[248]

初到에 梅花堂이고, 大聲疾呼하면서 山門으로 急走하는 시내물 우에 長木橋를 지나서 尋釰[劍]堂에를 들어간즉 禿頭 老僧이 畵幅을 展考하다가 우리를 보고 人事를 한다. 李 書房은 熟面으로 人事를 한다. 自己는 抱鳳堂이라 한다. 李 書房은 나를 尋釰[劍]堂에 앉이고 自己는 他房으로 가드라.[249]

移時하야 내게도 一器 客飯이 나온다. 夕食을 畢하고 앉어스니 何來 白髮 老僧이 나와서 人事를 恭遜히 한다. 나는 "開城 出生으로 早失父母하고 强近之親이 없이 獨身子로 江山 구경이나 하려고 나와서 漫遊

94

---

247 "日色"부터 여기까지는 매우 아름다운 묘사이다. 특히 "전역 안개가 山 밑에 있는 麻谷寺를 잠을쇠하야" 운운이 그러한데 안개가 자물쇠처럼 감싼 것을 '무쇄'(霧鎖) '무쇄연미'(霧鎖烟迷)라 한다.
248 "거름거름~거러간다": 여백에 추가된 것이나, 《등》에도 수록된 것으로 보아 시초 집필 중이나 직후에 보완한 것으로, 당시의 간절한 심정이 잘 드러난 명구절이다.
249 현재 마곡사에서는 이 심검당을 '백범당'으로 명명하여 백범과의 인연을 소개하고 있다.

中"이라고 말하엿다. 該 老僧은 "俗姓은 蘇氏요, 益山 居生으로, 削髮이 四五十年이 되엿다"고 하며 懇懇히 自己의 上佐가 되기를 請한다. 나는 多少의 謙讓을 한다. "나는 本來 學識이 薄弱하고 才質이 鈍하야 老師의게 累됨이 多할 것을 생각하야 自然 躊躇하나이다." 該 老僧이 力勸하며 "당신이 내의 上佐만 되면 高明한 大師에게 各種 佛學을 學習하야 將來 大講師가 될지도 몰으니 부대〔부디〕決心하고 削髮하라"고 한다.

밤을 지낸 뒤에 李 書房은 鷄卵頭〔계란처럼 반질반질해진 머리〕로 나와 問安을 한다. "老兄도 躊躇 마시고 곧 削髮을 하시오. 어제 차저왓든 荷隱堂은 此寺 中에 財産이 甲富인 寶鏡 大師에 上佐인즉, 後日에 老兄이 工夫를 하려 하여도 學資에 念慮도 업슬 터이오. 내 老兄의 말을 하엿드니 自己가 나와 보고서 매오 마음에 든다고, 나다려 勸勉하여 速히 決定하라"고 하더이다.

나는 一夜間 淸淨法界에서 萬念俱灰라,[250] 중이 되기로 承落하엿다. 移時하야 師弟 扈德三이가 剃刀를 가지고 川邊으로 나가서 削髮嗔言〔眞言〕[251]을 쏭알쏭알[252] 하드니, 내의 상투가 모래 우에 쑥 써러진다.[253] 임의 決心을 하엿지만은 머리털과 갖이 눈물이 쑥쑥 써러진다.

법당에서는 鍾을 울니고, 香積室에서 供養主가 佛供 밥을 짓고, 各 菴座에서 袈裟着服을 한 중들이 數百名이 會集하고, 나도 黑長衫 紅袈裟를 着하야 大雄寶殿으로 引導한다. 겻헤서 德三이가 拜佛하는 것을 가라치고, 恩師 荷隱堂이 내의 僧名을 圓宗이라 命名하야 佛前에 告하고, 受

---

250 만념구회(萬念俱灰)는 속세의 만 가지 생각이 다 재와 같이 헛된 것이 되었다는 의미.
251 삭발진언(削髮眞言): "剃除鬚髮 當願衆生 遠離煩惱 究竟涅槃; 옴 싯뎐도만 다라 발다나야 사바하"(무득 편저,『眞言集』, 김영사).
252 쏭알쏭알은 남이 잘 알아듣지 못할 정도의 작은 목소리로 말하는 모양. 북한어.
253 현재 마곡사에는 백범의 '삭발바위'를 표시하여 소개하고 있다.

戒師는 龍潭이란 점잔은 和尙이 經文을 朗讀하고 五戒를 授한다.[254] 禮佛을 畢한 後에는 老시님 寶鏡堂으로 爲始하야 寺內 年老 大師들을 輪拜하고, 僧拜를 鍊習하고, 『眞言集』[255]과 『初發自警』[256] 等 單易 僧規를 배운다. 僧行은 "下心이 第一"이라 하야 人類는 勿論이오, 至於 禽獸 昆蟲의게까지 下心하지 안으면 地獄苦를 밧는다고 하엿다.

95

昨夜에 交涉을 할 제는 至極恭遜하든 恩師 荷隱堂브터, "이 애 圓宗아"를 忌憚업시 부르고, "생기기를 미련슬업게 되여서 高明한 중은 되지 못하겟다. 얼골은 저다지 밉게 생겨슬까. 어서 나가서 물도 깃고 나무도 썩으여라[257]" 한다.

나는 깜작 놀낫다. 내가 亡命客이 되여 四方에 流離하면서도 英雄心도 잇고 功名心도 잇고, 平生의 恨이든 常놈의 껍질을 벗고, 平等이라기보다도 越等한 兩班이 되여 平常〔평범〕한 兩班의게 宿冤을 報코저 하는 생각도 胸中에 이섯다. 중놈이 되고 보니 以上과 같은 虛榮的 野慾的 心理는 卽 惡魔로 佛氏 門中에는 寸毫도 容納할 곧이 업고, 萬一 此等 惡念이 心頭에 萌生할 時는 곧 護法善神을 依賴하야 斥退하지 안으면 안이 될 터이라. '하도 많이 도라단기든이 乃終에는 別世界 生活을 다 하겟다' 自笑自歎을 맞이〔마지〕안이하나, 順從하는 수밧게는 道理가 업다.

---

254 불가에 스님으로 입문하는 의식을 수계회(授戒會)라 한다. 오계(五戒)는 가장 근원이 되는 다섯 가지 계목(戒目)으로 ① 생명을 죽이지 말라(不殺生), ② 주지 않는 것을 가지지 말라(不偸盜), ③ 사음하지 말라(不邪淫), ④ 삿된 거짓말을 하지 말라(不妄言), ⑤ 술을 마시지 말라(不飮酒)이다. 수계식 이후에는 불침의식(팔에 불침을 놓는 의식), 마지막으로 법명을 주며 가사를 입혀 주는 의식이 이루어진다.
255 『진언집』(眞言集)은 여러 권의 다라니(陀羅尼)를 한글, 한문, 범자(梵字) 순으로 병기한 초보인 경전.
256 『초발자경』(初發自警)은 『초발심자경문』(初發心自警文). 보조국사가 지은 『초심』, 원효대사가 지은 『발심』, 야운(野雲)이 수행자를 경계하기 위해 지은 『자경문』 등을 합본한 것으로, 초심자용의 불교 서적이다.
257 '쩌개다'는 나무 등을 도끼 등의 연장으로 찍어서 쪼갠다는 뜻.

長斫도 패고 물도 깃는다. 하로는 앞내에 가서 물을 지고 오다가 물桶 한 개를 째첫다〔깨뜨렸다〕. 恩師가 엇지 몹시 야단을 하든지, 老師主 寶鏡 堂이 恨歎을 한다. "前者에도 사람덜은 관계찬은〔괜찮은〕258 것들을 上佐를 다려 주면 못 견듸게 구러서 다 내여 쏫찻는데, 今番 圓宗이도 잘 敎導하 면 將來에 제앞쓸이〔제앞가림〕259는 하겟는걸, 쏘 저 모양으로 하니 멧날이 나 붓허 있을가" 한다.

그 말에 좀 위로는 된다. "晝間에 勞役을 하고, 夜間에는 普通 중에 本 務인 禮佛 節次와 『千手心經』260 等을 외오고, 受戒師 龍潭師主는 佛學에 要集인 『普覺書狀』261을 가라친다. 龍潭은 當時 麻谷에 佛家 學識쁜 아니 라, 儒家 學文도 瞻富〔풍부〕한 터이고, 爲人이 知大體262의 崇敬을 밧는 高 師드라. 龍潭을 侍奉하는 上佐 慧明이라는 靑年 佛子가 잇는대 내게 同 情이 깊으고, 龍潭도 荷隱네 家風이 怪常한 것을 알고 글을 가라치다가는 種種 慰勞를 한다. '見月亡指'263란 奧妙한 理致를 말하고, '칼날 같은 마 음을 품으라'는 忍字의 解釋264을 하여 준다.

---

258 여기서 '관계없다'는 '문제될 것이 없다'는 의미이다. '관계찬은'은 '관계찮은'으로, '괜찮은'과 같은 의미이다.
259 '제앞가림'이 자기의 약점이나 부족한 점을 가려 처리해 나가는 것이라면, '제앞쓸이'는 자기 앞에 닥친 일을 제힘으로 해 나가는 것. 결국은 같은 의미이다.
260 『천수심경』(千手心經)은 『천수경』을 말한다. 『천수경』은 관세음보살의 대자대비를 찬양한 다 라니경으로 우리나라에서는 가장 많이 독송되는 불교의 기본 경전이다.
261 『보각서장』(普覺書狀)의 원래 명칭은 『대혜보각선사서』(大慧普覺禪師書). 중국의 대혜보각 (大慧普覺) 선사(禪師) 종고(宗杲, 1089~1163)가 사대부들과 간화선에 대해서 주고받은 편지글 이다. 일명 『서장』(書狀), 『대혜서』(大慧書)라 불린다.
262 맹자는 무형한 대체(大體)가 발현하는 바를 가리켜 도심(道心)이라 하고, 유형한 소체(小體) 가 발하는 바를 인심(人心)이라 하였다. 본문에서 '지대체'(知大體)라 함은 도심이 있다는 의미이 다.
263 '견월망지'(見月忘指)는 '손가락을 보지 말고, 손가락이 가리키는 달을 보라'는 『능엄경』의 명 구절.
264 참을 인(忍)은 칼날 인(刃)과 마음 심(心)으로 짜여 있다. 『설문해자』(說文解字)는 刃(인)은 칼(刀)의 날이 선 부위에 점(ヽ)을 찍어 '칼날'을 강조하였다. 忍(인)은 마음이 머무는 심장(心)을

234

荏苒임염한〔시간이 흘러〕 歲月은 벌서 半年 光陰이 지나고 己亥〔1899년〕
正月을 當하엿다. 寺中에 百餘名 緇徒 中에는 나를 매오 幸福슬업게 생
각하는 者도 잇다. "圓宗 大師는 아즉 苦生을 하지만은, 老師〔보경당〕와 恩
師〔하은당〕가 다 七八十 老人들인즉 그이들만 作故하는 날이면 巨大한 財
産이 〔圓〕宗 大師의 찻이가 되겟다"는 것이다. 내가 『秋收册』[265]을 본즉, 白
米로 밧는 것만 二百餘石이고, 그는 田畓 耕作人이 年年이 갓다가 밧이는
것이고, 金錢으로나 其他 商品으로도 數十萬兩의 財産이 잇다.

그러나 나는 塵世間 緣을 다 割斷치를 못하엿거나, 亡命客의 臨時 隱
身策으로거나, 何如하엿든지 但히 淸淨寂滅의 道法의만 一生을 犧牲할
마음은 생기지 아니한다. 昨年 仁川獄을 破碎하든 날 作別한 父母의 存
沒을 모로고, 나를 救出하기 爲하야 傾家亡身을 한 金卿得의 下落을 알
고 십흐며, 海州 飛洞 高後凋 先生도 보고 십흐고, 當時에 天主學을 하겟
다는 安 進士를 大義의 反逆으로 생각하고 不平을 품고 退出한 淸溪洞 安
進士도 다시 相逢하야 過去 誤解를 謝過할 생각이 時時로 胸次〔胸中〕에 俳
佪〔徘徊〕하며, 寶鏡堂의 富財에 印着할 마음은 夢中에도 업다.

一日은 寶鏡 老師의게 말을 한다. "小僧이 旣爲 중이 된 以上에는 중
의 應爲할 工夫를 하여야 하겟사오니, 金剛으로 가서 經旨나 硏究하고 一
生을 忠實한 佛子가 되겟나이다." 寶 答, "내가 벌서 推測하엿다. 할 수 잇
느냐, 네 願이 그런데야." 卽時 荷隱을 불너 둘이 한참 닷토더니, 세간을
내어 준다. 白米 十斗와 衣鉢을 주어 큰방으로 내여 보낸다. 그날브터는

날카로운 칼날(刃)로 도려내는 형상으로, 마음속에 미움 증오 분노 등이 싹틀 때마다 칼날로 잘라
버리고 참으라는 의미이다. 따라서 본문에서 "칼날 같은 마음"이란 '칼날처럼 날카로운 마음'이 아니
고 '칼날같이 분심을 잘라 버리고 인내하는 마음'을 의미한다.
265 『추수책』(秋收册)은 그해 추수 상황을 정리한 대장. 전답명, 작인명, 소작료 액수, 수납 여부
등을 기록했다.

自由일다. 白米 十斗를 放賣하야 旅費를 하여 가지고 서울을 向하고 出發하엿다.

數日後 京城에 到着하엿으나, 그씩까지 중이 京城 門內를 投足지 못하는 國禁中이라. 城廓 外로 此寺 彼寺를 단이다가, 西門 밧 새절²⁶⁶에 가서 一日을 留連하는 中에 師兄 慧明을 相逢하엿다. 慧明은 나다려 뭇는다. "[圓]宗 大師 엇진 일노 이곤에 왓소." "師兄은 엇지하여 이곤에를 왓소." "내 恩師가 長湍 華藏寺²⁶⁷에 잇기로 차자 뵈옵고 얼마 지내려고 오는 길이오." "나는 金剛山으로 工夫 가는 길이오" 하고 作別를 하엿다.

거긔서 慶尙道 豊基 중 慧定이란 중을 相逢하니 "平壤 江山이 좋다기에 구경을 간다"고 한다. 그러면 "나와 同行하자"고 約條하고 西으로 臨津江을 건너 松都를 구경하고, 海州 監營부터 구경하고 平壤으로 가기로 하고, 首陽山에 들어갓다. 神光寺 附近 北菴에 留連하며 慧定의게 若干의 事情을 通하고, 基洞 本家에 가서 父母를 秘密 訪問을 하고 安否만 알고, 내의 父母님의게 "내의 몸이 健在함만 말하고 어느 곤에 잇는 것까지는 아즉 말을 말나"고 付託하야 發送하고, 慧定 僧의 回報만 기다리든 次, 四月 二十九日 夕陽에 慧定 僧의 뒤를 싸라 父母 두 분이 北菴으로 들어오신다. 父母는 慧定이가 傳하는 子息의 安否를 듯자, "네가 내 아들에 잇는 곤을 알고 왓을 터이니, 너를 싸라 갓으면 내 子息을 볼 것"이라 하시고 중을 싸러 써나신 것이라. 及其也에 와서 맛나니 돌중놈이라. 세 食口가 서로 붓들고 悲喜交感의 눈물을 흘니엿다.

266 서울 서대문구 봉원동 산1번지에 있는 봉원사. 조선 영조 때까지 지금의 연세대학교 자리인 연희궁 터에 있었지만, 영조 24년(1748) 지금의 터로 이전하였고, 이때부터 새로 지은 절이라 하여 '새절'이라 불렀다.
267 화장사(華藏寺)는 경기도 장단군 진서면 대원리(북한의 행정구역상 개성직할시 용흥동) 보봉산(寶鳳山)에 있는 절.

北菴에서 五日 동안을 休息하여 가지고, 중의 行色을 그대로 가지고 父母를 모시고 慧定과 갖이 平壤으로 구경을 써나찻다. 行路 中에 過去에 父母끠서 經過하신 일을 말슴한다. "戊戌〔1898년〕 三月 初九日에 仁川으로 집에 來着하자마자, 仁川 巡檢이 곧 뒤를 짤아와서 逮捕되여, 三月 十三日에 父母 두 분이 다 仁川獄에 被囚되여 苦刑을 當하시고, 어머님은 곧 放釋되고, 아부님은 三個月 後에 放釋되여,[268] 內外분이 갖이 還故鄕하야, 兩年 동안이나 네의 生死存亡을 모로고 日日 苦待하는 中에, 夢事만 凶하야도 終日 飮食을 먹지 못하고 기다리고 잇다가, 慧定이가 와서 우리의 安否를 알고만 간다 하기로 짜라 왓다"고 하시며 平壤을 向한다.

五月 初四日 平壤城에 到着하야 旅館에서 밤을 지내고, 翌日 端午日에는 牧丹峯 秋千〔鞦韆: 그네뛰기〕 구경하고 도라오든 길에 貫洞 골목을 지나며 본즉, 한 집에 頭戴 紙〔緇〕布冠하고 身着 深袖衣한 學者가 斂膝危坐한 것을 보앗다.[269] 酬酌을 좀 하리라 하고, "小僧 問安 들이오"하엿다. 그 學者는 熟視之하다가 入座를 請한다. 房內에 들어가 談話를 開始하엿다.

그 學者에 姓名은 崔在學이오, 號는 克菴인데, 田愚 氏 艮齋[270]의 弟子이드라. "小僧은 麻谷 寒僧으로 今次 西行路次에 天安 金谷에 가서 艮

268 1898년 3월 말 백범이 탈옥하자 법부에서 백범 대신 아버지를 구속하였고, 어머니는 남편의 석방을 소장으로 두 번 탄원하였다. 백범의 아버지는 1년 정도 징역을 살다 1899년 3월에 석방되었다.
269 지포관(紙布冠)은 치포관(緇布冠)의 착오. 유생들이 평상시 쓰는 관으로, 검은 베로 만든다. 심수의(深袖衣)는 일명 심의(深衣). 흰 베로 소매를 넓게 하고 검은 비단으로 가장자리를 두른 옷으로 도학을 좋아하는 선비들이 주로 입었다. 특히 주희(朱熹)가 저술한 『주자가례』(朱子家禮)에 소개된 심의는 '주자심의'(朱子深衣)라 하여 조선 후기 성리학자들이 즐겨 입었는데, 1884년 갑신 의복개혁령(甲申衣服改革令) 이후에는 중화문명을 지키는 상징이 되기도 했다.
270 전우(田愚, 1841~1922). 호는 간재(艮齋). 조선조 최후의 정통 유학자로 추앙받으며 많은 제자를 길러냈으나 의병 활동에는 거리를 두었다. 간재의 제자 최재학은 안창호·박은식·유동열·이동휘 등과 함께 서북학회라는 계몽 단체를 조직하였다.

齋 先生을 拜訪코저 하엿으나,[271] 適其時 田 先生이 不在임으로 未免題鳳[272]이드니, 今에 先生을 逢拜한즉 甚히 반갑다" 하고, 道理 硏究에 多少 問答이 잇엇다. 其時 崔在學과 同座한 老人 一位가 잇으니 長鬚美髥[수염이 길고 아름다움]에 威風이 凜然하더라. 崔在學은 나를 紹介하야 이 令監의게 뵈이라 한다. 나는 合掌拜禮하엿다.

그 老人은 全孝淳이니[273] 當時 平壤 鎭衛隊 領官이오, 그후에 价川郡守[274]라. 崔在學이 全孝淳의게 請한다. "今 此 大師는 道理가 高尙한 중이오니, 靈泉寺 房主[275]를 내여 주시면 당신 子弟와 外孫兒 等의 工夫에 매오 有益하겟으니 意見의 如何"를 뭇는다. 全氏는 快樂한다. "내가 只今 傍聽하는 바에도 大師의 高明함을 欽仰不已하엿소. 大師ー 엇지 하려나. 내가 崔 先生님의게 내의 子息과 外孫子놈들을 付託하야 靈泉寺란 절에 가서 工夫를 하는데, 住持僧이 性行이 不良하야 醉酒放浪에 飮食諸節에 困難莫甚한 中이니, 大師가 崔 先生님을 保佐하야 내의 子孫 等의 工夫를 助力하여 주면 恩莫大焉"이라 한다. 나는 謙讓하엿다. "小僧의 放浪이 原僧보다 甚할지 엇지 아심닛가."

崔在學은 全孝淳의게 "卽刻으로 당시 平壤 庶尹 洪淳旭의게 交涉하여 靈泉寺 房主 差帖을 맡아 달나"고 懇請한다. 全孝淳은 그 길노 洪淳旭

271 정인창(鄭寅昌, 1862~1928)이 천안시 금곡(金谷, 쇠골) 대화산 아래 강학당을 세웠는데, 이곳에서 1899년부터 1902년까지 간재가 후학들을 가르친 바 있다. 2012년 12월 이곳에 '간재 전우 선생 대화산 강학비'가 건립되었다.

272 '봉'(鳳) 자를 파자하면 '범조'(凡鳥)가 된다. 범조는 '못난 사람'이란 뜻이다. 존경하는 사람을 찾아가 만나지 못하면 못난 사람이 다녀갔다는 의미로 봉자를 쓴다[題鳳].

273 《원》에는 '全孝淳' 또는 '全孝舜'으로 되어 있다. 『승정원일기』에 의하면 '全孝舜'이다. 이하 본문에서는 원문 그대로 둔다.

274 개천군(价川郡)은 평안남도 북단에 있던 군. 1990년 8월에 개천시로 승격되었다.

275 영천사(靈泉寺)는 평남 대동군 대보면 대보산에 있는 사찰. 1948년 4월 백범이 평양에서 열린 남북연석회의에 참여하였을 때, 젊을 때 혼담이 있었던 안신호와 함께 대보산의 영천암을 방문한 적이 있다. 방주(房主)는 절의 업무를 주관하는 스님.

을 訪問하고 "僧 圓宗으로 靈泉菴 房主를 差定한다"는 帖紙를 가지고 와서 卽日 就任을 請한다.

내의 생각에 滿足한 것은 父母를 모시고 行乞하기도 惶悚하고, 已爲 學者와 同居하면 學識上에도 많은 도음이 되겠고, 衣食住의 對한 當面問題도 근심이 업겟고, 亡命의 本意에도 妨害가 없을 터이라고 생각하고 承落하고, 爲先은 慧定과 同伴하야 崔在學을 싸라 平壤 西去 大寶山 靈泉菴에 가서 大槪 寺務를 整頓하고, 室房 一處에 父母를 모시고 지낸다.

學生은 全孝淳의 아들 炳憲 錫萬이고, 全氏 壻 金允文의 아들 兄弟, 長孫 仲孫 寬浩이고, 其外에 幾個 學子가 잇다. 全孝淳은 珍羞盛饌으로 間日〔하루걸러〕하야 該寺에 運到하고, 山下 新興洞에 肉庫를 靈泉菴 用達所로 하야, 每日 나는 肉庫에 가서 고기를 한 짐식 저다가 僧服을 着한대로 通開〔通過〕하고 고기를 먹고, 念佛하는 代身으로 詩를 외오고, 種種 平壤城에 崔在學과 同伴面往하야 四崇齋 黃景煥 等 詩客들과 律을 짓고, 밤에는 大同門 側에 가서, 첫번은 店主의 주는 대로 素麪276을 먹다가, 及後에는 肉麪을 그대로 먹는다. 佛家에 所云 "手把猪頭 口誦聖經〔淨戒〕"277의 句와 近似하게 되여 가는 중이고, 平壤城에서 時稱 '乞詩僧'이라 한다.

一日은 崔在學 與 學子들은 平壤을 가고 나 혼자 잇노라니, 大寶山 前 太平市 內村에 私塾 訓長 一位가 學童 數十人과 詩人 數名이 同伴하야 靈寺詩會를 차리고 酒饌을 設備하여 가지고 寺中에 集合한다. 劈頭에 房主僧 呼出令이 난다. 나는 恭遜히 合掌拜禮하엿다. 一位 詩客이 倣漫한 態度로 "너 이 중놈- 先輩님들이 오시는데 擧行이 何若是怠慢乎아"

---

276 원문에는 면(麪)자가 식(食)변으로 되어 있으나 그런 글자는 없다.
277 "손에는 돼지머리를 들고, 입으로는 거룩하게 경전을 왼다." 출전:『보속 고승전』(補續高僧傳) 권9, 「불과근전」(佛果勤傳)의 "事事無礙, 如意自在. 手把猪頭, 口誦淨戒, 趂出淫坊." 원래는 자유 자재한 득도의 모습을 묘사한 것이다.

한다.

"녜-, 小僧이 先輩님들 오시는 줄을 아지 못하야, 山外에 나가서 奉迎을 못한 것이 매오 罪悚하올시다." "이놈, 그쌘이냐? 네가 此寺에 房主가 된 지는 얼마냐?" "三朔 前에 왓슴니다." "그러면 그 새이에 近洞에 게신 兩班들을 拜候치 안음은 罪가 안이냐?" "녜-, 小僧이 莅新〔취임〕 初에 寺務 整理를 爲하야 아즉 近隣에 게신 兩班들 못 차저뵈인 것이 罪 莫大焉이나 容恕하심을 바라나이다."

所謂 '降者不殺' 格으로 訓長이 一面 나를 責하고, 一面 該 先輩를 加諭하야, 僅僅 平和로 解決되엿다. 나는 다시 罪責이 생기일가 懼하야 當日 服役을 如恭不及²⁷⁸ 하게 지내엿다. 酒至半酣에 訓長 金愚石으로브터 濟濟 詩人들이 風軺〔軸〕을 展開하고 作者 書者가 高聲浪吟하는 것을, 술 부어 들이고 물 쩌다 밧이는 틈에 注視한즉 글씨브터 村臭가 나는데, 所謂 絶唱이니 得意作이니 하고 쩌드는 것을 본즉 노리고 고린²⁷⁹ 수작이 만타.

내가 前者 詩에 專攻이 없엇고〔없었지만〕, 崔在學을 相從한 後에 種種 山寺에서 盧湖亭 東恒의 詩軺〔軸〕 글씨와, 黃景煥 汪波와 金醒石 等 當時 平壤에 一流 名士들과 멋 달을 相從하야, 詩나 글씨에 對한 若干의 分解가 잇음이다.

訓長의게 請하엿다. "小僧의 글도 덜업다〔더럽다〕 안으시고 軺〔軸〕末에 글여 주실 수 잇슴닛가?" 訓長은 特許한다. "네가 詩를 지울 줄 아느냐?"

---

278 "如恭不及" 만으로는 말이 되지 않는다. 마지막에 禮가 빠졌다. 『주자어류』(朱子語類)의 "若恭 不及禮 亦能取辱"(공경함이 예에 미치지 않으면 욕을 당하는 것이다)에서 온 것으로, 若과 如는 같 은 의미이다. 위의 언급은 '예의에 벗어날 정도로 비굴하게' 라는 의미이다.

279 '노리다' '고리다' 는 '고기 또는 털 따위의 단백질이 타는 냄새처럼 매스껍고 비위에 거슬리다' 는 의미.

"녜 小僧이 今日 여러 先輩님들에게 不恭한 罪가 많으니, 겨오 韻字나 채워서 謝罪코저 하나이다." 終頭는 忘失하엿고 聯句에,

儒傳千歲佛千歲 유전천세불천세

我亦一般君一般 아역일반군일반

이 잇다. 訓長과 詩客이 面面 相顧하며 '중놈이 참으로 倣慢하다'고 생각하고 各其 不平의 面色이 現露하는 즘에, 崔在學 一行 數名의 名流가 來到한다. 村客들에 風軸[시축詩軸]을 구경하다가, 末段에 奉硯僧 圓宗의 글에 와서 儒傳千歲에 이르러는 맞이 複音唱歌[합창]하듯이 一同이 手舞足蹈하며 山寺가 들석하도록 傑作이니 絶唱이니 야단을 하는 바람에 村客들은 堂堂 豪氣가 쑥 드러갓다. 이 消息이 平壤에 傳播되여 妓生들 노래 曲調에 唱道하엿다 하다. 所以로 平壤에서는 '乞詩僧 圓宗'의 別名이 잇엇다.

어느 날 平壤城內 全孝舜의 편지를 맡아 가지고, 平壤 西村 六七十里에 葛谷의 當時 高明하기로 平安道에 有名한 金强齋 先生을 차저간다. 갈골을 못밋어 十餘里許 一酒店 앞을 通過하드니 忽然 酒店中으로 "이놈 중놈"의 號令이 난다. 回頭하여 본즉 莑[蓬]頭亂髮한 村珉 十餘名이 飮大白[杯][280] 大高興한 즈음이라. 門前에 가서 合掌拜禮하엿다.

한 者가 썩 나시드니 "이 중눔 어듸 사는야?" "녜- 小僧은 忠淸道 麻谷 잇슴니다." "이놈- 忠淸道 중놈의 버릇은 그러냐? 兩班님들 앉어 게신데를 人事도 없이 그저 지나가고- 에- 괴한 중놈이로군." "녜 小僧이 大槪 잘못햇슴니다. 小僧이 갈 길이 밧브어서 밋어 생각을 못하고 그저 지냇슴니다. 容恕하여 주십시오." "이놈 지금 어듸를 가는 길이야?" "녜 갈골을 차저감니다." "갈골 뉘 집에." "金强齋 宅으로 감니다." "네가 金 先生을 알

---

280 대백(大白)은 대배(大杯), 즉 큰 술잔.

드냐?" "녜 先面은 업고 城內 全孝舜 氏 書簡을 가지고 감니다."

이者가 이 말을 듯더니 두리번두리번 하고 말을 잘 못한다. 房內에 앉은 者들도 面面 相顧한다. 한 仲裁員이 나오드니 是非하든 者를 責한다. "이 사람 내가 보기에는 저 大師가 잘못한 것이 업네. 길 가는 중이 店마다 다 차저 人事를 하려면 길을 엇지 가겟나- 재네 醉하엿네. 大師, 어서 가게" 한다.

내가 본즉 全孝舜이 鎭衛隊 領官임을 알고 겁이 나는 모양이다. 나는 한번 뭇는다. "저 兩班(나를 是非하든 者)의 宅號가 뉘신지요-" 仲裁, "저 兩班은 이 안마을 李 軍奴 宅[281] 書房님이라네. 무를 것 없이 어서 가게" 한다. 속으로 우스면서 멋 거름 와서 黃昏에 農夫들이 牛를 끄을고 집으로 도라는 사람의게 李 軍奴 宅을 무럿다. 農夫는 手를 擧하야 山기슭에 한 집을 가라친다. 나는 또 무럿다. "李 軍奴 兩班이 지금 계신가요?" 農夫 답, "아니 李 軍奴는 죽고 지금은 그 孫子가 當家라네" 한다.

나는 대단 우섭기도 하고 寒心도 하다고 생각하면서, 强齋 先生을 차저가서 一夜를 談宿하엿다. 强齋는 그 後에 江東郡守를 한 官報를 볼 쓴 다시 相從이 없엇다.[282]

該寺까지 갖이 와서 지내는 慧定 僧은 내의 佛心이 衰弱하고 俗心이 增長함을 보고, 自己는 還鄕의 意思가 잇으나 나를 써나기가 甚히 애처러워, 날마다 山口까지 送別를 하다가 참아 分別〔이별〕를 못하고 다시 울며 도라오기를 月餘 後에, 畢竟은 若干의 行資를 準備하야 慧定은 慶尙道로

---

281 군노는 군아문에 소속된 하인이지만, 민간에서 세도가 적지 않았다. 김화진(金華鎭, 1728~1803)의 "세퐛고(쇠 같고) 사오나올슨(사나운 것은) 저 군노(軍奴) 놈의 거동(擧動)보소" 운운하는 시조가 남아 있다.

282 "어느 날 平壤城內~相從이 없엇다": 《등》에는 이 부분이 없다. 잉크색에서 1차 집필 원문과 차이가 나는 것으로 봐서, 등사 이후 《원》의 여백에 보완한 것으로 보인다.

回程하게 하엿다.

중에 行色으로 西道에 나려온 後로는, 아부님이 다시는 削髮을 不許하기 ▼까닭에 長髮僧이 되엿다. 九,十月頃에 침아[치마]다래283로 상투를 짜고 紳士의 衣冠을 裝束하고[차려입고], 父母를 모시고 故鄕인 海州 基洞으로 도라왓다. 近境 兩班들과 親戚들도 "이제 金昌洙가 도라왓으니 從後는 무삼 事端이 更發하지 안을까?" 하고, 季父 俊永 氏는 그간 過去를 悔改하고 仲伯인 아부님을 恭事하지만은 내의게 對하야는 一毫의 同情이 업는 것은, 識字遇寒[識字憂患]으로 居家 生産 作業의 無誠意함을 憎惡하고 亂蓬의 傾向이 잇는 줄 알고, 父母 內外씌 敦勸하야 農事를 勸勉하면 自己가 擔任하야 장개도 보내 주고 살님도 찰여 줄 意向을 말하지만, 아부님은 내의 遠大한 뜻을 짐작하시는지라 "이제는 제[쟤: 저 아이]가 長成하엿으니 自任할밧게 업다"고 하신다.

그러나 季父는 父母님의게 "兄님 內外 분이 昌洙 놈을 글工夫 식힌 罪로 無雙한 苦生을 하신 것을 아즉 覺悟를 못하신다"고 한다. 季父의 觀察이 實則 바로 본 것이라. 萬一 文盲으로 잇섯으면 東學 頭領이나 또는 仁川 事件이 업겟고, 純全한 基洞에 一農夫로 '耕田食 鑿井飮'하고284 世間을 擾亂케 할 일이 업엇을 것은 明白하도다.

庚子[1900년, 25세] 二月頃에 季父가 農役을 開始하고, 每日 새벽이면 와서 단잠을 쌔워다가 밥을 먹이고 개래질 役事를 식힌다. 幾日을 順從하다가 忽然히 江華行을 潛發하엿다. 高 先生이나 安 進士를 몬저[먼저] 찾을 일이지만은 아즉도 번뜻이[번듯이] 나서서 訪問하기는 尤早計로 生覺

---

283 치마다래(혹은 치마머리)는 머리털이 적은 남자가 상투를 짤 때에 본머리에 덧둘러서 감는 딴머리. 치마머리를 넣어 짠 상투는 치마상투.
284 중국 요(堯)임금 때 늙은 농부가 땅을 치면서 천하가 태평한 것을 노래한 「격양가」(擊壤歌)의 구절이다: "日出而作, 日入而息, 鑿井而飮, 耕田而食, 帝力何有於我哉."

된다. 그리하야 面貌 生疎한 方面으로, 名字를 變하 '金斗來'라 하고 江華에 到着하여 金卿得의 집을 차저 南門 內에 들어간즉, 金卿得의 消息은 杳然하고 其 三弟 鎭卿이가 接待한다. 나다려 뭇기를 "어대 잇으며, 家兄을 已往 親熟히 아는가?" 한다.

나는 延安에 居生하엿고, 令[그대] 伯氏[형님]와는 莫逆한 同志인데 數年間 消息을 몰나 궁금하기로 委訪한 뜻을 말하엿다. 鎭卿도 그리히 넉이고 "舍伯[맏형]이 出家한지 于今 三四年에 一字 音信[소식]이 업고, 家事는 蕩敗無餘地하야, 兄님이 게시든 집으로 合居하야 兄嫂를 모시고 侄兒를 率眷한다"는 말을 細細히 한다. 家屋은 비록 草家일망정 最初는 極히 華麗傑暢하게 成造한 것이나, 經年에 受理를 加치 아니하야 荒頹하엿다. 그러나 金卿得의 앉엇든 蒲團[방석]과 同志 中에 信義에 違背하는 者는 親히 懲罰하든 木棒이 그저 壁上에 걸닌 것을 鎭卿이가 指點하면서 往事를 이약이한다.

舍廊에 나와서 노는 七歲 兒童에 潤泰가 卽 金卿得에 아들이라. 千辛萬苦로 찾아간 金卿得은 消息도 모로니 不得已 갈 수밧게 업는데, 鎭卿의게 過去 情實은 說破할 수는 없고, 참아 그 집을 써나기는 섭섭하다. 鎭卿의게 일언 말을 햇다. "내가 尊伯氏의 消息을 모로고 가기가 極히 섭섭한즉, 舍廊에 잇서 潤泰를 글자나 가라치고 지내며 伯氏의 消息을 갖이 기다리고 잇음이 엇던가?"

鎭卿은 感激無地하여 "兄丈이 그갖이 顧念하시면 오즉 感謝하오릿가. 有泰[潤泰][285]뿐 아니라, 仲兄 武卿의 두 兒孩가 다 學齡에 達하엿으나 村에서 그대로 놀닌답니다. 그러시면 仲兄끠 通奇하야 侄兒들을 다려다

285 백범은 김주경의 아들 이름을 유태(有泰)로 기록했다가 모두 윤태(潤泰)로 수정했는데, 여기에는 유태(有泰) 그대로 남아 있다.

가 갇이 工夫를 식히겟슴니다" 하고, 自己가 近村 武卿의게 가서 前後를 說明하고, 武卿이 兩個 兒子를 다리고 鎭卿을 짜라 卽日노 와서 반가히 會面하고, 그날브터 學究를 開始하엿다.

潤泰는 『童夢先習』을, 武卿 兒子는 『史略』 初卷으로, 一兒는 『千字』 를 心血을 다하여 敎授한다. 그 舍廊에 來往하는 周卿의 親舊와 鎭卿의 親舊들이 내의 熱心 敎授하는 것을 傍觀하고서 鎭卿의게 請하야 저저금 〔제가끔〕 兒童을 다려온다. 一朔이 못 되여 그 크나큰 三間 舍廊에 三十餘 名에 兒童이 會集한다. 나도 無限한 興味를 가지고 敎授를 하고 잇다.

開學 後 三朔이 지난 하로에, 主人 鎭卿은 엇던 서울서 온 書簡 한 장 을 보면서 혼자말노 怪歎을 한다. "이 사람은 아도 못하는 내의게 작구 편 지만 하니 엇지할안 말이야? 이런 事實이 없다고 答狀을 한데 不拘하고 또 사람을 派送해―" 혼자말노 중얼거린다.

나는 무럿다. "그 무엇을 그리는가?" 鎭卿은 對答한다. "富平 柳氏의 柳仁茂 或 完茂라고 하는 兩班[286]이 幾年前에 本島이 三十許里 村에 喪身 으로 限三年 동안 살다 갓는데, 여긔 살 씌의 自己는 兩班이지만은 伯兄 을 文殊山城으로 請하야 가지고 幾日 同宿하며서 酬酌이 잇섯고, 그 後는 舍兄이 柳宅에 訪問한 事도 有하엿지요. 그런 後 再昨年에 海州 사람 金 昌洙란 靑年이 倭놈을 죽이고 仁川 監理署에 滯囚되엿는데, 押牢 中에 前 에 우리 집 婢夫이든 崔德萬이 놈이 舍兄끠 金昌洙가 仁港을 써들엇다 노 왓고, 監理나 警務官이 끔적을 못하게 號令을 하엿고, 그리다 絞刑까지 하게〔당하게〕 된 것을 上監이 살니어 주어서 죽지는 안코 잇단 말 듯고, 우 리 집 財産을 잇는 대로 톡톡 터러 가지고, 近一年 서울 가서 金昌洙를 살

---

286 유완무의 본명은 '유인무'(柳寅茂)이며, 1861년 부평부 시천군(현재: 인천시 서구 시천동) 명 문가에서 태어났다. 시천(始川) 집성촌에 사는 진주 유씨를 흔히 '시시내 류(柳)'라 한다.

니려고 애를 쓰나 될 수 잇는가요. 金錢만 消耗고 舍兄 도라오〔신〕후, 무슨 달은〔다른〕事件으로 避身을 하엿는대, 그 후에 들은즉 金昌洙는 破獄逃走하엿다고 하는데, 只今 柳完茂〔柳寅茂〕는 벌서 여러 번 知面도 업는 내의게로 '海州 金昌洙가 오거든 自己게 急報하여 달나'고 편지를 하기에, '그런 사람이 왓든 일이 업다'고 回答을 하엿는데, 舍兄이 平素에 親하든 通津 사는 李春伯이란 兩班은 柳氏와도 親한 모양이야요. 柳氏 편지에 '李春伯을 보내니 疑心 말고 仔細히 알게 하여 달나'는 付託임니다."

나는 뜻〔듯〕건대 毛骨이 悚然하기도 하고 百般 疑訝가 生한다. 나는 鎭卿의게 물엇다. "金昌洙란 사람이 와서 단겨는 갓는가?" 鎭卿, "兄丈은 생각하여 보시오. 여거서 仁川이 咫尺인데요. 그도 舍兄이 在家하신 터이면 秘密히 올지도 모로지요. 舍兄도 안이 게신데 그런 사람이 왓다손, 내 형님의 存否나 秘密히 調査하여 보고 집에 안 계신 줄 알면 내 집에 들어올 理가 잇는가요. 그 兩班이 아모 脉〔脈〕도 모로고 그리는 것이지요."

나는 또 말을 한다. "그것은 賢弟의 말이 올흔데, 그러면 엇던 倭놈에 부탁이나 現 官吏의 囑託을 밧고 偵探의 作用인 것이지?" 鎭卿 答, "그는 決코 안일 줄 밋습니다. 내 柳完茂 그 兩班을 相面은 업스나, 只今 普通 入朝〔벼슬〕하는 兩班과는 判異한데요. 柳氏〔-는〕學者의 氣風이 잇고, '舍兄은 義氣男兒'라고 自己가 조곰도 班常의 區別을 차리지 안코 極히 尊待하드라는데요."

나는 곰곰 생각하니 火色〔禍色〕이 迫頭한 것도 갓고, 柳完茂란 사람의 本意를 알고 십흐기도 하다. 그러나 鎭卿의게 수상스럽게 더 물을 수도 업다. 外貌로는 極히 平常한 態度를 가지나 內心에는 甚히 散亂하다.

밤을 지내고 翌朝 食後인데, 엇던 氣骨이 長大하고 얼금얼금 손퇴〔손티: 마맛자국〕가 잇는, 年期는 三十餘歲나 되염즉한 人士가 서슴업시 舍廊에 드러와, 내 압헤서 공부하는 潤泰를 보고서 "이놈 潤泰야, 그새 퍽 컷구나. 안에 들어가 자근아버지 좀 나오시래라. 내가 왔다고-"

潤泰는 곧 안房에 들어가 鎭卿을 앞에 세우고 나온다. 그 사람은 鎭卿과 寒喧〔날씨 인사〕를 畢하고 첫대로〔첫째로〕 뭇는 말, "아즉 伯氏의 消息 못들엇지?" 鎭卿 答, "아즉 消息이 업슴니다." "하- 걱정이로군. 柳完茂의 편지 보아겟지?" "녜, 어제 밧앗슴니다." 그 말을 하고서 鎭卿은 내가 안즌 앞에 房을 미다지로 間隔〔간격〕하고〔닫고〕 둘이만 이약이를 한다.

나는 學童들이 글을 읽을 썩 "하눌천 짜디"를 "하눌소 짜갑"이라고 誤讀하여도 그것을 校正해여 줄 誠意는 半點도 업고, 웃방에서 李春伯이와 鎭卿이가 이약이하는 말만 듯고 잇다. 鎭卿 問, "柳完茂란 兩班이 知覺이 업지 안어오. 金昌洙가 舍兄도 안 계신데 내 집을 왜 오리라고 생각하고 그러케 여러 번 편지를 하심니까?"

李 曰, "자네 말이 올치만은, 우리가 一年 남아〔남짓〕를 金昌洙 썩문에 別別 애를 ▼다 썻다네. 柳完茂가 南道로 移居를 하고, 서울 단이러 왓다가 자네 兄님이 金昌洙를 救出하려고 全家産을 蕩敗〔蕩盡〕하고 終末에 避身까지 한 것을 알고, 柳完茂가 우리 멋 사람을 모흐고 金昌洙를 期於 救出하여야겟는데는, 法律的 說諭的 行賄〔행회〕〔뇌물 제공〕 等으로 伯氏가 하여 보왓으니, 이제 强制奪取할 方法 外에 업다고 하여, 勇敢한 靑年 十三名 中에 나도 들엇네. 十三名 冒險隊를 組織하여 가지고 仁川港口 要害處에 밤중에 石油 一筒식을 지고 들어가, 七八處에 衝火〔放火〕를 하고 監獄을 깨치고 金昌洙를 救出하자는 方針을 定하고, 柳氏가 나다려 두 사람을 다리고 仁港에 들어가 要害處와 監獄의 形便과 金昌洙의 近情을 調査하라 하기로, 〔내가〕 가지 안엇겟나. 及其也 仁港에 가서 監獄 形便을 調査한즉 三日 前에 金昌洙가 四人 罪囚와 갓이 破獄 逃走를 하엿데 그려. 그리고 도라가 柳氏와 金昌洙의 踪跡을 探知할 길을 硏究하는데, 한 길은 海州 本鄕이나 期必코 故鄕에 갈 理도 업고, 그 父母의게는 設或 通奇〔통지通知〕

가 잇다손 決코 發說을 안을 터요, 잘못 探知하다가는 도로혀 그 父母의게 驚動만 식힐 터이니 除外하고는 자네의 집인데, 自己〔김창수〕가 몸소이 오기는 極難하나 어느 곧에서 편지하엿든 일이 업는가?"

鎭卿 答, "편지도 업슴니다. 편지를 하고 回答을 要할 것 같으면 차라리 自己가 와서 調査할 터이지요."

두 사람의 이약이는 거거서 끈치고 鎭卿 問, "언제나 서울을 가시료?" 李 答, "오늘 親舊나 좀 찻고 來日은 곧 上京할 터일세." 明朝 作別를 期하고 李春伯은 退去한다.

두 사람의 하는 말을 들은즉 柳完茂란 사람이 참으로 내게 對하야 그 갗이 誠意를 썻다면 곧 맛나 주어야 하겟는데, 萬若 探偵의 作用이라 하면 其計亦妙라. 그러나 믿음이 잇는 것은 李春伯이가 鎭卿을 對하야 하는 말은 眞的한 同志로 알고 숨김 업시 말을 하는 것이 分明하고, 또 柳氏가 周卿의 失敗를 繼續하야 冒險的 運動을 經營하엿다는 것도 可信할 만하다. '君子可欺以方'[287]이란 말과 갗이, 내가 이만치 알고 終是 晦跡〔자취를 숨김〕함은 其亦 不義라 하야, 그 밤은 그대로 자고 翌朝에 鎭卿과 同卓 吃飯할 時에 鎭卿의게 問한다.

"어제 왓든 사람이 李春伯인가." "녜- 그럿슴니다." "언제 또 오는가?" "아츰 後에 와서 作別하고 서울노 간다닛가 조곰 後에 오겟지요-" "李春伯이 오거든 내게 人事 紹介나 하여 주게. 伯氏와 平素 親한 同志라니 나도 반가운 마음이 잇네." "그럽시요." 또 말을 한다. "鎭卿 자네를 今日 作別케 되고, 潤泰 從兄弟 兒도 아울너 作別일세. 섭섭한 것은 말노 다 할 수 업네." 내의 눈에 반듯이〔반드시〕 눈물이 고엿을 거시다.

---

287 "君子可欺以其方, 難罔以非其道.": "군자는 방편으로 속일 수 있으나, 도가 아닌 것으로 속일 수 없다." (『맹자』「만장」萬章 상편)

鎭卿이 此言 聞하고 大驚失色한다. "兄님- 이게 무슨 말슴이야요? 제가 무슨 잘못한 일이 잇습니까? 卒然히 作別 말슴이 웬 말슴이애요. 제야 미거한 것인즉, 숨兄을 생각하시고 저를 容恕도 하시고 責妄도 하여 주셔요-" "내가 곳 金昌洙일세. 柳完茂란 親舊의 推測이 바로 맞앗네. 내가 昨日에 자네가 李春伯과 이약이하는 말을 다 들엇네. 자네 생각에 偵探에 誘引策만 안인 줄 믿그던 나를 노아 주어 柳完茂란 親舊를 가서 맛나 주도록 하여 주게-"

鎭卿은 이 말을 듯고 깜적 놀난다. "兄님이 果是 그러시면 제가 挽留를 엇지 함니까? 崔德萬은 昨年에 死亡하엿다 하오나, 이곳에서 監理署에 主事 다니는 者도 잇고, 巡檢 다니는 者도 잇서, 種種 來往이 잇습니다." 一邊 學童의게 宣布하기를, "先生님이 今日 本宅에 다녀오실 터이니 너희들은 집으로 도라가라" 하엿다.

移時하여 李春伯이 鎭卿의게 告別次로 왓다. 鎭卿은 李春伯을 迎接한 後에 나와 人事를 붓친다. 나는 李氏를 보고 "나도 서울 갈 일이 잇으니 同行하여 주기"를 請하엿다. 李는 "普通으로 심심한데 이약이나 하면서 同行하시면 매오 좋겠습니다."

鎭卿은 李의 소매를 꼬을고 뒷방에 들어가 두어 말을 수군거리다가 나와서 곳 出發한다. 學童 三十餘名과 其 父兄이 몰녀와서 南門通 길이 메이도록 集合하여 餞別을 한다. 내가 誠血를 다하야 敎授도 하지만은 一分의 訓料를 不要하엿다. 그럼으로 同情이 더 두텁은 것이더라.

그날노 서울 孔德里 朴 進士 台秉의 집을 到着하엿다. 李春伯 君이 몬저 內舍廊에 들어가서 무슨 말을 하는지, 키가 中키 以下요, 얼골이 太陽에 끌어 가무잡잡하게 되엿고, 網巾에 黑笠을 쓰고 衣服을 儉素하게 입은 生員님 한 분이 나와 맞아 房內에 들어가서, "나는 柳完茂[柳寅茂]요. 오시기 辛苦하섯소. '男兒何處不相逢'[288]이 오늘 昌洙 兄의게 比喩한 말인가 보오." 柳는 李春伯을 보고 "무슨 일이고 한두 번 失敗를 한다손 落心할 것이 아니고, 끗내 求하면 必得할 날이 잇다고 내 前日 말하지 안튼가?" 그는 곳 나를 만낫다는 意味에 自己네들 平素에 經營하든 經路를 말함일너라.

나는 柳完茂의게 對하야 말한다. "내가 江華 金宅에 있어 先生이 이맛 사람[289]을 爲하야 許多 勤勞를 하신 것을 알고 今日 尊顔을 뵈옵거니와, 世上은 針小棒大의 虛傳이 많은 탓으로 들이시든 말과 實物이 龍頭蛇尾이온즉 愧惡難狀[290]이고 매오 落心될 것을 豫想하여 두십시요-" 柳는 빙그레 우스면서 "배암에 꼬리를 붓들고 올나가면 龍頭를 볼 터이지요" 하고 主客이 우섯다. 主人 朴台秉은 柳氏의 同壻라 한다. 夕食 後에 城內 自己〔유완무〕留宿處로 들어가서 자고, 幾日은 休脚하면 或是〔간혹〕料理집에 가서 飮食도 사 먹고 구경도 단이엿다.

柳氏는 一封 書信과 路子를 주며 忠淸道 連山 광이다리 앞에[291] 桃林里 李天敬의게로 가라고 부탁한다. 卽日 發程하야 李天敬의 집에를 가서 書織을 傳한즉, 반가히 迎接하야 日日 殺鷄爲黍[292]하야 잘 待接하고 閒談說話로 一朔을 經過하엿다.

一日은 李天敬이 一封織을 써 주며 "茂朱邑內 蔘圃業하는 李時發의

---

288 중국 문인 구양수(歐陽脩)의 "人生何處不相逢"에서 비롯된 말. 이 구절은 『명심보감』에도 나온다: "恩義廣施, 人生何處不相逢, 讐怨莫結, 路逢狹處難回避."(은의를 널리 베풀어라. 사람이 어디에선들 서로 만나지 않겠는가? 원수와 원망을 맺지 마라. 길이 좁은 곳에서 만나면 피하기 어려우니라.)
289 '이맛 사람'은 '이만한 사람', 즉 보잘것없는 사람이라는 의미이다.
290 괴악난상(愧惡難狀): 말할 수 없이 이상하고 흉악하다는 의미이다.
291 "광이다리 앞에" 부분에 옆줄을 쳐 강조하였다. '광이다리'는 '괭이다리' '괭잇다리' '고양이다리'라고도 하는데, 이 일대의 현재 동명은 논산시 연산면 고양리이다.
292 살계위서(殺鷄爲黍): 한 노인이 공자의 제자 자로(子路)를 집에 묵게 하고, 닭을 잡고 기장밥을 하여 대접한 고사에서 유래한 말로 잘 접대한다는 의미이다.

게로 가라"고 한다. 또한 李時發을 차저가서 書信을 傳한즉, 迎接하여 一夜을 留宿한 뒤에, 잇日에 李時發이 또한 一封書를 주며 知禮郡 川谷이란 洞里 成泰英[293]의게로 보낸다.

또 成泰英의 집을 차저가니, 宅號가 成原州 집인데, 泰英의 祖父가 原州牧師를 經하엿다 한다. 舍廊에 드러간즉, 守廳房 床奴房에 下人이 數十名이고, 舍廊에 앉은 사람은 擧皆 貴族의 風度가 잇더라. 主人 成泰英이 書筒을 보고 歡迎하야 上客으로 待遇함애 床奴別輩들이 더욱 尊敬하드라. 日日, 成泰英(字 能河, 號는 一舟)와 登山採荣 臨水觀魚의 趣味 잇는 生活을 하여 가며, 古今事를 難疑問答하면서 또 一朔餘를 지내엿다.

一日은 柳完茂가 成氏의 집에 와서 相逢하엿다. 잇朝에 自己 移住하는 茂朱邑內로 同歸하여, 柳宅에서 宿食한다. 柳氏는 長成한 딸은 李忠求의 侄婦로 成婚하고, 아들 兄弟 漢卿 等 兩兒가 잇고, 當時 茂朱郡守 李倬과도 苽葛[瓜葛: 친척]인 듯하더라. 柳完茂는 나를 對하야 이런 말을 한다. "昌洙는 京城으로브터 此地에 到着하는 동안 甚히 疑訝하섯지요. 實情을 말하리다."

조곰 漏落된 것이 잇다. 昌洙 名字가 行用하기에 甚히 不便하다 하야, 成泰英과 柳完茂가 名號를 改作하여 준다. 金龜라 하고, 號 蓮下, 字는 蓮上이라 行世하기로 하엿다.[294]

---

293 성태영의 집은 천곡(川谷)이 아니라 김천시 부항면 월곡(月谷, 달이실)에 있었으며, 현재 집터에 '백범 김구 선생 은거지'라는 푯말이 있다. 성태영은 경상도 김천 출신 대지주로서, 유완무와 함께 비밀결사를 조직하고 후원자가 되었으며, 1905년 이후 북간도에 독립운동 근거지 개척사업을 전개하였다. 1919년 3·1운동 직후 김창숙(金昌淑) 등 전국 유림들이 파리강화회의에 한국의 독립을 탄원하는 「파리장서」(巴里長書)를 제출할 때 재경유림단으로 중추적인 역할을 담당하였다. 『백범일지』 상권 말미(172면)에서 "成泰英은 其間 吉林에 來往하엿으로 通信을 하엿다"고 밝히고 있어, 백범이 상해에서도 연락하였음을 알 수 있다.
294 성태영과 유완무가 백범에게 '金龜'라는 이름을 지어 주는 장소는 문맥상 성태영의 집인 듯하다. 그런데 성태영의 집이 있는 달이실(월곡) 마을의 이름이 '달을 바라보는 거북바위[龜巖]'에서

"連山 李天敬이나 知禮〔경북 김천〕成泰英이 다 내의 同志인데, 새로 同志가 생기일 적에는 반듯이 몃 곳으로 輪回하며 一個月式 同處하며 各 其 觀察한 바와 試驗한 것을 總合하여 엇던 事業에 適當한 資格임을 判定한 後에, 仕宦〔벼슬살이〕에 適當한 者는 仕宦을 하도록 周旋하고, 商農에 適宜한 人材는 商農으로 引導 從業케 하는 것이 우리 同志들에 定規인데, 蓮下는 同志들이 試驗한 結果에 아즉 學識이 淺薄한즉 工夫를 加하되, 京城 方面에 同志들이 擔任하여 成格되도록 할 터이고, 蓮下의 出處가 常人 階級에 있은즉 不可不 身分부터 兩班의게 눌니지 말게 할 것을 急務로 認하야, 現今 連山 李天敬의 家宅 田庄 家具 全部를 그대로 蓮下 父母 生活에 供할 터이고, 그 골 大姓〔명문세가〕몃몃에게만 團束하엿으면 足히 兩班의 生活를 할 터이고, 蓮下는 京城에 留學하다가 間間 觀親〔부모님 뵙는 것〕이나 하게 할 터이니, 곧 故鄕으로 가서 明〔다음〕二月로는 父母님 몸만 모시고 서울까지만 오면, 서울서 連山까지의 治行은 柳 自己가 하겟다"고 하고 서울노 同行하엿다.

서울에 와서, 柳完茂의 弟子인 江華 長串(버드러지)[295] 朱 進士 潤鎬[296] (兄은 潤彰)를 차저갓다. 金卿得의 집의 들어가기는 여러가지 顧慮〔考慮〕되여, 秘密히 朱 進士 집을 來往하엿다. 朱 進士는 百銅錢 四千兩을 柳氏의게 보낸은 것을, 〔내가〕온몸에 돌나 감고 서울에 왓다.[297] 朱 進士

비롯되었다고 하듯이, 거북바위는 달이실의 수호신이라 할 수 있다. 이 거북바위가 '金龜'라는 작명과 관련이 있을 수 있다.

295 강화도의 서남쪽 화도면 장화리(長花里). 바닷가에는 장곶돈대가 있어 장곶동(長串洞)이었는데 장화리(長花里)로 개칭되었다. 이곳에 신안 주씨 세거지인 주촌(朱村) 마을이 있다. 이 일대를 '버드러지'라고도 한다.

296 『사마방목』(司馬榜目)에 의하면 주윤호(朱潤鎬)는 1894년 갑오(甲午) 식년시(式年試)에 진사 3등으로 합격하였다. 1877년 생으로 백범보다 한 살 아래다.

297 문법적으로 보면 "百銅錢 四千兩을" "온몸에 돌나 감고 서울에 왓다"의 주어는 주 진사이나, 내용으로 보면 주 진사가 준 "百銅錢 四千兩을" 백범이 "온몸에 돌나 감고 서울에 왓다"고 보는 것이

집은 *海邊*임으로 十一月에 아즉 감나무에 감이 달니엿다. 또한 魚産이 豊足한 곧임으로 몃날을 잘 지내고 왔다. 그 돈으로 路子를 하여 지고 還鄉의 길을 써낫다.

鐵路가 아즉 敷設〔부설敷設〕되지 못하야 陸路로 出發한다. 出發하기 前날에 꿈에 아부님이 나를 "黃泉 二字를 쓰라"고 하신 꿈을 꾸고, 柳氏와 꿈 이약을 하엿다. 봄에 病患이 게시다 좀 나으신 것을 보고 써나서, 서울 와서 郵便으로 湯藥補劑〔보약〕도 지여 보내고 마음은 노치를 못하엿섯다가, 凶夢을 得하고 그날노 써나 동지달 日氣〔낫〕에 松都를 일즉 到着하고, 翌日에도 急步를, 四日만에 海州 飛洞을 지나다가 高 先生 보고십흔 마음에 찾어 들어갓다.

山腹〔산 중틱〕 小屋에서 先生을 拜謁하니, 五六年間에[298] 그다지 衰敗하지는 안엇으나, 돗보기 眼鏡을 쓰지 안코는 글을 못 보는 모양이더라. 내가 高 先生을 拜謁하고 앉어서 두어 말을 始作할 씩의 舍廊 內門이 방긋이 열니든이 十餘살 먹은 處女가 "아이구 아저씨 왓구나" 하고 쑤여〔뛰여〕 드러온다. 본즉, 淸溪洞에 살 적에 高 先生 舍廊에를 가면 늘 나와서 내게 매어달니고 업어달나다가 高 先生의게 責을 듯다가, 畢竟의 元明에 長女와 나와의 婚約이 成立된 後는 自然 無間하게 되고, 高 先生이 前과 같이 責哶을 안이할 뿐 아니라, 나를 가라처 아저씨라고 불으란 命令을 밧고서는 一層 無忌憚하게 내게 매어달니고 온갖 응석을 하든 元明에 次女일다. 內心에는 極히 반갑고, 또 父母가 없이 叔母의 손에 자라는 情景을 잘 아는 나로는 퍽 불상도 하여 보인다. 그러나 아저씨의 稱號를 그대로 밧고서 알은 척하기는 매오 未安한 일이다. 그 光景을 보시는 高 先生

타당할 듯하다. 《등》도 그러하다(『전집』 2권 130면).
298 백범은 1896년 2월 말~3월초 청계동을 떠나 고능선과 헤어진 후, 1901년 1월 28일 아버님이 돌아가시기 보름 전 고능선을 다시 만났으니, 대략 5년만이다.

도 胸中에 感懷가 잇는지 沈黙하고 담벽만 건너다 보고 안젓고, 나도 아
모 말대답을 못하고 눈으로만 그 處女를 보고 반가운 表情을 하엿을 쑌이
다.

高 先生이 前者[지난번]에 나와 婚約을 罷意하고 도라가서, 寡婦인 次
子婦의 請으로 "아모 宅과 婚姻을 하십시다" 또 "아모 宅 子弟가 學文도
相當하고 門閥도 相適하고 財産도 裕足하니 거긔다 通婚을 합시다" "金昌
洙는 常놈이고 게다가 家産이 赤貧한데 더구나 前婚處에서 그갖이 怪惡
을 부리니 金昌洙[-에] 쌀을 주다가는 집안이 亡하겟다"고 써드는데, 火症
이 낫는지 當場 淸溪洞에 微微한 一農夫인 金士集이란 사람의 아들 역시
農軍인 썩거머리總角[299]의게 自請하야 그날노 婚約을 決定하엿다 한다.

한참 동안이나 高 先生과 나는 서로 交談이 없이, 各其 過去 婚事 問
題를 追憶한 모양이다. 高 先生은 徐徐히 말을 한다. "나는 그간에 자네의
殺倭擧義를 듯고, 자네를 平素 期待하든 남아지에[나머지] 매오 敬服하엿
네. 내가 柳毅菴[유인석柳麟錫] 先生의게 말슴하엿드니, 先生이 著作한 『昭
義新編』 續編에[300] '金昌洙는 義氣男兒'라고 讚한 것도 보앗네. 자네가 仁
川으로 간 後 毅菴이 義兵에 失敗하고 平山으로 와서 서로 맛나서 將來
方針을 議論할 썩의[때에] 내가 年前에 자네가 西間島 視察한 報告에[-의]
內容을 先生끠 보이고, 當分 形勢로는 兩西에 着足할[발붙일] 싸히[땅이]
없으니, 速히 鴨綠江을 건너서 相當한 地帶를 擇하야 將來를 圖함이 上

299 결혼을 하지 않아 아직 상투를 올리지 못하고 길게 땋아 늘인 머리의 총각(總角).
300 유인석의 서간도 망명 후, 따라간 김화식이 1899년 의병과 위정척사 관련 자료를 모아 『소의
신편』(昭義新編, 8권 4책)을 편찬하고, 3년 후인 1902년 백삼규와 김형걸 등이 추가 자료를 수집하
여 『소의속편』(昭義續編, 2권 1책)으로 편찬하였다. 이 속편 2권의 「白元龜(炳琳)錄先生語」에 백
범의 치하포 사건과 청국 기행에 관한 이야기가 수록되어 있다. 그런데 백범이 고능선과 다시 만난
것이 1900년 말이나 1901년 초로 『소의속편』이 발간되기 이전이다. 고능선이 『소의속편』의 내용을
미리 알았는지, 백범이 이후의 기억으로 『소의속편』이라는 서명을 추가한 것인지는 알 수 없다.

策이라 한즉, 毅菴도 甚히 좋게 넉여, 나도 同行하야 前者 자네가 말하든 곧을 探査하야, 그곧에 毅菴이 尊接하야 一邊으로 孔子의 聖像을 奉安하야 諸子의 慕聖心을 增進케 하고, 一邊은 內地에서 從軍하든 武士를 召集 訓練하는 中이니,[301] 자네도 速히 先生씌로 가서 將來 大計를 共圖함이 엇더한가?"

나는 내가 그 새이에 쌔다른 바 世界 事情이라든지, 또는 "先生님 平素에 敎訓하시든 尊中華 攘夷狄의 主義가 正當한 主義가 안인 것"과, "深目高準이면 덥허노코 오랑캐라고 排斥하는 것이 正當하지 안코, 어느 나라를 勿論하고 그 나라 사람의 經國大綱을 보와서 오랑캐의 行實이 有하면 오랑캐로 待遇하고, 사람의 行實이 有하면 사람으로 待遇함이 可하고, 우리나라 貪官汚吏가 사람의 面目을 갖엇으나 禽獸의 行實이 많으니 그것이 참으로 오랑캐요. 至今은 임금이 自作 볏을갑슬〔벼슬값을〕 매고〔매기고〕 賣官을 하니 곧 오랑캐 임금인즉, 내 나라 오랑캐도 排斥을 못하고, 저- 大洋을 건너 사는 各 나라에는 제법 國家 制度와 文明 發達이 孔孟에 影子〔그림자〕도 보지 못하고도 孔孟의 法度 以上에 發達이 된 것도 不拘하고 '오랑캐' '오랑캐' 하고 排斥만 한다면 무슨 必要가 잇겟습니까? 제 소견에는 오랑캐의게서 배울 것이 많고 孔孟의게는 벌일〔버릴〕 것이 많다고 생각합니다."

高 先生은 "자네 開化軍과 많이 相從하엿지? 나도 멋멋 개화군을 만

<hr />

301 유인석은 양력 1896년 5월 의병운동의 거점인 제천성을 상실하자 서북 지역으로 이동하였고, 서북 지역마저 사정이 여의치 않자 다시 간도로 망명하였다. 그러나 그해 9월 회인현재(懷仁縣宰)에 의해 무장해제 당하자 파저강(波猪江: 혼강渾江)에서 의병을 해산하였다. 그후 그는 한인들이 많이 살고 있는 통화현 오도구(五道溝)에 정착하였다. 1897년 3월 고종의 명에 의해 일시 귀국하였으나 다시 오도구로 돌아갔는데, 이때 유인석의 문인사우(門人士友)들도 대거 망명하였고, 고능선도 수행하였다. 1898년 10월, 그는 오도구에서 인근 팔왕동(八王洞)으로 이동하여 공자·주자·송시열·이항로·류중교 등의 영정을 모신 성묘(聖廟)를 세워 의병들의 정신적인 귀의처(歸依處)로 삼았다. 고능선이 백범의 탐색을 토대로 유인석에게 추천한 지역은 오도구인 듯하다.

나보니까 자네 말과 갓데-""글언즉 先生님의 보시는 바 將來 國家 大計는 엇더하신지 下敎하여 주세요-" 高 先生은 "先王의 법이 아니고 先王의 道가 안인 것은 掛論할 必要가 업네. 잘못하면 被髮左袵이〔의〕 夷狄이 될 것 쑨이니-" "先生님이 被髮左袵을 말슴하니 말슴이외다. 머리털은 卽 血餘요, 피는 卽 飮食이 消化된 精液이니, 飮食을 먹지 안으면 머리털도 잘아날 수 업고요. 設使 長髮千丈이 되여 偉大한 상투를 머리 우에 戴하엿기로, 倭놈이나 洋놈이 그 상투를 무서하지 안느데 엇지하며, 綠衣卜巾[302]을 아모리 훌륭하게 입엇다 하여 倭洋人이 그것으론 崇拜屈膝하지 안이할 것이며, 學問 道德을 工夫한 上流 人物이 人民을 殘虐하기에 最上 刀斧手〔약탈자〕요, 眞實 無妄한 者는 全國 人民이 擧皆 目不識丁이니, 人之就利 水之走下와 如한즉, 人民이 野昧하고 보니 自己의 權利 義務는 모르고, 貪官汚吏 土豪의 凌虐을 受하면서도 宜當 受할 것으로 알게 되니, 貪官汚吏 土豪들이 自己 百姓의게 凌虐함과 갓이 倭와 洋을 凌虐한다면 倭洋은 滅種되고 그이네들은 天下를 號令하겟지만은, 그이들이 내의 百姓의 고혈를 쌀아다가 倭洋놈의게 ▼諂〔아첨〕을 하면서, 自己가 百姓 殘殺한은 刀斧手의 技能이 出衆한 것을 자랑하게 되니, 나라는 亡하고야 말지라. 世界 文明 各國에서 敎育制度를 模榜하야 學校를 設하고, 全國 人民의 子女를 敎育하야 二世 健全한 國民을 養成하고, 愛國志士를 糾合하야 全國民의게 亡國의 痛苦가 엇던 것과 興國의 福樂이 엇던 것을 알도록 하는 것이 救亡의 道라고 弟子는 生覺하나이다."

高 先生 말은 "朴泳孝, 徐光範 逆賊의 主張하든 것을 자네가 말하네 그려. 萬古天下에 張存의 國이 업고, 萬古天下에 長生의 人이 업느니, 우

---

302 녹의(綠衣)는 연두색 저고리. 복건(卜巾)은 복건(幅巾)으로, 어린아이가 명절 등 경사스러운 날 머리에 쓰는 것. 여기서 녹의복건은 잘 갖춰 입는 의복을 의미한다.

리나라도 亡할 運命이 當한 바에 엇지하겟나? 救亡之道라고 하야 倭놈도 배우고 洋人도 배오다가, 救亡도 못하고 節義까지 背反하고 죽어, 地下에 가면 先王 先賢을 무슨 面目으로 對하겟나."

談話間에 自然 新舊의 衝突이 생기엇다. 그러나 高 先生의 家庭애는 外國 物件은 당성양[303] 한 갖이[개비] 쓰지 안는 것 보면 高尙하게도 보인다. 一夜를 同宿하고 翌日에 拜辭而退하엿다. 엇지 뜻하엿으리요. 此時 辭拜가 卽 永訣이엿든 것을. 그 後에 傳聞한즉 高 先生은 堤川 同門에 집에서 客死하엿다 한다.[304]

嗚呼痛矣라. 이 말을 긔록하는 今日까지 三十餘年에 내의 그간 處心 行事에 萬一이라도 美點이 잇다면, 그것은 온전이 當時 淸溪洞애서 高 先生이 나를 特히 사랑하야 心血를 傾盡하야 口傳心受한 訓炙[薰炙]의 功效일 것이다. 다시 이 世上에서 그갗이 사랑하시든 偉顔을 拜會하고 참되고 거록한[거룩한] 사랑을 다시 밧지 못하겟으니, 嗚呼痛矣라.

當日노 基洞 本家에 當到하니 莫昏모혼이라. 안마당에 들어선즉 부억으로서 어머님이 나오시며 하시는 말슴, "너의 아부지가 病勢危重한데 악가[아까] '이 애는 왓으면 들어오지 안코 웨 뜰에 서서 잇느냐' 하기로 헛소리로 알앗드니, 네가 정말 오는구나."

나는 急히 들어가 뵈온즉 甚히 반가워하시나 病勢는 果是 危重하시드라. 若干의 侍湯으로 藥效를 내지 못하야 十四日 동안을 내의 무릅[무릎]을 베고 계시다가, 庚子[1900년] 十二月 初九日[양력 1901년 1월 28일]에

<hr />

303 성냥은 1880년 개화승(開化僧) 이동인(李東仁)이 일본에 갔다가 수신사(修信使) 김홍집(金弘集)과 동행 귀국할 때 처음으로 가지고 들어왔다고 알려져 있다. 국내에서는 일반적으로 '唐성냥'이라 불렀는데, 여기서 '당'(唐)은 당나라 중국이 아니라 외래 수입품을 의미하는 접두어이다.
304 1901년 1월경 고능선은 백범과 마지막으로 대면한 이후에도 위정척사 사상을 견지하면서 강학 활동을 하였고, 1922년 해주에서 별세하였다. 당시 백범은 상해에 있었다.

힘써 내의 손을 잡은 힘이 풀니시며 먼- 나라로 길을 써나신다.

殞命되시기 前 一日에 내의 생각으로는, 平生知己인 柳完茂 成泰英 等을 맛나 가지고 그네들에 周旋으로 連山으로 搬移[이사]를 하엿으면 爲先에 白髮이 星星한 아부님이 隣洞 姜·李氏의게 日常 常놈 待遇의 徹骨之痛이난 足히 免하게 되엿는데, 아조 먼- 길을 써나시게 됨은 千古遺恨이다. 山村貧屋에 高明한 醫師를 雇聘하거나 起死回生의 明藥을 服用하기는 勢所不許라, 우리 한마님[할머님] 臨終時에 아부님이 斷指를 하심도 이런 絶境에서 行한 일이니, 내가 斷指를 할 것 같으면 어머님의 마음이 傷하실 터이니, 나는 割股를 하리라 하고, 어머님이 안 게신 씌를 타서 左股에서 片肉 一点을 쎄여서, 고기는 불에 구어서(약이라 살꼬)[305] 잡수시게 하고, 流血을 마시워 들이고, 分量이 적은 듯하야 다시 칼을 들어 그보담 크게 살고기를 쎄려고 할 씌의, 처음보다의 千百倍의 勇氣를 내여 살을 버히지만은 살 조각이 써러지지를 안코 苦痛만 甚한지라. 二回는 다리 살을 쓰러 노키만 하고 손톱만치도 쎄여 내지 못하엿다. 스서로 탄식하엿다. "斷指나 割股를 眞正한 孝子가 하는 것이지, 如我 不孝로 엇지 孝子가 되랴."

初終[306]을 맞이고 成服日[307]에 遠近에서 弔客이 온다. 雪寒風이 人骨을 襲하는 썬 뜰에 喪廳을 排設하고 弔慰를 受하는데, 獨身 喪主라 暫時도 喪廳을 뷔일 수는 업고, 쓸러만 노코 쎄여내지도 못한 다리는 痛苦가 甚한지라, 어머님의게 알녀들일 수도 업고, 弔客 오는 것이 괴롭고 割股

---

305 ( )는 여백에 추가한 것인데, '약이라고 생각하고'의 의미이다.
306 초종(初終)은 유교식 장례 절차에서 첫 과정으로, 혼을 부르는 초혼(招魂), 시체 거두기, 관 준비 등을 한다.
307 유교식 장례 절차에서 초종(初終), 시체에 의복을 입히는 습(襲), 소렴(小殮), 대렴(大殮), 그 다음이 상주가 상복을 입는 성복일이다. 성복일 다음에 조문을 받는다.

한 거슬 後悔하는 생각까지 나드라.

柳完茂와 成泰英의게는 訃告를 하고, 搬移 中止를 宣明하엿다. 京城에 滯留 中이든 成泰英은 五百餘里에 騎馬來弔하여 준다. 人馬는 還送하고, 成君은 幾日 休息 後에 九月山 구경이나 식혀 보내기 爲하야 短驢에 태우고 月精洞 宋鍾瑞[308] 老朋友의 집을 차저가서, 缶山 鄭德鉉을 請하야 殺鷄爲黍하야 遠懷를 敍하고 白嶽[구월산]의 勝景을 구경하고, 成君은 回程하엿다.

아부님 葬地는 基洞 右麓에 自擇安葬하엿다. 喪蟄中에 어듸를 잘 가지 안코 俊永 季父의 農事를 助力하고 있으니까 季父는 甚히 奇幸하게 생각하고, 自己가 二百兩을 주고 隣居 엇던 常놈에 쌀의게 結婚하라고 한다. 나는 固謝하엿다. "나는 常놈의 쌀은 姑舍하고 政丞의 쌀이라도 論財的 結婚은 誓死不爲"라 하엿다. 季父의 생각에는 兄님도 업슨 족하[조카]에게 自己가 設力하야 成娶함이 當然한 義務요 榮光으로도 알엇다. 그런데 내가 固謝함을 보고 大怒하야 鎌[낫]을 들고 나를 向하야 달녀드는 것을 어머님이 가로막는다. 나는 그 틈에 逃走하엿다.

壬寅[1902년] 正月을 當하야 여긔저긔 歲拜를 다니다가, 長淵 茂山 遠族 宅에를 갓다. 遠族 祖母는 내의 年近三十에 娶妻를 못한 것으로 매우 念慮를 한다. 나는 그 할머니를 對하야 "내 듕매[중매]는 할 사람도 쉽지 못하고 내의게 쌀을 주고 십흔 사람이 잇을 것도 疑問이오. 설혹 잇다 하여도 내가 장개를 들 마음이 생길 만한 娘子가 잇을지도 疑問이외다." 그 할마님은 우스면서 "자네가 意合한 娘子는 엇던 것을 希望하는가." 내 대답은, "一, 不論財 二, 娘子有學識 三, 相面論心可合則約婚이올시다." 그

111

---

308 "月精洞 宋鍾瑞"는 1894년 백범이 동학군 접주 시절 스승으로 모셔 인연을 맺은 "月精洞 宋宗篤"(26면)의 착오로 보인다.

할마님은 一, 二에는 疑問이 업고, 三은 甚히 難色을 보인다.

내 뭇기는 "할마님이 어듸 婚處가 잇습니까" 하엿다. 답. "내의 本家 堂姪女가 當年 十七歲에 寡宅 어머니를 모시고 지내는바, 如干 學識은 잇고, 아모리 貧寒하나 論財는 不可케 알고, 相當한 男子의게 許配하겟다는데, 내 兄님의 말을 들엇으나, 그러나 엇던 標準으로 郎子〔배우자〕를 擇하는지는 알 수 업으니 내가 一次 問議코저 하나, 자네의 말대로 對面論心은 最難의 問題일가 하네."

"그다지 難題로 생각을 한다면 나와 婚姻할 資格이 업겟지요." 談話間에 그 할마님 말슴이 "우리 兄님의게 자네의 人格을 일즉이 言及한 바 잇는데, 내 兄님 말슴이 자네를 한번 다리고 自己 집에 와 달나는 부탁이 잇으니, 一次 同行함이 엇던가?" "오늘 가면 處女 面會를 식힌다면 가 봅시다."

同行하야 長淵 束內 基洞 조곰아한 오막사리 집에 到着하엿다. 그 집 寡宅은 年老 無子하고, 但히 四個 女息을 두어, 三兄弟〔자매〕는 旣爲 出嫁하고 末女 如玉을 다리고 歲月를 보내며, 文字는 僅히 國文을 가라첫을 쓴이고, 針織〔바느질〕을 主로 가라첫드라.

나를 맞아 內房에 앉이고, 夕食을 畢한 後에 할마님의 紹介로 老宅의게 納拜하엿다. 그 前에 廚房에서 三人이 會議를 하는 모양이라, 듯지 못하엿으나 내의 일가 할마님이 내의 求婚 條件을 提出한 모양이라. 이약이가 착실이 많은 모양인데, 할마님이 單刀直入으로 婚姻 問題를 提出한다. 할마님 말슴, "자네 말대로 거반 되겟으나, 閨中妻子가 엇지 모르는 男子와 對面을 하겟나. 病身이 안인 것은 내가 담보할 터이니 좀 免하여 주라"고 한다.

내의 대답은 "面對는 꼭 하여야겟고, 會語쑨 아니라, 婚姻할 생각이 게시면 또 條件 한 가지가 잇습니다." 할마님은 우스면서 "條件이 또 잇서-, 들어보세-"다른 것이 아니구요. 지금 約婚을 한다 하여도 내가 解喪 後에 成禮할 터이니, 그 期限 以內는 娘子가 나를 先生님이라고 하고 漢 文 工夫를 精誠껏 하다가, 解喪 後에 成禮할 條件을 履行한다야 됩니다." 할마님, "여보게 婚姻하야 다려다가 工夫를 식히든지 무엇을 하든지 자네 마음대로 할 것 안인가." "近 一年 동안의 歲月을 虛送할 必要가 잇슴닛 가." 老宅과 할마님이 빙긋이 웃고 무슨 말을 하드니 娘子를 請한다.

一呼 再呼에는 아모 消息이 업드니 老宅이 親히 부른다. 處女는 가만 가만이 거름을 ▾거러서 自己 母親 뒤에 들어와 안는다. 내가 人事를 만저 〔먼저〕 하엿으나 處女는 아모 대답을 못하고 잇다. 나는 다시 뭇는다. "당 신이 나와 婚姻할 마음이 잇으며, 또는 成禮하기 前에는 내의게 學問을 비올 생각 잇는가. 할마님 말삼은 成禮 後에 工夫를 식히든지 마음대로 하라고 하시지만은 至今 世上에는 女子라도 無識하고서는 社會에 容納할 수 업고, 女子의 工夫는 二十歲 以內에 適當한데 一年 동안이라도 그저 虛送함이 不可하다"는 理由를 說明하엿다. 그 處子의 말소리가 내 귀에는 들니지 안으나, 할마니와 그 母親은 處子가 "그리 하겟다"는 대답을 한다 고 한다.

밤을 지내고 翌朝에 집으로 도라와서, 어머님과 季父의게 約婚 報告 를 하엿다. 季父 俊永 氏는 初不置信하고 어머님의게 "親히 가서 娘子도 보고 약혼 與否를 아라보라"고 하여, 어머님이 親히 단여오신 뒤에야 밋 고, 季父의 말은 "이 세상에 참 어수룩한 사람도 잇다"고 한다. 나는 곧 『女子讀本』[309]처럼 冊子를 草하여 가지고 紙筆墨까지 準備하야 가지고 가 서 未婚妻를 敎授한다. 그 집에서만 오래 잇서 敎授할 形便이 되지 못하

---

309 『여자독본』(女子讀本)은 1908년에 장지연이 편찬한 여성용 국어 독본. 상하 두 권으로, 본문 은 순 한글로 되어 있으나 간혹 한자를 곁에 달았으며, 각 단원 끝에는 사용된 한자의 음과 훈을 별 도로 정리하였다. 애국적인 내용 때문에 1910년에 일제는 이 책의 발매를 금지시켰다.

고, 家事도 돌보고 解喪 後는 敎育에 獻身할 決心을 가지엇기 떠문에, 文化의 禹鍾瑞, 牧師 宋鍾鎬와 當時 金 先生, 殷栗 金泰聲과[310] 長連 張義澤, 吳寅炯, 鄭昌極 等과 新敎育 實施를 協議하기 爲하야 各處로 巡遊하다가 틈만 잇으면 妻家로 가서 敎授를 하엿다.

當時 金 先生은 本姓名이 孫景夏니 元山人인대, 朴永孝의 同志과 日本에 多年 滯留하다가, 歸國 後에 政府에서 逮捕令을 當하고 九月山으로 亡命하여 禹鍾西〔瑞〕, 宋鍾鎬 等에 保護로 潛踪한 人士인데, 그 後 朴永孝가 歸國하는 日부터 孫泳坤으로 至今것 行世하며,[311] 張義澤은 長連 土族이고 舊學識도 瞻富하며 新學問의 抱負도 海西에 第一位이다. 長子 膺震을 京城으로 日本으로 美洲에 留學식히고 新敎育에 努力하는 志士임으로, 舊式 兩班들의게는 無雙한 非難을 受한다. 張氏는 自己로서 新學文이 國民의 知識 普及에 急務로 覺悟하엿으나, 平安道는 勿論이고 黃海道에도 新敎育의 風潮가 耶蘇敎로브터 啓發이 되고, 新文化 發展을 圖謀하는 者는 擧皆 耶蘇敎에 投身하야, 閉關自守하든 者들이 겨오 西洋 宣敎師들의 舌頭로 門外 事情을 알게 되엇다. 耶蘇敎를 信奉하는 사람이 大部分 中流 以下이나, 實際 學問으로 배우지를 못하고 愚夫愚婦들이 但히 宣敎師의 熟達치도 못한 半벙어리 말이라도 文明族인 떠문에 그 말을 만히 들은 者는 信敎心 外에 愛國思想도 〔생겨〕, 全民族에 大多數〔의 애국사상〕가

310 "金泰聲과" 바로 뒤 지운 부분이 있는데, "今在 西間島인 金南洙와"이다. 《등》에도 김남수는 언급이 없는 것으로 보아, 시초 집필 직후 지운 것으로 판단된다.
311 박영효는 1884년 12월 갑신정변이 실패하자 일본으로 망명하였다가, 1894년 8월 귀국하여 제2차 김홍집 내각에 내부대신으로 입각하였다. 김홍집 내각이 무너진 후 그는 다시 일본으로 망명하였다. 손경하(孫景夏)는 1895년 귀국하였다가 김홍집 내각이 무너진 후 구월산으로 숨은 듯하다. 1905년 9월 1일 장련 예수교회가 설립한 광진학교가 개교식을 성대하게 거행했다. 당시 손경하(손영곤孫泳坤) 씨가 교장이고, 백범과 백남훈은 교사였다. 이 개교식 사진이 남아 있어 청년 시절 백범의 모습을 볼 수 있다.

이 耶教[耶蘇教] 信奉者임은 隱諱치 못할 事實이다.[312] 禹鍾西[瑞]는 當時 傳道助事라, 나와 宿年 親交인 씨문에 耶教 信奉은 力勸하엿다. 나도 解喪 後에 耶蘇도 밋고 新教育을 奬勵하기로 決心하고 이섯다.

　癸卯[1903년, 28세] 二月에 禪祀[313]를 畢하고 卽時 成禮 準備를 더욱 어머님이 熱心으로 周旋하신다.[314] 그 해 正初에 또한 茂山 遠祖 宅에 歲拜를 갓다. 歲拜한 後에 앉어서 談話를 하든 즘에 長淵 基洞 未婚 妻家에서 急報가 왓다. 娘子의 病勢가 危重하니 金 喪主의게 通奇하라는 奇別이 왓다. 나는 깜작 놀나 卽時로 妻家에를 갓다. 房門을 열고 들어간즉 娘子는 病勢가 危重한 中에도 나를 甚히 반가워한다. 病온 長感[만성감기]인데, 醫藥을 容易히 求키 難한 山中이라 二三日 後에 들으여[드디어] 死亡하는지라, 親手로 歛襲[殮襲]하야 南山에 永葬하고 墓前 永別하엿다. 丈母는 金洞 金允五 집에로 引導하야 耶教를 信奉케 하고 도라오다가, 驚報를 듯고서 오시는 어머님을 모시고 도로 집에 도라왓다.

312　1차 집필은 "全民族에 大多數의 애국사상"인데, 백범은 "의 애국사상"을 "가"로 수정하였다. 그러나 이렇게 하면 "全民族에 大多數가 이 耶教[耶蘇教] 信奉者"가 되어 사실에도 맞지 않고 문맥도 통하지 않는다. 1차 집필로 복원해야 문맥이 통한다. 《등》(『전집』 2권 137면)은 《원》의 혼란한 문장을 "信教心 外에 愛國思想이 발생된 것이 事實이다"로 간단하게 정리하였다.
313　담제(禪祭)는 담제(禪祭). 장사를 지낸 뒤 두 돌 만에 지내는 제사인 대상(大祥)을 지낸 다음, 그 다음다음 달 즉 장사를 지낸 후 27개월째 되는 달 하순의 정일(丁日)이나 해일(亥日)에 지내는 제사. 3년의 상기(喪期)가 끝난 뒤 상주(喪主)가 평상시로 되돌아가는 제례 의식이다.
314　이 문장은 그대로 읽으면 뒤의 내용과 맞지 않는다. 바로 뒤에 계묘년 "正初" "二三日後" 약혼녀 여옥이 죽었다는데, 그보다 두 달 뒤인 "癸卯 二月에 아버님 禪祀를 畢하고 어머니가 成禮 準備를 熱心으로 周旋"할 수는 없기 때문이다. 때문에 이 구절은 "癸卯 二月에 아버님 禪祀를 畢하고" 나면 탈상을 하게 됨으로, "卽時" 결혼 시키겠다고 "어머님"이 "더욱" 成禮 準備를 熱心으로 周旋하신다"로 해석해야 한다. 백범의 부친이 경자년(1900) 12월 9일(음력)에 별세하였기 때문에, 대상은 임인년(1902) 12월 9일(음력)이다. 이후 어머니가 두 달 뒤인 담사(禪祀)를 지내고 나면 결혼시키겠다고 열심히 준비했다는 이야기이다. 요컨대 이 구절은 계묘년(1903) 2월의 상황이 아니라, 계묘년 정초 이전, 임인년(1902) 12월 9일 이후의 상황을 묘사한 것이다.

耶蘇敎와 敎育者 [315]

本年〔1903〕二月에 長連邑 社稷洞 搬移하엿다. 長連邑 吳 進士 寅炯
이 自己가 買得한 社稷洞 家垈를〔와〕山林 果樹와 二十餘斗落의 田畓을
專任하고, 내가 무슨 일에든 家間〔가사家事〕에 對한 顧慮를 업시하고 公共
事業에만 專力케 한 것이라. 海州 本鄕에서 從兄 泰洙의 夫妻를 달여다
가〔데려다가〕從兄으로 家事를 主理케 하고, 나는 吳 進士 집 큰 舍廊에 學
校를 設하고, 吳 進士 長女 信愛와 子 基秀와 吳鳳炯의 子 兩兒와 吳勉炯
의 子女와 吳舜炯의 兩女를 主徒로 하고, 其外에 學校에 同情하는 者의
子女 幾名을 募集하고, 房 中間을 屛으로 間隔하야 男女 分席케 하고, 寅
炯의 三弟 舜炯은 極히 寬厚 勤勉하고 나와 같이 耶敎를 信하며 敎育에
專力하기로 同心되여 學生을 敎授하며 耶敎를 宣傳하엿다.

一年之內에 敎會 方面으로도 興旺하고 學校도 漸次 進步된다. 當時
長連邑에서 酒色場으로 出入 放浪한 白南薰〔1885~1967〕을 引導하야 耶敎
를 信奉케 한 後에 鳳陽學校 敎員이 되엿고, 나는 公立學校 敎員이 되여
公私校를 發展 維持케 한다. 黃海道에 學校라는 名稱이 公立으로는 海州
에 設立되엿고, 長連에 設立된 것도〔있었으나〕, 海州에서는 아즉 四書三經
의 舊學文이나 敎授하엿고, 講師가 漆板 앞에 서서 算術 歷史 地誌 等을
敎授하는 곧은 猶獨 長連公校이다. 該校 設立 始初에 敎員이 許坤이오,
張義澤, 林國承과 내가 敎員으로 視務하엿다.

平壤에서 耶敎 主催로 所謂 先生 工夫 卽 師範 講習이라. 夏期에 各
地 敎會 學校 職員과 敎員들의 講習할 時機에 나도 先生 工夫를 갓다. 平
壤 邦 牧師 基昌〔1851~1911〕집에서 留宿하는 즈음에, 崔光玉〔1879~1910〕,

---

315 원본에는 다음 114쪽 여백에 이 목차가 있으나, 의미나 문단 구분상 이곳이 적절하다.

當時 崇實 中學生으로 敎育과 愛國의 熱誠이 學界와 宗敎界와 一般 社會에 名聲 錚然한 同志라, 崔君과 親密히 交際하며 將來事를 議論하든 中에, 崔君은 내의 娶妻 與否를 問하기로 過去 屢屢 失敗를 略言하엿다. 崔君은 安信浩 孃과 結婚 勸告한다. 信浩는 卽 安昌浩 舍妹[여동생]요, 當年 二十餘歲요,[316] 爲人이 極히 活潑하고 當時 處女 中에 明星이라고 한다. 面會하여 보고 彼此에 意合하면 成親[결혼]하기로 하야, 李錫寬 卽 安島山의 丈人이라, 그 집으로 信浩를 請來하고 崔光玉, 李錫寬과 會座하야 [한자리에 모여] 信浩를 面對하야 數語의 意思 交換을 하고 舍館으로 退來하엿드니, 崔君이 追來하야 意向을 問한다. 나는 合意를 表示하엿다. 崔君 亦是 信浩의 合意를 傳하고, "明日은 아쥬 約婚을 하고 還鄉하라"고 付托한다.

엇지 뜻하엿으랴. 翌日 早朝에 李錫寬, 崔君[최광옥]이 馳來하야, "信浩가 昨夕에 一度 書信을 밧고 밤새것 苦痛으로 心界 큰 風波가 生하엿는데, 無他라 安島山이 渡美 時에 上海를 經過하며 上海 某 中學에 在學인 梁柱三[317] 君의게 自己 妹氏와 婚姻하라는 付托이 잇섯는데, 時에 梁君이 '아즉 在學 中인즉 婚事에 對한 成見이 업스나 畢業 後에 決定하겟다'는 말이 이섯든바, 昨日 兄과 面會하고 도라간즉 適히 梁君의 '自己는 畢業하엿은즉 許婚 與否를 通知하라'는 片紙라. 兩手執餅[318]인 信浩는 엇지할 줄을 모르고 애를 쓰는 中인데, 다시 確定하는 意思를 듯고서 出程하라"고 말한다.

---

316 안신호는 1883년생으로 1903년 당시 21세로, 백범은 27세였다.
317 양주삼(梁柱三, 1879~?)은 미국 밴더빌 대학 신학과를 졸업하고, 일제하에서 목사, 감리교 감독, 국민총력조선연맹 평의원 등을 역임했다. 해방 후 초대 대한적십자사 총재로 재직하다 한국전쟁 때 납북당했다.
318 양수집병(兩手執餅)은 양손에 떡을 쥐었다는 뜻으로, 어느 하나를 가지기도 어렵고 버리기도 어려운 경우를 이르는 말이다.

朝食 後에 崔光玉은 다시 와서 信浩의 決定한 바를 말한다. "信浩 自己 處地로서 梁柱三이나 金龜 兩人 中에 一取一捨는 於義不可한즉, 兩方을 다 버리고 兒時부터 한 洞里에서 갖이 生長한 金聖澤은 旣爲 請婚을 하나, 그이의 身體가 弱함을 忌하야 許婚을 不爲하엿으나, 到今하야는 金梁 兩人은 謝絶하고 金聖澤의게로 決心하엿다" 한다. 雖然事勢나 情理上에는 매오 섭섭하엿다.

移時하야 信浩는 나를 차저왓다. "나는 自今으로부터 當身을 오라바님으로 섬기겟음니다. 매오 未安하외다. 내의 事情이 그리된 것이오니 넘어 섭섭히 생각 마십시오" 한다.[319] 나는 信浩의 快活明斷하는 度量을 보고서 더욱 欽慕하나 已過之事라.

다시 長連에 도라와 敎育과 宗敎에 從事하고 잇다. 一日은 郡守 尹龜榮의 請牒이 왓다. 가서 본즉 尹 郡守의 말이 "當今 政府에서 蠶業을 獎勵할 目的으로 海州로 桑苗를 下付하야 '各郡에 分配 種養케 하라'는 公文이 來到한바, 本郡 內에는 오즉〔오직〕君이 該 事務를 權任하엿으면 成蹟이 可嘉라 하니 海州에 가서 桑苗를 가저오라"고 한다.

그것은 該郡에 土班들이 榮譽職이라 하야 爭頭를 하는 판이나, 首吏 鄭昌極의 말을 듯고 내의게 하는 말이라. 民生 産業에 關係 綦重〔緊重〕함을 알고 承落하엿드니, 鄭昌極이 二百兩 旅費를 支發하며 "海州에 가면 觀察府에 農商工部 主事들이 桑苗를 가저왓을 터이니, 一次 請來하여 宴會나 하고, 不足額은 還郡 後에 다시 請求하라" 한다. 唯唯〔네, 네〕고 發程한다.

"馬·轎間에 隨意로〔마음대로〕하라"는 付托을 밧고 나서, 나는 步行으

---

319 안신호는 해방 후 진남포 기독교 여맹위원장을 하였는데, 1948년 4월 남북연석회의에 참석한 백범을 만나 평양의 여러 곳을 수행하였다.

로 海州에 갓다. 觀察府에 公文을 交付하고 舍館에 도라왓다. 翌朝에 觀察府 召旨에 依하야 進府한 즉 農部 特派主事가 長連份에 分配하는 桑苗 幾千本을 가저가라고 준다. 나는 桑苗를 檢査하야 본즉 桑苗가 다 말낫다〔말랐다〕. 나는 該 主事에게 不願取去의 旨를 말하엿다. 該 主事는 勃然〔벌컥〕怒하야 '上部 命令 不服'이라는 名辭〔이름〕를 무처〔부처〕가지고 威脅을 한다. 나는 大怒하야 "主事는 京城에 살무로〔삶으로〕長連이 山郡임을 不知하느냐. 長連郡에 燃料는 足히 他郡에 依賴치 안크던, 머-ㄴ 京城까지 燃料를 求하랴 온 길이 안이라"고 말하고, "그대가 本部〔농상공부農商工部〕에서 桑苗를 가지고 오는 使命이 桑苗의 生命을 保護하야 分配 付植케 함이어늘, 이갓이 桑苗를 乾枯케 하야 가지고 威脅 分配함은 責任 所在를 알고저 한다" 하고 나는 "觀察使의게 此 事由를 報告하고 그저 還郡한다"고 言明하엿다.

該 主事는 恐懼하야 懇气간기〔간걸懇乞〕[320]한다. "長連에 갈 桑苗는 貴下가 生苗로만 自擇하야 數炙대로 골나 가 달나"고〔하여〕, 나는 全部 桑苗에서 生苗로만 골나 가지고 舍館에 도라와 물을 뿌리고 保護하야 馬 一疋〔匹〕에 積載하여 가지고 本郡에 도랏가다. 鄭昌極의게 旅費 計算을 하여 一百三十兩餘 存額〔잔액〕을 交付하엿다. 鄭昌極이 旅費 用下記〔지출기록부〕를 보다가 '草鞋 一雙에 얼마' '冷麵 一器에 얼마' '썩 한 그릇에 얼마' '馬貰 飯費를 合아야 都合 七十兩'이란 것 보고 驚歎하엿다. "우리나라도 官吏가 다 金 先生 같으면 百姓의 疾苦가 업겟다"고, "朴哥나 申哥가 갓다왓으면 少不下幾百兩은 더 請求하엿으리라"고 한다.

鄭昌極은 비록 首吏나 極히 儉朴하야 노닥노닥〔누덕누덕〕기운 衣服을

---

320 나남출판사의 활자본과 윤병석 직해본 모두 "懇氣"로 독해하였으나, 첫 자는 "懇"가 될 수 없고 "懇"이 맞다. 두 번째 자는 "气"이나 "乞"의 오자로 보는 것이 타당하다. 《등》에는 해당 부분이 누락되었고, 《필》은 "懇乞"에 가깝다(《전집》 2권 278면).

입고 官定料 外에는 一分의 犯用이 업슨 故로, 郡守가 敢히 貪虐을 못한다. 全國에 第一의 全州 吏屬은 賤役의 名으로 宰相의 權度를 가젓고, 各道 吏屬이 皆是 狐假虎威로 兩班을 依賴하고 良民의 蛀賊모적[해충]인 時代에 鄭昌極은 九牛一毛의 貴라 하겟더라. 幾日 後 農部에서 '種桑委員'이란 任命書가 왓다. 이 所聞이 傳播된 後로는 郡下人들과 勞動者들은 내 지나는 곧마다 밤배대[담배대]³²¹를 감초와[감추며] 致敬하는 者 잇더라.

吳 進士는 漁船業을 開始한 兩年에 家産이 赤敗한지라 因盉[鬱]成病하여 作故하는지라. 내가 살든 社稷洞 家垈를 遺族의게 還付하고, 나는 意外에,³²² 家事를 擔任하든 從兄 泰洙가 나를 싸라 와서 갗이 耶敎를 信奉한 後, 兒初로 目不識丁이엿으나 奉敎 後에 國文을 能通하야 宗敎 書籍을 能히 보고 講壇에서 敎理를 講傳하게 됨으로 내의 將來에도 많은 도움을 받을 줄 믿엇더니, 腦衝血[중풍]로 敎堂에서 禮拜하다가 卒然 死亡하는지라. 從兄嫂는 自己 本家로 送하야 改婚을 許하고, 나는 社稷洞에서 써나 長連邑內로 移住하얏다.

社稷洞에서 近 兩年을 居住하는 새이에 經過한 것을 略擧하면, 柳完茂가 朱 進士 潤鎬와 同伴하야 親訪하야 數日을 留連하며, 自己는 "從前에 北間島에 가서 管理使 徐相茂와 該地에 將來 發展을 計圖하고,³²³ 暫時 國內에 歸하야 同志들과 方針을 協議한 後 곧 北間島로 가겟"고 하

321 밤배는 담배. 예) "밤배대를 탁々터러 재떠리우에 업허놋코", 소설 「환희」(幻戱) (8), 1922. 11. 28. 『동아일보』.
322 "意外에"는 문장 마지막 "腦衝血[중풍]로 敎堂에서 禮拜하다가 卒然 死亡하는지라"로 이어진다.
323 서상무는 1898년 서간도 지역에 '서변계 관리사'로 파견되어 토지와 호구를 조사하였고, 그 후 1902년 6월 25일 이범윤이 간도 시찰사로 임명되어 간도에 파견되었다. 백범과 유완무가 만나는 이때는 1904년경인데 당시 간도 관리사는 서상무가 아니라 이범윤이다. 유완무나 백범이 서상무와 이범윤을 혼돈한 것인지, 서상무가 관리사인 시절 이미 논의하였다는 것인지 불분명하다.

며[324] 幾日을 留連하는데, 어머님은 밤(栗)을 삶고 닭을 삶어서 갓다가 주시면, 柳完茂, 朱潤鎬와 三人이 밤도 까서 먹고 닭고기도 먹어 가면서 連日 繼夜하야 情懷를 披瀝하야 大小事를 討議하고, 江華 金周卿의 消息을 問한즉 耕雲(柳氏의 當時 通用하든 別號이고 北間島 가서는 白樵로 行用하엿다)이 歎息하고 하는 말이, "金周卿은 一自 江華를 出發한 後 十餘年에 賣筆商을 爲하야 數萬元의 金錢을 貯蓄하야 自己 몸에다 藏置하고 다니다가, 昨年에 延安 等地에서 不幸히 客死를 하엿는데, 그 아들이 알고 차저가서 主人을 거러 訟事까지 하엿으나 別效果가 없엇다. 金周卿이 그 갖이 父母 親戚도 알니이지 안코 秘密 行商으로 그갖이 鉅額〔巨額〕의 金錢을 모은 것이 그 心中에 엇더한 經綸이 잇든 것이나, 이제는 다시 世上에서 金周卿의 抱負와 偉畧을 알 길이 업다" 하면서, "그 三弟 金鎭卿도 全羅道에서 客死하고, 그 집안은 말 못 된〔말로 표현할 수 없는〕 形便"이라고 한다.

信川 謝平洞 耶蘇敎會 當時 領袖 梁聖則이 該 敎會 中 女性 崔遵禮와 結婚하라는 勸諭가 잇다. 崔遵禮는 其時에 該洞에 住居하는 醫師 申昌熙의 妻弟니, 遵禮의 母親 金 夫人이 京城 生長에 靑年 寡婦로 兩個 女息을 保養하며 耶蘇敎를 信奉하고, 濟衆院이 臨時 銅峴〔구릿재〕에 權設되엿을 時에 該 院內에 常住하며 院에서 入雇하면서 申昌熙를 長壻로 迎하야, 〔신창희가〕 該 醫院科生이 되여 做業하다가 生業을 爲하야 謝平으로 移케 됨애, 遵禮 八歲 時에 其 母親과 갖이 申昌熙를 싸라와서 同住하엿다.

其 母親이 次女로 하여곰 隣洞에 靑年 姜聖謨의게 許婚하엿든 것이

---

324 유완무는 1905년 을사늑약 이후 아들과 부인을 데리고 북간도로 망명하였다. 그러나 그 이후에도 국내 내왕은 있었다. 예컨대 1906년 초여름 서울에서 이회영(李會榮)이 이상설(李相卨)·여준(呂準)·이동녕(李東寧)·장유순(張裕淳) 등과 독립운동의 방략을 논의하는 모임을 가졌을 때 유완무도 참석하였다.

118

라. 及其也 遵禮가 長成한 後는 母命을 順從치 안코 該 約婚을 否認함으로 敎會 中에 大問題가 되여, 宣敎師 韓衛廉,[325] 君芮彬[326] 等이 遵禮를 勸勉하야 姜聖謨의게 出嫁케 하다가 遵禮의 抗議에 解決을 못하고, 當時 十■八歲인데[327] 可合한 男子를 擇하야 自由 結婚을 目的하는 터인데 내의게 意向 有無를 問議한다.

　나는 當時에 早婚으로 因하야 種種의 弊害를 切感하든 터이라, 遵禮의게 對하야 極히 同情心이 生한다. 謝平洞에 가서 遵禮를 面對한 後 婚約이 成立되게 됨애, 姜聖謨 側에서 宣敎師의게 告發하야 敎會로서 나의게 勸止하고 親友 中에 挽留하는 者 多함을 不拘하고, 其時에 또한 申昌熙가 殷栗邑에 居住할 時에 社稷洞 내의 집으로 다려다가 婚約을 牢定뇌정[확정]하고, 遵禮는 京城 敬信學校[328]에 留學을 보내엿다. 初也에는 敎會의 勸止를 不聽하엿다 하야 敎會[-가] 責罰을 宣言하엿으나, 終是 不服할 쓴 아니라 "舊式 早婚을 認定하고 個人의 自由를 無視함이 敎會로서 잘못이고 社會 惡風을 助長함이라" 抗議하엿드니, 君芮彬이 婚禮書를 作成

325　한위렴(韓衛廉)은 미국 장로교 선교사인 헌트(William B. Hunt)이다. 그는 1898년 부인과 함께 내한하여 1936년까지 황해도 재령을 중심으로 선교 활동을 하여 '재령 선교의 아버지'로 불린다.
326　군예빈(君芮彬)은 쿤스(E. W. Koons, 1880~1947) 목사. 그는 언더우드 목사의 동역자 중한 사람이고, 오랫동안 새문안교회 2대 당회장으로 시무하였고, 경신학당의 교장도 봉직하였다.
327　출간본 중에서 본문 서술 순서대로 을사늑약 이전 1904년 12월 백범이 결혼한 것으로 서술된 연표가 많이 있는데, 이것은 수정되어야 할 것이다. 해제 참조. 《등》에는 "當時 十■八歲인데" 부분을 생략하였다(『전집』 2권 141면).
328　당시 경성에 '敬信學校'는 없었다. 독음이 같은 '儆新學校'는 1886년 미국 선교사 H. G. 언더우드가 서울 정동에 설립한 고아원에서 비롯된 중등학교이지만, 남학교이다. 이런 이유 때문인지《국》(『전집』 2권 630면)에는 '敬信學校'가 '정신녀학교'(貞信女學校)로 수정되어 있다. 정신여학교는 1887년 언더우드가 여자 어린이 고아를 엘러스(Annie J. Ellers)에게 부탁하면서 자신의 정동 사택에 여학당을 개설한 것에서 비롯되어, 남학교인 경신학교와 짝을 이룬다고 할 수 있다. 여학당은 1895년 연지동으로 이전하면서 '연동학교'(蓮洞學校)로 이름이 바뀌었다가 1909년 '정신여학교'가되었다. 최준례 여사가 이 학교를 다녔다고 하더라도 당시는 '연동학교' 시절이다. 그런데 현재 남아 있는 정신여학교 졸업생 명부에서는 최준례 여사의 이름을 발견할 수 없다. 청강생이었을 수도 있다.

하야 주고 責罰을 解除하엿다.

乙巳〔1905년〕에 所謂 '新條約'이 締結되엿다. 四方에서 志士들이 救國의 道를 講求하며, 山林學者들이 義兵을 起하야 京畿·忠淸·慶尙·黃海·江原 等地에서 戰爭이 繼續하야 東敗西起하나, 許蔿·李康年〔李康秊〕·崔益鉉·申乭石·延起羽·洪範圖·李範允·姜基同·閔肯鎬·柳麟錫·李震龍·禹東善〔禹東鮮〕 等이 軍事 知識이 업고 但히 衝天의 義憤心만 가지고 繼起하나, 到處 失敗하든 씨라. 鎭南浦 懿法〔Evert〕靑年會[329]에 總務의 任을 承하고, 該會 代表로 京城에 被派된지라. 京城 尙洞에 가서 엡엣〔Evert〕靑年會에 代表 委任狀을 交한즉, 其時 各道에 靑年會 代表가 모히여 表面은 敎會 事業을 討議하나 裡面에는 純全히 愛國 運動이라. 首先 起義한 山林學者들을 舊思想이라 하면 耶蘇敎人들은 新思想이라 하겟다.

其時 尙洞에 會集된 人物노 말하면 全德基, 鄭淳萬, 李儁, 李石(東寧)[330], 崔在學(平壤人), 桂明陸, 金仁濈, 玉觀彬, 李承吉, 車炳修, 申尙敏, 金泰淵(今 鴻作), 表永珏, 曹成煥, 徐相八, 李恒稙, 李儱侃, 奇山濤, 全炳憲(今 王三德),[331] 柳斗煥, 金基弘, 金龜 等이 會議한 結果 上疏하기로 하고, 疏文은 李儁이 作하고, 第一回 疏首는 崔在學이고, 外 四人을 加하야 五人이 臣民 代表[332]의 名義로 署名한 것은 一回 二回로 繼續할 作

---

329 '의법청년회'(懿法靑年會)는 '엡엣 청년회' '엡윗 청년회' 'Evert 청년회' 등으로 불리는데 원래의 영문 명칭은 'Epworth League'이다. 'Epworth'는 영국의 지명으로, 감리교를 창시한 신학자이자 근대 복음주의적 기독교 부흥을 이끈 존 웨슬리(Rev. John Wesley, 1703~1791)의 출생지이다. 'Epworth League'는 1889년에 미국 오하이오 주에 설립된 미국 감리교 청년 단체인데, 조선에서도 여러 가지 사회활동을 하였다. 조선의 의법청년회는 현 기독교대한감리회청년회의 전신이라 할 수 있다.
330 원문에 이름 뒤 작은 글씨로 쓰여져 있는 것을 ( )로 처리하였다.
331 전병헌(全炳憲)은 최재학의 소개로 알게 된 평양 진위대 영관(領官) 전효순(全孝舜)의 아들이며, 백범이 영천암에서 그에게 글을 가르친 바 있다.
332 처음에는 "人民 代表"로 썼다가 "臣民 代表"로 수정하였다.

定이라.

鄭淳萬의 引導로 會堂에서 盟禱하고 大漢門 前에 齊進하야 署名한 五人만 闕門 外에서 形式上으로 開會하고 上疏 議決하엿으나, 疏狀은 벌서 別監들의 內應으로 벌서 上監끠 入覽된지라. 忽然 倭 巡査隊가 馳來하야 干涉하는지라. 五人이 一時에 倭 巡査의게 달녀들어 內政干涉의 無理를 攻駁〔駁〕하다가, 直刻에 大漢門 前에 倭놈의 釰光이 閃閃한데 五人 志士의 徒手戰이 開始되엿다. 附近에서 護衛하든 우리는 소래를 霹靂갖이 질으며 "倭놈이 國權을 强奪하고 條約을 勒締늑제하는데 우리 人民은 원수의 奴隷가 되여 生乎死乎"의 激憤한 演說을 處處에 爲함애, 人心은 洶洶하고 五志士는 警務廳에 强禁되엿다.

當初 五人만 한 것은, 上疏만 하면 必然 死刑될 터이요 死刑되거든 다시 五人式 幾次든지 繼續하기로 하엿으나, 首先한 五志士를 警廳에 押囚하고 審問하는 것이 畢竟 曉喩 放送할 모양이라, 再次로는 上疏를 그만두고, 鍾路에서 共開 演說을 하다가 禁斷하거든 大大的으로 肉搏戰을 하기로 하고, 鍾路에 演說을 爲한즉 倭 巡査가 拔劍하는지라. 演說하든 靑年이 徒手로 달녀들어 발노 차서 倭 巡査를 짜에 거꾸러치자 倭놈들이 放銃하고, 우리들은 그쩍 마츰 魚塵 都家가 火災를 當한 後라 瓦磚이 山積한지라, 幾人이 瓦磚으로 倭 巡査隊를 向하야 接戰이 開始된지라. 倭 巡査 놈들이 中國人 商店에 侵入 潛伏하고 銃을 發射하는지라, 群衆은 瓦磚으로 中國 店鋪에 투하자 倭 步兵中隊가 包圍 攻擊하야, 人山人海의 群衆은 各散하고, 倭놈들이 韓人은 잡히는대로 捕縛하야 數十名이 滯囚되고, 其日〔1905년 11월 30일〕에 閔泳煥이 自釰死한지라.

그 報道를 接하고 幾個 同志들과 갖이 閔宅에 가서 弔禮를 畢하고 도라서 大路에 나아오니, 엇던 年期가 四十 左右 되염즉한 한 사람이 白明紬 저고리에 冠網도 없이 맨상투 바람에 衣服에 血痕이 斑斑한 이를 여러 사람이 護衛하야 人力車에 태워 가는데 大呼大哭하드라. 누구냐 問한즉 "參贊 李相卨이 自殺未遂하엿다" 한다.[333] 그이도 國事日非함을 보고 義憤을 못 니기여 自殺하려든 것이다.

當初 尙洞 會議에서는 五六人의 一組로 幾回든지 前者 就死에 後者 繼之하기로 하엿으나, 上疏 被捕한 志士들을 幾十日 拘留에 處하고 말 情形인즉 繼續할 必要가 업고, 아모리 急迫하여도 國家興亡에 對한 切實한 覺悟가 적은 民衆으로 더부러 무슨 일이나 實效 잇이[있게] 이[일]할 수 업다. 換言하면 愛國 思想이 薄弱함이라. "七年病三年艾"[334] 格으로 늦어스나마 人民의 愛國 思想을 鼓吹하야 人民으로 하여곰 國家가 즉 自己 집인 줄을 씨닷고 倭놈이 곧 自己 生命 財産을 쎄앗고, 自己 子孩을 奴隸 待할 줄을 分明히 씨닷도록 하는 外에 最善策이 업다고 생각하고, 그씩 모히엿든 同志들이 四方으로 허여저서 愛國 思想을 鼓吹하고 新敎育을 實施하기로 하고, 나도 다시 黃海道로 도라와 敎育에 從事하엿다.

長連에서 내 나히 三十三歲 時 戊申[1908년] 九月 九日에 써나서, 文化 草里面 鍾山에 居住하며 該 洞內 私立 西明義塾에 敎師가 되엿어 農村 兒童을 敎授하다가, 그 이듬해[1909년] 正月 十八日 安岳邑으로 移舍하엿다. 該邑에 新設立하는 私立 楊山學校에 敎師가 되여 視務한다.

長連에서 鍾山으로 올 제는 禹鍾西[瑞] 牧師의 懇請으로 갓다가, 西明塾이 山村에 在하야 發展性이 보이지 안는데, 安岳 金庸濟 等 幾個 知友

---

333 이상설(李相卨, 1871~1917)은 1905년 11월 30일 민영환의 자결 소식을 듣고 종로에 운집한 시민에게 울면서 민족 항쟁을 촉구하는 연설을 한 뒤, "나도 국가에 충성치 못했으니 만 번 죽어도 마땅하다"며 머리를 땅에 찧어 자결을 시도했으나 실패하였다. 당시 35세였다.
334 '칠년병삼년애'(七年病三年艾)의 출처는 『맹자』의 "今之欲王者, 猶七年之病, 求三年之艾也" 이다. 즉, 7년 동안 병을 앓으면서도, 3년 말린 쑥을 구하러 다니는 어리석음을 지적한 것이다. 원래 는 사후약방문 식의 행동을 비판한 것이지만, 여기서는 늦었지만 애국계몽운동을 시작해야 한다는 의미로 쓰이고 있다.

의 情招에 應하야 安岳邑에 轉住케 되엿다.

西明義塾에서 視務할 時에 "義兵將 禹東善[335]이 十里許 內洞에 留陣하얏다가, 倭兵의 夜襲을 因하야 達泉 附近에 十七名의 義兵 屍體가 內洞 外口에 橫路하엿다"는 '報道'를 듯는 時에, 맞음[마침] "倭兵 三名이 銃器를 携帶하고 鍾山 洞內에 入하야 洞長을 呼出하야 鷄卵과 鷄를 逐戶討索한다"고 洞長이 驚怯하야 來議하드라.

나는 洞長 禹昌濟의 집에 갖이 간즉 倭兵이 生鷄와 鷄卵을 餘地 업는 暴威로 强索하드라. 나는 該 倭兵의게 筆談으로 質問한다. "軍隊에서 物品을 徵發하느냐, 買收하느냐" 한즉 "買收한다"고 한다. "萬一 買收한다면 達泉市에서 可能하거늘 何若 是 村民을 壓迫하느냐" 한즉, 該 倭兵이 그 말은 對答이 업고 反問한다. "當身 사람이 文化 郡守냐" 하기로, "나는 西明義塾 敎師라" 하엿다.

한 놈은 나와 問答을 하는 새이에, 其餘 倭兵은 外出하야 압집 뒷집에서 닭을 처서 內庭 突入을 하야 婦人 幼兒들이 驚動하는 소래가 들니인다. 나는 洞長을 號令하얏다. "그대가 洞任이 되여 도적이 집집에 突入한다는데 가서 實地 視察도 안는가" 한즉, 나와 問答하든 倭兵이 號角을 부러, 外出하엿든 놈들이 닭을 한 손에 二三首式 가지고 들어온다. 그놈들이 무슨 말을 하드니 强奪한 닭을 내여 버리고 洞外로 나가, "아랫 동니에서 집집에서 닭을 처셔 멋 짐을 저갓다"고 洞里 사람들이 後患을 忌하기로 내가 擔當한다고 하엿다.[336]

---

335 '禹東善'은 '禹東鮮'. 우동선(禹東鮮, 1870~1908)은 황해도 문화 출신의 의병. 1908년 격전을 벌이다 체포된 그는 감옥에서 감시병의 총을 빼앗아 일본군 8명을 사살하고 끝까지 교전하다 사망하였다.

336 "西明義塾에서 視務할~擔當한다고 하엿다": 본문의 여백 4면을 돌아가면서(우 → 하 → 좌 → 상) 이용하여 기록하였다. 《등》에는 이 여백 보완 부분이 누락되어 있다.

鍾山에서 初得으로 一個 女兒를 産生 後 幾日〔며칠만〕에 母女를 轎子에 태이여 왔드니, 觸寒이 되엿든지 到安 後〔안악 도착 후〕에 곧 女兒는 死亡하엿다.

安岳郡에는 當時 十數名의 有志가 有하니 金庸濟, 金庸震, 金鴻亮, 李始馥, 李相晋, 崔在源, 張允根, 金鍾元, 崔明植, 金亨鍾, 金基瑩, 表致禎, 張明善, 車承用, 韓弼浩, 廉道善, 田承根, 咸德熙, 張應璇, 元仁常, 元貞溥, 宋永瑞, 宋鍾瑞, 金庸昇, 金庸弼, 韓應祚 等은 中年 及 青年이오, 金孝英, 李仁培, 崔龍化, 朴南秉, 朴道秉, 宋漢益 前輩〔선배〕等은 該 郡內 中堅 人物인데, 左記〔위의〕人員은 直接 나와 일에 關係가 잇는 사람만을 計數한 것이다. 新敎育의 必要를 切感하야 金鴻亮, 崔在源 外 幾個 青年은 京城과 日本에 留學하고, 前輩 等은 敎育 發達에 盡誠盡力하야 該 邑 內에 耶蘇敎會로 第一次 安新學校가 設立되고, 其次 私立 楊山學校가 設立되고, 其後에 公立 普通學校가 設立되고, 東倉에 培英學校, 龍順에 維新學校 等 敎育機關이 繼設되엿다.

黃海 平安 兩道에 敎育界로나 學生界로나 平壤에 崔光玉이 第一 信望을 가진 青年임으로,[337] 崔光玉을 延聘〔초빙〕하야 楊山學校에서 夏期 師範講習을 設하고, 黃海道에서 敎育의 從事하는 人士는 村中 私塾 訓長까지 召集하고, 南北 平安에 有志 敎育者들과 京畿 忠清道에까지 講習生이 와서 四百餘名의 達하고, 講師로는 金鴻亮, 李始馥, 李相晋, 韓弼浩, 李寶慶(今 光洙),[338] 金洛英, 崔在源, 都仁權 外 幾人과 女敎師은 金樂姬,

---

337 최광옥(崔光玉, 1879~1910)은 평양의 숭실학교와 일본 메이지대학을 졸업한 후 1906년 황해도 안악 지역을 중심으로 하는 면학회(勉學會) 결성을 주도하였다. 면학회는 김구의 양산학교와 공동으로 1907년에서 1909년까지 3년간 하기 사범강습회를 열었다. 면학회는 1908년 해서교육총회로 발전하였다.
338 춘원 이광수의 아명이 이보경이다. 이광수는 일본 유학 중인 1907년 여름방학에 일시 귀국하여 안악 면학회의 하계수련회에서 서양사 과목을 담당하였다.

方信榮이오, 講習生에는 姜九峰, 朴慧明 等 僧徒까지 有하엿다. 載後面
[후면에 계속].[339]

朴慧明은 年前 나와 京城 永道寺[340]에서 彼此에 白衲[341]으로 相別한
師兄인데, 當時 貝葉寺 主持僧으로 偶然 相逢되엿다. 나는 甚히 반가와
서 楊山校 事務室에를 引導하고, 여러 敎師들의게 내 兄님이라고 紹介하
엿다. 敎師들은 疑訝한다. 나희도 나보다 적어 보일 쑨 아니라 내가 無妹
獨身[독자獨子]임을 아는 까닭이다. 나는 始終을 說道[설명]하고 "내의 親兄
으로 알아달나" 하엿다. 그리고 僧俗을 勿問하고 敎育이 急先務임을 力唱
한 結果, 慧明 大師도 自己붙어 師範學을 工夫하여 가지고 곧 貝葉寺에
學校를 設立하고 僧俗의 學生을 募集하여 敎育을 하엿다.

慧明은 내의게 過去를 이야기한다. "우리 兄弟가 永道寺에서 分別한
後에 나[혜명]는 本寺인 麻谷에 歸한즉, 宗시님(指 我)의 老시님[스님] 寶
鏡堂과 시님 荷隱堂 두 늙은이가 石油 一箱을 買得하고, 油의 好否를 試
驗키 爲하야 불이 붓는[붙은] 막대 끚으로 油鑵[油罐]에 入하자, 油鑵이 爆
發되야, 그 집안에 寶鏡, 荷隱, 抱鳳 三人이 一時에 死亡하고 본즉, '財産
管理을 하여 가지고 家聲[마곡사 가문의 명성]을 傳繼할 者 오즉 宗시님이라'
고 寺議에 公決되여, 德三으로 하여곰 宗시님을 金剛山까지 보내여 探聞
하다가 蹤跡을 아지 못하고 그 巨大한 財産은 寺中 公有로 하고 마럿다"
한다.[342]

---

339 이하 두 단락("朴慧明은 年前~하고 마럿다" 한다)이 후면에 실린 내용이다. 내용상 "載後面"
에 이어서 서술되어야 자연스러워 아래에 바로 후면의 내용을 연결했다.
340 영도사(永道寺)는 현재 서울시 동대문 밖 성북구 안암동에 있는 개운사(開運寺)이다. 그런데
157면에서는 백범이 서대문 밖 새절(봉원사)에서 혜명대사와 헤어졌다고 기술하였다.
341 백납(白衲)은 남이 버린 헌 천을 누덕누덕 기워 만든 가사(袈裟)로, 변을 닦는 헝겊과 같다고
해서 분소의(糞掃衣)라고도 한다. 여기서 백납은 이러한 옷을 입은 가난한 승려를 의미한다.
342 "朴慧明은 年前~하고 마럿다" 한다":《등》에 이 부분이 있어서 원본 1차 집필 직후 추가된 것
으로 보이는데,《필》에는 "載後面" 자체가 본문인 줄 알고 이 3자는 삽입되어 있으나, 막상 재후면의

當時 七旬이 넘은 金孝英 先生은 卽 金鴻亮의 祖父니, 少時에 漢學을 研究하다가 家勢가 貧困함을 爲하야 商業을 經營할 새, 本道 所産인 布木을 貿買하야 自肩에 擔負하고 江界, 楚山 等地에 行商할 새, 飢餓가 甚할 時는 腰帶를 加緊하고 極히 節儉하야 自手致富하엿다 한다. 내가 拜面할 時난 老先生이 비록 氣骨이 長大하고 容貌가 脫俗하나, 허리가 굽어 ㄱ字 形體에 집행이를 依支하고 戶庭에 出入하드라. 舊式 人物이나 頭腦가 明晳하야 時勢의 觀察力이 當時에 新進 靑年으로도 더부러 議論할 만 資格이 稀少하드라. 該郡 安新學校를 新設하고 職員들이 經費 困難으로 會議를 開할 時에 投函에 "無名氏 正租 一百石" 義捐〔기부〕이 드러왓다. 後日에 金孝英 先生이 自己 子孫의게도 알니움 없이 暗自 義投한 것을 알엇다. 長孫 鴻亮을 日本에 留學케 함으로, 先生의 敎育의 覺悟는 證明된다. 先生이 棋酒의 癖〔癖〕이 有하야, 遠近에 幾個의 棋友가 有하야 自己 舍廊에서 飮酒圍棋하고 老年 行樂을 爲하드라.

내가 보는 씩 海州 西村 姜景熙는 本是 우리 故鄕 砧山 姜氏이고, 傳來 巨富로 少時 放浪 敗産한 者인데, 先生의 棋友의 一人이라. 一日은 先生을 問安코저 舍廊에 갓다. 該 姜氏는 내가 兒時부터 보고 알든 老人이오, 내의 祖先을 蔑視 壓迫하든 兩班이나, 아부님과 親分이 比校〔比較〕的 厚하든 舊誼를 追想하면서 納拜하엿다.

後 數日에 侍奉하든 庸震 君의게 聞한즉, 昨日에 自己 父親〔김효영金孝英〕과 姜 老人이 圍棋하다가 두 老人이 言爭이 되엿는데, 圍碁 中에 姜 老人이 自己 父親의게 이런 말을 하엿다. "老兄은 八字가 좋아서 老年에 家産도 饒足하고 子孫이 繁列하고 또 孝順하다"고 하엿다. 自己 父親이 一聞之下에 憤氣 大發하야 碁板을 드러 門外에 擲하고, 姜氏를 大責 曰, "君

内容은 누락되어 있다. 해제 참조.

의 今說은 決코 나를 爲하는 말이 안이다. 七十 老軀가 幾日 後 倭놈에 奴籍에 編入할 惡運命을 가진 놈을 가라처 八字 좋은 것이 무엇이냐" 高喊 高喊하시는데, 子孫된 處地로 姜氏를 對하야 未安하고, 父親이 그갗이 國事를 憂慮하시는 것을 볼 찐 惶悚도 하고 盍憤도 하야 今朝에 路資를 厚히 하야 姜氏를 還鄕케 하엿다고 한다.

나는 그 말을 드르매 血淚盈眶함을 不禁하엿다. 나는 비록 自己 子孫의 同輩이오, 學識으로나 人品으로나 先生의 鍾愛〔총애〕를 밧을 資格이 없으나, 집행〔지팡이〕을 집고 멋날에 一次式은 반듯이 門前에 와서 "先生님 平安하시오?" 하는 말씀을 하고 가신다. 그는 死馬骨五百金[343] 格만 안이고, 第二世 國民을 敎養하는 重任을 尊待하는 至誠에서 出함일네라. 내 의게쑨 안이라 愛國者라면 뉘게든지 뜨겁은 同情을 가지는 것을 보앗다.

나는[344] 長連에 寓住할 씬, 海州 本鄕에 省墓次로 갓다. 季父 俊永 氏의게 長連에서 從兄弟가 一家에 圍聚하야, 兄은 農業과 家事 全務를 擔負하고, 나는 敎育에 從事하야, 生活에 安定과 家間에 和樂을 報告하엿다. 季父는 疑訝한다. "너 같은 亂蓬을 누가 도와주어서 그레케 사느냐." "小姪의 亂蓬은 季父 보시기에 危險視하지만은 亂蓬 안이로 보는 사람도 더러 잇는 게지요" 대답을 하고 우섯다. 季父는 다시 뭇는다. "네가 赤手로 가고 네 從兄도 뒤밋어〔뒤따라〕 가고, 李用根 卽 네 從妹夫의 食口까지 너를 싸러가서 同居한다니, 生活의 根據는 엇더케 하고 사느냐." "小姪이 該郡에 幾個 知舊가 잇서 請來하야 移住되엿고, 知友 中 吳 進士 寅炯 君이, 曾前 該郡 甲富인 吳景勝 進士의 長孫이오, 아즉 遺産을 가지고 不貧

343 사마골오백금(死馬骨五百金): 천리마를 구한다는 뜻을 사람들에게 널리 알리기 위해, 죽은 천리마의 뼈를 거금 500금을 주고 샀다는 『전국책』(戰國策)의 고사.
344 여백에 "나는 이하로붙어 一二五頁〔項〕 第一行까지는 削除(理由는 細碎煩雜 體裁에 점찬치 못해 보이는 것)"이라 삽입하였다가 취소하였다. 해제 참조.

의 處地에 잇는바, 寅炯 君이 特別히 千餘兩의 價値로 一家垈與 田畓 園林을 俱備하야 許與하면서 '언제든지 살아가는 동안에는 내 물건과 갓이 使用하야 衣食住의 根據를 作하라' 하며 農牛 一匹까지 買與하고, 家間用次는 隨時로 寅炯 君의게 請求하야 쓰고 數多 食口가 사라가는 內容"을 一一 報告하엿다.

季父는 廳罷에〔듣고 나서〕 "此 世上에 엇지 그러케 厚德한 사람도 잇느냐" 하지만은, 季父의 觀念의는 내가 무슨 挾雜이나 하지 안는가 疑心하는 것이다. 平日 叔侄 사이에 情義가 密切치 못한 것은, 季父의 眼光에는 隣近 富豪의 子侄들이 倭놈의게 돈 百兩을 借用할 쩌는, 證書에는 千兩이라고 써 주어서 倭놈이 돈을 밧을 제는 千兩을 다 밧는데, 當者에 家産이 不足되면 族徵[345]하는 것을 자조 보고, 내가 서울도 가고 南道에도 來往하는데 倭놈의 돈이나 어더 쓰고 단이지를 안는가 하야, 어데를 간다면 야단을 하기 쩌문에 어데 갈 쩌는 從容이 나가 버리든 것이다.

그 해 가을에 季父는 長連에를 오섯다. 社稷洞 집이 집만 조흘 샌 아니라 秋收한 穀物도 當身의 宅 사림〔살림〕보담 나흘 것이라. 自己는 甚히 滿足하다기보다 豫想外이다. 吳 進士를 차저가서 보고서는, 어머님을 對하야 "侄兒가 他人의게 그갖이 信仰을 밧을 줄은 생각 못하엿다"고, 季父가 내의게 對한 誤解가 풀닌 後는 甚히 사랑하신다.

安岳에 移住한 後에도 校務를 擔任하다가 休暇에 省墓 次로 本鄕에를 갓다. 여러 히 만에, 自兒時로 工夫도 하고 놀기도 하든 故土를 訪問한즉 憾舊之懷가 形言할 수 업다. 當時에 나를 안아 주고 사랑해 주든 老人들은 太半이나 보이지를 안코, 내가 볼 쩌 얼인 兒孩들은 擧皆 長成하엿다. 成長한 靑年 中에 쓸 만한 人材가 잇는가 考察하여 보아도, 모양만 常

---

345 족징(族徵)은 일가의 다른 사람에게 대신 징수하는 것을 의미한다.

놈이 안이고 精神까지 常놈이 되고 말엇다. 그이들의게는 民族이 무엇인지 國家가 무엇인지 一毫의 覺性이 업시 穀虫〔밥벌레〕에 不過하다. 젊은 사람들의게 敎育을 말한즉 新學問은 耶蘇敎, 天主敎로 안다.

隣洞인即 兩班 姜 進士 집을 차저갓다. 그 兩班들의게 前과 갓이 納拜할 者의게 納拜하고, 口敬하든 者의게는 입人事로 平昔과 똑갓이 常놈의 本身으로 待接하면서 그 兩班들의 態度를 삷혀보앗다. 그갖이 驕慢하든 兩班들이 내의게 對하야 敬待도 안이오 下待도 안인 말노, 내의 極恭極敬을 不堪當인 形態가 보인다. 想覺건딘 昨年에 姜景熙 老人이 安岳 金孝英 先生과 同碁 時에 나를 迎接하는 孝英 老先生이 起身하야 나를 맛는 것과, 其時에 楊山學校에 師範生이 四五百名이 모인 中에 내가 周旋하는 것을 보고 가서, 自己 집안사람들의게 이약이한 것 갓다.

何如튼지 兩班의 勢力이 衰退된 것은 事實이다. 堂堂한 그 兩班들노서 草草〔초라〕한 常놈 한 個를 接待하기에 勢力이 부치여서 애를 쓰는 것을 볼 쩍의 더욱 可憐하게 생각된다. 나라가 죽게 되니까, 國內에 中堅 勢力을 가지고 온갓 淫威를 다 施하던 兩班부터 저 꼴이 된 것이 안인가. 第一 兩班이 살무로〔삶으로, 살아나〕 國家가 獨立할 수 잇다면, 나는 兩班의 虐待를 좀 더 밧아도 나라만 사라낫으면 조켓다는 感想이 난다.

平時 才士로 自認 豪張〔豪壯〕하든 姜成春의게 救國의 道를 問하엿다. 姜君은 亡國의 責任이 當局者에 잇고 自己와 같은 野老는 關係가 업는 것처럼 操心하여 對答을 한다. 내의 집안에 常놈의 常놈이나, 그대의 兩班인 常놈이나, 常놈 맛은 一般이라고 생각된다. 子弟를 敎育하라고 勸한즉 斷髮이 問題라고 한다. "敎育이 斷髮하는 것이 目的이 안이고, 人材를 養成하야 將來 完全한 國家 一員이 되야 自己 나라로 하여곰 變弱爲强하고 回暗放光케 함에 잇다" 하나, 그이에 귀에는 天主學이나 하라는 줄 알고, "自己 家門 中에도 耶蘇에 參加한 사람이 잇다"고 하며 談話를 回避

한다.

咀呪하리로다. 海州 西村 兩班들이여, 自己네가 '忠臣 子孫'이니 '功臣 子孫'이니 하며, 平民을 牛馬視하고 奴隷視하든 氣熖이 今日 安在오. 咀呪하리로다. 海州 西村 常놈들이여, 五百年 기나긴 歲月에 兩班 앞헤서 담배 한 대와 큰 기침 한 번을 마음 놋코 못하다가, 이제는 在來에 썩은 兩班보다 新鮮한 新式 兩班이 될 수 잇지 안은가. 舊式 兩班은 君主 一個人의게 對한 忠臣으로도 子子孫孫이 그 遺蔭〔음덕〕을 被하엿거니와, 新式 兩班은 三千里 疆土에 二千萬 民衆의게 忠誠을 다하야 自己 子孫과 二千萬 民衆의 子孫의게 萬歲 將來에 福蔭을 遺할지라. 그 얼마나 훌륭한 兩班일가 보냐. "兩班도 씨여라 常놈도 씨어라"고 絶叫한 것은 本鄕에 갈 쩌 幻燈 器具를 가지고 가서 隣近에 兩班, 常놈을 다 모와 놋코 幻燈會[346] 席上에서 한 말이다.[347]

安岳에서 師範 講習을 畢하고, 楊山學校를 廓張하야 中學部와 小學部를[348] 置하고, 金鴻亮이 校主에 兼 校長이 되여 敎務를 掌理하고, 나는 崔光玉 等 敎育者와 合力하야 海西敎育總會[349]를 組織하고, 該會의 學務總監의 職任을 擔하고 全道內 敎育 機關을 設立 治理하는 責任을 가지고 各郡에 巡行할 새, 白川郡守 全鳳薰의 請求의 依하야 白川邑에 當到한

346 환등회(幻燈會)는 애국계몽운동 시기 개화 문명의 생생한 모습을 비춰 주는 문명의 총아로 곳곳에서 개최되었다. 이른 시기의 환등회로는 1899년 12월 8일 "貞洞 언드우드의 집에서 各部 大官과 勅奏任官을 請하야 茶果를 設하고 幻燈會를 會觀한다더라"는 『황성신문』의 기사가 있다. 1903년 고종 황제 즉위 40주년을 축하하는 외부(外部)의 연회장에서도 환등회가 열렸다.
347 "~한 말이다" 다음에 "第一二二頁〔項〕 第十三行 第三字 (나는) 以下로 同頁 第一行까지 削除, 理由 上述"을 삽입하였다가 지워 취소하였다. 해제 참조.
348 "小學部를"과 다음 행의 "織하고, 該" 그리고 2행 아래의 "三郡守 全" 그리고 2행 아래의 "等" 부분은 1948년 이후 훼손된 부분이다. 《등》《필》 등을 참고하여 복원했다.
349 해서교육총회(海西敎育總會)는 면학회가 발단이 되어 1908년 황해도 지역의 교육 보급을 위해 결성된 단체이다.

즉, 全 郡守가 各面에 訓令하야 面內 頭民과 紳士를 五里亭에 召集하고 等待하다가, 郡守가 首唱하야 "金龜 先生 萬歲"를 부르자 羣衆이 齊唱한다.

나는 全 郡守에 口를 막고 妄發를[이라] 言하엿다. 나는 其時까지 '萬歲' 二字는 皇帝의게만 專用 祝辭요, 皇太子의게는 '千歲'를 부르는 것만 알앗다. 全 郡守는 내 손을 잡으며 "金 先生 安心하시오. 내가 先生을 歡迎하며 呼萬世함이 通例요, 妄發이 안입니다. 親舊 互相間에도 迎送에 呼萬歲하는 터인즉 安心하고 迎接하는 諸位와 人事나 하시오" 한다.[350]

白川邑에서 全 郡守 私邸에 留連하며 各面 有志를 會同하고 教育 施設 方針을 協議 進行하엿다. 全鳳薰은 本是 載寧 吏屬으로 海州邑에서 摠巡으로 多年 施務하며 教育을 獎勵하야, 海州에 正內學校를 設立하며 夜學을 勸獎할 새, 市內에 各 廛房 使喚을 夜學에 放送치 안는 廛主는 處罰하는 等, 別別 手段을 使用하야 教育의 偉蹟이 居多하엿다. 其後에 白川郡守가 되여서 該 郡內에 教育을 熱心 施設하든 時라. 全 郡守는 獨子가 早卒하고 長孫 武吉이 五六歲더라.

其時에 倭 守備隊, 憲兵隊를 各郡에 駐屯하야 官衙에 被奪이 郡郡 皆然하나 猶獨 白川은 全 郡守가 據理强拒함으로 被奪치 안엇으나, 倭가 眼中釘[눈엣가시]으로 생각하야 種種 困難한 交涉이 많으나, 全氏의 本意가 郡守를 華職으로 알아서가 아니요, 郡守의 權利를 가지고 教育을 加力함일너라. 崔光玉을 請聘하야 師範 講習所를 設하고, 靑年을 募集하야 愛國心을 鼓吹하기에 全力하더라. 崔光玉은 畢竟 白川邑에서 講演하다가 吐血而死하엿다.[351]

---

350 1897년 대한제국으로 황제국을 선포하기 이전에는 왕에게도 만세(萬歲)를 부를 수 없었다. 이런 사연으로 백범이 당황한 것이다.

351 최광옥은 독실한 기독교신자이자 신학문의 선각자로서 뛰어난 웅변술을 가지고 교육을 통한

遠近 人士가 崔氏의 苦心 熱誠인 靑年 志士가 中途 死亡함을 哀憐하야 臨時로 白川邑 南山上 學校 運動場 側에 入葬하고, 兩西 人士가 崔 先生의 誠忠을 永遠히 紀念하기 爲햐〔하여〕葬地는 沙里院 停車場 近邊에 定하고, 碑石은 平壤 停車場에 伊藤博文의 紀念碑보다 優騰하게 竪立하야 來往하는 사람들의게 永遠한 印象을 주기로 하고, 安泰國의게 碑石의 樣子까지 定하야 平壤에서 築造하도록 하엿으나, 合倂條約이 締結되여 其亦未遂하고 아즉 白川에 그대로 뭇치여 잇느니라.[352]

載寧 養元學校에서 儒林을 召集하고 敎育에 對한 方針을 討議하고 長淵에 간즉, 該 郡守 李氏가 迎接 後에 自己 管轄 各面에 訓令을 發하고 "金龜 先生의 敎育 方針을 誠心 服從하라"고 한 後에, 各面을 巡行하여 달나는 懇請을 恝却〔거절〕지 못하야, 邑內에서 一次 幻燈大會를 開催하야 數千名의 男女老少가 會集하야 盛況으로 經過한 後에, 蓴澤 薪化[353] 等 面에 巡廻하고, 安岳學校 事務의 急迫으로 回程하엿다.

松禾 水橋市에 到着하야 市內 有力者인 甘承武 等 幾個 有志의 請求의 依하야, 附近 五六處 小學校를 召集하고 幻燈會를 開過하고 發程코저 할 즘에 松禾郡守 成樂英이 代表를 派來하야 曰, "初面인 長淵郡守는 人事만을 하고도 各面을 巡廻 講演까지 하여 주고, 熟親한 自己는 차자 주지 안코 지나가려느냐"고 懇請한다. 該郡 稅務所長인 具滋祿 君도 敎育의 熱心이 잇는 탓으로 親熟한 터이니까 具君의 請求까지 밧고, 不得已

문맹 퇴치, 신문화 계몽 및 구국 운동을 하다가 배천군수의 초청을 받고 가서, 1910년 7월 19일 열변을 토하다 단상에서 피를 토하고 34세로 요절하였다. 『황성신문』(1910년 7월 22일)은 최광옥의 죽음을 "白川郡 夏期講習所에 扶病而徒ㅎ얏다가 當地에서 竟爲長逝"라고 보도하였다.
352 1928~1929년 백범이 『백범일지』 상권을 집필할 당시에도 최광옥의 묘는 여전히 백천(白川) 남산에 있었지만, 안창호·조만식·김홍량 등의 노력으로 1935년 11월 평양 장대현교회 묘지로 이장되었다. 배경식 풀고보탬, 『올바르게 풀어 쓴 백범일지』, 너머북스, 2008, 317면.
353 장연읍 서쪽이 순택면(蓴澤面), 그 서쪽 연해 지역이 신화면(薪花面)이다.

松禾郡 邑內로 向하엿다. 이 所聞을 接한 成樂英은 卽時 各面에 十餘處 學校와 郡內 有志 人士와 婦人 兒童까지 召集하엿다.

나는 數年 만에 松禾邑에 光景을 본즉, 海西義兵을 討伐하든 要阤〔요충지〕으로 邑內 官舍는 擧皆 倭가 占領하엿다. 守備隊, 憲兵隊, 警察署, 郵便局 等 機關이 充塞하엿고〔가득 찼고〕, 所謂 郡廳이란 것은 私家에서 視務하는 光景을 보고 憤心이〔에〕 髮指한다〔머리카락이 곤두선다〕. 幻燈會를 開하고 太皇帝〔고종高宗〕 眞影이 나오자 一同의게 起立 鞠躬〔고개 숙여 경의를 표함〕을 命한즉 韓 官民은 勿論이고 倭 將領과 警官輩까지 鞠躬을 식힌 後에, "韓人의 排日하는 理由 何在오" 하는 演題 下에 "過去 俄日〔露日〕· 中日〔淸日〕戰爭 時에도 韓人이 日本에 對한 感情이 極히 厚重하엿다. 其後에 强壓 條約이 締結됨을 싸러 漸次 惡憾이 激增하엿다. 내가 年前〔1908년〕에 文化 鍾山에서 親歷한 事實에 日兵이 村閭에서 掠奪을 敢行하는 것을 目睹하엿으니, 日本에 낫분 것〔나쁜 행동〕이 곧 韓人의 排日 原因"이라고 大聲 疾呼하면서 列席한 成樂英, 具滋祿을 본즉 面如土色이고 倭놈들은 怒氣가 騰騰하드라.

再次投獄—哈〔合〕爾濱事件

忽然 警察이 幻燈會를 解散하고, 나는 警察署로 다려간다. 群衆은 怒不敢言하고 대단 激昂한 氣分이 보이더라. 나를 警署에 다리고 가서 韓人 監督 巡査의 直室에서 同宿하게 한다. 그리자 各 學校에서 學生이 番次例로 와서 訪問하기로 慰問隊를 組織하야 連續하야 慰問한다.

一夜를 宿하고, 翌日에는 '하루빈 電報'로 "伊藤博文이 韓人 은〔응〕치안(은치안 三字가 其時 新聞에 揭載된 것은 安應七이니 卽 安重根의 字

가 應七임이라)의게 被殺되엿다"는 新聞을 보앗다. 은치안을 몰나서 매오 궁금하든이 翌朝에, 安應七 卽 安重根으로 明白하게 新聞에 記載되엿다.354

其時에야 나는 怳然히 내의 拘留 當하는 原因을 覺知하엿다. 當夕 幻燈會에서 日本놈을 叱辱하엿으나 그맛한 叱辱은 到處 皆然한데 何必 松禾 警察이 내의게 손을 대인 것을 異常히 알앗고, 拘留를 當한대사 幾日 後 說諭 放免될 것으로 알엇는데, 하루빈 事件의 嫌疑라면 좀 길게 苦生하리라고 생각된다.355

幾日 後에 尋常한 數語를 質問하고, 留置場에 一個月을 經하야 海州 地方裁判所로 押送한다. 水橋市 甘承武 집에서 午餐을 먹을새 市內 學校 職員과 市 頭民 等이 一齊히 集會하야 護送하는 倭 巡査의게 請求한다. "金龜 先生은 우리 敎育界 師表인즉, 慰勞宴을 設하고 一次 接待한다"고 한다. "後日에 海州 단이온 後에 실컷 慰勞하라"고 當日은 拒絶한다. 及其 也 海州에 到着한즉 卽時 監獄에 被投하엿다. 一夜를 經過하고, 檢事가

<hr>

354 일제는 하얼빈 의거의 이른바 '범인'을 '한인'(韓人) → '웅치안'(ウンチアン) → '안응칠' → '안중근'의 순으로 밝혀낸다. ① 1909년 10월 26일 의거 당일 『조선일일신문』(朝鮮日日新聞)이 호 외로 "伊藤博文이 韓人에게 暗殺되얏다"고 보도하였고, 다음 날(10월 27일) 『대한매일신보』도 이 를 인용·보도하였다. 이때부터 일본 경찰들은 한인에 대해 비상한 경계 상태에 들어갔지만, 연일 강연 등으로 바빴는지 백범과 그 친구들은 이 큰 뉴스를 전혀 모르고 있었던 것 같다. ② '웅치안'이 '안응칠'로 국내신문(『대한매일신보』)에 처음 보도된 것은 의거 발발 4일 후인 1909년 10월 30일이 다: "犯人 운지안(旣電은 歐文)은 「웅칠안」인대, 歐文 書式에 名을 姓보다 先書ᄒᆞᆫ 故로 此를 韓 音으로 讀ᄒᆞ면 안응칠이니, 漢字로는 卽 安應七이라. 安應七은 有名흔 리範晉의 黨類로 海蔘威의 在住ᄒᆞ던 者라더라. 卄八日발."(『대한매일신보』) ③ 안응칠이 '범인'으로 보도되고 9일 후인 11월 9일 『대한매일신보』는, "安應七은 僞名이오 本名은 安重根"으로 보도하였다. 백범은 구속 다음 날 이토 히로부미가 한인 은칠안에게 피살되었다는 것을 알았고, 그다음 날 다시 은칠안이 안응칠이며 그가 바로 안중근을 확인했다고 기록하고 있지만, 이렇게 신속하게 은칠안이 안중근으로 밝혀진 것은 아니다.
355 백범은 안응칠의 신원이 안중근으로 특정되기 이전에 구류되었기 때문에, 청계동 생활 등 안 중근 의사와 직접 관련되는 것으로 검거된 것은 아니다. 다만 하얼빈 사건의 '범인'이 한인(韓人)이 라는 것은 바로 알았기 때문에 일본 경찰의 단속이 격심하던 시기에 강연 중 검거된 것이다.

安重根과의 關係 有無를 質問하나, 從前 世誼의 關係뿐이고, 今番 하루빈 事件과 아모 關聯이 업슨 것을 알고, 내의게 地方에서 日本 官憲과 反目하는 證據인 '金龜'라고 쓴 百餘頁의 一册子를 내여 노코 訊問한다. 內容은 全部가 내의 數年間 各處에서 行動하는 것을 警察이 報告한 것을 集成한 것이더라.

結局은 不起訴로 放免되여, 行具를 가지고 朴昌鎭의 册肆[서점]에 간 즉, 맛참 朴君을 相逢하여 經過를 니야기할 時에, 在傍한 柳薰永 君이 人事를 하고 "自己 父親의 生辰宴의 同參하여 달나"는 請求의 應하야 壽筵에 往參하니, 壽翁은 卽 海州 富豪의 一人인 柳長濤이드라. 宴會를 罷한 後에, 松禾 警察署에 護從하엿든 韓日 巡査에 韓人 巡査덜은 내의게 同情하는 者임으로 事件의 進行을 알고 십허하야 아즉 發程치 안엇더라. 巡査 全部를 餐館[식당]으로 請來하야 經過를 말하야 回程식히고 나서는 李承駿, 金泳澤, 梁洛疇 諸君으로 訪問할 즈음에 安岳 親舊들이 韓貞教를 派送하얏더라. 同志들에 憂慮를 爲하야 무一日 韓貞教를 싸라 安岳으로 回還하얏다.

當時 安岳 楊山學校에는 中小 兩部를 置하고, 最初에는 李仁培가 校長이엿고, 其後는 金鴻亮이 校主 兼 校長이 되고, 나는 小學部의 幼年의 教授를 擔任하고, 載寧 北栗面 武尙洞에 保强學校長의 任을 兼하고 該校 維持 發展을 爲하야 種種 往來하얏다. 該校는 最初 勞動者들의 主動으로 設立되엿으나, 附近 洞里에 有志들이 維持하여 가면서 該教 振興策으로 나를 校長으로 推選한 것이다. 田承根으로 主任教師를 任하고, 張德俊[356]

---

356 장덕준(張德俊, 1892~1920)은 황해도 재령(載寧) 출생으로, 설산(雪山) 장덕수(張德秀)의 형이다. 1920년 김성수(金性洙)·이상협(李相協) 등과 『동아일보』를 창간, 발기위원 겸 논설위원으로 있다가 특파원으로 중국 북경(北京)에 가서 미국 의원단(議員團)의 활동을 취재하는 한편, 그들에게 한국의 실정을 알리는 데 힘썼다. 그 뒤 만주에서 일본군이 한국인을 대량 학살한 훈춘사건(琿

은 教半學半의 目的으로 親弟 德秀[357]를 다리고 校內에 宿食하며, 校監 許貞三 等의 協力으로 教務를 發展할 새, 該 校舍는 新築으로 아즉 蓋瓦치 못하고 蓋草만 하고 開校하여 教授하든 터이라. 該校는 武尙洞을 隔離하야 野外에 獨立한 校舍라, "種種 鬼火가 發生함을 鎭火한다"는 報告가 잇다.

나는 教職員 一人의게 秘密히 注意를 주엇다. 該校에 火災가 每每 夜深한 後라 하니, 三日爲限하고 "隱密한 곧에서 學校에 人跡 有無를 注目하다가, 萬一 人跡이 有하거든 가만히 追跡하야 行動을 삷혀보라"고 秘訓하엿다. 果是 第二日에 急報가 왓다. "學校에 重大 事故가 잇으니, 校長이 出席하여 달나"고 接報 卽時로 出程 進校한즉, 守直하든 職員이 衝火犯 一名을 捕縛하고, 洞中 教中에서 죽이쟈 살니쟈의 騷動이 낫다. 犯人을 親審한즉, 該 洞內에 居住하는 私塾 訓長으로서, 내가 洞中 父老를 請하야 新教育의 必要를 說明하야, 自己가 教授하든 兒童 四五名이 全部 學校에 入學하고 본즉, 自己는 苦役인 農作밧게 生活 方道가 없이 됨을 恨하야, 不義의 手段으로 學校 事業을 妨害코저 衝火한 것을 自白하엿다.

내가 일즉이 學校 事務員을 불너 學校에 火災 나든 眞相을 問한즉 그 이덜은 確實히 鬼火라고 한다. 校舍 附近地에 該 洞中에서 年年이 致祭하든 所謂 府君堂[신당]이 잇고, 該堂 周圍에는 連抱[아름드리] 古木이 列立하엿는데, 校舍를 新建 後에 該 古木을 斫伐[작벌]하야 校舍 燃料에 供하엿

129

春事件)이 발생하자 현지에서 취재하다가 일본군에게 살해당했다.
357 장덕수(張德秀, 1895~1947)는 호가 설산(雪山)이다. 일본 유학 후 귀국하여 『동아일보』를 창간할 때 주간을 맡았다. 해방 후 한국민주당 외교부장·정치부장을 역임하다 1947년 12월에 암살되었다. 한민당에서는 암살의 배후로 백범을 지목하였고, 재판 참고 자료로 『백범일지』가 필사되었다.

다. 所以로 洞中 人民이 鬼火로 認하야, 學校로서 該 府君堂에 致祭치 안으면 火災를 救치 못한다는 迷信說이 紛紜하다 云云하드라. 所以로 該 敎職員의게 秘囑하얏든 것이라.

職員 報告에 依하면 第二回 火災 經過 後에 每夜에 校舍 附近에 隱身하고 監察하든 第二 夜半에, 武尙洞里로브터 校舍에 通路上에 人跡이 有함으로 가만가만히 뒤를 싸라가며 본즉, 엇던 사람이 忽急히 校舍로 달녀가서 校庭에 立하야 講堂에 屋霤〔옥류屋霤〕[358] 上과 對面 事務室 집웅〔지붕〕에 무슨 物件을 더지는지라. 講堂 집웅에서는 벌서 火焰이 起하고, 事務室 집웅에서는 螢火〔반딧불〕와 갗이 반짝반짝만 하고 아즉 起火되지 안음을 본 그 사람은 逃走하려는 즈음에 守直하든 職員의게 被捕하여, 一邊 結縛하며 一邊 洞民을 號召하야 鎭火하고, 내의게 告急한 것이다. 該 犯人을 訊問한 즉 ─ ─ 自白하는지라.

果是 學校가 設立됨을 싸라 自己 生活에 損害가 及하기로 衝火를 한 것이오, 其 衝火한 方法으로는 一指長의 火繩 末端에 당셕냥 한 줌을 藥頭를 總結하고, 一端에는 石子를 달아매야, 屋頂에 投하야 發火케 한 行爲를 取得한 後에, 警察에게 告發을 안이하고 從容히 該 洞里로브터 退去를 命하고 그 後로는 敎務를 進展하얏다.

安岳에서 該敎까지 二十里 相距임으로 一週에 一次式 保强校에를 나간다. 安岳邑에서 新換浦[359] 下流를 건너 學校를 가는데, 夏節에 學校에

---

358 雷(뢰)는 霤(유) 자의 오자이다. 옥뢰(屋雷)라는 말은 없고, 옥류(屋霤)는 건물의 처마를 말한다.

359 직해본과 탈초본에서 "新機浦"라 독해하였으나, '신환포'(新換浦)이다. 황해도 재령군 북서쪽, 재령강의 지류인 서강(西江) 하류, '강이 새롭게 방향을 바꾸는 포구'이다. 예전부터 농산물과 수산물의 집산지였으며, 1986년 북한에서 평안남도 남포직할시와 황해남도 은률군을 연결하는 서해갑문을 만들었는데, 이 서해갑문 덕택에 신환포는 물이 많이 차 있어서 큰 배들도 드나들고 있으며, 대동강 하류에 있는 공업지대들과 뱃길로 연결되어 있다.

가면서 渡頭를 向하고 가노라면, 學校에서는 小學生들이 나를 바라보고 迎接하느라고 몰녀 나오고, 職員들도 뒤를 니어 나온다. 내가 渡頭에 到着하야 본즉, 越便에 來着한 小學生 全部가 衣服을 척척 벗고 江中에 쉬여 들어간다.

나는 大驚하야 高喊한즉, 職員들은 江干[江岸]에서 우스면서 安心하라고 答한다. 津般에 등하야 江中에 進하자 가뭇가뭇한 學生들의 머리가 물속에 낫하나서 배(船)전(緣)에[360] 달녀 매는 것이, 맞이 챗박퀴에 개암이(蟻)[개미]쎄 붓듯 하드라.

나는 將來에 海軍을 募集하게 되면 沿海 村落에서 募集함이 便宜하겟다고 생각하엿다. 武尙洞 亦是 載寧 餘物坪[나무리벌]의 一 洞里이다. 坪內에는 特別히 巨富는 無하나 普通으로는 그다지 貧困치 안은 곳이니, 土地가 擧皆 宮庄[361]이고 極히 肥沃한 所以라. 人品이 明敏 俊秀하야, 時代 變遷에 順應하야 學校로는 雲水, 進礎, 保强, 基督 等이 設立되여 子弟를 敎育하고, 農務會를 組織하야 農業 發達을 計圖하는 等 公益事業에 着眼함이 實노 보암즉[볼만]하더라.

羅錫疇[362] 義士는 當時 妙齡의 靑年으로 國勢 日非함을 忿恨하야, 該 坪內에서 男女小兒 八九名을 배에 싯고 秘密이 中國에 逃往하야 鐵網 밧글[바깥으로] 버서나가서 敎養코저 出發하다가, 長連 梧里浦에 倭警의게 發覺되여 屢月의 獄苦를 經하고, 出獄 後에는 表面 商農에 從事하면서 裏

---

130

360 선연(船緣)은 배의 양쪽 가장자리 부분, 즉 뱃전.
361 궁장(宮庄)은 궁에 소속된 농장이다. 조선 시대에 재령 여물평(나무리벌)은 궁장토가 집결된 지역으로 유명했다. 이 비옥한 토지들은 토지조사사업 이후 대부분 동양척식회사 소유의 농장이 되었다.
362 나석주(羅錫疇, 1892~1926)는 재령 여물평 북률면 출신으로, 보명(普明)학교에서 수학하였고, 1913년 북간도로 건너가 무관학교에 입학, 군사훈련을 받았다. 1919년 국내에 들어와 3·1운동에 참여하였고, 여물평 지역에서 비밀결사를 조직하여 친일파를 숙청하고 군자금을 모으다 일본의 감시 때문에 상해로 망명하였다.

面으로 獨立의 思想을 鼓動하며 直接間接으로 敎育에 熱誠을 다하여, 該坪內 靑年의 首腦로 信任을 밧더라.

나도 種種 餘物坪에를 來往하게 되엿다. 盧伯麟[363]이 軍職을 解하고 豊川 自宅에서 敎育 事業에 從事하든 째라. 一日은 京城 가는 途次에 安岳에서 相逢하야, 同伴하야 餘物坪 進礎洞에 敎育家인 金正洪 君의 집에서 同宿할 새, 進礎學校 職員들과 宴飮하든 즈음에 忽然히 洞里에서 騷動하는 소래가 난다.

進礎學校長 金正洪이 驚惶罔措하야 事實을 말한다. "該校에 女敎師 吳仁星은 李在明의 夫人이엿는데, 李君이 自己 夫人의게 무슨 要求를 强勁[强硬]히 하엿든지 短銃으로 威脅하야, 吳 女士는 驚怯하야 學校 敎授를 堪當치 못할 事情을 말하고 隣家에 避匿하얏고, 李君은 狂人의 行動 모양으로 洞口에서 放炮하고 '賣國賊을 一一 銃殺하겟노라'고 揚言한즉 洞中이 騷動한다"고 한다.

盧伯麟과 相議하야 李君을 請來하엿다. 뉘가 알앗슬야. 幾日 後에 朝鮮 天地를 震動하게 하든 京城 泥峴[종현鍾峴]에서 군밤장사의 假裝으로 衝天의 義氣를 伏하고 李完用을 狙擊할 새, 먼저 車夫를 죽이고 李完用의 生命은 다 쌔앗지 못하고 被捕하야 殉國하신 李在明 義士인 줄을.[364] 召請을 應하야 年期 二十三四歲의 靑年이 眉宇[눈썹 근처]에 忿氣를 帶하

---

363 노백린(盧伯麟, 1876~1925)은 호가 계원(桂園)이다. 황해도 은율 출신으로 일본으로 유학가 일본 육군군관학교를 졸업했다. 그후 귀국하여 대한제국의 군 요직을 두루 역임했다. 군대가 해산되고 국권도 빼앗기자 그는 신민회에 관여하고 해서교육총회장으로 교육운동을 했다. 1919년 중국으로 망명하여 상해임시정부 군무총장을 지냈다.

364 이재명(李在明, 1890~1910)은 평양 사람으로 1904년 대한노동이민사의 이민 모집에 따라가 하와이에서 수년간 노동에 종사하였다. 1907년 한일의정서 협약 후 귀국하여 이토를 암살하려다 안창호의 만류로 실패하고, 안중근이 이토를 저격한 후 이완용 등 국내 친일파를 척결하기로 결심하였다. 백범과 노백린이 만났을 때 불과 20세였고, 이어서 1909년 12월 22일 종현 천주교성당(현 명동성당) 앞에서 이완용을 저격했다. 본문에서 이현(泥峴)은 종현(鍾峴)의 착오이다.

고 入堂하는지라. 우리 두 사람이 輪次로 人事를 한즉, 自己는 "李在明이고 數月 前에 美洲로브터 歸國하야 平壤 吳仁星 女子와 結婚하여 지내는 바, 自己 夫人의 家庭이 寡宅 丈母가 女子 三名을 다리고 지내는데, 家勢는 饒足하야 짤덜을 敎育은 식히나 國家 大事에 獻忠할 勇氣가 업고, 但히 苟安에 泥着하야 내의 義氣와 忠誠을 理解치 못하는 點을 가지고, 내의 夫婦間에도 或時 爭端이 生하야 學校에 損害가 될가 憂慮한다"는 말을 無忌憚하게 말한다.

131

桂園 兄과 ▼나는 李 義士의게 將來에 目的하는 事爲와 過去 經歷과 學識을 一一히 問한즉, 自己는 幼年에 包哇〔布哇: 하와이〕에 渡往하야 工夫를 하다가, 祖國이 島倭의게 强佔이 된단 말을 듯고 歸國하엿으며, 今에 하려는 일은 賣國賊 李完用으로 爲始하야 몃 놈을 殺之코저 準備中인데 短刀 一柄, 短炮 一柄과 李完用 等의 寫眞 幾枚를 懷中으로서 내여놋는다.

桂園과 나는 同一한 觀察노 時勢的 激敢으로 虛熱의 뜨인 靑年으로 뵈여진다. 桂園이 李 義士의 손을 잡고 懇曲히 말을 한다. "君이 國事를 悲憤하야 勇氣的으로 活動함이 極히 嘉尙하나, 大事를 經營하는 男兒로 銃器로 自己 夫人을 威迫하고 洞中에서 放銃하야 民心을 搖亂케 하는 것이 意志가 確固치 못한 表徵이니, 只今은 칼과 銃을 내(桂園)의게 任實임치하고, 意志도 더욱 强毅하게 修養하고 同志者도 더 交得하야 가지고 實行期에 내게 와서 차저서 實行함이 何如오" 한다. 義士는 桂園과 나를 熟視하다가 銃과 칼을 桂園을 주나, 顏色에는 樂意가 없음이 現露하드라.

作別하고 沙里院驛에서 車가 臨行할 時에 李 義士는 忽然히 낫타나 桂園의게 該 物品의 返還을 要求한다. 桂園은 우스면서 "京城 와서 찾으시오" 하자 汽車가 써낫다. 그리한 지 一朔이 못 되여, 義士는 同志 幾人과 會同하야 京城에 到着하야 泥峴에서 李 義士가 군밤장사로 假裝하고

路傍에서 賣栗하다가 李完用을 칼노 질너서, 李完用은 生命이 危險하고, 李 義士와 金正益, 金龍文, 田泰善[全泰善], 吳[吳復元] 諸君은 被捕된 事件이 新聞에 揭載된다. 나는 깜작 놀낫다. 李 義士가 短銃을 使用하엿으면 李賊[이완용]의 生命 結末이 確實할 것인데, 盲目인 우리가 干涉하야 武器를 奪取하엿기 쩌문에 充分한 成功을 못함리로라. 恨悔不已하엿다.

記錄의 先後가 顚倒되엿다. 嗚呼라. 國家는 被倂한 後이다. 國家가 合倂의 恥辱을 蒙한 當時 人情으로는 甚히 洶洶하다. 元老大臣덜 中에 自殺하는 者들과, 內外 官人 中에도 自殺하는 者 居多하고, 敎育界에는 排日 思想이 極度에 達하고, 오즉 不聞不識한 農民덜 中에는 合倂이 무엇신지 亡國이 무엇신지 모르고 잇는 者도 만하다[많다].

나부터 亡國의 恥辱를 當하고 無國의 痛을 感하나, 사람이 愛子를 喪失함과 갖이 喪亡을 슯허하면서도 有時乎[어떤 때에는] 生存하얏을 것 같은 생각이 나옴과 갖이, 나라이 亡하기는 하얏으나 國民이 一致 奮發하면 곳 國權이 恢復될 것갗이 생각된다. 그리하면 後生으로 하여곰 愛國心을 養成하야 將來에 光復케 할 道外에 他道가 無하리라고 생각되여, 繼續하야 楊山學校를 廓張[擴張]하야 中小學部에 學生을 增募하고 校長의 任務를 帶하엿다.

先是에[전에] 國內 國外를 通하야 政治的 秘密結社가 組織되니 卽 新民會라. 安昌浩는 美州로부터 歸國하야 平壤에 大成學校를 刱設[創設]하고 靑年을 敎育함으로 表現 事業으로 하고, 裏面에서는 梁起鐸·安泰國·李承勳[李昇薰]·全德基·李東寧·朱鎭洙·李甲·李鍾浩·崔光玉·金鴻亮 外 幾人으로 中心人物이 되고 當時 四百餘名 精秀份子[分子]로 組織된 團體를 卽 新民會를 訓練 指導하다가, 安昌浩는 龍山憲兵隊에 滯囚된 일도 有하엿다.

合倂된 後에는 [안창호는] 所謂 注意人物을 一網打盡할 것을 豫想함이

엇든지 秘密히 長淵 松川에서 威海尉〔威海衛, 현 중국 웨이하이威海〕로 潛渡하 엿고, 李鍾浩·李甲·柳東說 同志가 繼續 渡江한 後이라. 京城에서 梁起鐸 主催로 秘密會議 通知를 밧고 나도 赴會하엿다. 梁起鐸 住所에 出席 된 人員은 梁起鐸·李東寧·安泰國·朱鎭洙·李承勳〔李昇薰〕·金道熙·金龜 가 秘密會議를 開하고, 現今 倭가 京城에 所謂 總監府〔統監府〕를 置하고 全國을 統治한즉, 우리도 京城에 秘密히 都督府를 置하야 全國을 治理하 고, 滿洲에 移民 計劃을 實施함과 武官學校를 設立하야 將校를 養成하야 光復 戰爭을 開起할 準備로, 李東寧을 先次 滿洲에 派送하야 土地 買收, 家屋 建築과 其他 一般을 委任 發送하고, 幾餘 參席한 人員으로는 各 地 方 代表를 選定하야, 十五日 內에 黃海道에서 金龜가 十五萬元, 平南에 安泰國 十五萬元, 平北 李承勳〔李昇薰〕 十五萬元, 江原에 朱鎭洙 十萬元, 京城에 梁起鐸 二十萬元을 募集하야, 李東寧의 뒤를 越送하기로 議決하 고, 卽各〔卽刻〕 出發하니라.

時는 庚戌〔1910〕 十一月 二十日 早朝에 梁起鐸 親弟 寅鐸과 及 其 夫 人으로 同伴하야 沙里院驛에서 下車하고, 寅鐸 夫婦는 載寧으로(寅鐸은 載寧裁判所 書記로 赴任의 途次에 同行한 것뿐이고, 우리의 秘密 計劃을 通情치 안은 것은 起鐸부터 親弟의게 事情을 勿說하라고 우리의게 付托 한 것이다), 나는 安岳으로 回還하야 金鴻亮과 協議하야 土地 家産을 放 賣 着手 中이고, 信川 柳文馨 等 幾人과 隣郡 同志의게 將來 方針을 密報 하야 進行 中에, 長淵 李明瑞는 先次 自家 大夫人〔어머니〕과 親弟 明善을 西間島의 先往케 하야 後渡 同志들의 便益를 供給하기로 하고 安岳에 到 來하엿기로, 北行을 引導 出發하엿다. (李明瑞는 南滿의 渡하엿다가 同 志 十五人을 引率하고 國內에 潛入하야 殷栗郡守를 射殺하고 倭 守備隊 와 極熱히 싸오다가 敵彈에 殉國하엿다.)

安岳에 도라와 所聞을 들으니 安明根이 來安하야〔안악에 와서〕 屢次 나를 來訪하엿으나 나의 京城行의 相違되여 逢着치 못하엿다. 忽其夜半에 明根이 楊山學校로 來訪한다. 내의게 來訪한 意見을 聞한즉, 自己는 海西 各郡 富豪를 多數 交涉한 結果 皆是 獨立運動 資金을 ▼許認하고도 敏速 酬應치 안은즉 安岳邑 幾家 富豪를 銃器로 威脅하야 他方에 影響을 및이 게[미치게] 할 目的인즉 應援 指導하기를 請한다.

나는 具體的으로 將來 方針을 問한즉 [안명근] 曰, "黃海道 一帶 富豪 들의게 金錢을 分集하야 가지고 同志者를 聚集하야 電信電話를 斷絕하 고, 各郡에 散在한 倭仇는 各 該郡으로서 屠殺하라는 命令을 發布하면, 倭兵 大隊가 到着 前 五日間은 自由의 天地가 될 터이니, 更進할 能力이 無하다 하여도 當場에 雪忿[분풀이]은 足하지 안켓느냐" 한다.

나는 明根을 붓잡고 挽留하엿다. "兄이 旅順事件[안중근 의사 순국]을 目 睹한 나마지[나머지]에 더옥 血族의 關係로도 加一層 憤血이 湧出하는데 서 如此한 計劃을 思得함인 듯하나, 五日間 黃海 一帶에 自由 天地를 造 成하랴도 金錢보다 더옥 同志의 結束이 必要한데 同志者는 幾人이나 得 하엿나요?" 무럿다.

梅山(明根의 號) 曰, "내의 切實한 同志도 幾十名 되지만은, 兄이 同 意하신다면 人物은 容易할 줄 認한다" 하드라.

나는 懇曲히 挽留하고 "將來에 大規模의 戰爭을 하랴면 人才 養成이 업고는 成功을 期할 수 업고, 一時的 激發한 것으로는 五日은커녕 三日의 功도 期키 難하다. 憤氣를 忍耐하고, 多數 靑年을 北地帶로 引導하야 軍 事 敎育을 施함이 當務之急이라" 한즉, 梅山 亦是 肯定하나 自己의 所料 와는 相異한 點을 發見하고 좀 滿足지 못한 意思를 가지고 作別하엿다.

不過 幾日 後에 沙里院에서 梅山은 倭警의게 被捕하야 京城으로 押 送되고, 信川 載寧 等地에서 連累로 被捕되는 消息이 新聞上에 發表된 다.

三次投獄, 十五年役 [365]

辛亥〔1911년, 36세〕正月 初五日에 나는 楊山學校 事務室에서 起寢도 하지 안은 째에 倭憲兵 一人이 와서 "憲兵所長이 暫時 面唔〔面談〕할 事ㅣ 有하다"고 同去를 請한다. 갖이 간즉 벌서 金鴻亮, 都寅權, 李相晋, 楊成鎭, 朴道秉, 韓弼昊, 張明善 等 教職員을 次第〔차례〕로 招集하엿다. "警務 總監部의 命令"이라 하고 "臨時 拘留에 置한다" 宣言한 後, 二三日 後에 全體를 載寧에 移囚하고, 黃海 一帶에 平素 愛國者로 指示될 人士를 擧 皆 逮捕한다.

先是에〔이에 앞서〕白川郡守 全鳳薰은 나다려 相議한다. "國家 大勢가 已傾에〔이미 기울어〕所謂 郡守 一職도 心事에 忿激하야 任過키 不能한즉, 兄 等이 從事하는 安岳 楊山學校 附近에 家屋 一坐를 買得하야 住居하면 서 孫兒 武吉의 學業이나 全務하기 所願"이라 하야, 習樂峴에 瓦家 一坐 를 買入 修理하고, 當時 遂安으로 移職된 郡守 全鳳薰이 率家하야 安岳 으로 移來하는 日이, 卽 우리는 載寧에서 沙里院으로 沙里院에서 京城 車 로 被送되는 일이라. 全鳳薰이 우리의 消息을 듯고 安岳으로 移舍하든 心 懷가 엇더하엿으랴.

(海西 各郡에서 逮捕되여 京城으로 移送하는 人士 中에 松禾 泮亭 申 錫忠 進士는 載寧江 鐵橋를 건느다가 投江 自殺하엿다. 申錫忠은 本是 海西에 著名한 學者요 兼히 慈善大家라. 錫忠의 次兄 錫悌 進士의 子孫 의 教育 問題로 내가 一次 訪問하고 一夜 同宿 談話한 事ㅣ 有할 싼이다.

---

365 상권에서 가장 많은 내용을 담고 있는 장이며, 옥중 생활도 마지막 상당 부분을 차지한다. 《등》 (『전집』 2권 155면)에서는 목차가 「三次投獄 十七年役□獄中見聞」이다. 《원》(152면)에서도 유일 하게 본문 속의 목차로 사료되는 "獄中生活"이라는 구절에는 옆에 줄을 그어 강조하였다. 이 책에서 는 이 "獄中生活"도 목차로 처리하였다.

그 時에 錫悌 進士를 訪問고저 洞口에 入함애, 申宅에서 消息을 듯고서 錫悌의 子孫 卽 子 洛英, 孫 相浩 等이 洞外에 出迎하는지라. 나는 脫帽 而禮할 時 洛英 等은 黑笠을 脫하고 答禮를 한다. 나는 우스면서 갓끈 그르는 것을 挽止함애, 洛英 等은 悚懼한 빗을 씌우고 "先生쯰서 免冠하시는데 우리가 그저 答禮를 할 수 잇슴닛가?" 나는 도로혀 未安하야 "내가 쓴 담벙거지는 洋人이 쓰는 物件인데, 西洋人의 通例가 人事할 제 脫帽하는 것이니 容恕하라"고 하고, 錫悌 進士를 보고 國家 文明에 敎育에 急先務인 것을 一夜間에 盡情 說過하고, 孫 相浩의 敎育의 依賴를 受하고 回安[안악으로 돌아옴]하엿든 것이라.)366

沙里院에서 우리 全部와 護送하는 憲兵 幾名이 京城 車를 타고 進行中에 車 中에서 李承薰[李昇薰]을 相逢하엿다. 李承薰이 우리가 捕縛되여 가는 것을 보고 他人이 아지 못하게 車窓 外로 머리를 내밀고 하얌없이 눈물을 흘니드라. 車가 龍山驛에 到着될 時 刑事 一名이 南岡(承薰之號)의게 人事를 請하고 "當身 李承薰[李昇薰] 氏 아니요." 李 答, "그럿소." 該 刑事 놈이 "警務總監部에서 令監[이승훈]을 부르니 좀 갑시다" 하고, 下車 卽時로 우리와 갖이 捕縛하야 끄을녀간다[끌어 간다].

倭놈이 韓國을 强佔한 後 第一回로 國內에 愛國者를 網羅 被捕한다. 黃海道를 中心으로 先次 安明根을 捉囚하고는, 繼續하야 全 道內에 知識 階級과 富豪를 一一 狎上하야, 京城에 已爲 排置한 監獄, 拘置所, 各 警察署 拘留所에는 미처 收容할 수 없음으로 汁物 倉庫와 事務室까지를 拘禁所로 使用하면서, 一邊 倉庫 內에 蜂房[벌집]과 가치 監房을 製造하야, 나도 그리로 移囚하니 一房에 二名 以上은 容積키가 不能하더라.

---

366 괄호 안에 서술된 신석충(申錫忠)의 철교 자살은 1911년 1월 초 끌려가면서 알게 된 것이 아니고, 6개월이나 지난 7월에 공판을 받으면서 옥중 동지들로부터 알게 된 것이다(상권 136면, 146면). 그래서 괄호 안에 서술한 듯하다.

黃海道에서 安明根으로 爲始하야, 郡別하면 信川에서 李源植·朴晩俊은 見機逃去, 申伯瑞(錫孝의 子)·李學九·柳元鳳·柳文馨·李承祚·朴濟潤·裵敬鎭·崔重鎬, 載寧에서 鄭達河·閔泳龍·申孝範, 安岳에서 金鴻亮·金庸濟·楊星鎭·金龜·朴道秉·李相晋·張明善·韓弼昊·朴亨秉·高鳳洙·韓貞敎·崔益亨·高貞化·都仁權·李泰周·張膺善·元行燮·金庸震, 長連에서 張義澤·莊元容·崔商崙, 殷栗에서 金容遠, 松禾에서 吳德謙·張弘範·權泰善·李宗錄·甘益龍, 長淵에서 金在衡, 海州에서 李承駿·李在林·金榮澤, 鳳山에 李承吉·李孝健, 白川 金秉玉, 延安 片康烈, 平南에서 安泰國·玉觀彬, 平北에서 李承薰〔李昇薰〕·柳東說·金龍圭 兄弟, 京城에서 梁起鐸·金道熙, 江原에서 朱鎭洙, 咸鏡에서 李東輝더라. 내가 李東輝를 相面이 無하나 留置場에 名牌를 보고서 亦是 被捉된 줄 知하엿다.

國家가 亡하기 前에 救國 事業에 誠意 誠力을 十分 못한 罪를 受케 된 줄 認하엿다. 나는 深思하엿다. '如此 危難한 時를 當하야 應當 직혀 갈 信條가 무엇인가' 硏究하엿다. '疾風에 勁草를 알고 坂蕩〔板蕩〕에 誠臣을 知한다'[367]는 古訓과, 高後凋 先生의 講訓에 六臣〔사육신〕三學士〔병자호란 때의 척화파〕의 至死 不屈하든 말을 다시금 생각하엿다.

하로는 所謂 訊問室에 끄을녀갓다. 初也에는 年令·住所·姓名을 뭇고, 다시 뭇는 말은 "너가 엇지하여 여긔를 왓는지 알겟느냐?" 나는 "잡아오니 끄을녀올 쑨이고 理由는 不知"라 하엿다.

다시는 뭇지도 안코 手足을 結縛하야 天井에 다라맨다. 初也에 苦痛을 覺하엿으나, 畢竟은 寂寥한 雪夜月에 訊問室 一隅에 橫臥하엿고, 面上과 全身에 冷水를 끼언즌 感覺이 生함을 알 쑨이고, 前事는 不知라. 精神

---

367 질풍(疾風)은 드센 바람, 경초(勁草)는 바람에 쏠리지 않는 억센 풀. '坂蕩'은 '板蕩'. 『시경』 대아(大雅)의 「판」(板)과 「탕」(蕩)의 두 편이 모두 어지러운 정사(政事)를 읊은 데서, 판탕(板蕩)은 정치를 잘못하여 어지러워진 나라의 형편을 이르는 말이다.

을 차리는 것을 본 倭仇는 비로소 安明根과 關係를 問한다.

나의 대답은 "相知하는 親舊일 쑨이고 同事한 事實은 無하다" 하엿다. 그놈은 憤氣 大發하야 다시 天井에 매어 달고 세 놈이 돌나서서[돌라서서] 笞로 杖으로 無數亂打한다. 나는 쏘한 精神을 失하엿든 것이다. 세 놈이 마조[마주] 들어다가 留置場에 드러다 뉘일 時는 東方이 旣白하엿고, 내가 訊問室에 꼬을녀가든 時는 昨日 日沒 後이다. 처음에 姓名부터 訊問을 始作하든 놈이 秉燭達夜[불 켜고 밤을 새움]를 하는 것과, 그놈들이 誠力을 다하야 事務에 忠實한 것을 생각할 時에 自愧를 不堪하엿다.

내가 平日에 무슨 事務든지 誠心껏 보거니 하는 自信도 잇섯다. 그러나 國家를 救援코저 卽 나라를 남의게 먹키우지 안켓다는 내가, 남의 나라를 한거번에 삼키고 復爵하는[삼키려는] 彼 倭仇와 갖이 事務를 達夜하야[밤 새워] 본 적이 間幾時乎아[몇 번 있는가] 自問함애, 全身이 針刺[바늘방석]에 臥한 듯이 痛切한 中에도 네가 果是 亡國奴의 根性이 잇지 안은가? 愧淚盈眶 한다[부끄러워 눈물이 가득하다].

非但 나쑨이라. 니웃 間房에 잇는 金鴻亮, 韓弼浩, 安泰國, 安明根 等도 꼬을녀갓다 도라올 時는 擧半 죽여서 꼬을고 오는 消息을 들을 時는 애처럽고 憤慨한 마음을 抑制치 못하겟다.

明根은 소릐소릐 질으면서 "너이 놈들이 죽일 제 죽일지언정 愛國 義士의 待接을 이러케 하느냐?" 高聲大叱하면서 或是 한 마듸식 "나는 내 말만 하엿고 金龜, 金鴻亮 들은 關係 업다 하엿소" 한다.

監房에서 無線話를 通한다. 梁起鐸 잇는 房에서 安泰國 잇는 房과 내가 잇는 房으로, 李在林 잇는 房 左右 二十餘房 四十餘名은 서로 密語를 傳하야, 事件을 二件에 分하야 所謂 保安違犯과 謀殺及强盜이다. 누가 訊問을 當하고 오면 內容을 各房에 傳達하야 注意케 하든바, 倭놈들이 事件의 範圍가 縮小됨을 奇異히 알고, 其中에 韓淳稷을 불너다가 甘言利說노

꼬이여 各房에서 密語하는 內容을 探報케 하엿다.

一日은 梁起鐸이 食口(監房에 밥그릇을 出納하는 곳)에 手掌〔손바닥〕을 대이고 "우리의 秘密傳語는 韓淳稷이가 全部 告發하니 從此로 密語 傳達을 廢止하자" 하엿다. 果是 '疾風에 知勁草'로다. 當初에 明根 兄이 韓淳稷을 내의게 紹介할 時는 勇敢한 靑年이라고 하엿다. 如此 危難할 際에 何特 韓 一人이랴. 崔明植도 密告는 아니 하엿으나, 事實虛無를 그놈들의 酷刑에 못 니겨서 誣言으로 答한 것이 後悔되어 自號 曰 兢虛라 한 것이다.

나는 決心에 決心을 加하엿다. 當時 形勢는 내의 舌端에서 人의 生死가 달닌 것을 覺悟하엿다. 어느날 쏘 끄을녀 訊問室에를 갓다. 倭警이 問하기를 "네의 平生知己가 누구냐?" 問함에, 내의 對答은 "平生知己之友는 吳麟炯"이라 하엿다.

倭놈이 반가운 낫츠로 "그 사람은 어듸서 무엇을 하는가?" "吳麟炯은 長連에 居生하엿으나 年前에 死亡하엿다" 한즉, 그놈들이 쏘한 精神을 喪失되도록 酷刑을 하엿다.

"學生 中에는 누가 너를 가장 사랑하드냐?" 하는 말에 猝然間에 내 집에 와서 工夫를 하든 崔重鎬를 말하고서는 舌를 斷하고 십흐다. 젊은 것이 쏘 잡히여 오겟다고 생각함이엿으나, 눈을 드러 窓外를 본즉 벌서 언제 잡히여 왓는지 半이나 죽은 것을 끄을고 지나가는 것을 보왓다.

所謂 警視總監部인 泥峴〔진고개〕 山기슭에서는 밤이나 낮이나 屠獸場에서 牛와 豚을 打殺하는 소래가 여긔저긔서 不絶히 들닌다. 一日은 한필호 義士가 訊問을 갓다 와서 食口로 겨오 머리를 드러 나를 보고 "一切를 否認하엿드니 至酷한 刑具를 當하고 나는 죽슴니다" 하고서는, 나를 作別하는 모양을 보인다. 나는 위로하고 "물이라도 좀 마시라"고 하엿다. 韓 義士는 "물도 먹을 必要가 업슴니다" 한 後에는 〔한 의사를〕 다시 어듸로 가저

간 것을 몰낫는데, 所謂 公判時에 同志들에게 申錫忠의 鐵橋 自殺과 韓義士의 遇害를 始知하엿다.

一日은 最高 訊問室에를 갓다. 누가 쯧하엿으랴. 十七年 前에 仁川 警務廳에서 審問을 當할 時에 傍聽을 하다가 나의게 號令을 當하고 "칙소" "칙소" 하면서 後間으로 避身하든 渡邊 巡査라든 倭놈이, 前과 갓이 검을 〔검은〕 鬚髥을 길너〔길러〕 늘어치고〔늘어뜨리고〕 面上에 略干에 老衰한 빛을 쓰이고, 當時 總監部 機密科長의 制服을 입고 威儀가 嚴肅한 놈이 十七年 만에 다시 내의 앞에 썩 마조 안즐 줄을. 渡邊이 놈의 開口에 일언 말이 잇다.

"내(渡邊 自稱)의 가슴에는 엑쓰光線을 대여 잇는 거시니, 네의 一生 行動에 對하야 歷史的으로 一切의 秘密한 것을 明白히 알고 잇으니, 一毫도 隱諱 없이 自白을 하면 已어니와〔그만두지만〕 萬一에 隱諱 곧 하면 이 자리에서 싸려 죽일 터이다."

나는 年前에 旅順事件에 嫌疑로 海州 檢事局에서 '金龜'라고 題目을 쓰인 冊子를 내여 노코 訊問 當하든 일을 생각하엿다. 必然 그 冊子에 各方 報告를 收集한 中에는, 京鄕이 써들고 더욱 黃平 兩西에서는 排日 演說에 演題가 되고 平時 談話에 화제가 되든 鴟河浦 殺倭와, 仁川에 死刑 停止와 破獄 逃走의 事實이 記載되엿으리라고 像想을 하지만은, 渡邊이가 自發的으로 '네〔김구〕가 十七年 前에 仁川 警務廳에서 내〔渡邊〕의게 吐辱하든 일을 생각하느냐' 하는 말을 하기 前에는 開口치 안코, 渡邊에 X 光線에 確否를 試驗할 생각을 하고서는 이럿케 對答을 하엿다.

"내의 一生이 엇던 幽僻處에서 隱士의 生活을 한 것이 업섯고, 一般 社會에 獻身的 生活을 한 탓으로, 一言一動이 自然 共開的이오 秘密이 업다"고 하엿다.

渡邊은 順序로 發問한다.

"出生地는?" 答, "海州 基洞에서."

"敎育은?" "私塾에 漢文을 受하엿고."

"職業은?" "農村 生長임으로 採薪畊田하다가 二十五六歲에 長連으로 移居하여 宗敎와 敎育에 從事하기 始作하야, 至今은 安岳 楊山學校 校長에 職으로 視任 中에 被捕되엿다" 하엿다.

渡邊이 놈이 성을 버럭 내며 "宗敎 敎育은 皮相的 運動이고, 裏面에 不軌의 陰謀가 一二가 안인 것을 내가 分明히 알고 잇는데, 西間島에 武官學校 設立하여 後日 獨立戰爭을 準備하든 事實과, 安明根과 共謀하야 總督 謀殺과 富者의 金錢 强奪한 事實을 우리 警察界에서는 觀若明火하거늘 네 終是 陰諱하는냐" 하며 怒氣가 騰騰하나, 나는 恐怖보다는 '네의 가슴에 붓첫다는 X光線이 病이 나지를 안엇느냐' 하는 우서운 생각이 나서 참아 가면서, "安明根과는 一切 關係가 없엇고, 西間島에는 貧寒한 農家를 勸移하야 生活의 根據를 引導하든 것뿐이고 他事가 없엇는데, 地方 警察에 眼光이 넘어〔너무〕 陝〔狹〕小하야 얼핏하면 排日이니 무엇이니 하야 敎育 事業에도 妨害가 만핫으니, 以後는 地方 警察을 注意싴여 우리 갓은 사람들이 敎育이나 잘하고 잇도록 하여 주고, 學校 開學期가 已過하엿으니 速히 나려가 學校 開學이나 하게 하라"고 하엿다.

渡邊이 놈은 惡刑도 하지 안코 그저 留置場으로 보내드라. 내의 國母 報讐事件은 秘密이 안이고 世所共知인 公然한 事實이라, 倭놈들이 各 警察 機關에 注意 人物노 朱別〔붉은 표시로 구별〕하야 내의 온갓 行動을 調査하여 온 것은 海州 檢査局에 備置한 '金龜'라는 冊子에도 必然 土田讓亮의 事實〔치하포사건〕이 探載되엿으리라고 생각하고, 今番에 總監部 警視 一名이 安岳에 出張 調査하엿은즉 그 事實이 發覺된다면 내의 一生을 여긔에서 終幕이 되리라고 생각하고, 渡邊이 놈이 썩 드러서면서 "내 가슴에 X光線을 부첫으니 過去를 무엇이나 다 알고 잇노라"고 말을 할 찍의〔에〕

'仁川事件〔인천감리서 탈옥사건〕은 避할 수 없이 當하엿다'고 생각을 하면서도 '그놈의 X光線을 試驗하자'는 것쑨이엿다. 果是 渡邊이 놈이 그 事實을 알앗으면〔알았지만〕 後日에 무르러고〔물으려고〕 남겨 두고 다른 말만 뭇는 것이 안인 것은, 그놈이 訊問할 쩍의 X光線과 갓이 내의 過去와 現在를 잘 아는 表跡〔표시〕을 내이려고 애를 쓰는 것을 보아서 잘 알 수 잇다.

그러고 본즉 國家는 亡하엿으나 人民은 亡하지를 안엇다고 생각된다. 내가 平日 우리 韓人의 偵探을 第一 미워서 無餘地하게 攻擊하엿다. '내의게 攻擊을 받은 偵探輩쑤지도 自己가 잘 아는 그 事實만은 密告를 하지 안코 倭놈의게 對하여 秘密을 직혀 준 것이 아닌가. 他는 勿論하고 내의 弟子로서 刑事가 된 金弘植이와 同校〔양산학교〕 職員으로 잇든 元仁常 等부터 密告를 하지 안은 것이니, 그러고 보면 各處 韓人 刑事와 高等 偵探쑤지도 그 良心에 愛國誠의 幾分이 殘在함이 안인가? 社會에서 내의게 이 같은 同情을 주엇으니, 내가 되고서는 '最后一息쑤지 同志를 爲하야 奮鬪하고 원수의 要求의 不應하리라' 決心하엿다.

그러고 '金鴻亮은 여러가지로 活動할 能力이 나보다 낫고 品格도 나보다 나으니, 訊問時에 鴻亮의게 利롭도록 말을 하야 放免케 하리라' 그리 생각하야 '龜는 泥中에 沒하리니 鴻은 海外로 飛하라'[368]의 句를 自吟하엿다.

凡 七回의 訊問에는 渡邊이 놈만 酷刑을 加하지 안코는, 〔나머지〕 六回는 每每 精神을 일흔 後에야 留置場에 쓰을녀 들어올 쩍는, 各房 同志들의 精神을 鼓勵〔고무鼓舞·격려激勵〕하기 爲하야 "늬의 生命을 쎄앗을 수 잇거니와 내 精神은 쎄앗지 못하리"란 말을 하면, 倭놈들은 "납쌘〔나쁜〕 말이 해서도 다다귀도"[369]의 威脅을 하지만은, 내 말을 듯는 同志들은 堅固한

---

368 여기서 거북〔龜〕은 김구를, 기러기〔鴻〕는 김홍량을 비유한 것이다.

마음을 가지더라.

第八回 訊問에는 各 科長과 主任 警視 七八名이 列席하고 뭇는 말이 "네의 同類가 擧皆 自白하엿거늘, 너 한 놈이 自白을 안으니 甚히 愚頑하도다. 土地를 買收한 地主가 되여 該 田土 中에 뭉어리돌(石)을 골나냄이 當然의 事 l 안이냐. 네가 아모리 ▾緘口結舌하고 一言不吐하지만은, 여러 놈의 口頭에서 네 罪가 發覺되엿으니, 只今 곧 말을 하면 已어니와[그만두지만], 一向 固執하면 이 자리에서 打死하리라" 한다.

나는 "내가 當身네 田土 中에 瓦礫[쓸모없는 돌]으로 알고, 掘出하려는 君等의 勞苦보다 패이여 내는 내의 苦痛이 尤甚하니, 내의 自裁[자살]함을 보라" 하고 머리로 기동을 드리밧고 精神 없이 업더[엎어]젓다.

여러 놈들이 人工呼吸과 冷水로 面上에 쑴어서 精神이 도라온다. 한 놈이 능청스럽게 請願을 한다. "金龜는 朝鮮人 中에서 信仰을 밧는 人物인데, 이갗이 待遇를 하는 것이 適當치 안으니 本職의게 委任 訊問케 하옵소서" 한다.

卽時 承諾을 얻어 가지고 自己 房에를 다리고 가서 特히 待遇를 한다. 담배도 주고 言語도 尊敬하며 自己가 "黃海道에를 出張하야 金龜의 온갖 行動을 一一 調査하여 본 즉, 敎育 事業에도 熱誠인 것은 學校에서 月給을 밧든 못 밧든 敎務를 如一히 보는 것이라든지, 一般 人民의 輿論을 들어 보와도 正直한 사람인데, 總監部에 와서 金龜의 身分을 모른 役人들의게 刑罰도 많이 當한 모양이니 매우 유감이요. 訊問도 順境으로 하야만 實告할 資格이 잇고, 逆境으로 할 사람이 짜로 잇는데, 金龜의게는 失禮가 多하다"고 쌘쌘스럽게 말을 한다.

---

369 우리말과 일본말이 혼합된 문장. '다다귀'는 다타쿠(たたく, 때리다)를 의미한다. 위 문장은 '나쁜 말을 했지. 때려줄 거야' 정도로 해석할 수 있다.

倭놈의 訊問하는 方法이 大略 三種의 手段으로 한다.

一. 酷刑이니, 鞭杖[채쩍과 몽둥이]으로 亂打함과, 兩手를 背後에 加하고 紅絲바[줄]로 結縛하야 天井에 鐵鉤[쇠고리]에 紅絲를 引上하고, 受刑人을 橙子[의자] 上에 立하엿다가 紅絲의 一端을 한편에 잡아매고, 足凳[걸상]을 拔去하면 全身이 空中에 懸하야, 窒息된 後에 解縛하야 冷水로 全身에 播하야 回息케 함과, 火爐의 鐵杖을 櫛즐[나란히]하야 紅熱한[발갛게 달군] 後에 그 鐵杖으로 全身을 함부로 砭烙펌락[지지기]함과, 指大의 菱木[마름모꼴 나무] 三個를 三[四]指 間에 씨우고 木頭 兩端을 繩으로 緊結함과, 倒懸[거꾸로 매단] 後 鼻孔에 冷水를 灌入함이오.

二. 飢餓니, 訊問 時期에는 普通 囚人의 食料에 減半하야 꼭 生命 維持만 表準으로 하게 하여 노코, 親戚이 私食을 請願하여도 訊問 主任의 許可를 得지 못하면 私食을 도로 보낸다. 訊問 主任 되는 놈이, 그 囚人이 事實 有無를 不關하고 虛言으로라도 自己의 事件이나 他人의게 不利한 條件이라도 倭놈들 조화[좋아]할 만한 말을 한 者의게는 私食을 許入케 하고, 反抗性이 있어 보이면 絶對 不許한다. 該 留置場에서도 私食을 받아먹는 者는 强硬치 못하다고 自然 뵈여지더라.

140 其外 한 가지는 溫和한 手段으로 좋은 飮食도 待接하고 훌륭히 裝飾한 明石(當時 總監部 總長)[아카시 모토지로明石元二郞]의 房으로 다리고 가서 極恭極敬하며 점잖케 待遇하는 바람에, 酷刑에 忍耐한 者도 그 자리에서 實吐한 사람을 더러 알 수 잇다. 내가 體刑에는 한두 번 참아 보앗고 저놈이 發惡을 하면 나도 感情이 發하여 自然 抵抗力이 生起임으로 能耐하엿고 二.와 三.[370]을 當하기는 克難忍한 境遇를 지내엿다.

---

370 앞서 언급한 고문의 종류 중에 "三."은 없다. 여기에 해당하는 것이 "其外 한 가지"이다. 《등》에는 "其外 한 가지는" 대신 "三. 綏和이니"로 수정하였다(『전집』 2권 163면).

二, 飢餓이니[371] 처음에는 밥이라야 껍질도 折半 모래도 折半에, 소금이나 쓴 醢根[鹽根][372]을 주는데 口味가 업서서 안 먹고 도로 보내기도 하엿다. 幾後에는 죽도록 맞은 날이 안이면 그런 밥이라도 기다려서 甘食한다. 그째까지 近 三朔에 仁의 母는 每日 아츰전역[아침저녁] 밥을 가지고 留置場 앞에 와서 말소리가 들니도록 語聲을 높이여 "金龜의 밥을 가지고 왓으니 드려 주시오" 한다. 倭놈이 "김가메 납쑨 말이 햇소데. 사시[사식] 이레 일이 업소다"[373] 하야 每每 돌녀보낸다.

나는 身體가 더욱 말이 못 된다.[374] 그놈이 다라매고 싸릴 제 朴泰輔 보십[보습] 단근[-질] 時에 '此鐵猶冷更灸[煮]來' 句[375]를 暗誦하며서, 冬節이라 그리하는지 것옷만 벗기고 洋織 속옷(內衣) 입은 채로 結縛하고 싸릴 씨의[-에] "속옷을 입어서 압흐지 안으니 속옷을 다 벗고 맛겟다" 하야 每每 赤身으로 매를 밧아서, 肉脫[살이 떨어져 나감]이 될 쑨 아니라 完皮[온전한 피부]가 업다. 그런 씨의 他人들이 門前에서 私食을 먹을 제 고기국과 김치 내음새가 코에 들어올 제는 미칠 듯이 먹고 싶다. '나도 남에게 害될 말이라도 하고서 가저오는 밥이나 다 받아 먹을가.' 쏘한 '家妻가 妙年[꽃다운 나이]이니 賣身이라도 하여서라도 좋은 飮食이나 늘 하여다 주면 좋겟다.' 每日 朝夕으로 飮食 내음새가 코에 들어올 씨마다 더러운 생각이 난다.

朴泳孝의 父親[박원양朴元陽]이 獄에서 섬거적을 뜻어 먹다가 죽엇다

---

371 앞 면의 "二. 飢餓니"와 중복되어, 사실은 위의 "二."와 통합되어야 하는 부분이다.
372 醢은 鹽(염)의 이체자인데, 어려운 글자이고 흘려써서 오독이 많다. 《등》에는 "鹽根"이 우리말 '잔디'로 되어 있어 이채롭다(『전집』 2권 163면). '잔디'는 '짠지'이다.
373 거북 구(龜)의 일본어 훈독이 가메(かめ)로, 김가메는 김구(金龜)를 지칭한다.
374 "말이 못된다"는 '말이 아니다', 즉 '몹시 어렵거나 딱하다'는 의미이다.
375 '보십'은 '보습(넓적한 삽 모양의 쇳조각)의 옛말. '단근'은 불에 달군 쇠로 몸을 지지는 단근질. 박태보(朴泰輔, 1654~1689년)는 보습 단근 고문을 받으면서 "이 쇠가 아직 차가우니 다시 가열해서 가져오라" 했다고 한다.

는 말과, 蘇武가 氈毛〔솜털〕를 진널며〔마구 씹으며〕376 十九年 동안 漢節〔한나라에 대한 절개〕을 持하엿다는 글을 생각하고, 前日에 赤身受楚하든〔알몸으로 매 맞던〕 일을 생각하며, "내의 肉體의 生命은 可辱이언정 내의 精誠은 不可奪"이라고 同囚 同志들의게 主唱하든 氣節을 생각한즉, '人性은 滅去하고 獸性만 殘存함이 안인가' 自責하든 썩에, 明石의 房에서 나를 極盡히 優待를 하면서 訊問하고, 그놈의 要領으로 보면 "新附民의 資格만 表示하면 卽刻 總督의게 報告하야 此와 如한 苦痛도 免케 할 뿐 아니라, 朝鮮을 統治하는데 純全히 日人만으로 할 것이 안인즉, 朝鮮人 中에 德望이 잇는 人士를 得하야 政治를 實施하려는 터인즉, 당신갓이 忠厚長者〔충실하고 덕망 있는 사람〕로서 時勢 趨移에 沒覺지 안을 터인즉 順應함이 엇더하뇨" 하고, "安明根의 事件과 西間島事件을 實吐하라는〔하는〕 것이 ▼엇더냐" 하는데, 내의 對答은 "當身이 내의 忠厚를 認定하거든 내의 自初로 供述한 것까지를 認定하라"고 하엿다.

그놈은 가장 점자는〔점잖은〕 體貌를 가지나 氣色은 좋지 못하야 돌녀보냄으로 지내고, 今日은 試〔訊〕初에는 "當場 처 죽인다"고 發惡하든 끝에 이놈의게 끄을녀왓는데, 그놈은 所謂 國友〔구니모토〕라는 警視라,377 "내(그놈 自稱) 年前에 台灣人 犯罪者 一名을 擔任 訊問하는데 今日 金龜와 갖이 固執하다가 檢事局에 가서 '一切을 自白하엿노라'고 내게 片紙한 것을 보앗다. 金龜도 이제는 檢事局으로 넘어갈 터이니 거긔 가서 實告함이 더옥 檢事의 同情을 밧을 수 잇다"고 말하고, 電話로 "국수장국밥에 고기를

---

376 '널다'는 '쥐, 개 따위가 이빨로 씹다' 또는 '씹다'의 북도 사투리. '진-'은 '짓-'과 같은 것으로 '마구' '함부로'의 뜻을 더하는 접두사. '진널며'는 '마구 씹어 먹으며'로 해석할 수 있다.
377 이 문장은 다소 혼란스럽다. "今日" 끌고 온 "이놈"이 "國友라는 警視"라는 "그놈"인 것은 분명하나, 이자가 "가장 점자는 體貌를 가지나 氣色은 좋지 못"한 앞의 "그놈"과 동일 인물인지는 명확하지 않다. 《국》에서는 앞의 "그놈"을 경무총감 아카시로 해독하였으나(『전집』 2권 214면), 아카시가 백범을 직접 신문했을 가능성은 거의 없다고 생각된다.

만히 가저오라"고 하여, 내의 앞에 노코 먹기를 請한다.

나는 무럿다. "當身이 나를 無罪로 認하다면 待接하는 飲食을 먹으려니와 若 有罪라 하면 不可食"이라고 하엿다.

"金龜는 漢文病者이다. 金龜는 至今것 내의게 同情을 안이 하엿으나, 나는 自然 同情할 마음이 生하여 변변치 못하나 待接하는 것이니 식기 前에 먹으라" 하나, 나는 一向 辭讓하엿다.

國友는 우스면서 漢字로 '君疑置毒否' 五字를 써 보이고 "이제부터는 私食도 許入하리라"고 말한다. "訊問 終結이 된 모이니〔모양이니〕 그리 알나"고 한다. 내가 "置毒의 疑를 懷함은 안이"라 하고 그 飲食을 먹고 도라온즉 전역〔저녁〕부터 私食이 들어온다.

同房에 잇는 李宗錄은 年少 靑年이라. 親戚이 싸라온 사람이 없음으로 私食을 갓다 줄 사람이 업는데, 房內에서 먹게 되면 논어 먹게 하겟으나 반듯이 私食은 房外로 싸로히 먹게 함으로, 宗錄의 먹고 십허하는 形狀은 不忍見이라. 내가 房外에서 밥을 먹다가 고기 한 덩이와 밥 한덩이를 입에 물고 房內에 들어와서, 口內로서 도로 끄내여 맞이 어이새[378]가 색기〔새끼〕를 물어 먹이듯 하엿다.

그 翌日은 鍾路 拘置監으로 넘어왓다. 비록 獨房에 있으나 總監部보다는 얼마나 便利하고, 所謂 監食도 前에 比하야 훨신 分量이 重하드라. 倭놈이 내의 訊問에 對하야 事實대로만 律를 지운다면 所謂 保安法 違反이라 하야 極刑 二年 밧게 지울 수 없는지라. 抑勒으로〔억지로〕 安明根의 所謂 强盜 事件에다 끄러 부칠 決心이나, 내가 京城 梁起鐸 집에서 西間島 事件을 會議하야 李東寧을 派送케 한 日字가, 卽 安明根이 安岳에 와서

---

378 백범은 '어미새'에서 '어이새'로 수정하였다. 그런데 《등》, 《필》에 모두 '어미새', 《국》에는 '제비'로 되어 있다. 해제 참조.

元行燮·朴亨秉·高鳳洙·韓貞教 等과 安岳 富豪를 襲擊하쟈고 會議하엿다는 曰이라. 其時 安岳에 身在한 金鴻亮·金庸濟·都仁權·楊星鎭·張允根 等은 勿論 安明根 從犯으로 하고, 내의게는 그날에 京城에 있은 鐵證〔확실한 증거〕有하다. 그리하야 安岳에 安明根 到會한 日字만 '二十 몃日'이라 記入하고, 京城會議 日字는 '某月 中旬에 梁起鐸 집에서 西間島에 對한 事實을 會議하엿다'고 얼음얼음〔어름어름〕記入하고, 내가 그날〔二十몃日〕 "安岳에서 會議에 參席한 것을 目睹하엿다"는 證據人으로 楊山校 校直의 子 李元亨 十四歲인 學生을 押上하엿다.

내가 所謂 檢事 訊問을 當할 찌의 隔壁 訊問室에서 李元亨의 말소리가 들닌다. 倭놈이 뭇기를 "安明根이 楊山學校에 왓을 찌의 金龜도 그 자리에 있엇지?" 元亨 답, "나는 安明根도 누구인지 모르고, 金龜는 어듸 가고 그날 업섯습니다." 倭놈들이 죽일 것갖이 威嚴을 보이고, 朝鮮人 巡査 놈은 元亨을 對하야, "이 미련한 놈아, 安明根이도 金龜도 同座한 것을 보앗다고 대답만 하면, 네가 지금으로 너의 아바지〔아버지〕를 싸리〔따라〕 집에 가도록 말을 잘할 터이니, 나 식히는 대로 말을 하여라." 元亨은, "그리면 그렛케 말하리다. 싸리지 마서요" 한다.

檢事 놈이 나를 訊問하다가 招人鐘을 울니어 元亨을 門內에 드리 세우고 元亨을 問하야, "楊山學校에서 安明根이 金龜와 갖이 앉은 것을 네가 보앗느냐?" "녜-" 하는 말이 끗나자마자 元亨을 門外로 끄을고 나간다. 檢事 놈은 나를 問하야, "네가 일언〔이런〕 證據가 잇는데도" 한다. "五百餘里 遠距離地에 同日同時에 兩處 會議를 다 參席한 金龜가 되게 하기에 매오 受苦롭겟다"고 말을 맞이니, 곧 所謂 豫審 終結이다.

其時에 우리 事件 外에 義兵長 姜基東은 元山에서 被捕하야〔-되어〕警視總監部에서 갖이 取調를 밧고 所謂 陸軍法院에서 死刑을 受한 事件 잇고, 金佐鎭 等 幾人이 愛國運動을 하다가 强盜罪로 懲役을 밧고 同監同

苦하엿다. 姜基東은 初也에 義兵에 參加하엿다가, 卽時 歸順의 形式을 取하고 憲兵補助員이 되여 京城 地方에서 服務하다가, 倭놈들이 義兵을 總檢擧하야 數十名을 一時에 銃殺할 內定인데 姜基東의 前 同志들이라. 自己 守直 時間에 被囚 義兵을 全部 解放하고, 事務所에 備置한 銃器를 꼬내여다 各其 武裝하고, 夜間에 警戒網을 突破하고, 江原 京畿 忠淸 各地에 數年동안 韓日戰爭을 繼續하다가, 元山에서 安基東으로 行世하고 무슨 일을 計劃하다가 被捕하야 銃殺을 當하엿다.[379]

鍾路 監獄에서 一日은 安岳郡守 李某가 面會를 하고 "楊山學校 校舍는 根本 公廨〔공물公物〕인즉 還附하라"고 强要하고, "敎具와 汁物도 公立普通學校에 引渡에 要求書에 捺印"을 要함애 對하야, "校舍는 公物노 奪還하거니와, 備品과 器具는 安新學校에 寄附하겟다" 하엿으나, 畢竟은 學校 全部를 公普〔공립보통학교〕의 所有로 强奪하엿다.

楊山學校 小學生들은 國家에 對한 觀念이 不足하나, 中學生에 孫斗煥은, 내가 長連邑에서 鳳陽學校(耶敎〔耶蘇敎〕設立, 後 改稱 進明)에 視務할 쩍의 斗煥은 草笠童으로 其 父親 孫昌濂이 晩得子로 愛之重之하야, 其 父母와 尊長〔어른〕은 勿論이요 本 郡守까지도 斗煥의게 '해라'는 말을 들엇고, 엇던 사람이고 斗煥의 敬待를 들어본 사람이 없다.

黃平 兩道에는 特히 地方 風習으로 成年되기까지 父母의게는 '해라' 하는 習俗이 있음으로, 그 陋習을 改良하기에 注意하든 時에 斗煥을 살살 쇠여 學校에 入學케 한 後에, 어느 날 修身 時間에 "學生 中에 아즉 父母나 尊長의게 해라 하는 이가 있으면 擧手하라" 命令하고 學生席을 본즉, 幾個 擧手하는 學生이 有한 中에 斗煥이도 잇다. 下學時에 斗煥을 別室

---

379 강기동(姜基東, 1884~1911)은 대한제국 기병 부위(副尉)였는데, 1907년 군대가 강제 해산 당한 후 의병항쟁을 하다 체포되어 위장 귀순하여 장단 고랑포 헌병보조원이 되었다. 그는 탈옥하여 의병투쟁을 계속하다 1911년 2월 12일 원산 오처루(吾妻樓)에서 체포되었다.

에 請하여 "哺乳〔젖먹이〕時機〔期〕에 잇는 幼兒는 父母나 尊長의게 敬語를 使用치 못한대도 탓을 할 수 업스나, 너와 갗이 어룬〔어른〕된 표로 상투도 짜고 草笠도 쓰고서 父母와 尊長의게 恭待할 줄을 모로고 붓그러온〔부끄러운〕줄을 모르느냐?" 무럿다. 斗煥은, "그리면 언제붙어 恭待를 하오릿가?" 問한다. 내 대답은, "잘못인 줄 아는 時間붙어니라" 하고 보내엿다.

翌 早朝에 門前에서 "金龜 先生님"을 부르느 니〔부르는 이〕가 잇다. 나가 본즉 孫 議官 昌濂 氏라. 下人의게 白米를 한 짐 지우고 와서 門內에 들여노코, 喜色이 滿面하여 넘어 깃버서〔기뻐서〕言語의 順序도 차리지 못한다. "우리 斗煥이 놈이 어제 전역〔저녁〕에 學校에서 도라와서 내게 恭待를 하고, 저의 母親의게는 전과 갗이 '해라'를 하드니, 깜작 놀나 '엑거 잘못햇습니다' 말을 곷이며 '先生님 교훈'이라고 합니다. 先生님 진지 많이 잡수시고 그놈 잘 교훈하여 주십시요. 밥맛 조흔 쌀이 드러왓기로 좀 가저왓습니다." 나도 마음에 깃버서 우섯다.

其時에 學校를 新設하고서 學齡 兒童이 잇는 집에 歷訪하여 學父兄의게 學生들에 머리는 깎어 주지 안켓다는 條件附로 哀乞하여 兒童덜을 모와 오고, 엇던 兒孩들은 父母들이 머리도 자조 빗기지 안어서 이(蝨)와 석해〔서캐〕가 가득하다. 할일업시〔도리없이〕月梳〔얼레빗〕竹梳〔대빗〕를 사다가 두고 每日 몃 時間式은 學生들의 머리를 빗기인다. 漸次 兒童의 數爻가 增加됨을 짜라 學課 時間보다 머리 빗기는 時間이 많게 된즉, 第二 手段으로 한아식 둘식 머리를 깎어 주되 父母의 承諾을 得하여 實行한다.

斗煥은 其 父親의 承諾을 구하다가는 도로혀 退學이 될지 몰나서 斗煥이와 相議를 하엿다. 斗煥은, "상투 짜는 것 괴롭고 草笠이 무거운즉 깎이가 所願"이라 한다. 곧 깍어서 집에를 보낸 後에 슬금슬금 짜라가 보앗다. 孫 議官이 눈물이 비오듯 하며 憤이 끗가지 낫으나, 類없이 사랑하는 斗煥을 甚하게 責하기는 슬코 다만 내의게 憤푸리를 할 터인데, 斗煥이가

144

내가 옴을 보고 깃버하는 것을 본 孫 議官은 憤心이 猝然間 다 어듸로 가고 눈에서는 눈물이 쭉쭉 듯는데 얼골에는 깃붐이 가득해지며 "先生님 이 것이 웬일이애요. 내가 죽거든 머리를 깎어 주시지 안코."

나는 未安을 表하면서, "令監꺼서 斗煥을 至極히 사랑하시지오. 나도 令監 다음은 사랑합니다. 나는 斗煥이 목이 가는 데다가 큰 상투를 싸고 網巾으로 조르고 무겁은 草笠을 씨워 두는 것이 衛生에 큰 妨害될 줄을 알기 썩문에 나도 앗기고 사랑스러운 생각으로 깍엇으니, 斗煥이 身體가 튼튼하는 씨의 令監의게 곰압다는 人事를 듯고야 말걸요."[380]

일노붙어〔이로부터〕 나를 싸러 安岳에를 留學케 되고, 孫 議官도 갖이 싸라와서 旅居하면서 斗煥의 工夫하는 것을 보고 잇다. 斗煥은 爲人이 聰明도 하거니와 우리의 亡國의 恨을 갖이 늣길 줄을 안다.

中學生 中에 禹基範은 내가 文化 鍾山 西明義塾에서 敎授하든 時에 寡婦의 子息으로 入學하야 授業을 하엿으나, 그 母親의 能力으로 工夫를 繼續할 수 업고 才質노는 長就가 있어 보인다. 그 母親의게 請하엿다. "基範을 내의게 맛기면 다리고 安岳으로 가서 내 집에 두고 工夫를 繼續하겟다." 其 母親은 매우 感心하야, "萬一 先生께서 그갖이 생각하시면 나는 싸라가서 엿(飴)장사를 하며 基範의 工夫하는 양을 보겟소" 하고, 基範 九歲 時에 집에서 기르며, 工夫는 安新學校 小學科를 畢하고 楊山校 中學部에 入學을 하엿다.

이제는 倭놈들이 楊山學校를 解散하고 校具 全部를 强奪한즉, 이제는 敎育 事業도 春夢에 付하엿다. 牧子를 失한 羊群 같은 學生들은 원수의 鞭撻 下에서 呻吟하게 되엿으니 寃痛하고, 同囚人 金鴻亮은 애를 써서 禍網을 脫하고 高飛하야 海外에서 活動하기를 企圖하엿지만은, 自己가

---

380 손두환 단발 사건은 『대한매일신보』 1907년 11월 26일자에 보도되었다.

"安明根의 囑託을 밧아서 信川 李源植을 勸告하엿다" 自白한 點으로 보아도 解免키 不能한지라.

어머님은 上京하여 私食을 日日 들여보내시고, 通信도 種種 편지로 하신다. 安岳에 家産什物을 全部 賣却하여 가지고 서울노 오다가, 花慶[381] 둘재로 난 두 살 먹은 女息과 家妻는 當時 平山에 잇는 丈母와 妻兄의 집에 들너서 從此 上京한다고 한다. 어머님이 손소[손수] 담은 밥그릇을 열고 밥을 먹으면서 생각한즉, 어머님의 눈물이 밥에 點點히 석기엿을 것이다. 十八年前 海州 獄바라지로븥어 仁川까지 獄바라지를 하실 찍는 悲惶中에도 內外분이 서로 위로하고 서로 의론하시며 지내엿으나, 只今은 當身이 寡身으로 어느 누가 살틀하게 위로하여 줄 사람도 업다. 俊永 三寸과 再從兄弟가 有하나 擧皆 土民이라 擧論할 餘地 업고, 弱妻 幼兒는 어머님의게 무슨 慰安을 할 能力이 有한가. 또한 家妻가 幼兒(化敬)을 다리고 自己 母親이 住接한 妻兄의 집에를 갓다는 긔별에는 無限의 늣낌이 생긴다.

妻兄으로 말하면 本時에 申昌熙 君과 結婚하고 黃海道에 率家 來住하다가, 내가 그[신창희]의 妻弟인 遵禮와 結婚한 後에 [신창희가] 다시 醫科 畢業을 爲하야 世富蘭[세브란스]醫校에 入할 次로 夫妻와 丈母까지 도로 京城으로 移居한 뒤에, 내가 長連邑에 있을 찍부터 母女 二人만 平壤으로 둘너서 長連 내의 집까지 동생[준례]과 딸[화경]을 보려고 來訪하고서는, 엇진 事由인지 申昌熙 君과 齟齬[서어]한 빛이 보이고 더욱 妻兄의 動擧가 常軌에 脫越되는 傾向이 보인다. 함울며 基督信者의 行爲으로 此를 본 내의 夫婦는 妻兄과 丈母를 勸하야 申昌熙의게로 보내엿다.

그 後 내가 安岳에 移居한 時에 亦是 妻兄과 丈母가 來到한바, 妻兄

---

381 바로 다음 145면 이후 열 번에 걸쳐 둘째 딸 이름을 化敬이라고 했다.

은 "申昌熙와 夫婦의 關係를 解除하엿다" 한다. 나와 어머님은 一時를〔잠시라도〕 집안에 容納할 생각이 無하나, 家妻는 어머니〔백범의 장모〕와 兄의게 對하야 强硬한 態度를 보이지 못하는 것 事實인데, 家庭은 甚히 不安에 陷하엿다. 家妻의게 秘密히 付托하고, 丈母의게 "큰짤〔처형〕을 다리고 나가 주지 못할 터이면 자근짤〔준례〕까지 다리고 나가 달나"고 말을 하엿다. 沒覺한 丈母는 好也라 하고 三人〔장모, 처형, 준례〕이 집을 써나서 京城으로 出發하엿다. 나는 얼마 後에 京城에 가서 動靜을 삷혀본 즉 家妻는 母兄〔장모, 처형〕을 써나서 어느 學校에 投身할 計策을 한다.

나는 家妻의게 秘密히 若干의 旅費를 주고 나려와 載寧 宣敎師 君芮彬〔E. W. Koons〕의게 말을 한즉, 遵禮는 當分間 다려다가 自己 집에 있게 하고 徐徐히 率去하라 한다. 나는 곧 京城으로 遵禮의게 發信하고 沙里院 驛頭에서 긔다린즉 遵禮 單身만 下車한다. 맞아 載寧 君 牧師 집에다가 다려다 두고, 나는 安岳으로 와서 어머님의게 事理를 解白하엿다. "丈母나 妻兄이 비록 女子 道理에 違反되는 罪狀이 잇드랴고〔-도〕, 罪가 없은 家妻까지 放逐하는 것은 道理가 안인즉 容恕하시라"고. 어머님은 言下에 곧 快諾하시고, "그럿타. 네가 다려오는 것보다 내가 親히 가서 다려오마" 하시고 그날노 載寧에 가서서 家妻를 率來하니 家庭의 波瀾은 從此로 安定되엿고, 家妻 亦是 親母 親兄의게 對하야 親屬 觀念을 斷絶하고 지내며, 妻兄은 平山 等地에서 憲兵補助員의 妻인지 妾인지 되여 살고 丈母도 同居한다는 風說만 듯고 잇섯다가, 今番에는 全部 京城으로 移來하여 所謂 公判을 본다고 오든 길에 路邊인 平山 妻兄 집에 家妻와 化敬이는 두고, 어머님만 京城으로 먼저 오서서 公判日字를 通奇하여 家妻가 來京케 하엿다는 어머님의 편지를 보앗다.

이제는 내의 主張하든 것과 힘써 온 것은 擧皆 水泡에 도라갓다. 學校에서 學生을 敎導할 쎡에도, 學生들이 나를 崇拜함보다 나는 千培 萬培의

崇拜 恭待 希望을 두고, 나는 일즉이 敎育을 充分히 밧지 못함으로 亡國民이 되엿으나 學生들은 後日 無非 建國英雄이 될이라고 바라든 마음도 虛地에 도라갓다. 또한 家妻도 平日에 自己 兄이 憲兵의 妾질한다는 말을 들은 後로는 永久히 不相見하기로 決心하엿것만, 내가 이 地境이 됨에 不得已 〔처형 집에〕 갓을 것이다.[382]

그럭저럭 所謂 公判日字를 定하엿다고, 어머님이 倭놈 永井〔나가이〕이란 辯護士를 雇하엿다고, 豫審 審問時에 永井 이놈은 내게 일언 말을 뭇는다. "總監部 留置場에 있을 씩에 板壁을 扣하야〔두드리며〕 梁起鐸과 무슨 말을 하엿는가?" 나는 永井을 노려보고, "이것은 訊問官을 代理한 것인가. 내의 事實은 訊問記에 詳細히 記載하엿으니 내의게 더 무를 것이 업다"고 對答한즉, 檢事 놈과 눈을 끔적이며 失敗의 意味를 表示하는 것 갓다.

所謂 裁判日〔1911년 7월 22일〕을 當하얏다. 囚人 馬車에 실니여 京城地方裁判所 門前을 當到한즉, 어머님이 化敬 兒를 업고 家妻와 갗이 門內에서 기다리고 잇는 것을 보면서, 所謂 二號法庭으로 끌니어갓다. 首席에 安明根, 次에 金鴻亮이오, 나는 第三次에 앉이고, 李承吉·裵敬鎭·韓淳稷·都仁權·楊星鎭·崔益馨·金庸濟·崔明植·張允根·高鳳洙·韓貞敎·朴亨秉 十四名이 出席하엿고, 傍聽席을 回顧한즉 各 學校 男女 學生과 各人 親戚 故舊가 來會하엿고, 辯護士들과 新聞記者들도 列席하엿드라.

同志들에게 韓弼浩 申錫忠 兩人의 經過를 得聞하니, 韓弼浩 先生은 其時에 警視總監部에서 被殺되고, 申錫忠은 載寧 鐵橋에를 끄을녀오다가 投江而死하엿다는 痛報를 알엇다.

---

382 상권 145면의 "妻兄으로 말하면"부터 146면의 여기까지는, 144면 마지막 부분에서 "어머님은 上京하"였지만 "家妻는 當時 平山에 잇는 丈母와 妻兄의 집에 들너서 從此 上京한다고 한다"는 사연을 부연 설명하면서, 妻兄으로 인한 집안 내 그간의 풍파를 언급하였다.

147

大綱 訊問을 畢한 後, 所謂 判決이라고 安明根은 懲役 終身이오. 金鴻亮·金龜·李承吉·裵敬鎭·韓淳稷·元行燮·朴萬俊 七名은 十五年에, 元行燮·朴萬俊은 缺席되고, 都仁權·楊星鎭은 十年이오. 崔益馨·金庸濟·張允根·高鳳洙·韓貞教·朴亨秉은 七年 或 五年으로 論告한 後, 判決도 그대로 言渡되엿스니 右〔위〕는 强盜 事件으로 되엿고, 其後에 所謂 保安 事件으로 또 裁判할 時는 首席 梁起鐸·安泰國·金龜·金鴻亮·朱鎭洙·玉觀彬·金道熙·金用圭·高貞和·鄭達河·甘益龍·金用圭의 族侄인데, 判決되기는 梁起鐸·安泰國·金龜·金鴻亮·朱鎭洙·玉觀彬은 二年 懲役이고, 其餘는 一年 或 六個月이더라. 其外 李東輝·李承勳〔李昇薰〕·朴道秉·崔宗鎬·鄭文源·金秉玉 等 十九人은 無衣島, 濟州道, 古今島, 鬱陵島로 一年 流配를 定送하엿다.

幾日 後에〔9월경〕西大門監獄에 移監되엿다. 同志들은 全部가 先我後我로 그곳에 同役하게 되니, 日日 互相 面對로도 足히 慰勞가 되고 間間 言語로도 通情을 하고 지내는 故로 苦中樂의 感이 될 쑨 아니라, 五年 以下로는 出世할 所望이 有하나 七年 以上으로는 獄中魂이 되기로 自信하기 쌔문에, 肉體로는 服役을 하나 精神으로는 倭놈을 禽獸視하고 快活한 마음으로 죽는 날까지 樂天 生活을 하기로 하고, 同志들도 擧皆 志向이 同一함으로 獄中 動作에 不謀而同한 쌔가 恒多하엿다. 더욱 吳越同舟[383]에 古語가 眞不虛言인 것을 깨닷겟드라.

獄中에서 終身하기로 된 同志 中에 擧皆 長幼間에 아들을 두엇으나, 惟獨 나는 幼兒 化敬이만 잇고 또한 無妹獨身〔형제자매가 없는 외로운 몸〕인

---

383 오월동주(吳越同舟)는 적대국인 오(吳)나라 사람과 월(越)나라 사람이 한 배에 탄 형국으로, 어려운 상황에서는 원수도 서로 협력하게 된다는 의미이다. 그런데 여기서 오와 월은 감옥 내 일제 형리와 조선의 독립운동가를 비유한 것은 아니다. 일제 감옥이란 어려운 상황에서 조선인들이 원수들도 서로 협력할 텐데, 독립운동가 동지들끼리니 아주 협력이 잘 되었다는 의미이다.

임을 可惜하게 想覺하야, 金庸濟는 四男一女를 두엇으니, 長男은 善亮이, 其次는 勤亮이오, 其次 文亮이오, 其次는 順亮인데, 自願하야 文亮을 내의게 嗣續〔사속하기로〕〔대를 잇기로〕 하야 許約하엿다.

내의 心理 狀態가 被捕 以前以後에 大變動이 生함을 自覺하겟다. 被捕 以前에는 十數年來에 『聖經』을 들고 會堂에서 說敎하거나 敎鞭을 들고 敎室에 學生을 敎訓하엿음으로, 一事一物에 良心을 本位 삼아 邪心이 發할 째마다 先自責己치 안코는 敢히 他非를 責지 못함이 거의 習慣을 成하엿다. 그런 故로 學生들과 知交〔친한 친구〕間에 忠實하다는 信仰을 밧고 지내엿고, 그럼으로 凡事에 推己及人의 常習이 되엿섯건만은, 엇지하야 不過 半年에 心理에 大變動이 生하엿는가를 硏究하여 보면, 警視總監部에서 訊問을 받을 째에 渡邊이 놈이, 十七年 後에 다시 마조 앉어 今日에 金龜가 十七年 前 金昌洙인 것도 모르는 놈이, 大膽히 自己 胸間에는 X光線을 부처서 내의 出生 以後 至今것 一切 行動을 透視하고 있으니 一毫라도 陰諱하면 當場 打殺한다고 ▼謠威를 施하든 時[384]로 爲始하야, 泰山만치 크게 像想하든 倭놈이 芥子와 갗이 적어 보이고, 凡 七回나 매어달녀 窒息된 後에 冷水를 끼언저 回生식힘을 當하여도 心志는 漸漸 强固하고, 倭놈의게 國權을 被奪한 것이 우리의 日時的 國運 衰退이오, 日本으로는 朝鮮을 永久 統治할 資格이 없음을 明若觀火로 생각된다.

所謂 高等官이라고 帽子에 金條〔금띠〕를 둘셋식 붗인 놈들이[385] 나를 對하야 日本 天皇에 神聖不可侵인 威權을 誇張하고, 天皇이 裁可한 法令에 對하야 行政 官吏가 一毫라도 範圍에 버서지는〔벗어나는〕 行使를 못한다고, 또는 朝鮮 人民도 天皇의 赤子인즉 一視同仁하는 幸福을 밧는 것

384 '渡邊'과 'X光線' 이야기는 상권 137~138면에 자세하게 언급한 바 있다.
385 이것은 상권 138~139면에 소개한 "第八回 訊問에" "列席"한 "各 科長과 主任 警視 七八名"을 지칭하는 것이다. 이 신문에서 아래 다시 언급되는 몽우리돌 이야기가 나왔다.

은 有功者賞 有罪者罰을 法令대로 官吏가 法令에 依하야 公平히 遵施한다고, 그러니 舊韓國 官吏의〔-가〕 自己에게 조케 하는 人民의게는 有罪不罰하고, 自己가 미운 者는 輕罪重罰하든 時代와 天壤之判이라고 舌이 進하도록 誇張하든 그놈[386]의 그 입〔말〕으로 幾日 後에 내가 反問하기를,[387] "내가 그대의 〔다음과 같은〕 말과 갖이, '安岳에 가서 보니 金龜는 學校를 보아도 薪水〔땔나무와 먹는 물, 즉 봉급〕의 厚薄을 不問에 付하고 오즉 感心으로 學校만 잘 되도록 애쓰는 先生'이라고 '人民 一般에게 信仰을 밧은 것을 보면 地方에 有功者에 一'이라고 〔그대가 말〕하지 안엇느냐. 더욱여 내에게서 今日까지 犯罪 事實이 없은즉 賞을 受할 者의 列에는 在하나 罪을 受할 事實노 認定될 것 없으니, 어서 放送하면 곧 回校 開學하겟다"고 하엿다.

倭놈이 "네가 그런 줄 안다만은, 田畓을 買收한 地主로서 그 田畓에 뭉어리돌(石)을 골나냄이 常例가 안이냐. 너는 아모리 犯罪 事實을 自白하지 안엇으나, 너의 同類가 다 너도 罪魁라 말하엿으니 證據가 되여 終是 免키 不能하다"고 한다.

나는 또 反問한다. "官吏로서 法律을 無視하지 안느냐" 한즉, 밋인〔미친〕 개 모양으로 "官吏 戲弄한다"〔며〕 忿氣撑天하여 죽도록 被打하엿다.

그러나 倭놈이 나을 뭉어리돌노 認定하는 것은 참 깃부다. '오냐, 나는 죽어도 倭놈에게 對하야 뭉어리돌에 精神을 품고 죽겟고, 사라도 뭉어리돌의 責務를 다하고 말니라'는 생각이 深刻되여진다.[388] '나는 죽는 날

---

386 "그놈"은 상권 139면에 등장한 인물이다. 즉 여러 사람이 열석한 제8회 신문이 실패하자, 자기 단독으로 김구를 신문하겟다고 "능청스럽게 請願"하고, 자기 방에 데리고 가서 "金龜의게는 失禮가 多하다"고 뻔뻔스럽게 말한 그 사람이다.
387 이하 따옴표 안의 문장은 화자의 주어가 누구인지 혼란해서 문맥을 보완하지 않으면 해석이 되지 않는다. 상권 139면에 비슷한 내용이 나와 화자를 정리하는 데 참고가 된다. 김구가 "그놈"이 한 말(' '로 표시)을 빌어 반박한 것이다.

까지 倭魔의 所謂 法律을 一分이라도 破壞할 수만 잇거던 繼行하고, 倭魔 戲弄으로 惟一娛樂으로 삼고, 普通 사람으로 맛보기 難한 別種 生活에 眞髓를 맛보리라'고 決心하엿다.

西大門에 移監할 時에 獄官이 내의게 對하야, "金龜는 今日에 自家에 衣服을 脫하야 什物庫에 封置함과 갓이 네 自由까지 任置하고, 獄衣를 着하고 入監하니 一般은 官吏에게 服從하는 것쑌이다"라고 말을 듯고 首肯하엿다. 翌日에 服役은 식힌다면서 手錠〔수갑〕을 解除치 안코, 看守가 手錠 檢査를 하면서 넘어도〔너무나〕 緊鎖하야 一夜間에 손목이 퉁퉁 부어서 보기에 끔즉하게 되엿다.

翌朝에 檢査時에 看守들이 보고 놀나서 理由를 뭇는다. 내의 對答은, "官吏가 알지 罪囚가 엇지 안으냐" 하엿다. 看守長이 와서 보고, "네가 손목이 이 지경 되엿으면 手錠을 늦어 달나고 請願할 것 아니냐" 한다. 나는 "昨日에 典獄에 訓戒에 一切을 官吏가 다 아라〔알아〕 할 터이니 너는 服役만 하라고 안엇느냐" 하엿다. 卽時 醫師가 ▾와서 治療하엿으나 손목 쎄까지 錠端〔수갑 끝〕이 들어가서 瘡口〔상처 구멍〕가 컷든 까닭에 近 二十年인 오날까지 손목에 瘇痕〔腫痕〕이 尙存하엿다. 看守長의 말이, "무엇이나 在監者가 不便한 事情이 有할 時는 看守의게 申請하여 典獄까지도 面會하고 事情을 말할 수 有하니 注意하라"고 한다. 獄規에 보면 囚人들이 互相間에 談話를 하거나 무슨 消息을 通치 못하게 하엿으나, 그러나 말 만히 하고 소식을 서로 敏速하게 通하여진다. 四十名의 近한 우리 同志들은 무슨 말이나 意見을 充分히 交換하고 지낸다.

心理 狀態가 變함이 나쑌 아니라 同志들 다 平素에 比하여 크게 變하

---

388 이 문장 다음에 이하의 구절이 삭제되었다: "그리하여 耶蘇 聖書에 肉體는 魔鬼를 服從하고 靈魂으로는 上帝를 복종한다는 것을 더욱 의미 깊게 생각하고". 해제 참조.

엿다. 그중 高貞和는 容貌부터 險皮인 데다가 心理에 變動을 받어 獄中에서 所謂 官吏를 苦롭게 하기로 有名하니, 飮食을 먹다가 밥에 돌이 有함을 發見하고, 地上에 沙土를 拾하여 입에 너엇다 밥과 混合한 것을 싸 가지고 典獄 面會를 請하여 가지고, 自己가 받은 一年 懲役을 終身役으로 곳처 달나 하엿다. 理由는, "人間은 모래를 먹고 살 수 업는데 내가 먹는 한 글웃 밥에서 골나낸 모래가 밥에 分量만 못하지 안으니, 이것을 먹고는 반듯이 죽을지니 已爲 죽을진댄 懲役이나 重하게 지고 죽는 것이 榮光이다. 一年도 終身이오 終身도 終身이 안인가" 하엿다. 典獄이 面色이 朱紅 같아서 食堂 看守를 불너 責하고 造飯에 極히 注意하여 모래가 업도록 改良 하엿다.

幾日 後에 監房에서 同囚들이 衣服에 이(蝨)를 잡는 것을 보왓다. 高君은 秘密이 各人의게 付托하여 이를 거두어 모와 뒤 씻는 조희[종이]에 싸 노코 看守의게 典獄 面會를 請하엿다. 典獄 앞에 이 꾸린 것을 내여노코, "前日에 典獄長 德으로 돌 업는 밥을 먹는 것은 감샤하나, 衣服에 이가 끄려서 잠도 잘 수 업고, 씨여도 이 씩문에 온 몸이 근지러서 견듸기 難하오. 舊韓國 時代 監獄에는 囚人이 自家에 衣服을 갓다 着用할 수 있엇으나 大日本에 文明한 法律은 그도 不許可인즉, 如此 不潔한 衣服을 着하면 疾病이 生할가 慮하다" 한즉, 卽時로 各監에 新製 衣服을 換入하고 舊衣는 蒸氣 器械를 使用하여 間間 消毒하여 주는 故로 다시는 이 잡는 사람이 없엇다.

其時 西大門監獄은 京城監獄이라고 門牌를 부친 씩이고, 囚人의 總數 二千名 未滿에 囚人에 大部分이 義兵이오, 其餘는 所謂 雜犯이다. 獄中에 大多數 義兵이란 말을 드른 나는 甚히 當幸으로 생각하엿다. 그이들은 일즉이 國事를 爲하야 奮鬪한 義氣男兒들인즉, 氣節노나 經驗으로나 배울 것이 많으리라고 생각하여 監房에 들어가서 次次 人事를 하며 무

러본즉, 或은 "江原道 義兵에 參謀長"이니, 或은 "京畿道 義兵에 中隊長"이니, 擧皆 義兵 頭領이고 卒兵이라는 사람은 보지 못하겟는데, 初也에는 極히 尊敬하는 마음으로 交際를 하엿으나, 及其也 處心 行事가 純全한 强盜로밧게 보여지지를 안이한다. 參謀長이라 하는 사람이 軍規 軍略이 무엇인지 不知함보다, 義兵을 起한 目的이 무엇진도 모로는 사람이 많고, 國家가 무엇인지 모르고 當時에 武器를 가지고 村閭에 橫行하며 蠻行한 것을 能事만큼 豪談한다.

내가 처음으로 十三房에를 들어간즉, 夕食 後에 工場에 出役하엿든 사람들이 몰녀 드러와 衣服을 着한 後에 其中 한 名이 나를 問하여, "여보 新囚, 어듸 살댓으며 罪名은 무엇이며 役은 얼마나 젓소?" 나는 一一히 對答하엿다. 이 구석 저 구석에 質問과 反駁이 連出한다.

"여보 新囚, 똥통에 向하야 納拜하오." 或은 "座上〔윗자리〕의게 納拜하오." "그자도 생김생김이가 强盜질할 제는 무섭어윗겟는데- 强盜질하든 니약이나 좀 듯습시다."

함부로 無秩序 無條理하게 써드는 판에 엇던 말을 對答할넌지 몰나서 잠잠히 앉엇다. 엇던 者는, "이게 어듸서 먹든 도적놈이야? 사람이 뭇는 말에 對答이 없으니- 訊問時에 그갓이 對答을 안엇으면 律을 지지 안치-" 嘲笑와 凌侮가 餘地가 업다.

나는 생각하기를 이것은 下等덜만 모라 너은 新囚間인가 보다 하고 잠잠히 앉엇드니, 移時하여〔잠시 후〕 엇던 朝鮮 看守 一人이 와서 나를 보고서, "五十六號는 拘置監에서 나왓소?" 나는 "그럿습니다" 대답하엿다. 그 看守는 말을 니여 "내가 公判할 쩌도 參觀을 하엿지만은 甚히 愛惜한 일이요. 運數가 盡한 탓이니 엇지하겟소. 安心하실 수밧게 업지요." 대단 同情하는 빗을 보이고 도라가고, 其 다음은 日人 看守들이 몰녀와서 내의 名牌를 보고 또 내 얼굴을 보고 수군거린다.

房內에서 함참[한참] 야단으로 써들든 罪囚들이 다시금 수군댄다. "이 야 朴 看守 나리가 저 新囚를 보고 尊敬을 하니, 官吏가 罪囚에게 恭待하는 냥[모양]은 처음 보겟다." 或者는 "朴 看守 나리의 尊親屬인 게지-" 한 者가 正肅히 뭇기를, "新囚는 朴 看守 나리와 무엇 되시요?" "朴 看守인지 李 看守인지 나는 모르오-" "그러면 以前에 무슨 높은 볏을[벼슬] 지내엿소?" "나는 볏을 하지 안엇소-"

그중 한 者는, "당신 梁起鐸을 아시오?" "짐작하지오-" "올타, 저 新囚도 國事犯 强盜인가 보다. 三日 前 『大韓每日新報』社長 梁起鐸이란 新囚가 나왓고, 그 同犯으로 有名한 紳士들이 여러 名이 役을 젓다고 아모 看守 나리가 말슴하드라. 그러면 新囚도 紳士임으로 우리의 뭇는 말 대답도 잘 안이하는가 보다. 아니꺼운 놈. 나도 當時에 許旺山[허위許蔿] 밑에 堂堂한 參謀將이야. 여기 들어와서 驕를 부려야 所用업다."

나는 初也에 其者들이 下等 雜囚덜노만 알엇다가 許蔿에 部下라는 말을 듯고서는 甚히 痛歎하엿다. 저런 者가 參謀將이 된 許蔿 先生이 失敗하엿을 것은 明若觀火가 안인가. 獄中에 傳來하는 이야기가 있으니 "李 康年 先生[1858년 12월 30일~1908년 10월 13일]과 許蔿 先生[1854년 4월 1일 ~1908년 10월 21일]은 倭賊의게 被捕하여 訊問과 裁判을 밧지 안코 就刑하기까지 倭賊을 唾罵하다가, 徇國한 後에 西大門監獄에서 使用하든 自來井에 許蔿 先生 就刑日 붙어 井水가 赤濁하여 廢井되엿다" 하드라.

그같은 霜雪의 節義를 聞思한즉 自愧하기 끚이 없다. '精神은 精神대로 保重하지만은, 倭놈의[에게] 牛馬와 野蠻에 待遇를 받는 나로서 當時 義兵들의 資格을 評論할 勇氣가 있을가.' 只今 내가 義兵囚를 無視하지만은 其 領袖인 許 先生 李 先生의 魂靈이 내의 眼前에 出現하야 嚴切한 叱責을 하는 듯십다. '舊時 義兵은 네가 보는 바와 갓이 目不識丁에 無識한 것들이니, 國家에 對한 義務도 未解하는 것이 事實이나, 너는 일즉이 高

後彫의게 義理가 何體인지를 親炙하여 알엇고, 네가 그이게서 배운 金言 中에 '三尺童子라도 犬羊을 가르처〔가리키며〕 절을 식히면 반듯이 大怒하야 不應한다'는 말노 講壇에서 神聖한 第二歲 國民의게 說與하든 네 머리를 숙여 倭看守에게 禮를 하느냐.

네가 恒常 念誦하는 古人 詩에 '食人之食衣人衣 所〔素〕志平生莫有違[389]를 忘却하엿느냐. 네가 自少至老에 自耕食 自織衣하지 안코 大韓에 社會가 너를 衣之 食之함이, 今日 倭놈의 먹이는 콩밥이나 먹고 붉은 衣服이나 잎이는데 順從하라고 너를 먹이고 잎이든냐? 名色이야 義兵이든 賊兵이든 倭놈이 順民이 안이라고 認定하야, 終身이니 十年이니 監禁하여 두는 것으로 足히 義兵의 價値를 許할 수 잇지 안으냐. 男兒는 義로 죽을지언정 區區히 살지 안는다고 平日에 얼인 學生을 가라치고, 네가 금일 사는 것이냐 죽은 것이냐. 네가 개같은 生活을 忍過하고 十七年 後에 將功贖罪할 自信이 잇느냐.'

이 같은 생각을 하는 새이〔사이〕에 心神이 極度에 混亂되는 次에, 맞음〔마침〕安明根 兄이 나를 對하야 從容히 이런 말을 한다. "내가 入監 以後에 아모리 생각하여 보아도 一日을 살면 一日에 辱, 二日을 살면 二日에 辱이니, 餓死하기로 생각한다"고 한다. 나는 快히 贊成하엿다. "可能하거든 斷行하시요" 하엿다.

그날붙어 明根 兄은 斷食한다. 自己의 分에 飮食은 다른 囚人들의게 돌나주고〔나눠 주고〕自己는 굶는다. 連 四五日을 굶은즉 氣力이 奪盡하여

---

389 원래 이 구절은 한신(韓信)이 한왕(漢王)을 배신할 수 없다며 "衣人之衣者 懷人之憂(그의 옷을 입는 자는 그의 걱정을 제 마음에 품으며), 食人之食者 死人之事(그의 밥을 먹는 자는 그의 일을 위해서 죽는다)"라고 하는 구절(『사기』)에서 비롯되었다. 성삼문이 형장으로 가면서 "食君之食衣君衣(임금이 내리는 밥과 옷을 먹고 입었으니), 素志平生莫有違(평생토록 가졌던 뜻 어기지 않으리)"라고 시를 지었다.

運身을 못하게 되엿다. 看守가 무르면, "배가 압하서 밥을 안 먹는다"고 하나, 눈치 밝은 倭놈들이 病院으로 移監하여 노코 診察하여 보아야 아모 病이 없음으로, 明根 兄을 뒤짐[뒷짐]을 지이고[390] 鷄卵을 푸러서 억지로 灌口한다.

이 逢變을 當한 明根 兄은 내의게 寄別한다. "弟는 不得已 今日붙어 飮食을 먹습니다" 하드라. 나는 傳告하기를, "殺活 自由라는 부처님이라 도 入此門內하야는 莫存知解일 것이니[391] 自重하라" 하엿다.

獄中에서 故 李在明 義士의 同志들을 相逢하니 金正益·金龍文·朴泰殷·李應三·田泰善·吳復元 等과, 安重根 義士에 同志 禹德順 等이라. 一面如舊에 相愛之情이 有할 샌 아니라 持心處事에 義兵囚들의게 比하면 擧皆 鷄群鳳凰의 感이 있고, 金佐鎭은 沈毅[침착하고 의젓] 勇敢한 靑年으로 國事를 爲하야 무슨 運動을 하다가 投役되엿음으로 親愛의 情을 互表한즉, 漸次로 獄中에도 生活의 趣味가 있음을 깨닷겟더라.

내가 大門 獄에 入한 지 幾日 後에 또 重大 事件이 ▾發生하니 倭놈에 所謂 뭉어돌 줍는 第二回 事件인데, 第一回는 黃海道 安岳을 中心으로 하야 四十餘名 人士를 他殺 懲役 流配 三種으로 決處하고, 이어서 平安道 宣川을 中心 삼아 一網打盡으로 一百五名을 檢擧 取調하는대,[392] 內容에는 已爲 一回에 所謂 保安 事件으로 二年의 刑을 執行하는 梁起鐸·安泰國·玉觀彬과 流刑에 處하엿든 李昇薰까지 다시 집어넛코 訊問을 開始하엿나니, 그는[그것은] 旣爲 保安律에는 極刑 二年만 지운 것이 倭心예

152

---

390 '뒷짐을 지우다'는 '두 손을 등 뒤로 돌리고 묶다'의 뜻. 여기서 뒷짐은 뒷짐결박(一結縛)과 같은 의미이다.
391 이 부분에 "耶蘇 所謂 肉體는 魔鬼를 服從하고 靈魂은 上帝를 섬기라는 말을 생각하라고 慰安"이 있었으나, 삭제하였다. 해제 참조.
392 여기서 제1회 사건은 안명근 사건, 제2회 사건은 105인 사건을 말한다.

未治하여 좀 더 지우자는 變心에서 出한 것이다. 내와 金鴻亮도 十五年에 二年役을 加하여 合 十七의 役을 졋다.[393]

어느 날은 看守가 와서 나를 面會所로 다려간다. 누가 왓는가 하고 기다리노라니, 板壁에서 달각 하고 주머귀[주먹이] 하나 나들만한 구멍이 열니는 데로 내여다 본즉, 어머님이 와 스섯고 곁헤는 倭놈 看守가 직히고 섯다.

近 七八朔 만에 面謁하는 어머님은 泰然하신 顔色으로 말슴하시기를, "이야- 나는 네가 京畿監使[감사監司 또는 관찰사觀察使]나 한 것보담 더 깃부게 생각한다. 네 妻와 化敬까지 다리고 와서 面會를 請한즉, 一回 一人밧게는 許치 안는대서 네 妻와 化敬이는 저 밧게 잇다. 우리 세 食口는 平安히 잘 잇다. 너는 獄中에서 몸이나 잘 잇느냐? 우리를 爲하야 근심 말고 네 몸이나 잘 保重하기 발안다. 萬一 食事가 不足하거든 하로[하루]에 私食 두 번식을 드려 주랴?"

나는 오랫만에 母子 相逢하니 반가운 마음과, 저와 같이 씩씩한 氣節을 가진 어머님으로 개 같은 원수 倭놈에게 子息을 뵈이여 달나고 請願을 하엿을 것을 생각하니 惶悚하기 끗이 업다. 다른 同志들에 面會햇다는 情況을 들어 보면 父母妻子가 와서 彼此에 對面하면 울기만 하다가 看守에 制止로 말 한마듸도 못하엿다는 것이 普通인데, 우리 어머님은 참 놀납다고 생각된다. 나는 十七年 懲役 宣告를 밧고 도라와서 잠은 前과 갗이 자서도 밥은 한 째를 먹지 못한 적이 잇는데, 어머님은 엇지 저럿케 强腸하신가? 歎服하엿다. 나는 實노 말 한마듸를 못하엿다.

그리다가 面會口는 닺이고 어머님은 머리를 돌니시는 것만 보고 나도

---

393 "十五年에 二年役을~役을 졋다": 1차 집필 "내나 金鴻亮은 듬직하게 짐을 진 탓으로 第二回에는 참가치 안은 것이다"를 지우고 여백에 수정 추가한 것이다. 해제 참조.

끄을녀 監房으로 도라왓다. 어머님이 나를 對하여서는 泰然하섯으나, 도라서 나가실 째는 반듯이 눈물에 발색리가 뵈이시지 안엇을 것이다. 어머님이 面會 오실 째에 家妻와는 勿論 많은 相議가 있엇을 것이오, 내의 親舊들도 注意를 주어 들엇을 듯하나, 及其也 對面만 하면 울음을 참기가 克難할 것인데 어머님은 참 놀나운 어른이다.

獄中 生活[394]

獄中 生活을 一一히 紀[記]錄키 不能하나, 衣·食·住·行을 個別하야 쓰면서 其時 體驗 目睹한 것과 내의 生活하든 眞狀을 말한다.

各 囚人들이 所謂 判決을 밧기 前에는 自己의 衣服을 着하거나, 自己 衣服이 없으면 靑色 옷을 주어 입히다가, 旣決되여 服役하는 時間붙어는 赤衣를 着하나니, 朝鮮 服式으로 製着한다. 立冬 時期붙어 春分까지는 棉衣를 着하고, 春分으로 立冬까지는 單衣를 입히되, 病囚에게는 白衣를 입혓으며, 食事는 一日 三回로 分配하는데, 그 資料는 朝鮮 各道에서 各其 그 地方에서 至歇한〔가장 싼〕穀物을 選擇하는 故 各道 監食이 同一치 안으니, ▼當時 西大門監獄은 十分에 콩이 五分, 小米 三分, 玄米 二分으로 炊成하야, 最下 八等食에 二百五十勾몬메(もんめ)〔일본의 무게 단위, 1勾은 약 3.75g〕으로 爲始하야 二等까지 勾類를 增加한 것이며, 私食(差入)은 監外 食主人이 囚人 親族의 委託을 맛하 가지고 排食 時間마다 밥과 한두 가지 饌을 가저오면 看守가 檢査하고, 밥을 一字 박은 통에 다식과 갓이 박

153

---

394 본문 속에 들어가 있지만, 주술 관계가 없어 목차라고 생각된다. 옆에 줄을 그어 눈에 띄게 강조하였다.

아 내여 分配하여 주는데, 私食 먹는 囚人들은 一處에 모와서 먹게 하고, 監食도 等數는 다르나 밥은 같은 것이고, 監食은 各 工場에나 各 監房에서 먹게 한다.

三時로 밥과 찬을 一齊히 分配한 後에는 看守가 叩頭禮를 식히면, 囚人들은 號令에 좇아 무릎을 꿀고 무릎에 두 손을 올녀 노코 머리를 숙엿다가, 倭놈 말노 모도이〔모도리もどり〕(우리의 軍號 바릇〔바로〕과 갓다) 하면 머리를 一齊히 들엇다가, 끼빵(喫飯)〔키반きばん : 밥 먹어〕하여야 各 囚人이 먹기를 시작한다.

囚人들에게 敬禮를 식히는 看守에 訓話가, "食事는 天皇이 너이 罪人을 불상히 넉여서 주는 것이니 머리를 숙여서 天皇의게 禮를 하고 感謝의 意를 表하라" 한다. 그런데 每每 敬禮라고 할 씨에 들어 보면 各囚들이 입(口) 안에 무슨 중얼이는 것이 잇다. 나는 異常하게 생각된다. 밥을 天皇이 준대서 天皇을 向하야 祝意를 表함인가 하엿드니, 及其也 面熟한 囚人들에게 무러본즉 口口同然으로, "당신 日本 法典을 보지 못하오. 天皇이나 皇后가 죽으면 大赦가 나려 各 罪人을 放送한다고 안엇소. 그럼으로 우리 囚人들은 머리를 숙이고 上宰끠 明治란 놈을 卽死식혀 줍소서 하고 긔도함니다" 한다. 나는 그 말을 듯고 甚히 깃버하여, "나도 그레케 한다"고 하엿다. 其後는 나도 '노는 입(口)에 念佛' 格으로 每每 食事時에는 '東洋에 大惡魁인 倭皇을, 내게 全能을 베푸러 내 손에 죽게 합시샤ー' 하고 上宰끠 祈禱하엿다.

囚人들이 種種 減食罪을 受하는 者ㅣ 有하니, 내의 밥을 남을 주거나 남에 밥을 내가 어더 먹다가 看守에게 發見되면, 重者는 三分二를 減하고 輕者는 二分一을 減하여 三日 或 七日을 먹이는데, 減食罪를 當하기 前에 看守 놈들이 함부로 죽지 안으리만큼 따려 주나니, 所謂 獄則에 依하면 減食도 罪則 中에 一이더라. 이 點에 對하야 나는 깊이 硏究하엿다.

表面으로 나도 붉은 옷(衣)를 입은 服役囚나 精神上으로 나는 決코 罪人이 안이다. 倭놈에 所謂 新付之民[新附之民: 식민지인]이 안이고, 내의 精神으로는 죽으나 사나 堂堂한 大韓에 愛國者이다. 될 수 있는 대로는 倭놈에 法律을 服從치 안는 實事實[실제 사실]이 있어야만 내의 살아 잇는 本志이다. 그러면 나는 一日 한 째 或 두 째를 私食을 먹은즉 밥이 不足하여 애쓰는 囚人들을 먹이고도, 나는 한 째라도 滋養 있는 飮食[私食]을 먹은즉 健康에는 大損이 없을 것을 깨닷고, 每每 내 밥은 곗헤서 먹는 囚人을 주어 먹게 하나니, 첫 번 먹기를 始作할 제 곗헤 앉은 囚人에 엽구리를 꾹 지르면 그 사람은 아라[알아]차리고 빨니 自己分을 먹은 뒤에 내의 압헤다가 뷔인 그릇을 노을 째 나는 내 밥글옷을 그 사람을 주면, 看守 놈 보기에 나는 밥을 수히 먹고 앉은 것으로 보여진다.

囚人들에 品行이 열 번 내 밥을 먹는다면 그 먹을 제는 恩惠를 죽어도 잇지를 못하겟다고 致謝를 하든 者라도, 아츰밥은 어더먹고 전역밥을 다른 사람을 주면 그 卽時로 辱說을 퍼붓는데, "저놈이 네 義父냐, 이야 孝子門 세우겟다" 하면, 밥을 어더먹는 者는 또한 나를 擁護하는 말노 맞은[맞대어] 辱說을 하다가 看守에게 發覺되어 다 罪을 쓰는 故로, 善을 行함이 도로혀 惡을 行하게 되는 境遇가 許多한지라.

그러나 내게 對하야는 함부로 못하는 理由가 몃 가지 있으니, 囚人 中에 精秀分子인 李在明 義士에[의] 同志들이 皆是 日語에 嫺熟하여 倭놈들에게 大信任을 밧는 사람들이 내의게 對하야 極히 尊敬하는 것을 보왓으니, 囚人들에게 臨時 訊問할 時는 通譯으로 使用한즉, 性行 사오나운 者는 하로도 몃 번식 불니어 단이는 터에 通譯들을 미이고서는[밉게 보이고서는][395] 自己에게 直接 害가 도라올가 하는 것과, 내가 날마다 밥을 다른 사

154

---

395 '미이다'는 '미다'의 수동태. '미다'는 '밉다'의 방언. '미이다'는 '밉게 보이다'의 의미이다.

람을 주는 것을 본즉 後日에 所望이 있음이다.

通히 말하자면 우리 同志들에〔의〕 人格과 才能이 超群하고 五六十名
이 精神上으로 凝結되여 侮視〔멸시〕할 수 없음이니, 우리와 다른 事件으로
도 똑똑한 分子는 皆時 우리와 情義를 許하고 지내는 터인즉 儼然히 囚人
에 領導的 機關이 되여것다. 囚人의 表面 監督은 倭놈이 하고 精神上 指
導는 우리 同志들이 하게 되엿다.

宿所는 監房에서 雜居하나니, 倭놈에 草席(다다미) 三枚 半³⁹⁶에 該
當한 房內 面積에 囚人 十餘名은 普通이고, 엇던 째 엇던 房에는 二十餘
名을 모라 너흘 제가 種種하니, 앉어 잇는 時間에는 各囚의 番號에 數次
를 싸라 一二三四列을 지어, 夕食 後에 몃 시간은 隨意로 書籍도 보게 하
고 文盲덜은 속은속은〔소근소근〕 이야기도 하게 하지만은, 高聲으로〔-는〕 書
籍도 音讀하지 못하게 하고〔고성으로〕 더옥 이약이는 嚴禁을 한다.

무슨 말소리가 나면 看守가 와서 "누가 무슨 말하엿나?" 무러서 "이약
이를 하엿다" 自白하면, 그 囚人들을 "쇠(鐵)창살 사이로 손(手)을 내노
으라" 하여 실토록〔싫도록〕 싸려 주는 터임으로, 안즈엇는〔앉아 있는〕 동안에
이 房 저 房에서 "아이구 아이구" 소리와 사람 치는 소래〔소리〕가 끈을 째
는 없다. 첫 번에는 그 맞는 것과 그 夜叉 같은 倭놈들에 蠻行을 참아 볼
수 없으나, 하도 자조 보와 그런지 漸漸 神經이 鈍하여저서 보기에 尋常
한 째도 있엇다.

이제〔1928~1929〕 생각하니 우리 獨立運動이 始作된 後에 張德俊
〔1893~1920〕義士가 『東亞一報』從軍記者로 北間島에 出張하여, 倭놈들
이 獨立軍이나 平民이나 잡히는 대로 끌어다 개(犬) 치듯 하는 光景을 보
고서 義憤을 참지 못하야 倭 大將에게 嚴重 交涉을 한즉, 그 大將 놈은 謝

---

396 다다미〔畳〕한 장의 크기는 1/2평 정도로, 3장 반이면 1.76평 정도 된다.

過를 하고 張 義士를 門外에 作別한 뒤에 秘密이 逮捕하야 暗殺하엿다는 當時〔1920년경〕 密探도 有하엿으나, 내가 獄中 體驗〔1911~1915〕으로 因하여 더욱 明確하다고 信한다.[397]

一日은 내가 崔明植 君을 넘어 오래 隔離 住居하여서 幽鬱한 懷抱를 叙하기로 하고 一房에 同住케 할 計劃을 實施하는바, 옴(疥瘡)을 맨드러서 監獄醫에게 診察을 受하여 가지고 同房 居住케 되엿다. 옴을 맨드는 方法을 말하면, 가는 鐵絲를 어더 가지고 끝을 가라 尖하게 맨드러 감초아 두엇다가, 醫師가 各 工場과 監房으로 도라다니며 病囚 診察하는 時에 三十分 前에 鐵絲 끝으로 左右 손(手)고락〔손가락〕 사이를 꼭꼭 질너 두면, 씨른 자리가 옴과 갗이 내여 솟고 그 끝에서는 말근 물이 내여 솟는다. 누가 보든지 옴病으로 보게 된다. 그 方法으로 診察한즉 即日노 옴房으로 轉房되여 둘이 갗이 그 房에 들어갓다. 그날 전역〔저녁〕에 하도 그리엿든 판에 이야기를 하다가 佐藤〔사토〕이란 看守 놈의게 發覺되엿다.

"누가 먼저 말을 하엿나" 뭇기로, "내가 먼저 이약이를 햇다"고 대답하엿다. 창쌀 밑으로 나오라 하기로 나가 선즉, 그놈이 亦是 棍棒으로 亂打를 한다. 나는 아모 소리도 내이지를 안코 한참 동안을 마잣다. 그때에 맞은 傷痕은 左耳에 軟骨이 傷하야 봉충이[398]가 되여서 至今껏 남아 잇다. 〔사토가〕"明植 君은 용서하니" 다시 倭말노 "하나시〔はなし〕(이야기) 햇소데 다다귀도〔たたく〕(따려 줄테야)" 하고 물너가더라.

그때에 일부러 옴을 맨들어서 轉房한 理由에 한 가지가 또 있으니, 監房에 囚人의 數爻가 過多하야 앉엇을 제는 맟이〔마치〕 콩 그릇에 나물 대

---

397 백범이 "獄中 體驗"한 것은 1911~1915년, 장덕준(張德俊)이 만주 모아산(帽兒山)에서 일본군에게 살해당한 것은 1920년 11월이다. 따라서 문단 모두의 "이제 생각하니"와 마지막의 "信한다"는 투옥 당시가 아니라『백범일지』상권 집필 당시(1928~1929)의 생각이다.
398 봉충은 한쪽의 크기나 기능이 다른 짝짝이. 예) 봉충다리.

가리 나오듯이 되엿다가, 잘 째에는 몬저 一人首東 一人首西로 착착 모로 뉘여서 다시 더 누을 자리가 없으면, 남저지〔나머지〕 사람들은 이러서고, 左右에 한 사람식 力强者로 板壁에 등을 붙이고 두 발노 먼저 누은 者에 가슴을 두 발노 힘껏 내여 밀면, 드러누은 者들은 "아이구 가슴쌔 부러진다" 야단을 하지만은, 내여 미는 쪽에는 또 드러누울 자라〔자리〕가 생기면 서서 잇든 者가 그 새에 드러눕고, 몃 명이든지 그 방에 잇는 者가 다 누은 後에야 미러 주든 者까지 다 눕는데, 모말과 갗이 사개를 물녀 짜서 지은 방399이 안이면 방이 破壞될 터이라. 힘써 내여 밀 제는 사람에 쎄가 상하는 소리인지 壁板이 부러지는지 '우두둑' 소래에 솜치〔소름〕가 돗는다. 그런 光景을 보고 監督하는 看守 놈들은 "써들지 말나"고 개 즛듯〔짖듯〕 하고 서서 들여다본다. 내가 본 것도 老衰者가 胸骨이 傷하여 죽는 것을 여러 名을 보앗다.400

終日 勞役을 하든 囚人들임으로 그갗이 끼워서도 잠이 든다. 첫 번 누을 제는 首南者 側은 面北하여 모로 눕고, 首北者 側은 南面而臥하고 가잠이 들엇다가도, 감슴〔가슴〕이 답답하야 잠이 쌔이면 方向 轉換하자는 意思가 一致하여 南面 側은 北面, 北面 側은 南面으로 도라눕는다. 그는 〔그것은〕 苦痛을 밧구는 것과 口臭를 마조 대고 呼吸을 할 수 없음이나, 잠이 깊이 들 제 보면 서로 키쓰하고 자는 者가 많고, 弱者는 솟겨 올나 사람 우에서 잠을 자다가 밑에 든 者에게 몰니워서 이리저리 구러다니다가 날을 밝히는 것이 獄中一夜이다.

---

399 모말은 곡식 따위를 되는 네모가 반듯한 말. 곡식 낟알이 새어 나가지 않게 모말의 네 귀퉁이 끝을 서로 맞물리게 들쭉날쭉하게 파낸 부분을 사개라 한다.
400 《원》에서 "내가 본 것도"로 시작하는 이 문장은 여백에 길게 삽입한 다음 구절, 즉 "終日 勞役을~더 밧는다" 뒤에 있으나, 내용상 삽입 구절 앞과 연결된다. 백범이 삽입 표시를 약간 어긋나게 한 것이다.

獄苦는 夏冬 兩節에 尤甚하니, 夏節에는 監房에서 囚人들에 呼吸과 땀에서 蒸氣가 發하야 서로 面目을 분간 못하게 된다. 까쓰에 불이 나서 囚人들이 窒息이 되면 房內로 무소대[물쏘대][401]를 드리 쏘아 진火하고 窒息된 者는 어름으로 찜질하여 살니고 죽는 것도 여러 번 보왓다.

囚人들이 가장 많이 죽기는 夏節이다. 冬節에는 監房에 二十名이 잇다면 棉衣 四個를 드려 주는데, 턱밑에서 겨우 무릅 아래만 가리여짐으로 버선 없은 발과 무릅은 大半[太半] 凍廠이 나고, 귀와 코가 얼어서 極히 慘酷하고, 발꼬락 손꼬락이 물너나서[물러져서] 不具者된 囚人도 여럿을 보앗다. 看守 놈들에 心術은 監房에서 무슨 말소리가 낫는데 "누가 말을 하엿나" 무러서, 말한 者가 自白을 안코 同囚들이 누가 말햇다는 告發이 없은 찍는, 夏節에는 房門을 閉하고, 冬節에는 房門을 開하는 것이 監視에 妙方이다.

監獄 生活에 第一 苦生을 더 하는 者는 身體 長大한 者이니, 내 키가 五尺六寸[약 170cm]인즉 中키에 不過하나, 잘 째에 種種 발꼬락이 남에 입에를 들어가고 치위[추위]도 더 밧는다.[402]

그놈들이 내게 對하여는 類달니 待遇를 하는데, 服役 식힌다고 말만 하고 實地는 服役을 안이 식히고, 西大門監[-獄]에 가서도 百日 동안을 手錠을 채여 두기 썸문에 그갖이 좁은 房에 두 손을 묵거 노와서 잠짜리[잠자리]에 넘어 苦痛이 되고, 同囚덜도 잠결에 내의 수갑이 몸에 다으면 죽는다고 야단이니 좀 넒은[넓은] 房에 居處할 생각으로 그리하여 [옴을 맨들어서 轉房한] 劃計가 맞앗으나 모처럼 이약이를 좀 하다가 이 逢變을 한 것

---

401 물쏘대는 '소방 호스의 앞에 달려 있는 쇠로 된 물건'을 지칭하는 북한어이다.

402 "終日 勞役을 ~ 더 밧는다": 여백에 빽빽하게 삽입한 것이다. 본문과 잉크색이 같고, 내용이 《등》(『전집』 2권 181면), 《필》(『전집』 2권 306면)에도 있어서 1차 집필 중에 삽입한 것임을 알 수 있다.

이다.

行動에는 拘束이 尤甚하여 아츰에 잠을 깨여도 마음대로 이러나지를 못하고 반듯이 一定한 時間을 직혀서 一時에 號令으로 起寢을 식히고는, 卽時로 看守들이 每房囚을 꾸러안치인 後에 한 놈은 房囚를 向하야 倭말노 "기오쯔께"〔きおつけ〕(우리말노 긔착〔起着〕)를 부르면 囚人들은 一齊히 머리를 숙엿다가, 한 놈이 名牌를 들고 첫 자리 안즌 囚人의 番號붙어 꼿가지 내여 읽으면, 囚人마다 自己 가슴에 붙인 番號 읽는 소래를 듯고 입으로 "하이"〔はい〕 하고 곧 머리를 드러〔들어〕 끗자리 앉은 囚人까지 다 맞인〔마친〕 後에는 잘 제〔때〕 입든 衣服은 벗어 꾸려 노코 手巾 一枚式으로 腰下를 가리우고, 赤身으로 工場까지 멀면 百步, 갓가오면 五十步 以內인 距離 赤身赤足으로 쌜니도 못 것고 천천히, 손활개도 못 치고 벽돌 한 개식 편 것을 발고 工場에를 가서, 各各 自己의 役衣를 입고 또 列을 지여 쪼구려 안치인 뒤에 數爻를 點檢하고, 洗面을 식힌 後에 아츰밥을 먹이고 나서는 곧 役事를 始作하나니, 役事하는 種類는 簡易한 鐵工, 木工, 織工, 被服工, 寶石〔補蓆〕(倭 말 무시료〔むしろ〕, 가미니〔가마니〕 等), 捲烟匣 製造, 삭기(草繩) 꼬기, 耕耘(김매기), 쌀내, 밥짓기. 其外에 여러가지 囚人들 중에 品行方正하다고 보여진 者는 內監 外役所에 掃除夫와 病監에 看病夫와 炊場에 炊夫를 擇用하는데, 以上 特種 役事에 參用되는 者는 政丞 부럽지 안타는데, 그들은 待遇도 좀 厚하고 苦痛도 比較的 덜함일너라.

監房에서 工場에를 나갈 쩌나 들어올 제 夏節은 尋常하나 冬節에는 全身이 껌엇케 죽어서 들어오고 나가는데, 겨울에 工場에를 가서 옷을 푸러 보면 틈틈이 눈(雪)이 끼인 것이라도 몸에 입기만 하면 훈훈히 더운 긔운이 도라온다. 工場에서 勞役을 맞이고 夕食을 먹고 監房에로 들어올 제도 亦是 役衣를 벗고 赤身에 手巾만 들고 들어와, 아츰과 갖이 番號 點檢한 後에야 안젓다가 定한 時間에야 자게 한다.

拘束을 넘어〔너무〕至苛至酷하게 하는 反對〔역효과〕로 囚人들의 心性도 따라 惡化되어서, 橫領詐欺罪로 入監한 者라도 竊盜나 强盜질 硏究를 하여 가지고 滿期 出獄 後에 重役을 ▼지고서 〔다시〕入監하는 者를 重重히〔자주〕보겟더라. 監獄은 勿論 異民族의 抑制〔겁제〕〔압제〕를 밧는 感情이 充滿한 곧임으로 倭놈들의 智量으로는 一毫라도 感化를 줄 수 없으나, 내 民族끼리 監獄을 다사린다〔다스린다〕하여도 如干 남이 하는 模倣〔모방〕이나 하여서는 監獄 設置에 조곰도 利益이 없겟다고 보와지더라. 그리하야 後日에 우리나라를 獨立한 後에 監獄 看守붙어 大學敎授의 資格으로 使用하고, 罪人을 罪人으로 보는 것보담은 國民의 一員으로 보와 善으로 指導하기만 注力하여야 하겟고, 一般 社會에서도 入監者라고 蔑視하지 말고 大學生의 資格으로 待遇하여야 그만한 價値가 생기겟다고 생각되엿다. 載後面.[403]

西大門監獄에는 歷代的 珍貴한 寶物이 有하니, 舊日 李承晩 博士가 自己 同志들과 갗이 投獄하엿을 時에 西洋人 親友들을 連絡하야 獄中에 圖書室을 設置하고, 內外國에 珍貴한 書籍을 購入하야 五六年間 긴- 歲月에 獄囚의게 救國興國의 道를 講與하엿나니, 休役日에는 書籍庫에 싸힌 各種 冊子을 每房에 들여 주는 그中에, 李 博士의 手澤〔손때〕과 淚痕〔눈물자국〕이 斑한 監獄署라는 印을 捺한 『廣學類編』『泰西新史』等 書籍을 보앗다. 나는 그런 冊子를 볼 찍의 內容보담은 拜謁치 못한 李 博士의 얼골을 보는 듯 반갑고 無限의 늣낌이 이섯다.

前記에〔앞에서〕義兵들에 缺點을 대강 말하엿고, 여게는 統트러잡아〔통틀어〕囚人들에 大多數의 性行과 見聞을 대강 말하겟다.

獄外 普通 社會에서는 듯고 보지 못할 怪異한 特情을 發見하엿다. 普

---

403 이하 한 단락("西大門監獄에는~ 늣낌이 이섯다")이 후면에 실린 내용이다. 해제 참조.

通 社會에서는 아모리 莫逆한 親友덜 사이라도 "내가 뉘 집에 가서 强盜나 殺人이나 竊盜를 하엿노라"고 發言할 者 업거늘, 함을며 初面 人事 後에 서슴지 안코 "내가 아모개를 죽엿다"(그것도 世上이 다 알드시 그 罪로 罰을 밧는 中이면 或 可하나 숨기고 發表치 안튼 事實), "아모 집에 가서 不汗黨질 한 것(그 亦是 숨은 事實)도 나와 아모가 하엿다"를 無忌憚하게 共開하고 이야기한다.

爲先 한 가지 만저〔만자〕 말할 것은 어느 날 가마니 싸는 第三工場에서 崔明植 君과 내가 掃除夫의 일을 하는 째라. 우리는 製造의 原料나 各 囚人들에게 돌나주고〔돌라주고: 나눠주고〕서는 뜰이나 掃除하고 나서는, 囚人들 物件 製造하는 구경이나 하고, 倭놈 看守가 한 時間 직힐 제는 自由가 업스나, 朝鮮 看守가 半時間 볼 제는 더옥 한가하고, 囚人 全部가 談話會를 開함과 갓이 숙운거리면 朝鮮 看守도 倭 看守와 갓이 "말 말나"는 語聲은 倭 看守보다 더 크게 號令을 하지만은, 實地는 倭 看守長이나 部長 놈이 오는가 望보는 데 不過하다. 그 틈에 崔氏와 所見의 異同을 試驗하기로 하고, 二百餘名을 한 번을 나가면서 삷혀보고 나려오면서 본 뒤에는, 其中에 몃재 자리에 앉은 者라고(勿論 特異한 人物을 標準한 것) 그 番號를 써 가지고 서로 맞오아 보아서, 所見이 같으면 그者에 人格을 調查하여 보기로 하고, 一次式을 視察하고 도라와서 各其 番號 적은 것을 마초아 본즉 所見이 符合되엿다.

그린 後에 一回 調査를 내가 하기로 言約하고, 그者를 차저가서 人事를 請하엿다. (그者는 나희나〔-가〕四十이 남아〔넘어〕보이고, 똑같은 役衣를 입엇으나 몸 가지는 것과, 말은 못 드럿으나 눈에 精氣가 드러 보임으로 우리 눈에 씌운 까닭이다.) 내가 뭇기를, "당신은 어듸가 本鄕이며 役限은 얼마나 되시오?" 그者 答, "나는 槐山에 사랏으며, 役限은 强盜 五年이며, 再昨年에 入監되여 以後 三年이면 出監되겟소." 反問, "당신은-" 내

대답, "나는 安岳에 사랏고 役限 强盗 十五年에 昨年에 入監하엿소." "하-짐이 좀 무겁게 되엿소. 初犯이시지요?" "녜- 그럿소."

그리만 문답하고 倭 看守가 옴으로 니러서〔일어서〕 와 버렷다.

그者에게 가서 무슨 이야기하는 것을 본 囚人 中에 내게 뭇는 者가 잇다. "五六號는 그 사람을 以往〔以前〕 아섯소." 내 말, "몰낫소. 당신은 그가 누기〔누구〕인지 아시오?" "그者 알고말고요. 南道 盜賊 치고 그 사람 몰을 者는 업슬 듯하오." 나는 興味 잇게 무럿다. "그 엇던 사람이오?" "그것이 三南 不汗黨 魁首에 金 進士입니다.[404] 이 監獄에 그 同黨이 여러 명이 잇 엇다가 더러는 病나 죽고 死刑도 밧고 放免된 者도 많지요" 하고 말을 그 첫다.[405]

그날 전역에 監房에 들어온즉, 그者가 벌게벗고 우리 뒤를 따라서 들 어오며 "오늘붙어는 이 방에서 괴로움을 끼치게 됩니다" 하고 들어온다. 나는 반기며 "당신이 이 방에로 轉房이 되섯소?" "녜, 老兄 계신 房이오구 려." 各各 衣服을 입고 點檢을 畢한 後에 나는 囚人들에게 付托하야 "鐵窓 左右로 귀를 대고 들어 보와서 看守에 曳履聲〔발소리〕이 들니거든 알게 하 여 달나"고 하고 나서는, 그者와 談話를 始作하엿다.

내 말, "工場에서 暫時 人事를 하고 情다운 이야기 한마듸를 못하고 分離케 됨을 퍽 遺憾으로 생각하고 들어오든 次에, 老兄이 곧 轉房이 되 여 同居하게 되니 퍽도 깃붑니다."

進士, "녜- 내 亦是 同感이올시다." 進士 내게 對하야 맛이 耶敎 牧師 가 敎人에 洗禮問답 하듯이 發問한다.

---

404 최명식에 의하면 김 진사는 평양 사람으로 이름이 김종명(金鍾明)이며, 대한제국의 군인이었 으나 1907년 군대 해산 이후 의병으로 나섰다가 강도가 되었다고 한다. 최명식, 『안악사건과 삼일 운동과 나』, 긍허전기편찬위원회, 1970, 49면.
405 "그 者에게 가서~말을 그첫다": 이 한 단락은 여백에 집필한 부분이다.

"老兄 强盗 十五年이라고 하섯지요?" "녜 그럽니다." "그리면 系統으

로 추설이오 목단설이오 ▼북대요? 行樂은 얼마 동안이요?" 나는 한 말도

對答을 못하엿다.

進士 빙긋이 우슨면서 "老兄이 북대인가 싶으오." 나는 처음 드러 보

는 文字라 북대로라고도 대답을 못하고 앉엇다.

내 곗헤 앉어 이야기를 듯던 囚人 中 한 者가 김 進士를 對하야 나를

가라치며, "이분은 國事犯 强盗람니다. 그런 말슴을 무르서야 대답 못할

걸〔것〕이오!"

그者는 監獄 語習에 '찰(참)强盗'이니 系統 잇는 盜賊임으로, 내가 金

進士 말대답 못하는 것을 理解식히는 말이다.

金 進士는 그 말을 듯고 고개를 끄덕인다. 進士, "내 엇짐인지, 工場

에서 老兄이 强盗 十五年이란 말을 할 쌔에 아래우로 삷혀보와도 强盗 내

음새를 發見 못하겟기로 북대인가보다 햇구려."

나는 勿論 楊山學校 事務室에 여러 敎師들이 모히여 지낼 쌔의 여러

가지로 우리나라에 所謂 活貧黨이니 不汗黨이니 하는 秘密結社가 잇어서

打鎭劫城에 殺人奪財를 하고도 東閃西忽〔동에서 번쩍 서에서 얼씬〕에 動作이

敏活함으로 捕校와 兵隊를 푸러서도 根底를 쏩지 못하는 것 보면 그 鞏固

한 團結과 그 機敏한 訓練이 있음은 事實인데, 우리도 어느 날이고 獨立

運動을 하자면 堅固한 組織과 機敏한 訓練이 없으면 成功치 못할 터인즉,

盜賊의 結社와 그 訓練을 硏究하여 볼 必要가 있다 하여 몃 달을 두고 各

敎師가 硏究하다 畢竟은 成跡이 없엇든 것이 생각난다.

普通 人情에 '三日 闕食에 盜心이 發치 안을 者ㅣ 幾稀〔드물다〕'라 하

나, 盜賊의 마음만 가지고 도적이 될 수 없고 한두 명의 鼠竊狗偸〔좀도둑〕

는 可能하려니와, 數十名 數百名의 集團體가 되여 機敏히 動作하는 데는

반듣시 指揮 命令을 發한은 機關과 主腦 人物이 잇고야 導率行賊할지니,

그만한 人物이 잇다 하면 그 資格과 智量이 政府 官吏 以上에 人格者라야 할지니, 硏究 調査하여 볼 必要가 잇다 한 것이나 終是 端緖를 엇지 못하고 만 것을 생각하고, 金 進士에 밧싹 드러붙어서 뭇기를 始作하나, 金進士란 者가 내가 自己의 同類 안임을 發表한 以上에 내의게 自己네 內幕을 다 말하여 줄가 疑問이나, 平素에 애쓰든 것을 이 긔회가 안이면 알 수 없다 생각하고, 몬저 내의 身分에 對하야 대강 說明하고, "平素에 貴 團體의 組織 訓練을 硏究하여 보앗으나 端緖를 엇지 못하엿으며, 硏究의 目的이 盜賊을 撲滅함이 안이고 後日 國事에 參考 應用하자 함이엿으니, 明瞭하게 說明하여 줄 수 잇겟음니까?"

進士, "우리의 秘密結社의 原來가 屢百年에 이제는 自然 公然[공공연한] 秘密이 되엿으나, 紀綱이 嚴密한 탓으로 나라이[나라가] 亡함을 싸러 由來로 직혀 오든 社會 綱紀가 餘地없이 墜落된 今日에도, 朝鮮에 '벌(蜂)에 法'과 '盜賊놈에 法'이 그대로 남앗다고 自認합니다. 老兄을 북대로 생각하고 아지 못하시는 것을 여러 말노 물은 데 對하야 未安합니다. 그런즉 내가 老兄의게 무른 語句에 對하야 먼저 說明을 하고 이어 組織과 訓練과 實行에 몃 까지 例를 들어 말삼하오리다.

우리나라 李朝 以前은 可考할 수 없으나 李朝 以後에 盜賊의 系派와 始原은 이럿읍니다. 盜賊이란 일흠부터 名譽的이 안이여든 누가 도적질을 좋은 職業으로 알고 自行할 者ㅣ 잇으리오만, 大槪가 不平者가 反動的 心理로 起因된 것이외다. 李成桂가 以臣伐君하고 得國을 한 以後에 當時에 杜門洞 七十二人 같은 사람들 外에도 王朝에 忠志을 가지고 잇은 者 많앗을 것을 알 수 잇겟지요. 그러한 志士들이 秘密이[비밀리] 連絡 或 集團하여 가지고 濟弱扶傾[약한 이를 구하고 기울어지는 것을 붙들어 세움]의 善意와 秩序 破壞의 報復的 大義를 標榜하고 幽僻한 곧에 同志를 召集하여 가지고, 李朝에 寵祿을 먹는 者와, 또 그者들에 族屬덜노 所謂 兩班이라

하고 凡民을 搾取하야 富足한 者에〔의〕財物을 奪取하야 貧寒한 百姓을
救濟하든 것을 盜賊이란 名號를 부처 가지고, 五百餘年 동안 李朝에게 壓
迫屠殺을 當하여 온 것이외다.

그런데 江原道에 根據를 둔 者들에 機關 名義는 목단설이오, 三南에
잇는 機關은 추설이라 하여 왓습니다. 북대라는 것은 愚頑한 者들이 臨時
臨時 作黨하여 가지고 打家劫舍〔집을 때려 부수고 재물을 빼앗음〕하는 者를 일
흠한 것인데, 목단설과 추설 두 긔관에 屬한 徒黨끼리는 서로 만나면 一
面如舊하게 同志로 認定하고 互相扶助하나, 북대의게 對하야는 두 설에
서 同一히 敵待視〔敵對視〕하는 規律을 定하엿음으로, 북대는〔를〕 맛나기만
하면 無條件하고 死刑을 하는 것이외다.

목단, 추 兩설에 最高 首領는 老師丈이오, 其下에 總事務는 有司라
하고, 各 地方 主管者도 有司라 합니다. 兩설에서 共同 大會를 '大장 불은
다' 하고, 各其 單獨으로 部下를 召集하는 것을 '장 부른다' 하는 것이외
다. 大장은 從前에는 每年 一回式을 부르나, 到今하여는 재알이(指倭)가
하도 甚하게 구는 탓으로 大장은 廢止하엿습니다.

從前에 大장을 불은 뒤에는 어느 고을을 썰든지 큰 市場을 치는 運動
이 생긴 것이외다. 大장은 부르는 本意가 도적찔만 하는 것 아니고 설에
〔목단설이나 추설의〕公事를 處理하는 것인데, 그쩨의 大示威的으로 一次를
하는 것이외다. 大장을 부르는 通知 各道 各地에 責任者에게 該 部下에
누구누구 幾名을 派送하라 하면 어김업시 가는데, 흔히 큰 市場이나 寺刹
로 부르게 됩니다.

召命을 밧고 出程하야 가는 데는 形形色色으로, 돌님장사〔돌림장사〕
로, 중으로, 상제로, 양반 행차로, 등짐장사로, 別別 形式을 다 假裝하여
가지고 갑니다. 一例 들면 年前에 河東 花開場에로 大장이 되는데 볼만하
엿습니다. 그 場날을 利用한 것인데 四面으로 觀市하러 오는 사람이 길이

(路) 차(滿)서 몰녀 드러오는데, 거긔 섯겨서 도적놈들도 들어오지오.

中場이나 되여서는 엇던 行喪이 들어오는데 喪主가 三兄弟요. 그 위에는 服喪制덜과 馬上으로 護喪하는 사람도 많고, 喪輿는 비단으로 맵시 있게 꾸몃고, 喪輿軍도 찰임차리를 一致히 素服으로 잎이고, 市內에를 들어와서 큰 酒店 뜰에 停輿을 하고 나서는, 喪主덜은 竹杖을 집고 '아이구' '아이구' 喪輿 앞에서 哭을 하고, 喪輿軍들은 술을 먹일 제 엇던 護喪客 一名이 갯국(狗湯) 한 글읏을 사 가지고 喪主를 勸한다.

喪主는 溫順히 그者를 向하야 '戱弄은 무슨 희롱을 못해서 喪制의게 갯국을 勸하는가, 그리 말나' 하여도, 갯국을 勸하든 護喪人은 도로혀 强請하야 期於히 喪制들을 갯국을 먹이려 한다. 溫柔하든 喪主들도 次次 怒氣를 띄고 拒絶한다. '아모리 無禮한 놈이기어든 初喪 喪制들어 갯국 먹으라는 놈이 어듸 잇느냐', '친구가 勸하는 갯국을 좀 먹으면 못쓰느냐' 차차 쌈이 된다.

다른 護喪人들도 쌈을 말니노라고 야단을 치매, 市上[시장]에 장군[장꾼]에 눈이 다 그리로 集中되고 웃(笑)기를 마지 아니할 즈음에, 喪主 三兄弟가 竹杖을 들어 喪輿를 쌲수고 널(柩)을 짓모고[짓몰고: 마구 몰고] 널의 天蓋를 싹 잡아 제친즉 屍體는 업고 五連發 長銃이 가득 들엇다. 喪主, 護喪軍, 喪輿軍이 銃 一柄式을 들고 四面 길목을 把守하고 出入을 막고, 市場에 노힌 돈과 집에 積置한 富商에[의] 돈 全部를 奪取하여 가지고 雙溪寺에서 公事를 맞이고 혀여젓습니다.

老兄이 黃海道에 사시니 年前에 靑丹場을 치고 谷山郡守를 죽인 所聞을 들엇을 것이나, 靑丹場을 칠 제는 내가 總指揮로 徒黨을 領率하고, 나는 엇던 兩班의 行次로 假裝하야 四人轎를 타고 구중[구종驅從, 수행] 별배[別陪, 하인]를 느러 세우고 豪氣 있게 달녀들어 市場 事務를 無事히 맞이고, 疾風雷雨的으로 谷山 郡衙를 襲擊하고, 郡守 놈이 하도 人民을 漁

肉하엿기로 죽여 벌엿지오."

나는 무럿다. "老兄의 今番 懲役이 그 事實이요?"

進士, "아니오. 萬若 그 事實이라면 五年만 지겟슴니까. 旣爲 免키 얼
엽게 되되기로〔되기로〕簡易한 事件을 吐實하엿드니 五年刑을 밧앗소.

組織 方法에 對하야는 根本 秘密結社인 만큼 嚴密하고 機械的임으로
說明을 充分히 하여 들이기 難하나, 老兄이 硏究하여 보아도 端緒를 엇지
못하엿다는 點에서붙어 말슴하지오. 徒黨의 數爻만 많고 精密치 못한 것
보담은 數爻가 적어도 精密한 것을 目的하기 째문에, 各道 各 地方 責任
有司의게 老師丈으로붙어 每年 各 分설에서 資格者 一名式을 精査 報告
케 함니다.

그 資格者란 것은 一. 眼彩가 剛明, 二. 아래가 맑고, 三. 膽力이 强
實, 四. 性品이 沈着, 以上 몇 가지를 갖운 者를 秘報하여, 上설에서 다시
秘密 調査(報薦한 有司도 모르게)를 하여 보고, 調査에 前後가 符合되는
째는 該설 責任 有司의게 專任하여 그 合格者로 도적놈을 매듭니다.

그 合格者는 勿論 自己의게 對하야 報告를 하고 調査하는 것을 全然
不知케 함니다. 責任 有司가 그 老師丈의 分付를 드드며〔들으며〕該 資格
의게 着手하는 方法은 먼저 該 資格者가 질〔즐〕기고 조와하는 것을 아라
보고, 色을 조하는 者에게는 美色으로, 酒을 好飮하는 者에게는 술노, 財
物을 조하는 者는 財物노, 極盡同情을 하야 關心을 사서 親兄弟 以上으
로 情義가 密着케 된 後에는 訓練을 始하나니, 方法에 一段을 말하면 責
任者가 資格者를 同伴하여 어듸를 가서 놀다가 夜深한 後에 同行歸來하
다가, 責任者가 엇던 집 門前에 와서 資格者의게 請하기를 '그대는 잠시
동안만 이 門外에서 긔달여 주면 내가 이 집에를 들어가서 主人을 보고
곧 나아오겟다' 하면, 資格者는 無心히 門外에서 나오기를 기다리고 섯을
거시외다.

忽然 內庭으로서 '도적이야' 高喊이 起하자, 그 집 周圍로 벌서 捕校가 달녀들어 爲先 門前에 서고 있든 資格者를 捕縛하고, 內庭에 侵入하여 責任者를 捕縛히여〔하여〕가지고 深深山谷으로 끄을고 가서 訊問을 開始하고, 主로 資格者의게 對하야 七十餘種의 惡刑으로 拷問을 하여 보와서, 自己가 盜賊이로라고 誣告하면 그 자리에서 죽여서 痕迹을 없애 버리고, 꿋꿋내 도적이 안이라고 固執하는 者는 解縛한 後에 幽僻한 곳에를 다리고 가서 幾日間 술과 고기를 잘 먹여 가지고 入黨式을 擧行합니다.

入黨式에는 責任 有司가 正席에 안꼬, 資格者를 앞에 꿀어 앉이고, '입(口)을 버리라〔벌리라〕' 한 뒤에 劍을 쌔여 劍 끛을 口內에 入하고, 資格者의게 號令하기를 '上下齒로 劍 끛을 힘꿋 물나'고 한 뒤에 劍을 잡앗든 손을 노코 나서, 다시 號令하기를 '네가 한울을 처다 보아라' '싸를 나려다 보아라' '나를 보아라' 한 뒤에, 다시 劍을 口內로붙어〔빼어〕匣에 너코 資格者에게 宣告하며 曰, '너는 하날을 알고, 싸를 알고, 사람을 안즉 確實히 우리의 同志로 認定한다.' 式을 畢한 後에는 入黨者까지 領率하고 豫定 方針에 依하야 正式으로 强盜질 一次를 하여 가지고 新入 黨員까지 平均히 分臟하여 주고, 幾次만 同行하면 完全한 盜賊놈이 되여짐니다."

나는 또 金 進士의게 무럿다.

"同志가 四方에 散在하여 動作하는데 同志들이 서로 낯을 몰을 사람도 만을 터인데, 서로 맛나서 彼此에 同志인 줄 모르면 衝突을 避키 難하고 여러 가지 不便이 있을 터이니, 거긔 對하야는 무엇으로 表別합니까?"

進士, "그럿치요. 우리의 表別을 자조자조 고치는 故로 永久遵施하는 것이 無하나 반듯이 表別은 있음니다. 一例를 들면 年前에 엇더 旅店에 大商 幾名이 宿泊함을 알고 夜半에 率黨侵入하여 財物을 搜劫하든데 忽然 座中에 낯을 싸에 대이고 꿈적을 못하는 叢〔무리〕中에 한 者가 반벙리 말노 '에구 나도 醬담을 째 추념돈 석 냥 내엿는데요' 함니다. '저놈 방자

스럽게 무슨 수작을 하니, 저놈부터 동여 압세우라' 하여 끄을고 와서, 問答한 結果 '確實히 同志임니다' 그런 境遇에는 그 동지까지 分臟을 갓치 하는 法임니다."

問, "나는 或是 듯건댄 도적을 하여 가지고 臟[장물]을 分配하다가 쌈이 되여 그로 因하야 發露 逮捕된다고 하니 그것이 缺點이 안이오?"

答, "그것이 所謂 북대에 所爲임니다. 우리 系統 잇는 도적은 絶對로 그런 醜態는 없음니다. 第一 우리는 臨時臨時 도적질을 자조하는 것 안이고 年 一次오 많아야 두세 번에 不過하고, 分臟에는 더옥 自來로 嚴正한 規則에 依하야 分配하되 百分에 幾分은 老師丈의게로, 其次 各地方에 公用 幾分, 遭亂者 遺族 救濟費 幾分을 先除한 後에도, 極端 冒險者에게 獎金까지 주고 나서 平均 分配함으로 그런 廢[弊]는 絶無함니다.

우리 法에 四大死刑罪가 有함니다. 第一條에 同志의 妻妾을 通奸한 者, 二條에 被捕 訊問時에 自己 同黨을 吐出한 者, 三條 行賊時에 臟物을 隱匿한 者, 四條에 同黨의 財物을 强奪한 者임니다. 捕校는 避하야 高飛遠走하면 或是 生命을 保存할 수 있으나, 우리 法에 死刑을 밧고 漏網하기는 極難함니다. 그리고 도적질을 하다가 하기 슬튼지 年老하야 退請願黨을 하여도, 同志가 急한 境遇에 自己 집에 隱藏을 要求하는 一事에만은 施應한다는 誓約을 밧고 行樂은 免除하여 줌니다."

"行樂이 무엇이오?"

"卽 도적질을 일홈하여 行樂이라 함니다."

又問, "第一行樂을 하다가 捕校의게 逮捕되면 生還식힐 方法은 업슴니까?"

進士 答, "여보, 우리가 잡히는 족족 다 죽는다면 屢百年 동안에 根據가 消滅되엿을 거시오. 우리 쎄설이[떼서리, 떼도둑]가 民間에만 잇지를 안코 仕宦界에 더구나 捕盜廳과 軍隊에 要職을 가지도록 하엿다가, 어느 道

에서 도적이 잡인 後에 서울노 보고가 오면, 自然 正賊 곧 설과 假賊 북대를 辨別할 수 有하니, 북대는 地方 處決에 任하고, 正賊은 서울노 狎上하여 보아서 同黨을 口吐한 者를 死刑케 하고, 自己 事實만 供述한 者는 期於히 살리고 衣食도 供給하다 出獄식힙니다.”

金 進士의 말을 듯고 나는 생각하여 보앗다. 내가 國事를 爲하야 가장 遠大한 計劃을 품고 秘密結社로 이런난[일어난] 新民會 會員의 一人이나, 저 强盜團에 比하면 아모것도 아니다. 組織과 訓練이 아조 幼稚[幼稚]한 것을 쌔닷고 自愧를 不禁하엿다. 當時 獄中에 囚人들 中에도 이같은 强盜에 人格이 第一임으로, 倭놈의게 依賴하야 巡査나 憲兵步調員 等 倭官吏를 다니다가 入監된 者는 敢히 囚人들 中에 擧頭를 못하고, 詐欺 竊盜 橫領 等 犯도 强盜 앞에서는 옴찍[옴짝]을 못하기 씌문에, 囚人界에 權威를 强盜가 잡고 잇는 것이다.

그러나 우리 同志 中에는 목단系 추系 强盜보다 越等한 行狀을 가진 者 많은 中에는 高貞華의 衣食 抗爭으로 爲始하야, 高鳳洙의 擔任 看守가 高鳳洙의 발노 채여 거꾸러젓다가 이러난 後에(그 倭놈이 囚人의 逢辱한 것을 上官에게 報告을 하자니 自己 人格에 唾罵를 受하겟음으로 高鳳洙의 行狀이 極히 模範이라고 報告을 햇든 거시다.) 罪을 주지 안코 도로혀 賞表를 受한 것도 特異하고, 金鴻亮이 看守덜을 買收하여 가지고 補藥을 秘密히 갓다 먹는 等 各 新聞을 들여다보는 外에, 가장 特越한 行動을 가진 者는 都仁權이다.

都君은 本是 龍岡人으로 盧伯麟, 金義善, 李甲 等 諸 將領에게 武學을 受하야 일즉 正校의 軍職을 가젓다가, 倭놈의게 軍隊가 解散된 後에 鄕里에 居住하든바 楊山學校 敎師로 選聘 視務하여나니, 爲人이 敏活剛毅한지라 十年役을 受하고 役하는 中에 耶敎[예수교]를 篤信함으로, 倭놈 所謂 敎誨師가 日曜日 佛像 앞에 各 囚人으로 하여곰 俯首禮佛을 命하

야, 囚人들이 心中으로는 天皇 急殺을 祝하며서도 表面으로는 머리를 숙이엿으되, 數百名이 一號令에 俯首한 中에 都仁權 一人만 머리를 깟닥 안이하고 앉엇다.

看守가 質問함에, 都는 自己는 "耶敎徒임으로 偶像에 拜치 안는다" 하엿다. 倭놈들 忿이 나서 都의 머리를 抑勒으로 타 누르거니, 都는 눌니지 안으려거니 大騷動이 起하엿다. 都는 "日本法에도 信敎 自由가 잇고 監獄法에도 囚人들이 佛敎만 信仰하라는 條文 없는데 어데 根據하야 이 갓이 無理한가? 日本의 眼目으로 보와 都仁權이가 罪人이라 하나 神의 眼光으로 日本人이 罪人 될지도 不知라" 하야 큰 是非가 생기여서, 及其 也에는 敎誨時에 拜佛 一事는 囚人 自由에 任한다는 典獄의 敎示가 잇섯다.

쏸不是라〔이뿐 아니라〕 典獄이 都仁權의게 賞表 賞狀을 授하되, 都는 絶對 謝却하엿다. "囚人의 賞表는 改悛하는 狀況이 있는 者에게 授하는 것인데, 나는 當初에 罪가 없엇고, 囚人이 된 것은 日本 勢力이 나보다 優한 것쏸이여늘 賞이 何關고?" 하야 終是 賞을 拒絶하엿고, 그 後에 所謂 假出獄을 식히는 데도 "내의 罪가 업는 것을 只今에야 깨다랏그던 判決을 取消하고 아조 放送할 거시지, 假出獄이란 假字가 精神에 快치 못하니 期限까지 잇다가 나간다" 한 즉 倭놈도 엇지를 못하고 期限을 채워서 放免하엿다. 都仁權의 行動은 强盜로서만 能히 가지지 못할 쏸 아니라, '滿山 枯木一葉青'의 特色을 누가 欽歎치 안으리오. 佛書云 "兀兀落落赤〔淨〕裸裸 獨步乾坤誰伴我" 句[406]를 都君을 爲하야 一誦하엿다.

同囚 中에 李種根이란 年 纔〔겨우〕 二十인 青年이 有하니, 義兵將 李

---

406 번역하면, "홀로 우뚝 솟아 맑고 맑으니(兀兀落落赤〔淨〕裸裸), 홀로 걸어감에 누가 함께하리오." 고고한 구도자의 심경을 묘사한 불가의 게송으로, 뒷구절은 초기 경전 『숫타니파타』에 나오는 "무소의 뿔처럼 혼자서 가라"와 같은 의미이다.

震龍에 族弟로서 幼時붙어 日語를 解하야 俄日戰爭[러일전쟁] 時에 倭將 明石[아카시 모토지로明石元二郎]이 通譯으로 使用하다가 憲兵補助員으로 使用하든 際에, 李震龍이 擧義 初에 種根을 招致하고 死刑을 執行코저 한즉, 種根은 李 義士의게 向하야 "族弟가 年少하야 大義에 沒覺하여 倭의 走卒이 되엿으나, 只今이라도 兄님을 따러 義兵이 되여 倭兵을 殲滅하고 將功贖罪케 하여 주심이 엇더오" 한즉, 李 義士 快諾한지라. 種根은 곧 補助員의 銃器를 그대로 메고 李 義士 失敗하기까지 從軍하다가 倭의게 生禽되여 死刑을 밧게 됨에, 種根은 以往 信任 밧던 明石 面會를 請하야 求宥한 結果 五年役을 受한 者이라.

種根은 倭 看守의게 請하야 自己가 目不識丁인즉 五六號로 갗이 同房宿 同場役하게 하여 주면 文字를 學習하겟다 하여 許可를 得한지라. 兩年 동안이나 文字를 教授하노라니 나도 種根의 愛護를 많이 밧엇다. 그리하다가 種根은 假出獄으로 免獄되엿다. 그 후에 家信을 본즉 種根이가 率妻하고 安岳까지 가서 어머님의게 뵈이엿다는 말이 잇드라.

出役 中에 어느날은 卒地에 役事를 中止하고 囚人을 一處에 會集하고 明治의 死亡을 宣言한 뒤에 所謂 大赦를 領布하는바, 先着으로 保安二年은 免刑이 됨에 保安律로만 役을 하든 同志들은 當日노 出獄되고, 強盜律에는 明根 兄의게는 減刑도 不爲하나, 十五年役에는 나 一人만 八年을 減하야 七年으로 하고, 金鴻亮 以外 幾人은 擧皆 七年을 減하야 八年으로 되고 十年, 七年, 五年들도 次第로 減刑되엿다.

不過 數月에 明治의 妻가 또한 死亡하여서, 殘期의 三分一을 減한즉 五年餘에 輕刑으로 되고, 其時는 明根 兄도 終身을 減하여 二十年이라 하엿으나, 明根 兄은 "加刑을 하여 죽어 줄지언정 減刑은 밧지 안는다" 하엿다. 그러나 倭놈 말은 "罪囚의게 對하야 一切를 強制로 執行하는 것인즉 減刑을 밧고 안 받음도 囚人 自由에 잇지 안타" 하엿다. 其時는 孔德里

에 京城監獄을 竣工한 後임으로, 明根 兄은 그리로 移監되여 面目만이라도 다시 서로 보지를 못하엿다. (明根 兄은 前後 十七年 동안을 被拘하엿다가 年前에 放免되여, 信川 淸溪洞에서 그 夫人과 갗이 年餘를 지내다가, 中·俄領地帶에 自己 父親과 親弟를 그리워 率眷 移住하다가, 원체 長久한 歲月에 苟虐한 苦生을 한 탓으로 抵抗力이 全無하여젓음으로, 그다지 甚치도 안은 身病으로 萬古憤恨을 품고 中領 和龍縣에서 맞음내 不歸의 客이 되니라.)[407]

그럭저럭 내가 西大門監獄에서 지낸 것이 三年餘이고 殘期는 不過 二年이라, 잇썩붙어는 於心에 確實이 다시 世上에 나가 活動할 信念이 보인다. 그리하여 晝宵로 世上에 나가서는 무슨 事業을 할가. 나는 本是 倭놈이 일흠 지여 준 뭉어리돌이다. 뭉어리들의 待遇를 받은 志士 中들에도 倭놈의 火釜 卽 監獄에서 人類로 當치 못할 虐辱을 밧고 世上에 가서는 도로혀 倭놈의게 順從하며 殘喘[남은 목숨]을 續하는 者 有하나니, 그는 뭉어리돌 중에도 石灰質이 含有하엿음로 다시 世海에 投하면 平素 굳은 意志가 石灰갗이 풀니는 것 갓다.

그럼으로 나는 다시 世上에 나가는 데 對하야 憂慮가 적지 안타. 第一, '나도 石灰質을 가진 뭉어리돌이면 滿期 以前에 聖潔한 精神을 품은 채로 죽어스면 좋지 안을가' 하엿다. 決心의 標로 '名을 九라 하고 號를 白凡'이라 곷어[고쳐] 가지고 동지들에게 言布하엿다. 龜를 九로 改함은 倭民籍[호적]에서 脫離함이오, 蓮下를 白凡으로 改함은 監獄에서 多年 硏究에 依하야, '우리나라 下等 社會 곧 白丁 凡夫들이라도 愛國心이 現今 내의 程度는 되고야 完全한 獨立國民이 되겟다'는 願望을 가지자는 것이다.

---

407 안명근은 10년간 복역하였으며, 사망 장소는 중국 길림성 의란현(依蘭縣) 팔호리(八湖里)이다.

162

服役時에 뜰을 쓸 째나 유리창을 닥그을 제는 이런 생각을 하엿다. 우리도 어느 새 獨立政府를 建設하거든 나는 그 집에 뜰도 쓸고 窓戶도 잘 닥는 일을 하여 보고 죽게 하여 달나고 上帝끠 祈禱하엿다.

나는 殘期에 二年을 채 못 남기고 西大門獄을 써나 仁川으로 移監케 되엿다. 原因은 내가 第二科長 倭놈과 싸홈한 事實이 有하엿는대, 그놈이 比較的 苦役이 甚한 仁川 築港 工事을 식히는 곧에로 보내는 것이다.

西大門에는 우리 同志들이 多數히 있어 情理上 慰勞도 되고 勞役 中에도 便宜가 많은 터임으로 快活한 生活을 하엿다 할 수 잇는 곧을 떠나, 鐵絲로 허리를 묵고 三四十名 赤衣軍에 編入하야 仁川 獄門 前에를 當到하엿다.

戊戌〔1898년〕 三月 初九日 夜半에 破獄 逃走한 이 몸으로 十七年 後[408]에 鐵絲에 묵기어서 다시 이곧에를 올 줄 누가 알얏으랴. 獄門 內 들어서며 삹혀본 즉 새로히 監房을 增構하엿으나, 舊日에 내가 앉어 글을 읽든 房이 그대로 잇고, 散步하든 뜰이 그다로 잇고, 虎狼이 갗이 渡邊이 놈을 痛罵하든 警務廳은 賣淫女에 檢査所로, 監理使가 視務하든 來遠堂은 監獄 什物庫가 되엿고, 昔日 巡檢 主事들이 뒤끌튼〔들끓던〕 곧에는 倭놈의 世界로 化해 버렷다. 맞이〔마치〕 사람이 죽엇다 幾十年 後에 更生하야 自己 놀든 故鄕에를 와서 보는 듯하다. 監獄 뒷담 넘어 龍洞 마루턱에서 獄中에 갗인 不孝 나를 보시느라고 날마다 우둑커니 서(立)서 나려다 보시든 先親의 얼골이 보이는 것 갓다. 그러나 世換時變한 탓으로 今日에 金龜가 昔日에 金昌洙로 알 者는 업슬이라고 생각한다.

監房에를 들어가서 본즉 西大門에서 몬저 移監된 熟面者도 더러 잇

---

408 백범이 탈옥한 것은 1898년 3월, 다시 인천감옥으로 오게 된 것은 1914년이다. 만으로는 15년 만이지만, 1898년부터 헤아리면 1914년이 17번째 해이다. 백범이 17년만이라고 한 것은 이러한 의미이다.

다. 한 者가 겟혜 썩 다거앉으며 나를 보고서, "그분 낯이 매오 익은데- 당신 金昌洙 안이오" 한다. 참말 靑天霹靂이라. 놀나서 仔細히 본즉 十七年前에 竊盜 十年役을 지고 同監이든 文種七이다. 나희는 늙엇을망정 少時面目은 그대로 알겟으나 前에 없은 天頂에 쑥 패인 구멍이 잇다. 나는 짐짓 머뭇거렷다.

그者는 내 얼골을 자서히 보면서 "昌洙 金 書房 只今 내의 面上에 구멍이 없다고 보시면 아실 것 아니요! 나는 當身이 破獄한 後에 죽도록 매를 맞은 文種七이오." "그만하면 알겟구려-" 나는 반갑게 人事를 하엿다. 밉기도 하고 무섭기도 하지만은, 文 問, "當時에 港口가 震動하든 忠臣이 只今은 무슨 事件으로 入監되엿소?" 答, "十五年 强盜이오." 文은 입을 빗죽거리며 "忠臣으로 强盜는 相距甚遠한데요. 그새 昌洙는 우리 같은 도적놈들과 同居케 한다고 警務官까지 痛罵를 하든 것 보아서는 强盜 十五年 맛이 쇄 무던하겟구려-"

나는 文의 말을 태내기[탓하기]는 姑舍하고 도로혀 빌부텃다.

"여보, 忠臣 노릇도 사람이 하고 强盜도 사람이 하는 것 아니요. 한째는 그렛케 놀고 한째는 일엇케 노는 게지요. 대관절 文 書房은 엇지하야 다시 고생을 하시요?"

文, "나는 이번까지 監獄 出入이 七次인즉 一生을 監獄에서 보내게 됩니다."

"役限은 얼마요?"

"强盜 七年에서 五年이 되여 限 半年 後에는 다시 나가 단겨오겟소."

내 말, "여보 끔즉한 말슴도 하시오."

文, "資本 없은 장샤는 乞人과 盜賊이지요. 더욱여 도적질에 입맛을 부치면 別數가 없읍니다. 당신도 여거서는 別 꿈을 다 꾸리다만은 社會에 나가만 보시오. 도적질하다가 懲役한 놈이라고 누가 밧자를[받자고] 하오?

自然 農工商에 接足을 못하지오. 개눈에는 똥만 뵈인단 말과 갖이 도적질해여 본 놈은 거기만 눈치가 뚤녀서 달은〔다른〕 길은 밤중이구려."

"그갖이 여러 번이라면 減刑이 엇지 되엿소?"

文, "番番이 初犯이지오. 歷史的으로 供述하다가는 밧갓바람도 못 쐬게요-"

나는 西大門監獄에서, 平素에 同黨으로 도적질을 하다가 自己는 重刑을 지고 服役 中에, 또 同類는 橫領罪를 지고 入監하여 서로 맛나 가지고 지내는 中에, 重刑者가 輕刑者인 同類를 告發하여 終身役을 밧게 하고, 自己는 그 功勞로 刑을 減하고 厚한 待遇를 밧고 同囚들에게 疾視를 밧는 것을 보앗다. 萬一 文哥를 덧듸려〔덧들여〕 노으면 監獄에 눈치가 훤한 者로 怪惡한 行動을 할넌지 알 수가 없다. 내의 訊問記에 三個月 懲役에 事實이 없은 데도 十七年이나 지워 주는 倭놈들이, 저의 軍官〔치하포의 쓰치다〕을 죽이고 破獄한 事實만 發覺되는 날은 아조 마극막〔마그막: 마지막〕이라.

처음 逮捕 後에 그 事實이 發現되엿다면 죽든 살든 爽快하게나 지내버렷을 터인데, 滿期가 一年餘에 以來에 當치 못할 辱, 堪〔감당〕키 難한 苛虐을 다 지내고 나서 出世의 希望을 가진 今日에 文哥가 告發만 하면 내의 一身은 姑舍하고 늙은 어머님, 얼인 妻子의 情景이 엇더할가? 文哥의게 對하야 親切 又 親切하게 待遇하엿다. 집에서 붖어 주는 私食도 틈을 타서 文哥를 주어 먹게 하고. 監食이라도 그者가 곗헤만 오면 나는 굶으면서도 文哥를 주어 먹이다가, 文哥는 먼저 滿期 出獄이 되고 보니 시원하기가 내가 出獄함보다 못지 안트라.

아츰 전역 쇠사슬노 허리를 마조 매고 築港 工場에 出役을 한다. 흙〔흙〕지게를 등에 지고 十餘丈의 높인 사다리를 발고 오르날인다. 여게서 西大門監獄 生活을 回顧하면 俗談에 누어서 팟덕 먹기라. 不過 半日에 엇게(肩)가 붓고 背瘡이 나고 발이 부어서 運身을 못해게 된다. 그러나 免할 道理는 없다. 무거운 짐을 지고 사다리로 올나갈 제 여러 번 써러저 죽을 決心을 하엿다. 그러나 갖이 쇠사슬을 마조 맨 者는 居牛이 仁川港에서 남에 洋靴 커리〔켤레〕나 담배갑이나 도적한 罪로 두 달 세 달을 증역〔징역〕하는 輕囚라, 그者까지 내가 죽이는 것은 道理가 안이라 생각다 못하여 役事에 잔쇠를 부리지 안코 死力을 다하야 일을 하엿다. 數月 後에 所謂 賞票를 준다. 都仁權갖이 拒絶할 勇氣도 없고 도로혀 當幸이 생각된다.

監獄 門外로서 築港 工場에를 出入할 제는 左邊 첫 집은 朴永文의 物商客主 집이니, 十七年 前에 父母 兩位가 그 집에 게실 째의 朴氏가 厚德人인 데다가 더욱 나를 사랑하여 내의게 心力 物力을 많이 쓰고, 아부님과 同甲임으로 親密히 지내든 그 老人이 門前에서 우리가 들어가고 나오는 것을 보고 잇다. 나는 내의 恩人이오 兼히 父執尊丈〔父執尊長: 부친과 비슷한 연배 어르신〕인즉 곧 가서 절하고 "나는 金昌洙임니다" 하고 십다. 그러케 하면 그이가[409] 오죽이나 반겨할가? 左邊 對家는 그도 亦是 物商客主인 安浩然 집인데, 安氏 亦是 내의게나 父母님의게 極盡한 誠力을 다하든 老人으로, 그도 依然히 그 집에 그대로 살며 出入時에 種種 心拜를 하고 지내엿다.

六七月 더위가 甚한 어느 날 忽然 囚人 全部를 敎誨堂에 모음으로 나도 가서 앉엇다. 所謂 分監長인 倭놈이 座中을 向하여 五十五號를 부른다. 나는 대답하엿다. 곧 "起來"의 號令을 依하야 壇上에 을나간죽〔올라간즉〕 "假出獄으로 放免한다"는 旨를 宣言한다. 나는 꿈인듯 生時인듯 座中 囚人들을 向하야 點頭禮〔가벼운 머리 인사〕를 하고, 곧 看守의 引導로 事務室에 나간즉 벌서 準備한 白衣 一襲을 내여준다. 其時 부터 赤衣軍이 變하

409 원래 "그 얼언이"로 썼다가 "그이가"로 수정했다.

야 白衣人이 되엿다. 任置하여든 金品과 出獄工錢을 計數하야 준다.

〔1915년 8월 21일〕獄門 外出하야 步步 思料한다. 朴永文이나 安浩然을 宜當 拜訪하여야 할 터이나, 依然히 두 집에 客主 門牌를 붙어 있은즉, 집안이 從容〔조용〕치 못할 것은 不問可知이오. 또한 내가 그 두 분을 차저 보면 金昌洙란 本名을 말하여야 그이들이 깨달을 터이고, 그이들이 깨달은 뒤에는 自然 그덜 內庭〔부인〕에 이야기가 되겟다. 男子는 姑舍하고 婦人들이 내가 왓다는 말을 드르면 二十年 동안이나 死生을 모르던 터에 奇異하다고도 自然 播說〔전파〕이 될 터이니, 그리고 보면 내의 身邊에는 危險千萬이라. 朴氏나 安氏 집을 지낼 쌔의 발길이 써러지지 안는 것을 抑志로 지내며〔지나가며〕, 獄中에서 親하던 中國人을 차저가서 밤을 자고, 翌朝에 電話局에를 가서 安岳으로 電話를 걸고〔걸어〕家妻를 불넛다〔家妻에게 알려 달라고 했다〕.

安岳局에서 電話를 받은 雇員이 姓名을 뭇는다. "金九요" 하엿다. "先生님 나오섯소?" "녜. 나와서 只今 車타러 나감니다-" 雇員, "녜, 그러시면 제가 宅에 가서 말슴드리겟습니다." "그만 둡시다〔끊겠습니다〕." (그난 내의 弟子엿음이라.)

當日노 京城驛에서 京義線車를 타고 新幕〔황해도〕에서 一宿하고, 翌日에 沙里院에서 下車하야 船踰津을 越하야 餘物坪을 건너가며 삶히여본즉, 前에 업든 新作路로 數十名이 쏘다저 나오는 先頭에는 어머님이 내의 거름거리를 보시고 눈물을 흘니며 와서 붓들고

"너는 오늘 사라 오지만은 너를 甚히 사랑하고 늘 보고십다든 化敬이 네 딸은 三四朔 前에 죽엇구나- 네게 알게 할 것 업다고 네 친구들이 勸하기로 긔별도 안엇다. 그쑨 아니라 七歲 未滿에 얼인 것이지만은 죽을 쌔의 부탁하기를, '나 죽엇다고 옥에 계신 아부지게는 긔별 마십시요. 아부지가 들으시면 오즉이나 마음이 傷하겟소' 하드라." 나는 그 後에 곧 化

敬의 墓地(安岳邑 東麓 共同墓地)에 가 보아 주엇다.[410]

뒤로 金庸濟 等 數十名 親舊들이 닷호워[다투어] 달녀들어 悲喜 交集한 顏面으로 人事를 하고, 도라와 安新學校로 들엇갓다. 其時까지 家妻가 安新女校 敎員 事務를 보고 敎室 一間에 居住하엿음으로, 나는 禮拜堂에 앉어서 오는 손님을 보앗다.

家妻는 極히 瘦瘠한 긔골[기골]노 여러 부인들과 갓이 잠시 내의 얼골을 보는지 마는지 하고서는 飮食 準備하기에 汨沒하엿다. 그는[그것은] 어머님과 家妻가 相議하고, 내가 前에 親하든 親舊들과 갓이 앉어 飮食 먹는 것을 보겟다는 마음으로 誠心을 다하야 飮食을 準備함이드라.

幾日 後에 邑中 親舊들이 李仁培 집에서 나를 爲하야 慰勞會를 開催하고 나를 請하야 갓다. 한편에는 老人덜과, 한편에는 中老 卽 내의 親舊들과, 또 한편에는 平日 내의 弟子들인 靑年이 모이고, 飮食이 開卓될 즈음에 忽然 妓生 한 쎄와 樂具가 들어온다. 나는 놀낫다.

崔昌林 等 幾個 靑年들이, "先生님을 오래간만에 뵈온즉 넘어 좋아서 저이들은 질겁게[즐겁게] 좀 놀넘니다. 先生님은 아모 말슴도 마시고 여러분과 갓이 진지나 잡수서요" 한다. 老人들 中에도 내게 對하야 "金 先生은 젊은 사람들의 일을 뭇지 말으시고 이야기나 합시다" 하엿다. 靑年들이 指定하기를 아모 기생으로 "金 先生님 壽盃를 올녀라" 하는 말이 끗나자, 한 妓生이 술잔을 부어 들고 勸酒歌를 한다.

靑年들이 一時에 起立하고 내의게 請願한다. "저희들이 誠意로 進呈하는 壽酒 一盃을 마서 달나"고 한다.

나는 웃고 샤양하엿다.

---

410 "너는 오늘~가 보아 주엇다": 어린 딸 화경이의 죽음 이야기는 1차 집필시에 바로 여백에 추가한 것으로 《등》과 《필》에도 실려 있다.

"내가 平日에 飮酒하는 것을 君 等이 보앗는가. 먹을 줄 모르는 술을 엇지 마시는야?"

"물 마시듯 마서 봅시다" 하고 妓生의 손에 든 술잔을 쌔아서 내 입(口)에다 대이며 强勸한다. 나는 그 靑年들 感興을 減殺식힐가 하야 술 한 잔을 밧아 마섯다. 靑年들이 一邊은 내의게 술을 勸하며, 連하야 妓生의 歌舞가 始作된다.

李仁培 집 앞이 즉 安新學校임으로 音樂 소래와 妓生의 歌聲이 어머님과 家妻의 귀에 들녀진 거시다. 곧 어머님이 사람을 보내여 나를 불으신다. 그 눈치를 안 靑年들이 어머님끠 가서 "先生님은 술도 안이 잡수시고 老人들과 이야기나 하심니다" 하엿다.

그 말을 들으시고 어머님이 親히 오서서 불우신다. 나는 어머님 짜라 집에를 왓다. 忿怒하여서 責妄이 나린다.

"내가 여러 햇 동안 고생을 한 것이 오늘 네가 妓生 다리고 술 먹는 것을 보려 하엿드냐?" 하신다.

나는 無條件 待罪를 하엿다.

어머님도 어머님이어니와 家妻가 어머님끠 告發하야 退席식힐 計圖를 한 것이다. 家妻와 어머님 사이에는 從前에는 姑婦間에 衝突되는 點도 없지를 안엇으나, 내가 被捕된 後붙어는 六七年間〔1910. 1~1915. 8〕京鄕을 轉連하며 別別 苦生을 다한은 中에 姑婦間에 一心同體로 半點에 衝突이 없이지엿노라 하며, "京城에서 지낼 째는 蓮洞 安得恩 女士와 郭貴孟 女士의 顧護도 많이 밧앗으며, 經濟의 所迫으로 化敬이를 어머님을 맞이고〔게 맡기고〕家妻가 每日 倭놈의 土地局 製冊工場에서 雇役도 하엿으며, 어느 西洋 女子가 家妻의 學費를 擔負하고 工夫를 식혀 주마 하나, 설음에 파뭇친 어머님과 얼인 化敬이를 顧護할 決心으로 工夫도 못하엿노라"고, 種種 自己 意思와 不合한 時는 반듯이 이런 말을 하고 나를 괴롭게 하엿다.

다른 家庭에 普通으로는 夫妻間에 말닷흠[말다툼]이 생기면 主로 母親은 自己 아들에 便을 도웁건만, 우리 집안에는 家妻가 내의 意見을 反對할 時는 어머님이 十培나 百培의 權威로 나만 모라세운다. 감안[가만] 經驗하여 보면 姑婦間에 耳語[귀엣말]가 있은 後에는 반듯이 내게 不利한 問題가 發生된다. 그럼으로 家間事에 對하야는 한 번도 내 마음대로 하여 본 적이 없다고 하여도 過言이 안이다.

내가 家妻의 말을 反對만 하면 어머님이 萬丈의 氣焰으로 號令하신다.

"네가 入獄한 後에 네 同志들 中에 젊은 妻子를 둔 사람이 남편이 죽을 곧에 있음도 不顧하고 離婚을 하느니 醜行을 하느니 하는 坂에, 네 妻의 節行은 나는 姑舍하고 네의 知舊들이 感認하엿나니 네 妻는[를] 決코 薄待하여 못쓴다."

이런 말슴을 하시기 찌문에 內外 싸흠에 한 번도 勝利를 못 엇고 늘 失敗만 하엿다. 어머님 말삼에, "네가 被捕된 後에 우리 세 食口는 海州 故鄕에를 다녀서 京城으로 가랴 한즉, 네 俊永 三寸은 極力으로 挽留하며 自己가 집이나 한 간 짓고 살님을 차려 들일[드릴] 터이니 他處로 가지 말고, 세 食口[백범의 어머니, 부인, 딸] 사라[살아]가는 凡節은 兄嫂[백범 어머니]와 侄婦[백범 부인]로 苦役이나[같은 것]는 안이 하여도 粟飯[조밥]을 먹으면서 侄兒[백범] 生還하도록 需應할 터이라 하며, '젊은 子婦를 다리고 단이다가 無知한 놈들의게 쌔앗기면 엇지하느냐?'고 야단을 하지만은, 내가 네 妻의 聖潔한 心志를 알기 쌔문에 그 같은 勸留도 不顧하고 京城으로 出發하엿다가, 네가 長期間 判決이 된 後에 아모리 苦生을 하며 네가 잇는 近地에 居留 生活코저 하나 그도 如意치 못함으로, 다시 還鄕 後에 鍾山 禹宗瑞 牧師의 接應으로 그곧에서 지낼 쌔의, 俊永 叔은 糧米를 牛駄

로 싯고 그곳까지 차저왓드라. 네 三寸이 네게 對한 情分이 前보다는 매우 愛切하엿다. 네가 出獄한 줄만 알면 와서 볼이라[보리라: 볼 것이다].[그러니] 편지나 하여라. 네 丈母도 네게 對하야는 前보다 더욱 愛重하엿은즉 곧 通知하여라"고 分付하신다.

나는 西大門에서 한 번은 어멈[어머니]을, 한 번은 家妻를 面會한 뒤로는, 每每 面會 期間이면 丈母가 늘 오는 것을 보고서 前日에 그 長女의 關係로 넘어 薄하게 한 것도 後悟하고 每每 面會하여 줌을 감샤하엿다. 俊永 三寸의게와 丈母의게 出獄된 事由를 發信하엿다.

安岳 憲兵隊에 出頭를 한즉 將來 就業에 對하야 質問한다. 나는 "平素에 아모 技術이 없고 但히 學校에 多年 視務를 하엿은즉, 安新學校에서 내의 家妻가 教鞭을 執하엿으니 助教授나 하면 엇더한가" 하엿다. 倭는 "公式으로는 不能이나 非公式으로 助務한다면 警察은 黙過해겟노라"고 한다. 나는 날마다 安新校에서 小兒를 教授하고 歲月을 보낸다.

내의 書信을 본 丈母는 조와라 하고, [처형은] 旣爲[이미] 婦節을 일코 補助員의 妾이 되엿다가 몸에 肺炎의 重病을 엇고 도로 母女가 同居하나, 生活의 道가 없어 困境에 陷한 째에 廉恥를 不顧하고 病든 딸를 다리고 집에 들어온다. 前과 갖이 補助員의 妻이라면 門納을 許入지 안을 터이나, 自己가 죽을病이 들어 自己 동생의 집으로 오는 것이 미운 마음보다 憐憫히 녁여 다갖이 同居하며 지낸다.[411]

鬱積한 남아지에 이리저리 단이며 바람이나 쐬일 마음도 있으나, 所謂 假出獄 期間이 七八朔이 殘餘하엿은즉 무슨 볼일이 有하야 어듸를 가려면 반듯이 事由로 憲兵隊에 請願하야 許可를 得한 後에 方可出行인즉,

---

411 "내의 書信을~同居하며 지낸다": 여백에 집필한 부분으로 원문에는 "歲月을 보낸다" 다음으로 지정되어 있으나, 내용을 보면 한 문단 앞, 즉 "發信하엿다"에 이어지는 것이 더 타당해 보인다.

提願키〔청원하기〕 실은 탓으로 隣郡 出入도 不爲하엿다.

其後에 解除가 되자 金庸震 君의 所托을 밧고 文化 弓弓農庄에 秋收를 着檢하고 도라온즉, 海州 俊永 季父씌서 점자는〔점잖은〕 족하〔조카〕를 보러 가면서 草草〔초라〕하게 갈 수 없다 하야 남에 馬匹을 借騎하고 와서, 兩日이나 지내여도 내의 歸期〔돌아오는 날〕를 모름으로 섭섭히 도라갓다고 한다. 나도 亦是 섭섭하나 그 해 歲除가 不遠한즉 正初를 기다려서 三寸의게 新正 問安도 하고 先墓 省楸〔省墓〕도 하기로 하엿다.

그러자 새해〔1916년〕 正初을 當하엿다. 初三四日間은 나도 或是 그곳〔안악〕 尊丈도 차저보고 어머님을 뵈오려 오는 親舊들을 接應하고, 初五日로 海州行을 作定하엿든바, 初四日 夕陽에 再從弟 泰運이가 來告하기를 "俊永 堂叔이 別世하엿음니다."

一聞之下에 驚愕萬千이다. 여러 햇 동안 獄中 苦生을 하든 내가 보고 십허서 來往하고, 初正에는 볼 줄 알고 기다리다가, 終是 내 얼골을 못 보고 멀고 먼 길을 써나실 씌의 그의 마음이 엇더하엿을가? 함을며 當身 亦是 딸은 한 개 있으나 無子하고 四兄弟 所生이 오즉 나 한 個쑌되는 족하를 對하야 永訣하고 싶은 마음이 얼마나 간절하엿을가?(伯父 伯永은 兩男 觀洙 泰洙가 有하엿으나, 觀洙는 二十餘歲에 成妻〔혼례〕까지 하고 死亡하엿고, 泰洙는 나보다 二個月 먼저 난 同甲으로 長連에서 나와 同居하다가 急卒하야 亦是 無后이고, 딸 둘도 擧皆 出嫁하야 죽어 無嗣하엿고, 弼永 叔은 딸 한 개쑌이고, 俊永 叔도 亦是 딸 한 개쑌이다.)

翌朝에 泰運을 同伴하야 基洞에 到着하야 葬禮를 主理하야, 基洞(터골 고개) 東麓에 入葬하고 家事의 大綱을 處理하고, 先親 墓所에 나아가 내의 손으로 裁植한 잣나무 두 개를 看檢하고, 다시 安岳으로 도라온 後는 다시 多情多恨한 基洞 山川을 보지 못하고, 아즉 生存하신 堂叔母와 再從祖를 拜謁치 못하엿다.

이 해〔1916년〕에 셋재 딸 恩敬이 産生하엿다. 나는 終是 安新學校에서 教授를 하고 잇든바, 每每 秋收 時期에는 金庸震에 農場에 打作을 看檢하엿다.

農夫

邑中 生活의 趣味가 減殺됨으로 鴻亮과 庸震·庸鼎을 對하 農村 生活을 依賴하엿다. 그이들은 自己네 所有 中에 山川이 明美한 곧을 擇하야 들이겟으니 監農이나 하라고 快諾한다. 나는 年年이 監收 視察한 바에 가장 성가시고 말성 많고 또는 土疾〔풍토병〕 구덩이로 自古有名한 東山坪으로 보내여 달나고 要求하엿다.

그이들 叔姪은 놀난다.

"東山坪이야 되겟음니까. 小作人들의 人品이 極히 險亂할 쑨 아니라 水土〔풍토〕가 極히 좋지 못한 곧에를 가서 엇지 견듸느냐" 한다.

"나 亦是 幾年間 該 坪內 作人들의 惡習 敗俗을 詳察하엿음으로 그런 곧에 가서 農村 改良에나 趣味를 부치고저 하노라. 水土〔風土〕에 對한 것은 注意하여 지낼 셈 잡고 期於히 東山에로 가겟다"고 强請하엿다.

그이들은 固所願不敢請으로 當幸히 생각한다.

該 東山은 自來 宮庄〔궁에 소속된 농장〕으로 監官이나 作人이 互相挾雜으로 秋收에 千石을 收入하엿다면 幾百石이라고 宮에 報告하고 監官이 自肥하는 一邊, 作人들은 收種期에 벼를 刈取 運搬 打穀하는 째 全部 도적질을 하면 實地 穀量이 얼마 못 되는 데다가, 監官 亦是 自盜를 하야 오기를 屢百年에, 作人의 惡習 惡風이 其 極에 達한지라. 金門〔김씨 문중〕에서 이 農庄을 買收한 것도, 始初에 進士 庸昇이 獨自 買入하여 巨大한 損

害를 蒙하야 敗産之境에 陷하얏다. 友愛가 特異한 群弟〔동생들〕가 該 損害를 分擔하고 東山坪은 金門 共有로 한 것이다.

自來로 盧亨極이란 者가 該坪 監官으로 小作人 等을 自己 집에 召集하고 賭博을 하게 하여 秋收時에 作人 分의 穀物을 全部 奪取함으로, 賭博에 應치 안는 者는 農作地를 엇기 難하얏다. 作人의 風習은 父兄은 賭博하고 子弟는 守望(警察의 오는 것)〔망보기〕 하는 것이 普通 習俗이더라. 내가 굿게 該坪 看農을 要求한 本意는 그러한 風紀를 改善코저 함이라.

丁巳〔1917년〕 二月에 東山坪에로 搬移하얏다. 내가 어머님의게 注意를 주어 들여〔드려〕, "作人들 中에 賂物을 가지고 오는 者 有하면 내가 없은 사이라도 一切 拒絶하시라"고 하얏다. 그러나 내 앞에 煙草, 鷄, 漁, 菓品 等物을 갓다 주는 者가 잇다. 그者들은 반듯이 農作地의 請求가 잇다. 나는 "그대가 空手로 왓으면 思量할 餘地가 有하나 賂物을 가지고 와서 請求하는데는 그 말부터 듯지 안을 터인즉, 物件을 도로 가저가고 後日 다시 空手로 와서 말하라" 하면, 그者들은 "賂物이 안이올시다. 先生끠서 새로 오섯는데 내가 그저 오기 섭섭하여 좀 가저왓슴니다."

"그대 집에 이러한 物件이 많으면 굿하여〔구태여〕 남에 土地를 小作할 것 없으니 그대의 農作地는 他人을 줄 터"이라 하얏다.

그자들은 처음 들어 보는 말인 까닭에 엇절 줄울 모른다.

"이것은 前에 監官님네게 恒用 하여 오든 것임니다."

"前者 監官은 엇지 하얏든지 本 監官의게 그런 手段을 써〔써서는〕 안 된다" 하고 每每 退送하얏다. 그리고 小作人 遵守規則 幾條를 頒布하얏다.

- 作人으로 賭博을 하는 者는 小作權을 許치 안을 事.
- 學齡 兒童이 有한 者로 學校에 入學식히는 者는 一等地 二斗落 式을 加給함.
- 집에 學齡 兒童이 잇는데 入學을 식이지 안는 者의게 已往에 小作

地에서 上等地 二斗落을 收回함.

• 農業에 勤實한 成績이 有한 者는 調査하야 秋收時에 穀物노 賞與함.

以上 幾條를 布示한 後에 坪內에 小學校를 設立하고 敎師 一名을 延聘〔초빙〕하고, 學生 二十餘名을 募集하여 開學하얏다.

敎員이 不足함으로 나도 時間으로 敎科를 擔任하얏다.

小作人들이 土地를 請求코저 하는 者는 學父兄이 안이면 말 부치기가 얼업게 되엿다. 依然히 前 監官 盧亨極 五六 兄弟는 就範치 안코 내의 農政에 對하야 反對의 入場에 잇다. 盧哥 兄弟의 小作 田地는 坪內에 上等이라. 그 土地 全部에 所作權 回收의 通知를 보내여 노코 學父兄의게 分配코저 한즉, 一名도 敢히 畊作하겟다는 사람이 업다. 理由를 問한즉, 盧哥의 淫威를 恐怖함일너라. 내의 小作地를 分配하여 주고, 내가 盧哥의게 回收한 農地를 畊作하기로 하엿다.

어느 날 墨夜에 門外에서 金 先生을 부르는 者가 있다. 戶外에 나간즉 "金龜야 좀 보쟈-" 한다. 나는 그者의 音聲을 듯고 盧亨根[412]임을 알겟다.

"夜間에 무슨 事由로 왓느냐?"

問함에 盧哥는 와락 달녀드러 내의 左便 팔을 힘끗 물고 늘어진다. 그리고는 힘끗 나를 끄을고 儲水地 近邊으로 나간다. 그러나 隣家에 居住하는 洞人들이 겹겹이 돌나섯으나 一名도 敢히 싸홈을 仲裁하는 者 全無하다. 나는 생각하얏다. 이갓이 無理한 놈에게는 義理도 所用이 없고 當場에 腕力으로 對抗할 수밧게 업는데, 盧哥는 나의게 比하면 年富力强한 놈이다. 그러한즉 '目償目齒償齒'〔눈에는 눈, 이에는 이〕格으로 나는 그놈에

---

412 백범은 노형극(盧亨極)과 노형근(盧亨根)을 구분하여 사용하고 있는데, 형과 동생인 듯하다.

右便 팔을 힘끗 물고 鷗河浦式 極端 勇氣를 내여 抵抗한즉, 盧哥는 그만 내의 물엇든 팔을 노코 물너선다.

나는, 盧哥 群 兄弟와 徒黨이 몰녀와서 隣家에 隱伏하고 盧亨根을 先鋒으로 派送한 內容을 알엇다. 나는 高聲으로 "亨根이 一名만으론 내의 敵手가 못 되니, 너의 盧哥의 무리는 潛伏하고 있지만 말고 도적질을 하든지 사람을 죽이든지 豫定 計劃대로 하여 볼염으나[보려무나]" 하엿다.

果然 潛伏하고 形勢를 엿보든 盧亨根 輩는 숭성[수성. 수군]거리기만 하고 나오는 者이 업고, 亨根은 "이 애 金龜야, 이전에 堂堂한 京監[서울서 파견된 감관監官]으로도 儲水池 물맛을 보고 쫏겨간 者 얼마나 되는지 아느냐?" 潛伏 中에서 한 者가 툭 튀여나와 他處로 가며 하는 말이 "어느 날이고 바람 잘 부는 날 두고 보쟈 -" 한다.

나는 겹겹이 둘너서고 싸홈 구경하는 者들을 向하야, "여러 사람들은 저者의 말을 銘心하라. 어느 날이고 내 집에 火災가 나면 저놈들의 所爲일 것이니, 여러 사람들은 그때의 立證하라" 하엿다.

亨根이가 물너간 後에 여러 사람들은 내의게 "盧哥 兄弟들과 仇讐를 맷지 말나"고 勸한다. 나는 峻嚴하게 責하고 밤을 지내엿다. 어머님은 밤으로 安岳으로 通報하엿다.

翌朝에 庸震, 鴻亮 叔姪이 醫師 宋永瑞를 同伴하야 急步로 달녀드러 내의 傷處를 診斷하야 訴訟 手續을 準備한다. 盧哥 兄弟들은 몰녀와서 叩頭謝罪를 한다. 震[庸震]·鴻[鴻亮] 兩君을 挽止하고, 盧哥의게 '다시는 此等 行爲가 決無하마'는 誓約을 밧고 該 問題는 落着하엿다.

從此 以後는 旣爲 頒布한 農規를 一邊 施行하엿다. 나는 날마다 일즉 起床하야 作人의 집을 尋訪하야 懶怠하야 늣도록 잠을 者 有하면 깨워서 責하여 家務를 執行하도록 하며, 家庭이 汚穢한 者는 淸潔을 施케 하며, 柴草[땔감]를 採하고 緗履[짚신 삼기] 織席[자리 짜기]을 獎勵하엿다. 收穫期

에는 平時에 作人들에 勤慢簿를 備置하엿다가, 農庄主의 許可를 得한 範圍에 勤作한 者에게는 厚히 賞與하고, 怠慢한 者에게는 다시 怠慢하면 畊作權을 許치 안는다고 豫告하엿다.

169

從前 秋收時에는 居半이 打場에서 債務者가 모여드려 穀物 全部를 다 가저가고 作人은 打作 器具만 携帶하고 집으로 가든 者가, 내의 監督을 받은 後에는 穀包를 自己 집으로 運積하게 됨에 農家 婦人들이 더욱 感心하야, 나를 '집안 늙으니' 모양으로 親切하게 待遇하고 賭博의 風은 거의 根絶이 되엿다.

此際에 張德俊 君이 載寧에서 明信女校 所有 庄土를 管理하게 됨으로, 張君의 平時 硏究와 日本 遊學時에 視察한 農村 開發의 方案을 具하야 將來 協助하기로 數次 書信이 往覆되엿다. 東山坪에서 갖이 農土 看檢하는 同業者요 兼히 同志인 池一淸 君은 昔日 敎育 時代부터 知己임으로 幷力 進行하매 그 效果가 尤著하엿다.

女兒 恩慶이가 死亡하고 妻兄 亦是 死亡하야 該地 共同墓地에 埋葬하엿다. 戊午〔1918년〕十一月에 仁이가 生하다. 仁이가 胎中에 있을 쩍의 어머님 所望은 勿論이고 여러 친구들이 生男하기를 바라는 것은 내의 나히가 四十餘에 況叉〔況且〕無姉妹 獨身으로 子息이 없음을 憂慮함일너라. 仁이가 난 後에 金庸濟는 어머님을 致賀 曰, "아주마님 손자 장가 보낼 제 내가 後行가요." 金庸昇 進士는 作名을 擔任하야 金麟이라 한 것을 倭의 民籍에 登錄된 까닭에 仁으로 곷엇다〔고쳤다〕. 仁의 生後 三朔이라.[413]

---

413 "女兒 恩慶이가~生後 三朔이라": 여백에 집필한 것이다.

出國

陰翳의 冬寒이 已過하고 陽春 和風이 부는 己未年〔1919년〕 二月이 도라왓다. 靑天에 霹靂과 갗이 京城 塔洞公園에서는 獨立萬世聲이 起하엿고, 獨立宣言書가 各 地方에 配布되자 平壤, 鎭南浦, 信川, 安岳, 溫井, 文化 各地에서 벌서 人民이 蹶起하야 萬世를 부르고 安岳에서도 籌備하든 時라.[414]

張德俊 君은 사람으로 하여곰 自轉車를 태워 一度 書信을 送致하엿다. 開閱한즉, "國家 大事가 起하엿으니 갗이 載寧에 앉어서 討議 進行하자" 하엿다. 나는 "觀機而動하마"고 答織을 보내고 密行하여 鎭南浦에를 건너 平壤으로 가려 한즉, 그곧 親舊들이 "平壤을 無事到達 不能한즉 還鄕하라"는 勸告를 듯고 卽日 回還하엿다.

집에 도라온즉 安岳에서는 "旣爲 準備가 完成되엿으니 나도 나가서 萬世를 갗이 부르자"는 靑年이 있다. 나는 그들에게 "萬世運動에는 參與할 마음이 업다"고 하엿다. 그들은 "先生이 參與치 안으면 누가 唱導하느냐" 한다. 나는 다시금 그들의게 "獨立이 萬世만 불너서 되는 것 안이고 將來事를 計劃 進行하여야 할 터인즉, 내의 參不參이 問題가 안이니 어서 萬世를 부루라" 하여 돌녀보내고, 그날에 安岳邑에서 불넛다.[415]

나는 그 翌朝에 坪內 各 作人의게 指揮하야 "農具를 가지고 一齊히 모히라" 하고 집행이를 집고 築垌에 올나 堤垣 修理에 沒頭하엿다. 내의 집에를 把守하든 憲兵 놈들이 내의 動靜을 보아야 農事 準備만 함으로인

---

414 3월 만세사건을 마치 2월인 것처럼 묘사한 것은 음력이기 때문이다. 기미년(1919) 3월 1일은 음력으로 1월 29일이다.
415 안악에서 만세를 부른 '그날'이 언제인지 정확하게 알 수 없지만, 안악에서 만세운동이 시작된 날짜는 1919년 3월 8일이다.

지 午正이 됨애 柳川으로 올나가 버린다.

나는 點心 時間에 各 作人의게 役事 竣工을 言托한 後, "나는 暫時 隣洞에 단여오마" 하고 安岳邑에 到着한즉, 金庸震 君이 말을 한다. "鴻亮드러 上海를 가랫드니, '十萬을 주어야 가지 그러치 못하면 不發한다'고 하니, 先生붙어 가시고 鴻亮을 追後로 갈 셈대고요."[416]

車室 內에는 물끌틋 하는 말소래가 萬世 부르는 이야기쑨이다. 平[川] 金川은 何日 불넛고, 延白은 어느 날, 黃[山] 鳳山에서 엇더케 불넛고, 平壤을 지나매 亦是 "어데서 萬世 부르다가 사람이 幾名이 傷하얏다", 엇던 사람은 "우리가 죽지 안코 獨立이 되오", 또 엇던 사람은 "우리 독립은 벌서 되엿지요. 아즉 倭가 물너가지만 안은 것쑨인즉, 全國에 人民이 다 떠들고 이러나 萬世를 부르면 倭놈이 自然 쫓겨 나가고야 말지요."

그런 이야기에, 주린 것도 忘却하고 新義州驛에서 下車하엿다.

그 前日에 新義州에 萬世를 부르고 二十一名이 拘禁되엿다 한다. 開札口에 倭놈이 직히고 行客을 嚴密 檢查한다. 나는 아모 行李도 없이 手巾에 旅費만 싸서 腰帶에 잡아매엿다. 何物이냐 問함에는 돈이라 하엿고, 무엇하는 사람이냐 問함에는 材木商이라 하엿다.[417] 倭놈은 "재목이 사람이야" 하고 가라고 한다.

新義州 市內에 들어가 饒飢를 하며 空氣를 삷혀본즉 그곳 亦是 洶洶하다. "오늘 밤에 또 부르자고 앗가 通知가 도라갓다"는 둥 술넝술넝한다. 나는 中國人의 人力車를 불너 타고 바로 큰 다리 우으로 지나서, 安東縣에 엇던 旅館에서 變姓名하고 小米商으로 標榜하고, 七日을 經過하야 怡

---

416 "金庸震 君이~갈 셈대고요"는 1차 집필 "아직 小兒들은 곧곧에서 萬歲를 부른다"를 지우고, 여백에 집필한 것이다.
417 자세한 전말은 알 수 없지만, 백범이 목재상이라는 의미로 "材木商"(ざいもくしょう)라 하였는데, 일본인이 '재목'(材木)을 사람의 성씨로 오해하였다는 의미인 듯하다.

隆洋行 배를 타고 上海를 出發하엿다.

黃海岸을 經過할 時에 日本 警備船이 喇叭을 불고 따라오며 停輪을 要하나, 英人 船長〔조지 쇼우·George, L. Shaw〕은 들은 체도 아니하고 全速力으로 警備 區域을 지내여, 四日 後에 無事히 浦東 碼頭〔부두〕에 下碇하엿다. 同船 同志는 合 十五名이엿다. 安東縣에서는 아즉 氷塊가 疊疊이 싸인 것을 보고, 黃浦 碼頭에 나리며 바라본즉 綠陰이 욱어젓다. 公昇西里 十五號에서 一夜를 宿하엿다.

此時에 上海에 集合된 人物 中에 내의 平素의 親熟한 이의 名字는 李東寧, 李光洙, 金弘敍, 徐丙浩 四人만 聞知하겟고, 其外는 歐美와 日本에서 渡來한 人士들과 中·俄領과 內地〔한반도〕로〔에서〕來會한 人士와, 在來 中國에 遊學及營商하는 同胞의 數를 統計하면 五百餘名이라 한다.

翌朝에, 在前붙어 上海에 率眷先住하든 金甫淵 君이 와서 自己 집으로 引導하야 宿食을 同히 한다. 金君은 長淵邑 金斗元의 長子이고 敬信學校 出身으로, 前者에 내가 長淵에서 學事를 撼察할 時부터 내의게 感心 愛護하든 靑年이니라. 同志들을 尋訪하야 李東寧, 李光洙, 金弘敍, 徐丙浩 等 舊同志를 逢握하엿다.

其時에 臨時政府가 組織되엿다. 이에 對하야는 國史에 詳載될 터임으로 略하고 나는 內務委員의 한 사람으로 被選되엿다. 其後에 安昌浩 同志는 美洲로붙어 渡滬하야 內務摠長으로 就任하고, 制度는 次長制를 採用하엿다.

警務局長

나는 安氏의게 政府 門戶 把守를 請願하엿다. 理由는 從前에 內地에

있을 제 내의 資格을 試驗키 爲하야 巡査 試驗 科目을 보고 私自〔스스로〕
試過에 及格키 難함을 알엇던 自驗과, 虛榮을 貪하야 實務에 疏忽할 慮
가 有함이라.

安 內務摠長은 快納하엿다. 自己가 "美國에서 보는 바에 特히 白宮
〔백악관〕만 守護하는 官吏를 實한즉, 우리도 白凡 같으 니가 政府 廳舍를
守護케 되는 것이 좋으니 國務會議에 提出하야 決定한다" 하엿다.

翌日에 島山은 내의게 忽然 警務局長 辭令書를 交付하며 就任 視務
를 力勸한다. 國務會議에 各部 摠長들이 아즉 다 就任치 안엇음으로 各部
次長이 該部 摠長의 職權을 代理하야 國務會議를 進行하든 쩌라. 其時 次
長 等에는 尹鉉振 李春塾 等 妙妙〔젊은〕 靑年임으로, "老人으로 門을 開閉
케 하고 그리고 通過하기가 未安하다" 하고, "白凡이 多年 監獄 生活에 倭
놈에 實情을 잘 알 터인즉 警務局長이 可合하다"고 認定되엿다 한다.

나는 "巡査에 資格이 되지 못하는데 警務局長이 何에 當한가?" 한즉
島山은 强勸하기를, "白凡이 萬一 辭避하면 靑年 次長들에 部下되기가
슬타는 것으로 여러 사람이 생각될 터이니 勿辭 行公하라"고 한다.

나는 不得已 應諾하고 就任 視務하엿다〔1919년 8월 12일〕.

二年〔1920년, 45세〕에 家妻가 仁이를 率하고 來滬하여 同居하엿고, 內
地에는 어머님이 丈母와 갖이 東山坪에 계시다가, 丈母 또한 別世한지라
亦是 그곧 共同墓地에 安葬하고, 四年〔1922년〕에 〔어머님이〕來滬하야 趣味
〔趣味〕잇는 家庭을 成하엿다. 그 해〔1922년〕八月에 信이가 生하다.

警務局에서 接受한 內地 報道를 依하면 倭놈이 내의 國母報讐事件
을 二十四年만에 비로소 알엇다 한다. 이 秘密이 이갖이 長久한 歲月, 況
且 兩西에는 人人 皆知하든 일을 그맞이〔그만치〕오랫동안 지내여 온 것은
참으로 稀奇하다 하겟다. 내가 學務總監의 職을 띄고 海西 各郡을 巡廻
할 쩌의 學校에나 公衆의게 "倭놈을 다 죽여 우리 怨讐를 갚자"고 演說할

時는 每每 나를 본받아라고 鷗河浦 事實을 말하엿다. 海州 檢事局과 京城 總監部에 各方 報告를 授集하야 내의 一言一動이 '金龜'란 題目을 쓴 冊子에 詳載하엿건만은, 엇던 偵探이라도 그 事實만은 倭놈의게 報知치 안엇든 것이다. 그러다가 내의 몸이 本國을 떠나서 上海에 到着한 줄을 알고야 비로소 그 事實이 倭의게 알아젓다 한다. 나는 이것 한 가짓 일을 보아도 우리 民族의 愛國誠이 足히 將來에 獨立의 幸福을 享하리라고 豫期한다.

喪妻 [418]

內務摠長. 民國 五年〔1923년〕에 內務摠長으로 視務하엿다.

그간에 家妻는 信이를 解産한 後에 落傷으로 因하야 肺炎 되여 幾年을 苦生하다가 上海 寶隆醫院에 診察을 受하고, 亦是而〔역시〕 洋人 施設에〔-의〕 隔離 病院〔홍커우虹口 폐병원肺病院〕에 入院케 됨에, 나는 寶隆醫院에서 막음〔마지막〕 作別하고, 虹口 肺病院에 入院하얏다가 六年〔1924년〕 一月 一日에 永遠의 길을 떠낫다. 法界 嵩山路 捕房〔경찰서 건물〕 後面인 共同墓地에 埋葬하엿다.

내의 本意는 우리가 獨立運動에〔-의〕 期間에 婚葬의 盛大한 儀式으로 金錢을 消費함을 不贊成하엿음으로 家妻의 葬禮는 極히 儉約하게 하기로 하엿으나, 여러 同志들이 家妻가 已往붙어 날노〔나로〕 因하여 無雙한 苦境을 經過한 것이 卽 國事에 貢獻이라 하야, 나의 主葬〔主張〕을 不許하

---

418 《원》(171면)에는 목차가 세 가지이다. 우측 여백에는 '內務總長' '國務領'을 기록하였고, 상단에는 목차를 나타낸 부호와 함께 '喪妻'라고 했다. 《등》에서는 이 장의 제목이 '內務總長으로 被選과 家妻 死亡'으로 하고, 다음 장의 제목은 '國務領 被選'으로 하였다(『전집』 2권 208면, 209면).

고 各其 捐金하여 葬儀도 盛大하게 지내엿고 墓碑까지 竪立하엿다.[419] 其中에 柳世觀 寅旭 君은 病院 交涉과 墓地 周旋에 誠力을 다하엿다.

家妻가 病院에 入할 時에 仁이도 病이 重하여 共濟醫院에 入院 治療하다가 家妻의 葬禮 後에 完差[완치] 退院하엿다.

信이는 겨오 步法을 習할 時요, 아즉 乳汁을 먹을 쎄라. 食物은 牛乳를 使用하나 잘 쎄는 반듯이 할머님의 뷔인 것을 물고야 잠이 든다. 차차 말을 배울 쎄는 但只 할머님만 알고 어머니가 무엇인지를 몰은다.

八年[1926년]에 어머님은 信이를 率하고 故國으로 가섯다.[420]

九年[1927년]에는 "仁이까지 보내라"는 어머님 命令에 依하야, 還國식히고 滬上[상해]에는 나의 一身만 形影相隨[421]한다.

國務領, 國務委員[422]

同年[1927년] 十一月에 國務領으로 被選되엿다.[423] 나는 議政院 議長 李東寧의게 對하야 "내가 金 尊位의 아들노서 아모리 翦形[雛形]일망정 一國의 元首가 됨이 國家의 威信을 墜落케 함이니 堪任키 不能"이라 하엿으

419 최준례 여사의 묘비는 조선어학자 김두봉이 순 한글로 쓴 비문이 이색적이다. 태어나신 날은 ㄹㄴㄴㄴ해(단기 4222년, 서기 1889년) ㄷ달(3월) ㅊㅈ날(19일), 돌아가신 날은 대한민국 ㅂ해(대한민국임시정부 6년, 1924년) ㄱ달(1월) ㄱ날(1일)이다. 묘비 사진과 신문 기사는 도진순 엮어옮김, 『쉽게 읽는 백범일지』, 돌베개, 2005, 215면 참조.
420 어머님이 환국한 시기는 1925년 11월이다.
421 《원》 하권(5-1면)에서는 "形影相從"이라 표현했다. 형영상수(形影相隨)는 주위에 친지가 없어 자신의 그림자를 짝하며 홀로 외롭게 있는 것을 의미한다.
422 상권 171면의 여백에 '國務領'이라는 목차를 달았으나 목차 부호가 없고, 다음 172면에서는 목차 표식과 함께 '國務委員'이라 표기하였지만, 목차의 위치는 국무령 자리가 타당하다. 짧은 내용에 목차가 중복되어 '國務委員'을 이곳으로 옮겨 '國務領'과 더불어 표기한다.
423 백범이 국무령으로 선출된 때는 1926년 12월이다.

나, "革命時期에는 無關"이라고 强勸함으로 不得已 承諾하고 尹琦燮, 吳永善, 金甲, 金澈, 李主洪으로 內閣을 組織한 後에 憲法 改定案을 議院에 提出하야 獨裁制인 國務領制를 곳어서 平等인 委員制로 改定 實施하야 當分은 委員의 一人으로 被任 視務한다.

내의 六十 平生을 回顧하면 넘어도 常理에 벗어지는 일이 한두 가지가 안이다. 대개 사람이 貴하면 窮이 없겟고 窮하면 貴가 없을 것이나, 나는 貴亦窮 窮亦窮으로 一生을 지낸다.

國家 獨立을 하면 三千里 江山이 다 내 것이 될넌지는 不知나, 天下의 넑으고〔넓고〕 큰 地球面에 一寸土 半間屋에 所有가 없다. 그런 故로 過去에는 榮欲의 心理를 가지고 窮을 免하여 보려고 버둥거려 보기도 하고 瓮算〔독장수셈〕[424]도 많이 하여 보앗다.

到今하야는 이런 생각을 한다. 昔에 韓愈는 「送窮文」을 지엿지만은 나는 「友窮文」을 짓고 싶으나, 不文임으로 그도 不能이다. 子息들에게 對하야도 아비된 義務를 조곰도 못하엿음으로, 나를 아비라 하야 子息된 義務를 하여 주기도 願치 안이한다. 너희들은 社會의 恩澤을 입어서 먹고 입고 배호는 터이니, 社會의 아들인 心誠으로 社會를 아비로 孝事하면 내의 所望은 이제서 더 滿足이 없을 것이다.

己未年〔1919년〕 二月 二十六日이 어머님 還甲임으로 若干에 酒肴나 設備하며 親舊들이나 모으고 祝宴이나 하자고 家妻와 議論을 하고 進行하려는 눈치를 아시고, 어머님은 極히 挽止하신다. "네가 一年 秋收만 더 지내여도 좀 生活이 나을 터이니, 한다면 네 親舊들은 다 請하여 하로 놀아야 하지 안느냐. 네가 困難한 中에서 무엇을 設備한다면 도로혀 내 마

---

424 독장수셈은 옹기장수가 잠이 들어 꿈에 큰 부자가 되어 좋아서 뛰는 바람에 지게를 걷어차 독이 모두 깨어졌다는 고사에서 온 말. 부질없는 헛된 계산을 말한다.

음이 不安하니 後年으로 讓하라" 하심으로 未遂하엿다.

不幾日에〔며칠 되지 않아〕〔내가〕去國行을 짓게 되고,[425] 其後에〔어머니
가〕上海에 오섯으나, 公私間 經濟上으로도 不許하지만은, 設使 力量이
잇다 하여도 獨立運動을 하다 殺身亡家하는 同胞의〔-가〕日日 數十 數百
에 慘報를 듯고 안즈어서, 어머님을 爲하야 壽筵 籌備할 勇氣부터 없어진
다. 그럼으로 내의 生日 같은 것은 口外不出하고 지내다가, 八年〔1926년〕
에 羅錫疇가 食前에 多量에 肉果를 사 가지고 와서 어머님의게 들인다.
"今日이 先生님 生辰이 안임닛짜? 그리하여 돈은 없고 衣服을 典當하여
고기 斤이나 좀 사 가지고 밥해 먹으려 왓슴니다" 한다.[426] 그리하여 가장
榮光스러운 대접을 받은 것을 永遠 紀念할 決心과, 어머님의게 對하야 넘
어도 罪悚하야 내의 죽는 날까지 내의 生日을 紀念치 안키〔-로〕하고 日字
을 記入지 안이한다.

上海에서 仁川에 消息을 듯건대, 朴永文은 別世하엿고, 安浩然은 生
存하엿다 하기로, 〔아들〕信 便에 懷中時表〔시계〕一個을 사서 보내고 내의
眞跡을 말하여 달나 하엿으나, 回報는 없엇다.

成泰英은 其間 吉林에 來往하엿으로 通信을 하엿다.

柳完茂는 北間島에서 뉘의게 被殺된 後에 아들 漢卿은 아즉 北間島
에서 居生한다 한다.[427]

李鐘根〔李種根; 161면〕은 俄國〔아라사, 러시아〕女子 娶妻하고 上海에 와
서 種種 만나 보앗다.

---

425 백범의 모친 생신인 기미년(1919) 2월 26일은 양력으로 3월 27일이며, 이틀 뒤인 3월 29일 백
범이 중국으로 출발하였다.
426 1925년 11월 곽낙원 여사가 본국으로 돌아갔고, 나석주 또한 상해를 떠나 북경으로 갔다. 따
라서 나석주가 차려준 백범의 생일은 1926년이 아니라, 1925년 7월 11일(양력 8월 29일)이다.
427 유완무는 1909년 2월 24일 어느 흉한에 의해 피살되었다.

金亨鎭 遺族의 消息은 아즉 듯지 못하고 金[428]卿得 遺族은 探問 中이라.

내의 經過 記事 中에 年月日子를 記入한 것은, 나는 記憶지 못하겟음으로 內地 어머님의게 書信으로 무러서 쓴 것이다.

내의 一生 第一 幸福이라 할 것은 氣質이 튼튼한 것이다. 監獄 苦役이 迫近 五年에 一日도 病으로 休役한 적이 없은 채, 仁監에서 瘧疾에 罹하야 半日 동안 停役하엿다. 病院이란 곧에는 혹을 쩨고 濟衆院에 一個月, 上海에 온 後에 西班牙感冒〔서반아감기〕로 二十日 동안 治療한 것뿐이다.

己未 渡江 以後에 到今 十餘年에 其間 所經事에 對하여서는 重要 且 珍奇한 事實이 많으나, 獨立 完成 以前에는 絶對 秘密할 것임으로 너의 들의게 알려주도록 記錄지 못함이 極히 遺憾이다. 理解하여 주기를 바라고 그만 끝인다.

此書를 쓰기 始作한 지[429] 一年이 넘은 十一年〔1929년〕 五月 三日에 終了하엿다. 臨時政府 廳舍에서.

---

428 주석 번호 이하의 글, 즉 "卿得 遺族은"부터 상권의 마지막 구절 "臨時政府 廳舍에서"까지는 별지에 수록된 내용이다. 그런데 이것은 백범의 필체가 아니다. 마지막 망실 부분을 다른 사람이 대필했다. 해제 참조.

429 원래는 "此書를 쓴 지"를 "此書를 쓰기 始作한 지"로 수정하였다. 《등》(『전집』 2권 211면)에는 "此 記錄을 始作한 지"로 되어 있다.

하
권

白凡逸志 下卷 自引言[2]

下卷은 重慶 和平路 吳師爺港 一號 臨時政府 廳舍에서 六十六歲[3] 執筆.

本志〔백범일지〕 上卷은 五十三時〔1928년〕에 上海 法租界 馬浪路 普慶里 四號 臨時政府 廳舍에서 一年餘에 時間을 가지고 記述하엿나니, 其 動機로 言하면 弱冠에 〔17세 과거 낙방으로〕投筆하고 年近 耳順〔60세〕토록 大志를 품고, 내의 力量 薄弱과 才智의 固陋도 不顧하고, 成敗도 不計, 榮辱도 不問하고, 國家와 民族을 爲하여 三十餘年을 奮鬪하엿으나 一無所成하여, 臨時政府를 十餘年 동안을 固守하여 왓으나, 己未 以來 獨立運動이 漸漸 退潮期에 臨하여 政府 名義만이라도 保支키 難하여 當時 떠들든 말과 갓이, 數個 同志로 더부러 孤城落日에 슬은 旗빨을 날니며 自度자탁〔스스로 헤아림〕하기를 運動도 不振하고 年華〔나이〕도 就木〔죽음〕이 近하엿으니, '不入虎穴이면 不得虎子' 格으로 沈滯한 局面을 推動할 目的으로, 一邊으로는 美〔미주〕·包〔하와이〕同胞들의게 편지하여 金錢의 後援을 乞하며, 一邊으로는 鐵血男兒들을 物色하여 테로(暗殺 破壞) 運動을 計劃하

---

1   하권에는 한 장(2면)마다 면수 표기가 되어 있다. 앞 4면까지는 면수 표기가 없고, 5면은 '2', 7면은 '3' 이런 식으로 번호가 매겨져 있다. 면수가 매겨진 것은 그대로 두고, 없는 면은 바로 앞 면수번호에 '-1'을 붙였다. 앞부분 4면까지는 5면의 '2'에서 역산하여 표기했다. 이렇게 하면 「자인언」은 0이 된다. 0, 0-1, 1, 1-1면과 이후 '~-1'로 표기되는 면수는 교감자가 부여한 번호이다.
2   《필》(『전집』 2권 363~364면)에는 「白凡逸志 下卷 自引言」이 마지막에 있다. 해방 직후 출간을 앞두고 앞으로 옮긴 것이다.
3   《필》에는 67세로 되어 있다. 자세한 것은 해제 참조.

는 時에, 上卷 記述을 終了한 後 東京事件〔이봉창 의거〕과 虹口炸案〔윤봉길 의거〕等이 進行되엿나니, 萬幸으로 成功되여 臭皮囊[4]의 最后를 告할가 하여, 本國에 있는 子息들이 長成하여 海外로 渡來커든 信傳하여 달나는 付託으로 〔1929년 7월 7일〕上卷을 騰寫하여 美包 幾位 同志의 보내엿으나,

下卷을 쓰는 今日에는 不幸으로 殘命이 姑保되엿고, 子息들도 已爲 長成하엿으니 上卷으로 付託한 것은 問題가 없이 되엿고, 至今 下卷을 쓰는 目的은 (海內外 同志들로)[5] 하야곰 내의 五十年 奮鬪 事績을 閱覽하여 許多 過誤로 殷鑑〔거울〕을 作하여 覆轍〔엎어진 수레바퀴, 실패한 자취〕踏習을 避免하라는 것이다.

前後 情勢를 論하면 上卷을 記述하든 時 臨時政府는 外人은 姑舍 勿論하고 韓人으로도 國務委員들과 十數人의 議政院 議員 以外에는 無人 過問〔관여〕이니 當時 一般의 評判과 갗이 名存而實無이엿으나, 下卷을 記述하는 時는 議員 委員들의 暮氣[6]도 掃盡하고〔없어지고〕, 內·外·軍·財 四部 行政이 飛躍的 進展이라 可謂하겟다.

內政으로 言之則 關內의 韓人의 各黨 各派가 一致하게 臨時政府를 擁護 持支하고, 美〔미국〕·墨〔멕시코〕·큐〔쿠바〕各國의 韓僑 萬餘名이 推戴하고 獨立金을 政府로 上納하여,

外交로 論하면 一自元年 이後로 國際 外交의 非不努力이나, 中·蘇·美 等 政府 當局者들이 非公開的 讚助는 不無하엿으나 公式的 應援은 無

---

4   취피낭(臭皮囊)은 썩어 없어지는 육신을 지칭하는 불교 용어이다. 예) "구각(軀殼)의 생존만 구하다가 정신이 사멸되면 쓸데없는 일부의 취피낭(臭皮囊)만 남아 무엇이 귀하리오."(신채호, 「이해」利害, 『단재신채호전집』 7, 독립기념관 한국독립운동사연구소, 2008, 623면)

5   "海內外 同志들로": 《원》에는 이 구절이 먹으로 완전하게 지워졌지만, 《필》에는 남아 있다. 이 구절이 있어야 문맥이 통한다.

6   모기(暮氣)는 무기력한 기운을 말한다. 『손자병법』에 "조기예(朝氣銳) 주기타(晝氣惰) 모기귀(暮氣歸)", 즉 "아침의 기운은 날카롭지만, 낮의 기운은 게을러지고, 저녁의 기운은 돌아갈 생각만 하여 무기력하다"라는 말이 있다.

하엿다. 今日에 至하여는 美 大統領 羅斯福〔루스벨트〕氏는 將來 韓國이 完全 獨立하여겟다고 全世界를 向하여 公式으로 廣播하엿고,[7] 中國의 立法院長 孫科 氏는 (우리 廿三周) 共公席上에서 日本 帝國主義를 撲滅하는 中國의 良策은 莫先 承認 韓國 臨時政府라고 大聲叱號하엿으며,[8] 臨時政府에서 華盛頓〔워싱턴〕에 外交委員部를 設置하고 李承晚 博士로 委長을 任命하여 外交와 宣傳의 努力中이며,

軍政으로는 韓國 光復軍이 正式 成立되여 李靑天으로 總司令을 任命하고 西安에 司令部를 置하여 徵募 訓練作戰을 計劃 實施中이며,

財政으로 論하면 元年度〔1919년〕로 二, 三, 四年〔1920~1922〕까지는 本國으로 秘密 捐納과 美·包 韓僑의 稅捐 上納의 實情이 元年度보다 二年〔1920년〕의 數字가 減下되고, 三·四·五·六年〔1921~1924년〕以下〔이후〕로 漸漸 減下(原因은 倭의 强壓과 運動의 退縮 等)되여 臨時政府 職務도 停滯되고, 職員들도 總次長들 中에 投降 歸國者가 非至 一二人이니 其次를 可知이니, 重要 原因이 經濟 困難이엿다. 그러튼 現狀이 虹口炸案 以後로 內外國人의 臨時政府의 對한 態度가 善變되여, 政府 財政 收入高가 年復年〔해마다〕增加되여 二十三年度〔1941년〕收入이 五十三萬 以上에 達

7   1942년 2월 23일 미국 루스벨트 대통령은 제2차 세계대전의 전황을 보고하는 라디오 연설에서, "한국 인민과 만주 인민은 일본의 무자비한 폭정을 직접 겪어 잘 압니다"라고 짧게 언급했다. 루스벨트의 이 언급은, 2월 27일 저녁 백악관 근처에서 열린 한인자유대회에서 이승만이 특별히 언급할 정도로 한국인에게 큰 감명을 주었다. 백범은 이것을 한국 독립에 대한 지지로 해석한 듯하다. 배경식 풀고보탬, 앞의 책, 452면.
8   "(우리 廿三周) 公共席上"이 무슨 23주년인지 알 수 없으나, 1942년 3월 1일에는 '한국독립선서 23주년 기념식', 4월 11일에는 '임시정부 23주년 기념식'이 각각 열렸다. 그러나 이 두 자리 모두 손과(孫科)의 연설은 없었다. 손과는 그 사이 1942년 3월 22일 중국의 국민외교협회 등 여러 단체의 공동 주최로 열린 한국 문제 강연회에서 "대서양헌장"에 따라 한국은 당연히 독립되어야 하고 중국은 마땅히 임시정부를 승인해야 한다"는 요지의 연설을 했다. 손과의 연설에 감동한 백범은 곧바로 이승만에게 "손과 씨는 오늘 많은 군중들 앞에서 대한민국의 완전한 독립과 대한민국 임시정부의 즉시 승인을 주장했습니다"라는 전보를 쳤다(배경식 풀고보탬, 앞의 책, 452면). "(우리 二十三周) 公共席上" "大聲叱號"는 이것을 지칭하는 것인 듯하다.

하니, 臨時政府 設立 以來 破記錄이오. 從此로 幾百千倍의 數로 增高될 階段에 入하엿다.

當年[1928~1929년]에 上海 法租界 普慶里 四號 二層에서 慘憺하고 苦難한 環境을 克服하기 爲하여 最大 最后의 決心을 하고 本志 上卷을 쓰든 그때의 比하면, 公體로는 略干의 進步 狀態로 볼 수 있으나, 나의 自身으로 論하면 日復日[날마다] 老病 老衰를 迎接하기에 汨沒하다. 上海 時代를 '죽자꾸나 時代'라 하면 重慶 時代를 '죽어가는 時代'라 하겠다.

0-1 　有人問曰 "畢竟 所願에는 如何히[어떤] 죽음인가" 하면, 나의 最大 慾望은 獨立 成功 後에 本國에 들어가 入城式을 하고 죽음이나, 至小로도 美包 同胞들을 맛나보고 도라오다가 飛行機 우에서 죽어면 屍物을 投下하여, 山中에 떠러지면 禽獸 腹中에, 海中에 떠러지면 魚類 腹中에 水葬하는 것이다.

世上은 苦海라드니 生亦難 死亦難이다. 他殺보다 自殺은 決心 곧 强하면 容易하엿즉 하지만은, 自殺도 自由가 있는 데서 可能한 거시다. 獄中에서 나도 自殺의 手段을 쓰다가 兩次나 失敗(仁川獄에서 長疾扶斯 時와 十七年 後 築港 工事 時)하엿고, 西大門監獄에서 安梅山 明根 兄이 餓死를 決心하고 내의게 從容이 問하거늘 나는 讚成하엿다. 及其 實行에 三四日 絶食은 "배가 앞흐니, 머리가 앞으다[아프다]"는 것으로 看守의 質問을 應하엿으나, 눈치 빨은 倭놈은 醫師로 診察하고, 梅山을 結縛한 後 鷄卵을 푸러서 口를 强開하고 下咽함으로 "自殺을 斷念하노라"는 通告를 한 것 等을 보면, 自由를 失하면 自殺도 容易한 事가 아니로다.

내의 七十 平生을 回顧하면 살냐고 하야 산 것이 아니고 사라저서[살아져서] 산 것이고, 죽으랴고 하야도 죽지 못한 此身이 畢竟은 죽어저서 죽게 되엿도다.

白凡逸志 下卷

上海 到着 [9]

安東縣에서 己未 二月日〔음력〕英商人 솔지〔George Shaw〕의 輪船을 타고 十五人 同行들과 갗이 四日 航程을 終了하고 上海 蒲東 碼頭에 下碇하엿다〔양력 4월 13일〕. 登陸코저 할 제 眼簾럼〔눈〕에 선뜻 드러오는 것 裙군(치마)도 着지 안은 女子들이 三板船〔작은 배〕노을 젓으면서 客人들을 渡運한다. 佛租界의 登陸하니, 安東縣에서 乘船할 時는 氷塊가 싸힌 것을 보앗는데, 此地 馬路街 生樹에는 綠陰이 욱어지고, 棉衣를 着하고도 船中에서 치운〔추운〕고생을 하다가 이제는 背와 面에 땀이 난다.

그날은 一行들과 갗이 公昇西里 十五號 우리 同胞의 집에서 담뇨만 깔고 房바닥 잠을 자고, 翌日은 上海에 集合된 同胞 중에 親舊를 調査한즉, 李東寧 先生으로 爲始하야 李光洙·徐丙浩·金弘敍·金甫淵 등인데, 金甫淵은 長淵郡 金斗元의 長子로 幾年 前에 妻子를 率하고 滬〔상해〕上에

---

9 하권에서 백범이 기록한 유일한 목차이다.

來住하든 터으로, 來訪하고 自己 집에 同住를 請함에 應하야, 此日부터는 上海 生活이 始作되었다

主人 金君을 案內者로 하여, 十餘年 동안을 晝宵로 글입던 李東寧 先生을 차잣다. 그분은 年前 梁起鐸 舍廊에서 西間島에 가서 武官學校 設立과 志士들을 召集하여 將來에 光復 事業을 準備할 重任을 全權 委任하든 그때보다는 十餘年 동안 無雙한 苦生을 經過함인지, 그갖이 豊盈[풍성]하든 얼골에는 주름살이 잦이엿다. 서로 握手하고 나니 慷慨無量하여 무슨 말을 할 것도 생각이 나지를 안는다.

當時 上海 韓人은 五百餘名의 數字를 갖인 중에 若干의 商業者와 留學生과 十數人의 電車會社 査票員을 除하고서는, 大部分이 獨立運動을 目的하고 本國, 日本, 美洲, 中國, 俄領에서 來會한 志士들이라. 內地[조선] 十三道가 各 大都市는 勿論이고 僻巷窮村에서라도 獨立萬歲를 부르지 아은 곳이 없이 물 끌 듯 하고, 海外도 우리 韓人은 어느 國土에를 居住하든지 精神으로나 行動으로나 獨立運動은 一致하게 展開되엿나니, 其原因을 말하면 大體 兩個로 分解할 수 있으니, (一) 所謂 韓日合併의 眞味를 不知하고, 檀祖 開國 以後 外族의 名義上으로 屬國으로 된 時도 있고, 自族으로도 李氏가 王氏를 革命하고 自立爲王한 前例가 있음으로, 倭놈의게 倂呑을 當하여도 唐·元·明·淸 等 時代와 갖이 우리가 完全 自治는 하고 名義上으로나 倭의 屬國이 되는 줄 認識하는 同胞가 大部分이고, 安南 印度의 行하는 英佛의 政治를 折衷하려는 倭놈의 毒計를 窺知하는 人士는 百分之二三에 不過하엿으나, 合倂 後 第一着으로 安岳事件을 做出함과 第二次로 宣川 百五人 事件의 慘虐無道한 것을 보고, '是[時]日曷喪'[10]의 惡感情이 激發될 氣分이 濃厚함과, (二) 第一次世界大戰이 終了

1-1

---

10 '시일갈상'(是日曷喪)은 『서경』 「탕서」(湯誓)의 "時日曷喪, 予及汝皆亡"(이 해 어찌 없어지지

되고 巴里講和會議에서 美 大統領 위일손〔윌슨〕이 民族自決主義를 提唱한, 以上 兩個 原因으로 우리의 萬歲運動이 爆發되엿다.

그럼으로 上海에 來會된 五百餘名의 人員은 어느 곳으로 來會하엿든지 우리의 指導者인 老前輩와 年富力强한 靑年 鬪士들이라. 當時 上海에 新到 人士들이 벌서 新韓靑年黨이 組職되여 金奎植을 巴里의 代表로 波送하엿고, 金澈을 本國 內에 代表로 派遣하여 活動하는데, 여러 靑年들 中에는 政府 組職이 對內外하야 運動 進展에 絶對 必要하다는 聲浪〔여론〕이 漸高하여, 各道에서 來滬내호한 人士들이 各其 代表를 選出하여 臨時議政院을 조직하고 臨時政府가 産生되니 卽 大韓民國 臨時政府라.

李承晚으로 總理를 任하고 內·外·軍·財·法·交 等 部署가 組職되고, 安島山이 美洲로〔-부터〕 來滬하여 內務總長으로 就任하야, 各部 總長이 遠地에〔-서〕 및어〔미처〕 來到치 못함으로 次長들을 代理로 하야 國務會議를 進行 中에, 李東輝 文昌範은 俄領으로, 李始榮 南亨祐 等은 北京으로 集合되여 政府 事務가 就緖될 즈음에, 漢城에서 비밀히 各道 代表가 모혀 李承晚으로 執政官總裁를 任한 政府〔한성정부, 정식 명칭은 '대조선공화국'〕를 組職하엿으나, 內地에서 行使키 不能함으로 上海로 보내니, 不謀而同으로 兩個의 政府가 되엿다.

於是乎 兩個 政府를 改造하여 李承晚으로 大統領을 任하고, 四月 十一日에 憲法을 發布하엿다.[11] 此等 文字는 運動史와 臨時政府 會議錄에 詳載하엿으니 略記하고, 自我의 對한 事實만을 쓴다.

않나. 나와 너 모두 망하리)을 말한다. 상나라 탕왕이 포악한 하나라 걸왕을 정벌하기 위해 군사를 일으키며 맹세한 구절로, '이놈의 세상 언제 망하려나 다 망해 버리자'라는 백성들의 원성을 표현한 구절이다.

11   1919년 4월 11일 선포한 대한민국 임시정부의 헌법은 이승만을 총리로 하는 내각책임제이다. 그해 9월 6일 이승만을 임시 대통령으로 선출하고, 9월 11일 이를 정식으로 선포하여, 내각책임제 헌법을 대통령중심제로 바꾸었다.

나는 內務總長인 安昌浩 先生을 보고 政府 門 把守 식여 주기를 請하엿다. 그이는 내가 벗을[버슬] 식이지 안는 反感이나 가지지나 안는가 疑慮의 빗이 보인다. 나는 "從前에 內地에서 敎育 事業을 할 적에 어느 곳에서 巡査 試驗科目을 보고 집에 가서 혼자 시험을 처서 合格이 못 되엿고, 西大門監獄에서 懲役할 때에 願을 세운 거시 後日에 萬一 獨立政府가 組織되거든 政府 뜰을 쓸고 門을 守直하기로, 또는 名字는 九로 別號는 白凡으로 改하여 完全히 平素 所願"을 말하엿다.

島山은 快諾을 하며, 자기가 "美國서 본즉 白宮[백악관]을 守衛하는 官員이 있는 것을 보앗으니, 白凡 같은 이가 우리 政府廳舍를 守護함이 適當하니 明日 國務會議에 提出하마" 한즉 '心獨喜自負'[12]하엿다.

翌朝에 島山은 내의게 警務局長 任命狀을 주며 就任 視務를 勸하나 나는 固辭하엿다. "巡査의 資格도 못 밎는[미치는] 나는 경무국장이 職은 不敢當"이라 하엿으나, "國務會議에서 白凡은 多年 監獄에서 倭놈의 事情을 잘 알고, 革命 時期 人才는 精神을 보와서 登用함이라 하고, 已爲 任命된 것이니 勿使[勿辭]行公하라"고 强勸함으로 就職 視務하엿다[1919년 8월 12일].

警務局長

五年 동안 服務할 時에 警務局長이 訊問官, 檢事, 判事로 執刑까지

12 심독희자부(心獨喜自負)는 "마음속으로 즐거워하며 스스로 자랑스러워했다"는 뜻이다. 『사기』 「고조본기」(高祖本紀)에 유방이 뱀을 죽이고 난 뒤, 한 노파로부터 "내 아들은 바로 백제(白帝)의 아들로 뱀으로 변하여 길을 가고 있는데 적제(赤帝)의 아들에게 화를 당한 것"이란 이야기를 전해 듣고 '심독희자부' 했다고 한다.

하게 된다. 要約하면 犯罪者 處分에 說諭가 아니면 死刑이다. 例를 들면 金道淳이가 十七歲 少年으로, 本國에 派遣하엿든 政府 特派員의 뒤를 따라 上海에 와서 倭 領事館을〔에〕 協助하여 特派員을 逮捕코저 旅費 十元을 받은 未成年을 不得已 極刑하는〔것은〕 旣成 國家에서 보지 못할 特種 事件 等이다.

警務局 事務에는 남에 租界에 寓住하는 臨時政府니만치, 現今 世界 旣成 各國의 普通 警察 行政이 아니고, 倭敵의 偵探의 活動을 防止하고, 獨立運動者의 投降者 有無를 偵察하며, 倭의 魔手가 어느 方面으로 侵入하는가를 明察하기 爲하야 正服과 便衣 警護員 二十餘名를 任使하엿다. 虹口 倭 領事館과 우리 警務局이 對立이 되어 暗鬪中이다.

當時 佛 租界 當局이 우리 獨立運動에 對하여 特別 同情이 있음으로, 日 領事가 우리 運動者를 逮捕 要求가 有할 時는〔프랑스 조계 당국이〕 우리 機關에 通知하고, 及其 逮捕 時는〔프랑스 조계 당국이〕日 警官을 帶同하고 空家를 搜索하고 갈 뿐이엿다. 倭寇 田中義一〔다나카 기이치〕이〔1922년 3월 28일〕黃浦 碼頭에서 吳成倫 等에게 炸彈을 마젓으나, 爆發이 안 됨으로 拳銃을 發射하여 美國 旅行人 一女子가 中彈 致死한 後, 日·英·佛 三方의 合作으로 佛 租界 韓人을 大擧 搜捕할 時에는, 우리 집에는 母親까지 本國서 上海로 오신 때라, 一日은 早朝에 倭警 七人이 怒氣騰騰하여 寢室에 侵入하자, 佛 警官 西大納이는 熟親한 者로서 事前에 내인 줄 아랏으면 잡으려 오지붙어 안엇을 터이나, 倭말노〔이〕 佛語로가〔와〕相異하여 逮捕狀의 名字를 金九로 不知하고 韓人 强盜로 알고 逮捕코저 한 것인데, 及其 와서 본즉 잘 아는 터이라. 倭놈들이 달녀들어 鐵手匣을 채으려 할 제, 西大納은 禁止하며 나를 向하여 衣를 着하고 佛蘭西 警務局으로 가자는 뜻을 表한다. 나는 그 말을 따러 崇山路 捕房으로 가서 본즉, 元世勳 等 五人은 먼저 잡어다가 留置場에 拘禁하여 노코서 내게 왓든 것이라.

내가 留置場에 들어간 後에 倭警이 와서 訊問을 하려 한즉, 佛人은 不許하고, 日 領事가 引渡를 要求함도 不聽하고 내의게 問키를, "被捕된 五人을 金君이 잘 아는 사람인가." "五人이 다 좋은 同志"라 하엿다. 또다시 뭇기를, "金君이 五人을 擔保하고 다리고 가기를 원하는가." "원한다" 한즉 卽時 釋放하는지라.

2-1

내가 多年 佛 警찰局에 韓人 犯罪者들이 被捕될 時는, 나는 倍審官으로 임시政府를 代表하여 訊問 處理하든 터임으로, 佛 工務局에서는 나만 引渡치 안을 뿐 아니라, 내가 保證하면 現行犯 外에는 卽時 釋放식이엿다. 倭가 佛人의 내의게 對한 關係를 知得한 以後로, 逮捕 要求를 不爲하고 偵探으로 하여곰 金九를 誘引하여, 佛 租界 外 英 租界나 中國地界에만 다리고 오면 捕縛하여서 中·英 當局에 通報만 하고 잡아갈 意圖를 안 後는, 佛 租界에서 雷地〔池〕一步[13]를 越去치 안엇다.

佛 租界 生活를 十四年 동안에 奇怪한 事件을 ――히 記錄하기가 不能한 것은, 年月日時를 亡失하여 順序를 차리기 難하다. 五個年 警務局長의 職任을 帶하고 지낸 때에, 高等偵探 鮮于甲을 誘引하여 捕縛 訊問하여, 死罪를 自認하고 死刑 執行을 願하는 것을 본 後에, "살녀줄 터이니 將功 贖罪할 터이냐" 한즉 "所願"이라 하기로 解縛而送之러니, "上海에서 偵得한 文件을 臨時政府에 獻上하겟다"는 志願의 依하여, 金甫淵 孫斗煥 等을 倭놈의 勝田旅館에를 時間을 約條하고 送去하엿으나, 〔선우갑이〕倭의게 告發하여 逮捕치 안코,[14] 내가 電話로 呼出하면 不移時刻〔즉시〕하고

---

13 뇌지(雷池)는 오늘의 안휘성 망강현(忘江縣) 남부에 있는 호수 이름이다. 진(晉)나라 유량(庚亮)이 반란군 토벌을 위해 강주자사(江州刺史)에게 "不敢越雷池一步"(뇌지에서 한 걸음도 넘어서지 말라)라고 지시한 데서 비롯되는 고사성어로, 이후 뇌지(雷池)는 '한계'의 대명사가 되었다.
14 문맥이 혼란하다. 선우갑이 왜에 고발하지 않아 김보연 손두환 등이 체포되지 않았다는 것이다.

來待하다가, 四日 後에 暗逃하여 本國에 도라가서 臨時政府 德意를 稱頌云云.

姜麟佑는 倭警部로 秘密使命을 帶하고 上海에 와서 "金九 先生의게 自己 來滬의 任務를 報告하겟으니 面對를 許하겟는가" 來書하엿기로, 倭놈과 同行하면 足히 逮捕할 수 있는 英界 新世界茶館〔식당〕으로 請하고 正刻에 가서 본 즉, 姜麟佑 一人만 來到하여 "總督府에서 使命을 受한 것은 某某 事件인즉 그 點을 注意하고, 先生께서 거짓 報告 資料를 주시면 歸國 塞責색책〔책임을 면함〕이나 하겠음니다." 나는 快諾하고 資料를 잘 製作하여 주엇드니, 歸國 後에 功勞로 豊山郡守가 되엿드라.

舊韓國 內務大臣 東農 金嘉鎭 先生은 韓日合併 後에 男爵을 授하엿든 것을, 己未年 三一宣言 以後에 大同黨을 組職 活動하다가, 子 懿漢〔毅漢〕 君을 率하고 餘年을 獨立運動 策源地에서 送함을 大榮光 大目的으로 自認하고 到滬한 後에, 倭 總督은 男爵 中에 獨立運動에 參加한 것이 日本에 羞恥로 認하여, 懿漢 子婦〔정정화鄭靖和〕의 從〔삼종三從〕 男兄〔오빠〕인 鄭弼和를[15] 密派하여 金東農 先生을 隱密 勸告하여 歸國케 할 運動이 進行됨을 發見하고, 秘密 檢擧 訊問한즉 ── 自服함으로 處絞하엿고,

3

海州人 黃鶴善은 獨立運動 以前에 來滬한 者인데 靑年으로 가장 우리 運動에 熱情이 있어 보임으로, 各方에서 來滬한 志士들이 黃某에 집에 宿食케 됨을 機會로 하여, 臨時政府 成立이 幾日이 못 된 政府를 惡評하여, 新到 靑年 中에 東農先生과 갗이 京城에서 熱烈히 運動하든 羅昌憲 等이 黃某의 毒計에 中하여 政府의 極端 惡感을 품고, 金基濟 金懿漢 等 十數名이 臨時政府 內務部를 襲擊한 事件이 發生되자, 當時 政府 擁護하

15 "懿漢 子婦" 의한의 며느리가 아니라 동농 김가진의 며느리이며 의한의 부인인 『녹두꽃』의 필자 정정화(鄭靖和)이다. 정필화(鄭弼和)는 정정화의 팔촌 오빠(3종 오빠)이다.

는 靑年들이 極度 憤激하야 肉薄戰이 開始하여 羅昌憲 金基濟 兩人은 重傷된지라. 內務總長 李東寧 先生의 命令을 受하여 捕縛된 十餘 靑年은 說諭 放送하고, 重傷된 羅·金 兩人은 入院 治療케 하엿다.

警務局에서는 그 紛亂의 原因을 探査한則 可驚할 事件이 發生된다. 羅·金 等 活動의 背後에는 黃學善〔黃鶴善〕이가 活動 資金을 供給하엿고, 黃某의 背後에는 日本 領事館에서 資金과 計劃을 實施한 것이다. 黃某를 秘密 逮捕 訊問한則 羅昌憲 等의 愛國 熱情을 利用하여 政府의 各 總長과 警務局長 金九까지 全部 暗殺키 爲하여, 僻靜處에 三層 洋屋을 租得〔임대〕하고, 大門에 民生醫院이란 大看板을 붗이고(羅君은 醫科生), 政府 要人들을 誘致 暗殺하자든 것이다.

黃某의 訊問記를 갖이고 羅昌憲의게 示한則, 羅君은 大驚하여 自初로 黃某의 속아서 無意識的으로 大罪를 犯할 번한 內意를 說明하고 黃某의 極刑을 主張하나, 벌서 刑을 行하고 羅君 等의 行爲를 調査中이엇다.

어느 때는 姓 朴某의 우리 靑年이 警務局長 面會를 請하기로 面對한則, 初面에 落淚하며 懷中으로서 短銃 一柄과 倭놈의 준 手牒 一冊을 내여 노흐며, 自己는 "幾日 前에 本國으로 生計次로 上海를 來着하는 初頭에 日 領事館에〔-서〕 내〔朴某〕의 體育이 튼튼한 것을 보드니, '金九를 殺害하고 오면 多數 金錢도 주고 本國 家族들은 國家 土地를 주어 耕作케 하겠으나, 萬一 不應하면 不逞鮮人[16]으로 取締한다'고 하기에 應諾하고, 佛 租界에 와서 先生을 멀니서 보기도 하고 獨立을 爲하여 애쓰시는 것을 보고서, 나도 韓人의 一分子로 焉敢히 殺害할 마음을 품을 수 잇음니까, 所以로 短銃과 手牒을 先生끠 밫이고 中國 地方으로 가서 商業을 經營코

---

16 불령선인(不逞鮮人)은 일본말로 후데이센진(ふていせんじん). 일제가 독립운동가들을 비방한 말로, '불평·불만을 품고 제 마음대로 행동하는 조선인'이란 뜻이다.

저 하나이다." 나는 감샤의 뜻을 表하엿다.

내의 信條로 '任事에 不疑人하고, 疑人이면 不任事'[17]이니, 一生을 通하야 此 信條의 對하야 種種 害를 當하면서도 天性이라 改變치 못하엿는〔바〕, 警護員 韓泰奎는 平壤人인데 爲人이 勤實함으로 七八年을 使用하는 사이에 內外人의 信望이 甚厚하엿든 것이다. 내가 警務局長을 辭免한 後라도 警務局 事務를 依然히 視하든 터이라.

3-1

桂園 盧伯麟 兄이 어느날 早朝에 내의 집에 와서 "後路邊에 얻언 靑喬〔娇, 嬌: 젊고 아름다운〕女子 一個의 屍體가 있는데 韓人이라고 中國人들이 떠드니 白凡 나가서 봅세다." 나는 桂園과 가서 본즉 明珠의 屍體이더라. 明珠는 下等 女子로 上海를 엊이하여 왓든지, 鄭仁果. 黃鎭南 等의 炊母로도 있엇고, 靑年 男子들과 野合的 行爲도 있는 모양인데, 어느 때 夜半에 韓泰奎와 同伴하여 來往하는 것을 보고, 내의 生覺에 韓君도 靑年인즉 서로 親한 關係가 있는가 보다 한 때가 그다지 멀지 안은 것이 追憶된다.

屍身을 仔細히 삶여〔살펴〕본즉 被殺이 分明하다. 처음에는 打撲으로 頭上에 血痕이 있고, 頸部에 繩子로 絞하엿는데, 그 絞殺한 手法이 내가 西大門監獄에서 金 進士의게 活貧黨에서 死刑하는 것을 學得한 것을 警護員들의게 連習싴여 갖이고 偵探 處置에 應用하든 그 手法과 恰似하다.

나는 佛 工務局에 달녀가서 西大納의게 告發하고 協同 調査에 着手하엿다. 韓泰奎가 明珠와 夜間 出入하든 곧에〔의〕家家에 '모양이 얻어한 男女가 租居한 事 있는가' 探問한즉 一個月 前에 韓某와 明珠와 同居한 事實을 發見하엿으나, 明珠의 屍體가 있는 곧과는 相距가 遙遠하다. 그 屍體가 노혀 있는 近邊 房東〔집주인〕의 租屋文簿〔임대서류〕를 調査한즉, 十

餘日 前에 一房屋을 姓韓의게 租借한 形跡이 있는데, 그 房門을 열고 仔細히 삷여본즉 마루 우에 血跡이 있는지라. 그런즉 韓의게 疑惑이 集中되는지라.

西大納의 韓泰奎 逮捕를 相議하고, 나는 韓泰奎를 불너서 "近日은 어데서 宿食을 하는가" 問한즉, "房屋을 租得지 못하여 이리저리 단이며 宿食합니다" 問答할 즈음에 佛 巡捕가 逮捕하엿다. 나는 陪審官으로 訊問한즉, 내가 警務局長을 辭免한 後로 여러가지 環境으로 倭놈의게 買收되여 密探을 하며 明珠와 秘密 同居하든 中, 明珠의게[가] 〔한태규를〕 倭의 走拘로 알게 되엿고, 明珠는 不學無識한 下流 女子나 愛國心이 富하고 金九先生을 極히 信仰한즉 반듯이 告發할 形勢임으로 滅跡하기 爲하여 暗殺한 事實을 自白함으로 終身懲役에 處케 한 것이다.

此 事件에 對한 調査를 할 때의 同官이든 羅愚 等은 말하기를, "우리는 韓某가 用錢如水함과 怪狀한 行動은 十에 八九分 偵探이라고 推測한지 已久이나 確實한 證據를 못 엇고, 但只 疑心으로만 先生께 報告하엿다는 도로여 先生께 同志 疑心한다는 責妄이나 受할 것임으로 緘口하엿다"는 것이다.

그 後 韓泰奎는 監獄 重囚들과 갗이 破獄을 共謀하여 陽曆 一月 一日 早朝에 擧事키로 決定하고, 佛 獄官의게 密告하여, 正刻〔파옥이 정해진 시간〕에 看守들이 擔銃 戒備 中에 各獄 房門이 一時에 開하며 刀·棒·石灰〔석탄石炭〕를 가진 囚犯들이 나오는 대로 放槍〔방포放炮〕하여 八名의 囚犯이 卽死 後에, 其他는 不敢動하여 獄亂은 鎭定되고, 裁判時에 泰奎가 八人 柩首〔관머리〕에 立하여 證人으로 出廷하드라는 말을 들을 때에, 그런 惡漢을 絶對 信任하든 自我는 世上에 擧頭키 不能한 自愧心으로 無雙한 苦悶으로 지내는데, 一日은 泰奎의 書信이 왓기로 본즉, "監獄囚로 同苦 獄友를 八名이나 殘害하고, 佛蘭西 獄官이 大功으로 認하여 特典으로 放送되엿으니, 前罪를 容恕하고 使用하기를 願한다" 하엿으나, 내의 回答이 없음을 보고 怯이 낫든지, 歸國하여 平壤에서 小賣商으로 도라다니드라는 消息을 들엇다.

사상 갈등과 좌우 분열

上海에 우리 時局으로 論하면, 己未年〔1919년〕 卽 大韓民國 元年에는 國內 國外가 一致하여 民族運動으로만 進展되엇으나, 世界 思潮가 漸次 封建이니 社會이니 複雜化됨을 따라, 우리 單純하든 運動界에서도 思想이 分枝되고, 따라 陰으로 陽으로 鬪爭이 開始되는 데는 臨時政府 職員 中으로 共産主義이니 民族主義이니(民族主義는 世界가 規定하는 自己 民族만 强化하여 他民族을 壓迫하는 主義가 아니고, 우리 韓國 民族도 獨立 自由하야 다른 民族과 가튼 完全 幸福을 享有하자 함)의 分派的 衝突이 激烈하여진다.

甚至於 政府 國務院에서도 大統領과 各部 總長에도 或은 民主主義 或은 共産主義로 各走其是하니, 擧其大者하면 國務總理 李東輝는 共産 革命을 부르짓고, 大統領 李承晩은 떼목그라시〔Democracy〕를 主倡하야, 國務會議 席上에서도 意見 不一致로 種種 爭論이 起하여 國是가 서지 못하야, 政府 內部에 奇怪한 現狀이 層生疊出하니, 例하면 國務會議에서 俄羅〔러시아〕 代表를 呂運亨·安恭根·韓亨權 三人을 選派키로 決定하고 旅費를 辦出하는 中에, 金錢이 入手됨을 보고 李東輝는 自己 心腹인 韓亨權을 秘密 先派하여 西伯利亞〔시베리아〕를 通過한 後에야 公開한즉, 政府나 社會에 物議가 紛紜하엿다.

李東輝(號 誠齋인데, 海蔘尉〔블라디보스톡〕에서 姓名을 變하여 大自由

라고 行世하든 일도 있다고 한다.) 어느날 李 總理는 내의게 公園 散步를 請하기로 同伴하엿드니, 李氏는 從容히 自己를 도와달나는 말을 한다. 나는 좀 不快한 생각이 난다. 나는 이갖이 대답하엿다.

"弟가 警務局長으로 總理를 保護하는 터에 무슨 職責上으로 잘못된 일이 있음니까."

李氏는 搖手〔손사래치며〕 曰, "否否라, 大底〔大抵〕 革命은 流血의 事業이니 어느 民族에나 大事인데, 現下 우리 獨立運動은 民主主義인즉 이대로 獨立을 한 後에 도다시 共産革命을 하게 되니, 두 번 流血은 우리 民族에 大不幸인즉, 저그니〔적은이, 동생〕도 나와 갖이 共産革命을 하자는 要求이니, 於意에 如何오."

나는 反問하엿다.

"우리가 共産革命을 하는 데는 第三 國際黨〔코민테른〕에 指揮 命令을 밧지 안코 우리가 獨自立的으로 共産革命을 할 수 있음니까."

李氏 搖頭 曰 "不可能이오."

나는 強硬한 語調로, "우리 獨立運動은 우리 韓族의 獨自性을 떠나서 어느 第三者의 指導 命令의 支配를 受함은 自存性을 喪失하고 依存性 運動이니, 先生은 우리 臨時政府 憲章에 違背되는 말을 하심이 大不可하고, 弟는 先生 指導를 應從할 수 없으며, 先生의 自重을 敬〔警〕告함니다"하엿드니, 李氏는 不滿의 顔色으로 各散하엿다.

4-1　　李氏가 密派한 韓亨權은 單身으로 西伯利亞에 到着하여 俄官吏의게 來俄의 使命을 傳達한즉, 俄官은 直時〔즉시〕 莫斯科〔모스크바〕 政府에 報告한 結果, 俄 政府에서 韓國 代表를 歡迎하니 沿路 韓人을 動員싀여 韓이 到着하는 停車場에마다 韓人 男女들은 太極旗를 手持하고 臨時政府 代表를 熱熱 歡迎하엿고, 及其 莫斯科에 到着한즉 俄國 最高領 네린〔레닌〕 씨가 親迎하여 韓의게 "獨立 資金을 幾何를 要하느냐" 問할 時에, 率口而

出노〔입에서 나오는 대로〕"二百萬 루푸〔루불〕"를 要하엿다.

레린은 우스면서, "日本을 對抗하는데 二百萬으로 될 수 있는가."

韓은 말하기를, "本國과 美國에 있는 同胞들이 資金을 調達한다" 한즉 레린은 말하기를, "自己 民族이 自己 事業하는 것은 當然하다" 하고, 直時 二百萬 現金錢을 俄 外交部에 命令 支發케 하엿으나, 金塊 運搬을 試驗的으로 第一次 四十萬元을 韓亨權이 携帶하고 西伯利亞에 到着할 時期를 맞오아, 李東輝는 秘書長 金立을 密派하여 韓亨權을 慫恿종용〔慫慂〕하여 該 金塊를 臨時政府에 受納치 안코, 金立은 該 金錢으로 北間島 自己 食口들 爲하여 土地를 買하여, 所謂 共産運動者라는 韓人 中國人 印度人에게 幾許〔얼마〕를 支給하고, 自己는 上海에 秘密 潛伏하여 廣東 女子를 作妾하여 享樂하는지라.

臨時政府에서는 李東輝의게 問罪케 된즉, 李氏는 總理의 職을 辭免하고 俄國으로 逃從〔도주〕하엿고, 韓亨權은 다시 俄京〔모스크바〕에 가서 "統一運動을 하겟다"는 理由를 說明하고 다시 二十萬 루푸를 갖이고 上海에 潛入하야, 共産黨徒들에게 金力을 散給하여, 所謂 國民代表大會를 召集하는데는 韓人 共産黨에〔-이〕 三派로 分立하엿으니, 上海에서 設立한 것은 曰 上海派니 其 首頭은 李東輝이며, 曰 일꾸쓰크〔이르쿠츠크〕니 其 首頭은 安秉贊 呂運亨 等이고, 日本서 工夫하든 留學生들노서 日本서 組織된 것은 曰 엠엘〔ML: 맑스·레닌〕派니 日人 福本和夫〔후쿠모토 카즈오〕와 金俊淵 等을 首頭한 것인데 上海서는 勢力이 微弱하나 滿洲서는 猛烈한 活動을 하엿고, 應有盡有로〔있을 것은 다 있어〕李乙奎 李丁奎 兄弟와 柳子明 等은 無政府主義를 信奉하여 上海 天津 等地에서 活動이 猛烈하엿다.

上海서 開催한 國民代表會는 雜種會래야 可하니, 日本·朝鮮·中國·俄國 等 各處 韓人 團體의 代表라는 形形色色의 名稱으로 二百餘 代表가 會集하엿는데, 其中에는 尼市〔이르쿠츠크〕·上海 兩派 共黨이 서로 競爭的

으로 民族主義者인 代表들을 分裂싴여, 兩派 共黨이 囉攏나롱[拉攏]하야[끌어들여], 尼市派는 創造, 上海派는 改造를 主張하엿나니, 所謂 創造는 現 臨時政府를 取消하고 새로 政府 組織을 하자는 것이고, 改造派는 現政府 改造를 主張하다가, 畢竟은 歸一되지 못하여 該會[국민대표회]가 分裂되여, 創造派에서는 韓國政府를 組織하고 該 政府 外務總長인 金奎植은 所爲 韓國政府를 꾸을고 海蔘尉까지 가서 俄國에 出品하다가, 俄國이 置之不理[방치]함으로 計不入量[계책이 들어맞지 않음]되엿다.

國民代表大會가 兩派 共黨이 互相 鬪爭하여 純眞한 獨立運動者들까지도 兩派 共黨의게 分立하여, 或은 創造 或은 改造로 全體가 搖亂케됨으로, 나는 當時 內務總長의 職權으로 國民代表大會의 解散令을 發하여, 時局은 安定되엿[다.] 政府의 公金橫領犯 金立은 吳冕植 盧宗均 等 靑年의게 銃殺을 當하니, 人心은 稱快[18]되더라. 臨時政府에서는 韓亨權의 俄國 代表를 罷免하고 安恭根을 駐俄 代表로 派送하엿으나 別效果가 없엇고, 俄國과의 外交 關係는 從此 斷絶되엿다.

上海에서는 共產黨들의 運動이 國民大會에서 失敗된 後에도, 統一의 美名으로 不絶히 民族運動者들을 慫慂종용[慫慂]하여, 共黨 靑年들이 依然히 兩派로 分立하여 同一한 目的 同一한 名稱, 在中國[韓人]靑年同盟과 住中國[韓人]靑年同盟이 各其 上海 우리 靑年들을 爭奪하여, 처음 主張이든 "獨立運動을 共產運動化하자"고 絶叫하다가, 레린의 共產黨人들의 發論하기를 "殖民地 運動은 復國運動이 社會運動보다 捷徑[먼저]"이라는 말에 따라, 어제까지 民族運動 卽 復國運動을 非難 嘲笑하든 共產黨員들이 卒變하여 獨立運動 民族運動을 共產黨是로 主倡하는데, 民族主義者들은 自然 贊同되여 唯一獨立黨促成會를 成立하엿는데, 內部에 依然히 兩派

18　칭쾌(稱快)는 '통쾌하게 생각하다'("人民稱快", 『삼국연의』).

共黨이 權利爭奪戰이 明으로 暗으로 對立이 되여, 一步 難進임으로 民族運動者들도 次次 覺悟가 생기여, 共黨 欺騙기편[欺瞞]의 需用에 應치 아음을 알고, 共黨의 陰謀로 解散되엿다.

그 後[1930년 1월]에 韓國獨立黨이 組織되니 純全한 民族主義者 李東寧, 安昌浩, 趙琬九, 李裕弼, 車利錫, 金朋濬, 金九, 宋秉祚 等 主腦로 創立되엿스니, 從次로[이로써] 民族運動者와 共産運動者가 組織을 따로 가지게 되엿다. 共産黨들은 上海의 民族運動者들이 自己의 手段에 弄絡농락이 되지 아음[않음]을 覺悟하고, 南北 滿洲로 進出하야서는 上海의 活動보다 十層 百層이 더 猛烈하엿다. 李尙龍[李相龍]의 子孫은 殺父會까지 組織이 잇서다[있었다]. 殺父會의서도 體面을 보앗는지 會員이 直接 自手로 아비을 죽이는 것시 아니라, 너는 내 아비를 죽이고 나는 네 아비을 죽이는 規則이라 한다.

南北滿洲의 獨立運動 團體로 正義部 新民部 參議部 外에 南軍政署 北軍政署 等 各 機關에 共産黨이 侵入하야 各 機關을 餘地업시 破毁파훼하고 人命을 殺害하니, 白狂雲·鄭一雨·金佐鎭·金奎植[19] 等 우리 運動界애 없지 못할 健將들을 다 喪失하엿고, 그로 因하여 內外地 同胞의 獨立思想이 날노 減殺되고, 禍不單行으로 東三省[요녕성·길림성·흑룡강성]에 王이라 할 張作霖과 日本과의 協定[미쓰야 협약三矢協約][20]이 成立되여, 獨立運

---

19 여기서 언급한 김규식(金奎植, 1880~1931)은 임정 부주석 김규식과는 동명이인이다. 그는 경기도 출신의 독립운동가로 1907년 군대 해산 후 의병운동에 참여하였고, 그 후 일본 경찰에 체포되어 옥고를 치렀다. 1919년 북로군정서 사단장에 임명되어 이듬해 청산리전투에서 전과를 올렸다. 대한독립군당 총사령관, 고려혁명군 총사령관을 역임하였으며 1931년 공산당원에게 피살되었다.
20 미쓰야 협약(三矢協約)은 1925년 6월 조선총독부 경무국장 미쓰야 미야마쓰(三矢宮松)와 만주군벌 장쮀린(張作霖) 휘하의 봉천성 경무국장 위전(于珍)이 체결한 「한인(韓人) 취체(取締)에 관한 쌍방협정」으로, 일명 '미쓰야 협약'이라 한다. 핵심은 만주 지역 한인의 호구를 재조사하고, 독립운동 단체의 무장을 금지하며, 국내 진공 작전을 전개하면 중국 관리가 체포해 조선총독부에 인계한다는 것이다.

動하는 韓人은 잪히는 대로 倭의게 引渡하고, 甚至於 中國 百姓들이 韓人 一名의 首級을 버혀[베어] 가지고 倭놈 領事館에 가면 幾十元 乃至 三四式 밧고 팔엇다.

何必 中國 百姓이랴. 그곧 우리 韓人들도 처음은 아모리 中國 境內에 居住하나 家家戶戶에서 每年에 우리 獨立運動 機關이 正義部나 新民部에 納稅를 恪勤히 하여 오든 順民들도, 우리 武裝隊伍에게 淫威와 侵漁를 當하고 漸次 反應[반발反撥]되여 獨立軍이 自家 自洞에 到來하면 秘密이 倭놈의게 告發하는 惡風이 起하며, 獨運者들도 漸次 倭의게 投降의 風도 起하고 보니, 東三省의 運動 根據는 自然 薄弱하여지쟈, 倭놈의 卵翌 난익[卵翼: 비호] 下에 [1932년 3월 1일] 滿洲帝國이 産生되니, 滿洲는 第二朝鮮이 되여 버리엇다. 이 얼마나 傷痛한 事인가.

東三省 正義·新民·參議部의 臨時政府와의 關係는 如何하엿든가. 臨時政府가 처음 組織될 時는 最高 機關으로 認定으로 推戴를 하엿으나, 乃終[나중]에는 漸漸 割據化하야 軍政 民政을 [統義 新民 參議] 三部에서도 合作을 아니하는 反面에 地盤을 다토와 彼此 戰爭을 하기까지 하엿다. '自侮而後에 人이 侮之'[21] 함이 此를 指한 格言이로다.

情勢로 말하면 東三省 方面에 우리 獨立軍이 벌서 影絶되엿을 터이나, 三十餘年(獨立宣言 以前에 近十年 新興學校 時代부터 武裝隊가 있엇다.)인 今日까지, 오히려 金一聲[22] 等 武裝部隊가 依然히 山岳 地帶를 依據하고 鴨綠 豆滿을 越하여 倭兵과 戰爭되는 데는, 中國 義勇軍과도 聯合作戰을 하며 俄國의 後援도 받아서 現狀을 維持하는 情勢이고, 關內 臨時政府 方面과의 連絡은 極히 困難하게 되엿다.

5-1

21　『맹자』「이루 상」(離婁上)의 "人必自侮, 然後人侮"(스스로를 업신여기면 다른 사람도 그를 업신여긴다)에서 유래한다.
22　'金一聲'은 '金日成'이다. 해제 참조.

從前 統義·新民·參議 三部 中 參議部가 臨時政府를 始終 擁戴하다가, 最後에 三部가 統一하여 正義部로 되자 自相踐踏〔서로 짓밟음〕으로 終幕이 되는 데는, 共黨과 民黨의 衝突이 重要 原因이엿다. 그리하여 共이나 民의 末路는 같은 運命으로 歸決〔歸結〕되엿다.

國務領, 國務委員

上海 情勢도 大約 兩敗俱喪〔같이 망함〕이나, 臨時政府와 韓國獨立黨으로 民族陣線의 殘骸만은 남앗다. 그러나 臨時政府가 人才도 極難하고 經濟도 極艱하여, 政府 制度도 大統領 李承晩이 替任되고 朴殷植이 就任하여, 大統領 制度를 變更하여 國務領制로 되여, 第一回에 李尚龍〔李相龍〕이 就任次로 西間島로부터 上海에 來到하여 人才를 物選〔물색物色〕하다가 入閣 志願者가 없음으로 도로 間島로 歸去하고, 其次에 洪冕熙를 選擧하여 鎭江에서 上海로 와 갖이고 就任한 後에 組閣에 着手하엿으나 亦是 應하는 人物이 없음으로 失敗되엿다.

그런즉 臨時政府는 마츰내 無政府 狀態에 陷하엿다. 議政院에서 一大問題가 되엿다. 議長 李東寧 先生이 내게 와서 國務領으로 組閣하라는 말노 强勸하거늘 나는 辭讓하엿다.

議長은 다시 强勸하기로 兩個 理由를 갖이고 固辭하엿다. (一)은, 나는 海州 西村 金 尊位의 아들노서 政府가 아모리 菊〔獨〕形 時期일지라 하여도 一國에 元首가 되는 것은 國家 民族에 威信의 큰 關係가 된즉 不可하고, (二)는, 李 洪 兩氏도 應하는 人才가 없어 失敗하엿거늘 나는 더욱 應할 人物이 없을 터이니, 以上 兩個 理由로 遵命치 못할 旨를 言明한즉, 李氏〔이동녕〕 曰, "第一은 理由 될 것도 없고, 第二는 白凡 곧 出山〔출사出

仕]하면 志願者들이 있은즉, 快히 應諾하면 議政院에 手續을 經過하고 組
閣하여 無政府 狀態를 免케 하라"는 勸告에 應하야, 國務領으로 就任 組
閣하니, 尹琦燮·吳永善·金甲·金澈·李圭洪 等이엿다.[23]

組閣의 困難이 甚한 것을 加減하여 國務領制를 改定하여 委員制로
議政院에서 通過되엿으니, 國務會議 主席 名色이 있으나 開會 時에 主席
할 뿐으로 各 委員이 替番할 따름이오 平等 權利인즉, 從此로 政府의 糾
紛은 停息되나, 따라서 經濟的으로 政府 名義라도 維持할 道가 漠然하
다.

廳舍 家屋 稅金이 不過 三十元, 雇人 月給이 未滿 二十元이나, 房金
[가옥 세금] 問題로 房主의 訴訟을 種種 當하고, 他 委員은 거의 家眷[가족]
이 있으나, 나도 民國 六年[1924년]에 喪妻하고 七年[1925년]에 母親께서
信兒를 다리고 故國으로 도라가시고 上海는 나 혼지 仁兒를 따리고 지내
다가, 母親의 命令의 依하여 仁兒까지 本國으로 보내고, 形影相從으로 宿
事는 政廳에서, 食事는 職業을 갖인 同胞들의 집(電車公司와 公共汽車公
司 査票員이 六七十名이더라.)에 다니며 乞食하고 지내니, 거지는 上等
거지다.

내의 處地를 아는 故로 누구나 嗟來食[24]으로 대접하는 同胞는 없엇
고, 曹奉吉·李春泰·羅愚·秦熙昌·金毅漢 等은 親切한 同志들이니 더 할
말이 없고, 其他 同胞들도 同情的으로 대접을 받엇다. 嚴恒燮 君은 有志
靑年으로 之江大學 中學을 畢業 後에, 自家 生活보다도 石吾(李東寧 先
生의 名號) 先生과 나 같은 衣食 末由한 運動者를 救濟키 爲하야 佛 工
務局에 就職을 하엿나니, 그는 月給을 받아 우리를 食供하는 外에, 倭 領

23 1926년 12월 10일 임시의정원에서 백범을 국무령에 선출하였고, 12월 13일 백범이 국무령에
취임하였으며, 12월 16일 조각을 완료하였다.
24 차래식(嗟來食)은 "야! 이리 와서 먹어"(嗟來食) 하며 업신여기며 주는 음식이다.

事의 우리를 交涉 逮捕하는 事件을 探避〔탐지하여 피하게〕[25]함과, 우리 同胞 中에 犯罪者가 잇을 時에 便利를 圖키 爲한 兩個 目的이엇다. 嚴君의 初室 林氏는 舊式 婦人인데, 내가 自己 집에를 갓다가 나올 때는 門外에 나와 餞送할 時는 아기 한 개도 못 나은〔낳은〕 아가씨로서, 銀錢을 一二個式 내의 손에다 쥐어 주며 "애기(仁兒) 沙糖이나 사 주서요"하엿으니, 그것은 自己 男便이 尊敬하는 老輩로 親切히 待接하엿는데, 그이는 初産에 一女를 解産하고 不幸이 死亡하야 盧家灣 墓地에 埋葬하엿는데, 나는 그이에 묻엄을 볼 적마다 嚴君이 能力이 不足하면 내라도 能力이 생기면 紀念墓碑나 세우리라 留念을 하든 것이나, 及其 上海를 退出할 時는 그맛〔그만한〕 能力이 나는 넉넉하엿지만은 環境이 惡劣하여 그맛것도〔그것마저〕不如意되여, 이 글을 쓰는 今日에도 盧家灣 工務局 公同墓地 林氏 묻엄이 眼中에 影寫된다.

當時 내의 要務가 무엇이엿든가를 追考할진댄 다시 其時 環境이 엇든 것을 말한다. 元年으로 三四年을 지내고 보니 當時에는 熱烈하든 獨立運動者들이 한 개식 두 개식 왜놈의게 投降하고 歸國하는 者, 臨時政府 軍務次長 金義善과 獨立新聞社 主筆인 李光洙, 議政院 副議長 鄭仁果輩로 爲始하야 漸漸 其數가 增加되고, 他一方으로는 政府 密派로 歸國하여, 政治로는 聯通制를 實施하여 秘密 組織으로 京城에 總辦部를 置하고 十三道에 督辦을 置하고, 各郡에 郡監, 各面에 面監, 以上 各 主務長官들을 臨時政府에서 任命하여 裏面으로는 全國을 統活하든 것이며, 人民이 秘密 納稅도 誠心으로 하여 上海 臨時政府 威信이 볼만치 發揚光大〔크게 발전〕하엿으나, 咸南으로부터 聯通制가 倭의게 發覺되자 各道가 破壞되엿으니, 秘密 使命을 가지고 갓다가 被捕된 者 不知其數이고, 初也에는 熱

6

---

25 《원》에서는 해독이 어려우나, 《필》(『전집』 2권 333면)에 의하면 "探避"이다.

誠으로 大志를 품고 上海로 來한 靑年들도 漸漸 經濟難으로 就職 或 行商으로 因하여, 上海 우리 獨立運動者가 千餘名이든 것이[26] 次次 其數가 減하여 數十名의 不過하니, 最高 機關인 臨時政府의 現狀으로 足히 測할 수 있다.

나는 最初에는 政府 門 把守로 請願을 하엿으나, 畢竟은 勞動總辦으로 內務總長으로 國務領으로 〔國務〕委員으로 主席으로, 重任은 擧皆 歷任한 것이 門 把守 資格이 進步가 된 것이 아니라, 臨時政府가 人才難 經濟難이 極度에 達하여, 맞이〔마치〕 名譽가 錚錚하든 人家가 沒落되고 高大廣室에〔이〕 乞人의 巢窟이 된 것과 恰似하다.

當年에 李 大統領이 就任 視務할 적에는 中國 人士는 勿論이고, 深目高準〔깊은 눈 높은 코〕의 英·佛·美 親舊들도 더러 訪問을 하든 臨時政府에는, 洋人이라고는 工務局 佛國 巡捕가 倭놈을 帶同하고 사람을 잡으려 오거나 稅金 督促이나 오는 外에는, 西洋人 叢中〔무리 중〕에 살지만은 西洋人 親舊는 한 개도 來訪者가 없엇다.

그러치만은 每年 크리맛쓰〔크리스마스〕에는 至少〔적어도〕 數百元의 物品을 사서, 佛 領事와 工務局과 洋人 從前 親舊들의게는 엇더한 困難 中이라도 十四年 동안 年中行事이니, 此는 우리 臨時政府가 存在한 表跡을 그들의게 認識식이는 方法에 不過한 것이다.

李奉昌 東京의거

나는 한 가지 硏究 實行한 一種 事務가 있으니, 곧 편지 政策이다. 四

26 원문에는 "것이 것이"로 중복되어 있다.

面을 도라보아도 政府 事業 發展은 姑舍하고 名義라도 保全할 道理가 없는데, 臨時政府가 海外에 있으니맞이〔-만큼〕海外 僑胞를 依賴할 수밧게 없는데, 東三省이 第一位로 二百五十餘萬名이 있으나 本國과 갖이 〔일제의 식민지가〕되엿고, 俄領이 第二位로 一百五十餘萬名이나 共産國家라 民族運動을 禁止하니 그곧 同胞들의게 依賴키 不能하고, 第三位 日本에 四五十萬名이 居住하나 依賴할 것 없고, 美·黙〔멕시코〕·큐〔쿠바〕에 第四位로 萬有餘名인데 그들 大多數가 勞動者나 愛國心이 極富한 것은 그곧에 徐載弼 博士, 李承晩 博士, 安昌浩, 朴容萬 等의 訓陶를 받엇음으로, 그곧 同胞들의게 事情을 通하여 政府에 獻誠케 할 計劃을 定하엿으나, 나는 英文에 文盲이라 皮封도 쓸 수 없고, 同胞들 中에 幾個 親知가 있으나 住所도 알 수 없음으로, 嚴恒燮 安恭根 들의 助力으로 그곧에 住所 姓名 幾人을 知得하여 갖이고, 臨時政府의 現狀을 極盡 說明하고 同情을 求하는 편지를 쓰어서 嚴君이나 安君의게 皮封을 써서 郵送하는 것이 唯一의 事務라.

受信人이 없어 返還도 되지'만은 大槪는 回答하는 同胞들이 漸增한 中에 芝哥古〔시카고〕金慶〔본명은 김병준金炳俊〕같은 이니는〔이는〕'房金〔방세〕을 주지 못하여 政府 門을 닷치게 되엿다'는 報道를 보고 卽時 共同會를 召集하고 美金 二百餘元을 受捐付送한 일도 있는데, 金慶 氏 亦是 一面 不知이나 愛國心으로 이와 같은 義擧를 한 것이다.

美〔미국〕·包〔하와이〕·墨〔멕시코〕·큐〔쿠바〕同胞들이 이 같은 愛國心으로 엇이하여 政府의 獻誠이 疎忽하엿든가. 달음이 아니라, 政府에서 一年에도 幾次式 閣員이 變更되고 憲法도 자죠 變更되는 데 따라 政府 威信이 墜落된 原因이고, 또는 政府 事情을 자조 알게도 하지 안어서 同胞들이 政府를 不信任하엿든 것이다. 그러다가 내의 通信이 眞實性이 있는 데서 漸次 信念이 생기기 始作하여, 하와이 安昌鎬〔도산 안창호와는 동명이인〕,

加哇伊〔카우아이: 하와이 제도에서 네 번째로 큰 섬〕玄楯·金商鎬·李鴻基·林成雨·朴鍾秀·文寅華·趙炳堯·金鉉九·安源奎·黃仁煥·金潤培·朴信愛·沈永倍〔信〕等 諸氏가 나와 政府에 精誠을 쓰기 始作하고, 桑港〔샌프란시스코〕『新韓民報』方面도 漸次 政府에 向心이 생기는 데는 金乎·李鍾昭·洪焉·韓始大·宋宗翊·崔鎭河·宋憲澍·白一圭 等 諸氏와, 墨西哥〔멕시코〕에 金基昶·李鍾旿, 큐바에 林千澤·黃昌河·朴昌雲 等 諸氏가 臨時政府에 後援하며, 〔하와이의〕同志會 方面에 李承晩 博士로 爲首하야 李元淳·孫德仁·安賢卿 諸氏도 政府 應援에 參加하니, 美·包·墨·큐 韓僑는 全部가 政府 維持 發展에 共同 責任을 지게 된다.

하와이 安昌鎬·林成雨 等 諸氏가 편지로 뭇기를, "당신이 政府를 직이고 있는 것은 감사하나, 당신 생각에 무슨 事業을 하야 우리 民族에 큰 生色될 것을 하고 싶은데 거긔 쓸 金錢이 문데〔문제〕된다면 주선하겟다"는 것이다.

나는 回答하기를, "무슨 事業을 하겟다고 말할 必要는 없으나 간절히 하고 싶은 일이 있으니, 從容히 金錢을 鳩聚하엿다가 보내라는 通知가 잇을 때에 보내라" 하엿드니, "그리하마"는 承諾이 있다.

나는 其時부터 民族의 生色될 일이 무엇이며, 내가 그런 일을 할 수 있을가 硏究하든 때라. 나는 財務部長이며서 民團長을 兼任하든 때라. 하로는 一個 中年 同胞가 民團을 차저왓다.

"日本서 勞動을 하다 獨立運動이 하고 싶어 上海에 假政府가(日人이 指稱하기를 가정부) 있다기로 日前에 上海로 와서 다니다가, 電車 査票員의게 무러서 普慶里 四號로 가라기로 차자왓음니다."

根本 京城 龍山 居生이고 姓名은 李奉昌이라 한다.

"上海에 獨立政府가 잇으나 運動者들을 아즉 衣之食之할 力量이 없으니 所持 金錢이 있음니까."

李氏 曰, "現今 所持金은 旅費하고 남은 것이 不過 十餘元임니다."

"그리면 生活 問題가 엇지할 辦法이 있오."

李 曰, "그런 것은 근심이 없음니다. 나는 鐵工場에서 作業을 할 수 있은즉, 勞動을 하면서는 獨立運動을 못함니까."

내 말은, "日力[낮]이 盡하엿으니 近處 旅館에 가서 明日 다시 니야기 합시다" 하고, 民團 事務員 金東宇드러 旅館을 잡아 주라 하엿는데, [이봉창의] 言語가 折半은 日語이고 動作이 日人과 恰似한즉, 特別히 調査할 必要가 있다.

數日 後 民團 廚房에서 民團 職員들과 自己가 酒麵을 사다가 갖이 먹으며 酒至半酣[半醉]에 民團 職員들과 酒談하는 말소리가 門外에 流出하는 말을 側聞한즉, 李氏는 이런 말을 한다.

"당신들 獨立運動을 한다면서 日本 天皇을 웨 못 죽임니까."

民團員들 대답은, "一個 文武官도 容易히 죽이지 못한데 天皇을 죽이기가 쉽겟소."

李 曰, "내가 去年에 東京에 天皇이 陵行한다고 行人을 匍匐하라고 하기에 업듸려서 생각하기를, 내게 至今 暴發彈이 있다 하면 容易하지 안켓는가 하엿음니다."

나는 젊은이들 飮酒하는 廚房으로 흘너 나오는 李氏의 말을 留心히 듯고, 夕間에 李氏 旅舍를 從容 訪問하엿다. 李氏와 肝膽[속마음]을 披瀝하여 心中事를 討盡하엿다. 李氏는 果是 義氣男子로 日本에서 上海로 渡來할 時에 殺身成仁할 大決心을 가슴에 품고 臨時政府를 차자온 거시다.

李氏는 이런 말을 한다.

"제 나희가 三十一歲임니다. 이 앞으로 다시 三十一歲를 더 산다 하여도 過去 半生 生活에[의] 放浪 生活²⁷을 맛본 것의 비한다면 늙은 생활이 무슨 趣味가 있겟음니까. 人生의 目的이 快樂이라 하면 三十一年 동안 肉身으로는 人生 快樂을 대강 맛보왓으니, 이제는 永遠 快樂을 圖키 爲하여 우리 獨立 事業에 獻身을 目的하고 上海로 왓읍니다."

나는 李氏의 偉大한 人生觀을 보고 感淚盈眶을 不禁하엿다. 李奉昌 先生은 恭敬하는 意志로 國事에 獻身할 指導를 請한다. 나는 快諾하엿다.

"一年 以內에 君의 行動의 對한 準備를 할 터인데, 至今 우리 政府에 經用이 窘絀궁출〔窘拙: 궁색〕하여 君을 接濟키 不能하고, 君의 將來 行動에 對하여 우리 機關 갓가이〔가까이〕 있는 것이 不便하니 何以則可乎아."

李 曰, "그러시다면 더욱 좋습니다. 제가 自幼時로 日語에 嫻熟〔능숙〕함으로 日本서 지낼 때에 日人의 養子가 되여 姓名을 木下昌藏〔기노시타 쇼조〕이리〔라〕 行世하엿고, 今番 上海 오는 途中에도 李奉昌 本姓名을 쓰지 안엇으니, 弟가 日人으로 行世하고, 準備하실 동안은 弟가 鐵工을 할 줄 안즉 日人의 鐵工場에 就職하면 高俸을 받을 수 잇읍니다."

나는 大贊成하고 우리 機關이나 우리 사람들과의 來往 交際를 頻繁히 말고 純全히 日人으로 行世하고, 每月 一次式 夜半에 來顧〔來告〕하라고 注意싴여 虹口로 出發하엿다. 數日 後에 來告하기를 日人 鐵工場에서 每月 八十元 月給으로 就職하엿다 한다.

그 후부터는 종종 民團 事務室에 와서 술과 고기, 국수를 사 가지고 와서 民團 職員들과 술을 마시고, 醉하면 日本 노래를 流暢하게 하며 豪放하게 노는 故로 別名을 '日本令監'이라 하게 되고, 어느 날은 日人 行色 하오리〔羽織: 기모노 위에 걸쳐 입는 겉옷〕에 게다〔왜나막신〕를 신고 政府 門을 드러시다가 中國 下人의게 驅逐을 當한 일도 있다.

---

27 방랑 생활 뒤로 "의 趣味만 못할 터인즉"을 삭제했다. 수정 전후 뜻은 대동소이하며,《필》이전에 수정한 것이다. 나이도 "三十"에서 "三十一"로 수정하였다. 해제 참조.

그리하야 李東寧 先生의게와 다른 國務員들의게 "韓人인지 日人인지 判斷키 難한 疑嫌 人物을 政府 門內에 出入케 함이 職守에 疏忽하다"는 꾸지람이 있는 데 對하여는, "調査 研究하는 事件이 있다"고 말을 한즉, 强硬한 責備[책망]는 못하나 여러 同志들이 不快한 생각은 一般이엿드니라.

時間은 그럭저럭 一年이 近하여 온다. 美·包에 通信은 아즉 航空이 通치 못하는 時라 往復에는 거의 兩個月이 걸니는 때라, 하와이에서 名目을 定한 金額 幾百 美金[미국 달러]이 來匯되엿다. 나는 그 돈을 받아서 거지 服色인 衣岾 中에 隱藏하고 乞食 生活은 그대로 繼續하나니, 내의 襤褸 속에 千有餘 元의 金錢이 있을 것은 나 一個人 外에는 아는 사람이 없엇드니라.

此歲[1931년] 十二月 中旬[13일]이라, 나는 李奉昌 先生을 秘密이 法租界 中興旅舍로 招來하여 同宿하며, 日本行의 對한 諸般 問題를 商議하엿다. 나는 金錢을 準備하는 外에 爆彈도 準備하엿다. 王雄[김홍일金弘壹]으로는 兵工廠에서, 金鉉으로 河南省 劉峙[중국 국민당 장군] 方面에서, [내가] 一二個의 手榴彈을 어더서 藏置하엿드니라. 手榴彈은 兩個를 携帶케 하는데, 한 개는 日 天皇을 炸殺하고 한 개는 自殺用으로 定하고 使用法과, 萬一 自殺이 不成功되는 時 被捕되면 訊問의 應할 語辭를 指示하고, 翌朝에 懷中으로 紙幣 一塊를 꺼내여 주고 日本行 準備를 다하여 노코 다시 오라고 作別하엿다.

二日 後[1931년 12월 15일]에 다시 와서 中興旅舍에서 最後 一夜를 共宿하는 때에 李氏는 이런 말을 한다.

"그젓게 제가 先生께서 弊破 衣袋 中에서 多額의 金錢을 꺼내여 주시는 것을 받아 가지고 갈 때의 눈물이 나더이다. 웨 그런고 하니 弟가 日前에 民團 事務室에 가 본즉 職員들이 밥을 굶는 모양이기로 弟가 돈을 내여 국수를 사다가 같이 먹은 일이 있는데, 前夜 共宿하시면서 하시는 말씀은 一種 訓話로 들엇는데, 作別하시며 생각도 못한 돈뭉치를 주시니 法租界에 一步地의 出脚을 못하시는 先生이, 내가 이 돈을 가지가서 내대로 쓰면 先生이 돈을 찾으러 못 오실 터이지요. 果是 英雄의 度量이로다. 내의 一生의 이런 信任을 받은 것은 先生께 처음이오 막음[마그막: 마지막]임니다."

그 길노 安恭根 집에 가서 宣誓式을 行하고 爆彈 兩個를 주고 다시 三百元을 주고, "先生은 막음[마지막] 가시는 길이니 이 돈은 東京 가시기까지 다 쓰시고, 東京 到着 卽時로 電報하시면 다시 送金하오리다." 그리고 寫眞館으로 가서 紀念 寫眞을 직힐 때의 나의 面上에는 自然 懷然한 氣色이 있든지 李氏는 나를 勸한다. "나는 永遠 快樂을 享코저 이 길을 떠나는 터이니, 우리 兩人이 喜悅한 顔色을 띄고 寫眞을 하십시다."

7-1   나 亦是 微笑를 띄고 寫眞한 것이다.

[1931년 12월 17일] 汽車[자동차]의 乘座한 李奉昌은 머리 숙여 最後 敬禮를 하고는, 無情한 汽車는 一聲 汽笛의 聲을 發하며 虹口 方面을 向하고 疾走하여 버렷든 거시다.[28]

十餘日 後에 東京 電報를 接한則, "一月 八日에 物品을 放賣하겟다" 하엿다. 二百元을 막음[마지막으로] 붗엇드니 그 후 片紙를 보면, "돈을 밋인[미친] 것처럼 다 써 버려서 主人 食價까지 負債가 있엇는데, 二百元을 받아 다 淸賑하고도 돈이 남겟다" 하엿다.

一年 以前부터 우리 臨時政府에서는 하도 運動界가 沈寂한즉 軍事

---

28 1931년 12월 중순 백범과 이봉창은 세 번 만났다. 12월 13일 안공근의 집에서 선서문을 목에 걸고 찍었고, 이틀 뒤인 15일 백범이 폭탄을 건네주고 하룻밤을 같이 보냈으며, 17일 헤어져 이봉창은 상해에서 고베로 가는 배를 탔다(배경식 풀고보탬, 앞의 책, 501면). 앞 두 번 만남의 구체적인 내용은 『백범일지』의 서술과 약간의 차이가 있다.

工作을 못한다면 테로 工作이라도 하는 것이 絶對 必要한 것은, 倭놈이 中韓 兩民族의 感情을 惡化키 爲하여 所謂 萬寶山事件〔1931년 7월 2일〕을 做出하여, 朝鮮에서 中國人 大虐殺 事件이, 仁川·平讓·京城·元山 等 各 地에서 韓人 無賴輩가 日人의 嗾使〔사주使嗾〕를 받아 가지고 中國人을 逢捷 打殺하며, 〔1931년〕滿洲에서 九一八戰爭을 起하여 中國은 屈辱 講和하엿 는데, 戰爭 時에 韓人 浮浪子로 中國人의게 狐假虎威의 惡行을 極端으로 敢行하엿은즉, 中國人의 無識 階級은 勿論이고 有識 階級 人士도 種種 民族 感情을 말하는 者를 보게 되는 故로 우리는 極히 憂慮하엿다.

그리자 上海서도 馬路〔대로大路〕上에서 中韓 勞動者 間에도 種種 衝 突이 生起이든 때라, 나는 政府 國務會議에서 韓人愛國團을 組織하여 暗 殺 破壞 等 工作을 實行하되, 如何 金錢 如何 人物을 使用하든지 全權 辦 理하되 "成功 失敗에〔의〕 結果는 報告하라"는 特權을 得하여 가지고 第一 着으로 東京事件을 主辦하엿는데, 一月 八日이 臨迫하엿기로 國務員의 게 限하여 經過를 報告하고 "第一 事件이 發生 곧 되면 우리는 좀 困難하 겟다" 하엿드니, 一月 八日〔9일〕新聞에 "李奉昌이 狙擊 日皇 不中"이라 登 載되엿다.

나는 極히 不快하나, 여러 同志들은 나를 위로한다.

"日皇이 卽死한 것만은 못하나 우리 韓人의 精神上으로는 日本의 神 聖不可侵이〔인〕天皇을 죽이엿으며, 이것이 世界萬邦에서 韓人이 日本의 同化되지 안은 것을 確辯으로 證明함이니, 足히 成功으로 算하겟고, 從此 로 白凡은 注意하라"는 부탁을 하엿는데, 果然 翌朝에 佛 工務局에서 秘 密 通知가 있다.

"十餘年 來에 法國의서〔-에서〕金九를 極히 保護하여 왓으나, 이번에 金九가 部下를 보내여 日皇의게 投彈한 事件의 對하여 日本이 반듯〔반드 시〕逮捕 引渡를 照會할 터인즉, 佛蘭西가 日本과 開戰 決心을 하기 前에는 金九를 保護키 不能하다"는 旨를 말한다.

中國에 國民黨 機關報 青島 『民國日報』는 大號 活字로 "韓人 李奉昌이 狙擊, 日皇 不幸不中"이라 하엿드니, 當地 日本 軍警이 民國日報社를 破碎하엿고, 非特 青島라 福州 長沙 其他 許多 地方에서 '不幸不中'의 文字를 揭載한 곧이 많음으로, 此事를 擧하여 中國 政府에 抗議 交涉을 提起함에 各 新聞社는 閉鎖 處分을 하고 了事하엿으나, 日人은 韓人의게 當한 一個 事件으로만은 侵略 戰爭을 開始하기가 不體面이든지, 上海서 日本 僧徒 一名을 中國人이 托殺[打殺]하엿다는 兩個 理由(『日本新語辭典』에서 參照)로 上海 一二八戰爭[1932년]은 開始되엿다.[29]

倭는 開戰中라 그런지 나를 逮捕하기에 甚한 交涉은 없은 모양이다. 그러나 同志들은 安心을 못하고, 食宿을 一定케 말고 晝間은 行動을 休止하고 夜間은 同志 집에나 娼妓 집에서 자고, 食事는 同胞 집으로 가면 簞食壺漿[30]으로 누구나 精誠으로 待接하드라.

中日戰爭[1932년 제1차 상해사변]이 開始된 後에 勇敢히 싸우는 十九路軍 蔡廷楷의 軍隊와 中央軍으로는 第五軍長 張治中이 參戰하여 戰爭이 激烈한데, 閘北[자베이][31]에서는 日兵이 衝火하고 火焰 中에다가 男女老幼를 投入 殘殺하여 慘不忍見에 悲劇이 演出되며, 法租界 內에도 處處에 後方 醫院을 設立하고, 卡車[카차][트럭]에 戰死兵의 屍體와 受傷兵들을 滿載하여 木板 틈으로 赤血이 流出하는 것을 目覩하고 滿腔熱誠으로 敬意

---

29 1932년 1월 18일 중국인 노동자 5명이 일본 일련종(日蓮宗) 승려와 신도를 습격하여 일본인 승려 미즈카미 히데오(水上秀雄)가 피살되었다. 중국인의 습격은 관동군 고급 참모 이타가키 세이시로(板垣征四郎), 일본 공사관 소속 무관인 다나카 류기치(田中隆吉) 등의 음모에 의해, 유명한 남장 여간첩 가와시마 요시코(川島芳子)가 조작한 것이지만, 일본은 이를 핑계로 1월 28일 상해사변을 일으켰다. 중국에서는 '1·28사변', 일본과 한국에서는 '제1차 상해사변'이라 한다.

30 단사호장(簞食壺漿)은 도시락에 담은 밥과 병에 넣은 마실 것을 의미한다. 백성들이 소박한 정성으로 음식을 준비해서 환영하는 것을 의미한다. 출전은 『맹자』 「양혜왕 상」(梁惠王上).

31 자베이는 상해 시내 북쪽 지역으로, 당시 공공조계(公共租界)였다.

를 表하며 淚下如雨한다. 우리도 어느 때나 저와 갖이 倭와 血戰을 本國 江山에 忠血노써 染色을 할 날이 있을가. 눈물이 넘어 흘너서 길에서 보 는 사람들이 殊常하게 볼가 하여 물너 와 버럿다.

尹奉吉 上海의거

東京事件이 世界에 傳播되자 美·包·墨·큐에 우리 同胞 中에도 歷來 로 나를 同情하든 同志들은 極度로 興奮되여 나를 愛護 信任하는 書信이 太平洋 上으로 雪花갗이 날너오며, 其中에는 從來로 臨時政府를 反對하 든 同胞들도 態度를 改變하고 "다시 하고 싶은 일을 하라"고 金錢의 後援 이 더욱 廣範圍로 動하며, "中國 戰事에 伴하여 다시 우리 民族의 生光될 事業을 하라"는 付托이 踏至하나, 臨渴掘井〔목이 마르고서야 우물을 판다〕이라 準備가 없이 무슨 일을 할 수 있으랴.

우리 靑年들 中에 根本 壯志를 품고 上海에 왓든 親信〔친근신임親近信 任〕志士요 弟子인 羅錫疇 李承春 等에, 羅 義士는 銃과 爆彈을 품고 年前 에 京城에 潛入하여 東洋拓殖會社에 侵入하여 七名의 日人을 射殺하고 自殺하엿고, 李承春은 天津서 被捕되여 死刑 當하고, 現下 上海에 居住 하는 親信 靑年 中에서 一·二八에 發生된 淞滬戰爭〔1932년 제1차 상해사변〕 에 우리 民族의 光榮될 만한 事業을 講求 中에, 倭軍 中에서 우리 韓人 勞 動者를 採用함을 械機로 하야, 幾名의 靑年을 結托하여 虹口 方面에 派送 하여 日軍 役軍이 되여 調査한 結果, 幾名이 軍用 倉庫에를 日人 勞動者 와 갗이 無難히 出入하여서 調査한즉 炸彈庫, 飛機庫에 烟燒彈을 裝置할 수 있는지라. 그리하여 王雄의게 付托하여 上海 兵工廠에 交涉하여 烟燒 彈을 製造키로 하고 날마다 催促하든 次에 淞滬協定[32]이 簽字〔서명〕되는

지라(郭泰祺).

嗟歎하는 즈음에 熱血 靑年들이 秘密히 來訪하고 "國事에 獻身할 터이니 내의 資格의 適當한 일감을 硏究하여 使用하여 달라"는 要求이니, 此는 東京事件을 보고 靑年들 생각에 金九의 머릿속에는 不斷히 무슨 硏究가 있을 것으로 생각한 모양이다. 李德柱·兪鎭植은 倭 總督 暗殺을 命하여 先發 入國하고, 柳相根·崔興植은 滿洲에 本藏番〔本庄繁, 혼조 시게루〕等 暗殺을 命하여 相機 進行코저 할 즈음에, 同胞 朴震의 駿品(말총으로 帽子와 日用品을 만드는) 工場에서 工人으로 잇든 尹奉吉 君이 虹口 蔬菜場에 買菜業을 하다가, 어느 날 從容히 차자와서 自己가 "菜籃〔채소 바구니〕을 背負하고 日日 虹口 方面으로 다니는 것은 弟가 大志를 품고 上海를 千辛萬苦를 왓든 目的을 達코저 하엿는데요, 그럭저럭 中日戰爭도 中國에서 屈辱的으로 停戰協定〔송호협정淞滬協定〕이 成立되는 形勢인즉, 아모리 생각하여 보아도 當死之處를 求할 길이 없음으로, 先生님이 東京事件과 같은 經綸이 게실 줄 밋듬으로, 믿으시〔-고〕 指導하여 주시면 恩惠 白骨難忘임니다."

나는 從前에 工場 구경을 다니며 尹君의〔이〕 眞實한 靑年 工人으로 學識도 잇는 터로 生活을 爲하여 勞動을 하거니 생각하엿는데, 이제 說心論事를 하여 보니 殺身成仁의 大義 大志를 품은 義氣男子임을 알고, 나는 感服하는 말노 "有志者 事竟成이니 安心하시요. 내가 近日에 硏究하는 바가 있으나 當任者를 求치 못하여 煩悶하든 次이엿음니다. 戰爭 中에 硏究 實行코저 經營하든 일이 있으나, 準備 不及으로 失敗되엿는데, 至今

---

32 송호협정은 1932년 3월 14일부터 협상이 시작되어 5월 5일 체결되었다. 협정 3개조에는 중국 정부가 항일운동을 단속한다는 조항이 포함되어 있다. 송호협정의 중국 측 대표 퀴타이츠(郭泰祺)는 뒤에 주영 대사와 중국 국민당 외교부장 등을 역임하면서 한국의 독립운동에 많은 영향력을 행사하였다.

新聞을 본즉 倭놈이 戰勝之威를 仗하고 四月 二十九日에 虹口公園에서 所謂 天皇의 天長節〔생일〕 慶祝 典禮式을 盛大하게 擧行하며 耀武揚威를 할 터이니, 君은 一生 大目的을 이 날에 達함이 何如오."

尹君은 快諾하며 하는 말, "저는 이제붙어는 胸中에 一点 煩悶이 없어지고 安穩하여집니다. 準備하십시오" 하고 自己 寢所로 도라갓다.

'運退雷轟薦福碑'운퇴뢰굉천복비 格으로,[33] 倭놈의 『上海日日新聞』에 領事館으로서 自己 住民의게 布告하기를, "四月 二十九日 虹口公園에서 天長節 祝賀式을 擧行하는 터이니 그날에 式場에 參禮하는 데는 水囊(물병) 一個와 点心 辨當(밥그릇)〔벤토: 도시락〕國旗 一面〔한 장〕式을 가지고 入場하라" 하엿다.

나는 卽時 西門路 王雄(金弘逸) 君을 訪問하고, "上海 兵工廠長 宋式驫송식표의게 交涉하여, 日人의 억게에(肩) 메는 水囊와 辨當를 買送할 터이니, 속에다가 炸彈을 裝置하여 三日 以內로 보내라" 付托하엿드니, 王君이 도라와 報告하기를, "明日 午前에 先生님을 모시고 兵工廠으로 와서 先生님이 親이 試驗하는 것을 看檢하라니 가십시다." "好也"라 하고 翌朝에 江南造船所를 차자간 즉, 內部에 一部分 兵工廠이 있는데, 規模는 크지 못하고 大砲나 步槍 等을 修理하는 것이 主務인 듯하다.

技師 王伯修 領導 下에 水囊 辨當 兩種 炸彈을 試驗 方法을 본즉, 庭中 一坐 土窟을 掘하고, 裏面에 四面으로 鐵板으로 圍하고 炸彈을 그 속

8-1

33 『명심보감』「순명편」(順命篇), "時來風送藤王閣, 運退雷轟薦福碑". 중국 왕발이 마당산 신령의 현몽을 얻어 순풍을 만나 배를 타고 하룻밤 사이 700리를 가서 등왕각 서문 짓기에 참석하여 천하에 문명(文名)을 떨쳤다. 반면 문객 한 사람은 수천 리 멀리 있는 천복비 비문의 탁본을 해다 주면 후한 보수를 주겠다는 이야기를 듣고, 천신만고 끝에 천복비가 있는 곳에 도착하였다. 그러나 밤이 어둡고 비바람이 치므로 하는 수 없이 그냥 객사에서 머물고 다음날 아침에 천복비가 있는 곳으로 가 보니 밤 사이에 천복비가 벼락에 깨져 버렸다 한다. 매우 운이 없는 것을 지칭한 것인데, 천장절 행사를 안내하는 일본 영사관의 포고문이 도리어 윤 의사의 의거에 도움이 되고, 일본측에는 불행이 되었다는 의미이다.

에 置하고, 腦管 末에 長繩을 係하〔-고〕, 工人 一名이 繩端을 끄을고 數十 步 外에 匍匐하여 繩子를 잡아다리니〔잡아당기니〕, 土屈 속에서 霹靂聲이 振動하며 破片이 飛上하는 것이 一大壯觀이라. 試驗法則, 腦管 二十個를 試驗하면 二十個가 全部 爆發된 後라야 實物에 裝置한다고 하는데, "이 번 試驗은 成績 良好하다"고 하는 말을 듯고 나는 心獨喜自負하엿다.

上海 兵工廠에서 이갓이 親切하게 二十餘個 炸彈을 無料로 製造하여 주는 原因이 무엇인고 하니, 이것이 李奉昌 義士의 恩惠니라. 廠長〔송식표 宋式驃〕부터 自己네가 빌녀주엇든 炸彈의 力量이 薄弱하여 日皇을 炸殺치 못한 것을 遺憾으로 알든 터에, 金九가 要求한다니 誠心으로 製造하여 주는 것이라.

翌日에 禁物〔작탄炸彈〕을 우리가 運搬키 困難할 것을 알고, 兵工廠 汽車〔자동차〕로 西門路 王雄 君 宅으로 갓다가 주는 것을, 나는 거지 服色인 中服〔중국 복장〕을 脫却하고 넉마〔넝마〕塵에 가 洋服 一襲〔한 벌〕을 買着하고 보니 儼然한 紳士라. 水囊와 辨當을 한 개식 두 개식 運搬하여 法租界 內 親한 同胞들의 집에 主人도 모르도록 "貴한 藥品이니 불(火)만 操心하게" 하고 가마귀 떡 감추듯 하엿다.[34]

當時 우리 同胞들은 東京事件 以後에 더욱 내게 對한 同情은 比할 때 가 없다. 그럼으로 本國 風俗이난〔으로는〕 內外나 하거니와, 海外 多年 生活에 兄弟 親戚과 같아서 내의게 對하여는 男子들보다 婦人들의 愛護가 尤甚한 것은, 어느 집을 가든지 "先生님 아이 좀 안아 주시오. 내 맛잇는 음식 하여 드리로다" 하니, 이것은 내가 아이를 안아 주면 아이들이 잘 잔 다고 婦人들은 아이가 울면 내게 안겨 주든 것이엇다. 그런 故로 嗟來食

---

34 "까마귀 떡(또는 알) 감추다"는 까마귀가 떡(알)을 물어다 감추고 나중에 어디에 두었는지 모르다는 데서 온 말로 제가 둔 물건을 잘 잊어버리는 경우를 이르는 말이지만, 여기서는 백범이 집주 인도 모르게 포탄을 잘 감추었다는 의미이다.

은 아니 먹은 듯하다.

그리자 四月 二十九日은 漸漸 迫近하여 온다. 尹奉吉 君은 말숙하게 日本式 洋服을 改着싁여 날마다 虹口 方面에 가서 公園에 가서 式場 設備하는 것을 삺어보고, 當日에 自己가 行事할 位置와 白川[白川義則. 시라가와 요시노리] 大將에 寫眞이며 太陽旗[일장기日章旗]를 買得하는 等等의 事務로 每日 虹口를 往來하고, 見聞 報告 中에 "今日 虹口에 가서 式場 設備를 구경하는데, 白川 이놈도 와서 弟가 그놈의 겻헤를 立하엿을 때의, 何待 明日고 오늘 炸彈을 가젓든들 이제 當場 처 죽일 터인데 하고 생각나든데요."

나는 尹君의게 이러케 注意싁엿다.

"여보, 그것이 뭇은[무슨] 말이요. 새냥[사냥] 炮手[砲手] 雉를 射할 時에 打飛하게 하고 射落함과, 林下 宿麓을 不射하고 打走 時에 射擊하는 것은 快味를 爲함이니, 君은 來日 成功의 自信心이 薄하여 그러시요."

尹曰, "否, 그놈이 겻헤 立한 것을 볼 때의 忽然히 그런 생각이 나드란 말씀입니다."

나는 尹君의게 對하여,

"確實히 이번 成功할 것을 미리서 알고 잇읍니다. 君이 日前에 내의 말을 듯고 나서 하시든 말씀 中에 '이제는 가슴에 煩悶이 休止하고 從容하여진다'는 것이 成功의 鐵證으로 밋고 있읍니다. 그 자리에서, 내가 鷗河浦에 土田讓亮을 打殺코저 할 時에 가슴이 울넝거리드니, 高能善 先生의 指敎하든 '得樹攀枝無足奇 懸崖撒手丈夫兒'의 句를 想覺한즉, 君 我의 決心 行事가 遙遙 相同한 까닭이오."

尹君은 眼瞖하는 顏色을 가지더라.

尹君은 旅店으로 보내고 나는 炸彈 兩個를 携帶하고 金海山 君의 집에 가서 그 內外와 相議하엿다. 尹奉吉 君을 明日 早朝에 重大 任務를 東

三省으로 派送 터이니, 전역이〔저녁에〕牛肉을 사다가 明日 새벽 早飯을 付托하엿다.

쩔日이 卽 四二九이다. 새벽에 尹君과 갖이 金海山 집에를 가서, 尹君과 갖이 最後로 同卓하여 아츰밥을 먹으면서 尹君의 氣色을 삺여본즉 泰然自若하여, 農夫가 田地에 工作하기 爲하여 일부러 자든 입에 먹는 것을 보와도, 힘든 공작을 떠나는 것은 밥을 먹는 모양으로 알 수 있드라.[35]

金海山 君은 尹君의 沈着 勇敢한 態度를 보고 從容히 나를 보고 이런 勸告를 한다. "先生님, 只今 上海서 우리의 行動이 있어야 民族的 體面을 保全케 된 此時에 尹君을 구타여 他處로 派送을 하시나요."

나는 두리뭉수리로 대답한다.

"冒險事業은 實行者의게 全任하는 것인즉 尹君 마음대로 어데서나 하겟지요. 어데서 무슨 소리가 나는지 드러 봅시다."

그리자 七時를 치는 종소리는 들닌다. 尹君은 自己 時計를 끄내여 나를 주며 내 時計와 相換하기를 要하면서, "自己 時計는 昨日 宣誓式 後에 先生 말슴의 依하야 六元을 주고 買入한 거신데, 先生님 時計는 二元 짜리인즉 내의게는 一時間밧게 所用이 없읍니다."

나는 紀念品으로 밧고 내 時計를 주엇다.

尹君은 入場의 길을 떠나는데, 汽車〔자동차〕를 타며서 所持 金錢을 끄내여 내의 손에 들녀 준다.

"웨, 몇干〔若干〕의 돈을 가지는데 무슨 妨害가 잇는가."

"아님니다. 汽車稅 주고도 五六元은 남겟읍니다."

그리는 즈음에 汽車는 음직인다.

---

[35] 농부가 힘든 일 나갈 때 아침밥을 잘 먹듯이, 윤봉길도 대사를 앞두고 태연히 잘 먹는 것을 비유한 말이다.

나는 목메인 소리로 "後日 地下에서 만납시다."

尹君은 車窓으로 나를 向하여 머리를 숙이자, 汽車는 소래를 높이 지르고 天下 英雄 尹奉吉를 실고 虹口公園을 向하고 疾馳해 버렷다.

나는 그 길노 趙尙燮의 商店의 들어가서 一封書를 書하여 店員 金永麟을 주어 急히 安昌浩 兄의게 보내엿으니, 그 편지 內意[속뜻]는 "今日 午前 十時傾에서부터 宅에 게시지 마시요. 무슨 大事件이 發生될 듯합니다."

그 길노 또 石吾 先生[이동녕] 處所로 가서 進行하는 事情을 報告하고, 午飯을 먹고 무슨 消息이 있기를 기다리든 中 午後 一時즘 되여 곧곧에서 허다한 中國 사람들이 술넝거리는 말은 不一하다.

"虹口公園에서는 中國人이 炸彈을 더저서 多數 日人이 卽死하엿다"는 둥, "高麗人의 所爲"라는 둥, 우리 사람들도 엇그제까지 蔬菜 바구니를 메고 날마다 虹口로 다니면서 장사하든 尹奉吉이 驚天動地의 大事件을 演出할 줄이야. 金九 以外에는 李東寧, 李始榮, 趙琬九 幾人이 짐작하게 되엿든 거시다.

그러나 그날에 擧事하는 것은 나 一個人뿐이 알고 있는 故로 石吾 先生께 가서 報告하고 "眞蹟한 消息을 기다린다" 하자, 午後 二三時傾에 新聞 號外로 "虹口公園 日人의 慶祝臺 上에 巨量 炸彈이 爆發되여, 民團長 河端은 卽死하고 白川 大將과 重光 大使와 植田 中將, 野村 中將 等 文武 大官이 다 重傷" 云云이고,[36] 日人 新聞에서는 "中國人의 所爲"라고 하다가, 其翌日에는 各 新聞에서 一致하게 尹奉吉의 名字를 大號活字로 揭載되고 法租界에 大搜索이 起한다.

---

36 상해 파견군 사령관 시라가와 요시노리(白川義則) 대장도 이후 사망하였다. 당시 가와바타 데이지(河端貞次)는 상해 일본인 거류민단장, 노무라 기치사부로(野村吉三郎) 중장은 제3함대 사령관, 우에다 겐키치(植田謙吉) 중장은 제9사단장이었다.

나는 安恭根, 嚴恒燮 兩人을 密召하여, "從此로는 君 等의 家間 生活
은 내 負責할 터이니 우리 事業에 專務하라"고 付托하고, 當分 避身處를
美國人 費吾生〔George A. Fitch〕집에 交涉한즉, 費氏는 그 父親 費 牧師가
生存 時에 우리에게 크게 同情하든 터이라 그런지 極히 歡迎함으로, 一江
金澈과 安·嚴 兩君과 나까지 四人이 費氏 집으로 移住하여 2層을 全用하
고, 食事까지 費氏 夫人〔Geraldine Fitch〕이 極盡 精誠을 다하여, 尹 義士의
犧牲의 功德을 벌서 밧기 始作된다.

費氏 宅 電話를 使用하여, 法租界 內 우리 同胞의 집에 電話 號碼〔번
호〕를 調査하여 갓이고 電話로 時時 우리 同胞의 被捉되는 報告를 듯고,
經濟로 西洋 律師를 雇聘하여 法律로 被捉된 同胞를 救濟하나 무슨 效果
가 있으리만은, 돈은 주어 집일도 도으며, 避身코저 하는 者는 旅費를 주
는 等 事務를 執行하여, 被捉된 사람으로는 安昌浩·張憲根·金德根 外
少年 學生들이다.

날마다 倭놈들이 사람을 잡으려고 狂狗와 갓이 橫行하는데, 우리 臨
時政府와 民團의 職員들과 甚至於 婦女 團體인 愛國婦人會까지도 集會
與否를 말할 餘地가 없이 되는 데 따라, 우리 사람 사이에는 이 같은 非難
이 생기기 始作된다. "이번 虹口事變의 主謀 策劃者는 따로 잇으면서 自
己가 事件을 隱匿하야 無關係者들만 被捉케 함은 不可하다"고 李裕弼 等
一部 人士의 말이니, 李氏 집에를, 그날은 無妨하리고 내의 片紙를 보고
도 尋訪하엿든 安昌浩 先生의 被捉은 自己 不察이나, "主謀者가 아모 發
表가 없은 關係로 사람이 함부로 被捉된다"는 怨聲이라. 나는 眞相을 世
上에 公開하자고 主論하엿다. 在座한 安恭根은 極端으로 反對한다.

"兄님이 法租界의 게시면서 이같은 發布는 太危險하다"는 말이다.

나는 一向 反對하고 嚴恒燮으로 하여곰 宣言文을 起草케 하야 費취
夫人의게 英文 飜譯하여 루터通訊社〔로이터통신〕의 發稿로 "世界 各國에

東京事件과 上海 虹口事件의 主謀 策劃者는 金九요, 執行者는 李奉昌과 尹奉吉"이라 하엿고, 信川事件과 大連事件은[37] 다 失敗나, 아즉 發布 時期에 達치 못하엿기로 以上 兩大 事件만을 爲先 發布한 것이다〔虹口公園炸彈案之眞相(1932년 5월 9일)〕.

　上海에서 重大 事件이 發生된 것을 알고 南京에 駐箚주찰이든 南坡 朴贊翊 兄이 上海로 와서, 中國 人士 方面에 活動 結果로 物質上과 여러가지 便宜가 많으다. 晝間에 電話로 同胞의 被捉者의 家眷을 慰勞하고, 夜間은 安·嚴·朴 等 同志가 出動하여 被捕 家族들 救濟와 諸般 交際를 하는 中에, 中國 人士의 殷鑄夫·朱慶瀾·査良釗 等의 面會 要求의 應키 爲하여는, 夜間에 汽車를 타고 虹口 方面과 靜安寺路 方面으로 橫行하니, 平日에 一步를 法租界 外에 投足을 아니하든 내의 行止〔행동거지〕는 大變動이엿다.

　다시 中國 人士들의 우리의게 對한 態度를 말하고, 其次로 美·包·墨·큐 韓僑들이 내의게 對한 態度와, 關內 우리 人士들의 나의게 對한 態度를 말하리라.

　第一, 中國人이 萬寶山事件인 倭寇의 兩民族의 感情 惡化 政策으로 朝鮮에 處處에서 韓人 無賴輩를 總動員하야 中國人 商人과 勞動者까지 逢捷打殺케 한 感情으로 말하면, 中流 以上은 倭寇의 毒計로 알지만은, 下流 階級에서는 依然히 '高麗人打死中國人'이라 惡感이 東京事件 後에도 다 銷釋지를 못하엿든 터인데, 一二八 上海戰爭 時에 倭兵은 衝火하는 一面에, 崔英澤 같은 惡漢을 嗾使하야 中國人家에 들어가서 財物을 自

37　신천사건(信川事件)은 1932년 3월 조선 총독을 암살하기 위해 이덕주 유진식을 국내에 파견했다가 4월 7일 신천에서 체포된 사건이고, 대련사건(大連事件)은 관동군 사령관 혼조 시게루(本庄繁) 등 일제의 만주 침략 주도자들을 처단하기 위해 유상근 최흥식 등을 파견했다가 1932년 5월 24～25일 대련에서 체포된 사건을 말한다.

己 物件갖이 萬人 共睹케 取去한 事實이 許多함으로, 主로 汽車나 電車의 韓人 査票員들의게〔-이〕 中國人 勞動者들의게 無理 毆打를 種種 當하든 터이나, 四二九 事件으로 因하야 中韓人의 感情은 極厚로 好轉되엿다.

第二로 美·包·墨·큐 在住 韓僑들의 對한 信念은 前無後無하엿으라고 自信하고 싶으다. 東京事件이 完全 成功은 되지 못하엿으나 조곰이라도 民族[38]의 光榮은 되게 되엿든 남아지에, 虹口事件의 絶對 成功으로 因함이다. 果是 自此 以後로는 臨時政府의 納稅와 내의게 對한 後援이 激增하여짐으로, 漸次 事業이 擴張되는 階段으로 나가게 되엿다.

關內 우리 獨立運動者 方面의 나의 對한 態度는 樂觀的으로보다도 悲觀的이 더 많으다. 四二九 以後로 自然 身邊이 危險케 된 關係上, 平素 親知들의 面談 要求에 함부로 應할 수 없은 거시 그들의 唯一無二의 感情이엿다. 그들은 去月에 電車 査票員 別名 朴大將(沙里人)의 婚筵請牒을 밧고 暫時 祝賀 次로 그 집에 들어가서, 廚房에 婦人들을 보고 "나는 速히 가야겟으니, 발니〔빨리〕 국수 한 그릇만 달나"고 부탁하여, 冷麵 한 그릇을 速히 먹고 捲烟 一個를 푸여 물고, 그 집 門間을 나서면 곧 우리 사람의 塵房이라. 왓든 길이니 訪問코저 塵房으로 들어 밎어〔미처〕 안기도 前에, 主人이 내 엽구리를 꾹 지르며 손으로 街上(霞飛路)을 指示하기로 본즉, 倭警이 十餘名이 길에 列立하여 電車 지나가기를 기다리드라.

나는 다시 피할 곧이 없은지라 서서 유리창으로 倭놈의 動向을 본즉, 쏜살갖이 朴大將의 집으로 들어가는 것을 보고서, 그 塵房을 나와 電車 線路를 따라 金毅漢 君 집으로 들어가서 그 夫人을 朴大將의 집에 가서 본즉, 바롯〔바로〕 前에 倭놈 들어와 "方수 드러온 金九가 어듸 있는가" 무르며 甚至於 아궁이 속까지 뒤지다가 갓다는 것은 無人不知이고, 이번

---

38   원문은 "民族族"으로 族자가 중복되어 있다.

四二九 事件 以後에는 第一次 二十萬元 懸償이고, 第二次는 日本 外務省과 朝鮮總督府와 上海 駐屯 軍司令部 三部 合作으로 懸償 六十萬元이엿다.

嘉興 海鹽 海寧: 피신과 유랑

나를 相面코저 하는 要領을 드리면, 南京〔국민당國民黨〕 政府 要人의게 그대 身邊 危險을 말하엿드니 "金九가 온다면 飛機라도 보내마 한다"는 둥, 또는 "아모리 危險하여도 冒險하고 일을 하지 안코 安閑한 生活을 하여서 되느냐" 等等의 裏面에는 自己들과도 行動을 좀 ▾갓이 지내며 일도 갓이 하자는 것이니, 나로써 엇이 여러 사람들의게 滿足을 줄 道理가 있는가.

何厚何薄할 수 없음으로[39] 一切를 謝却하고 費취 宅에서 二十餘日를 經過하며 秘密 活動을 하니, 一日〔1932년 5월 14일〕費 夫人이 急히 二層에 와서 "偵探의게 우리 집이 發覺된 모양이니 速히 이 집을 떠나게 하자" 하고, 곧 下層에 가서 電話로 自己 男便을 불너, 自己네 汽車에 그 夫人은 나와 內外 모양으로 并坐하고, 費 先生은 車夫〔운전수〕가 되여 庭內에서 車를 타고 疾馳하〔-여〕門外를 나가며 본즉, 法人·俄人·中人(日人은 不見) 各國 偵探이 門前과 周圍에 林立하엿으나, 美國人 家宅이 無可奈何하여 犯手치 못한 것이다. 法租界를 지나 中界에 汽車를 停立하고, 나와 恭根은 火車站〔기차역〕으로 가서 當日노 嘉興 秀綸沙廠으로 避身하엿으니, 此處는 南坡 兄이 殷鑄夫와 褚補成 諸氏의게 周旋하여, 幾日 前에

10

---

39   하후하박(何厚何薄)은 어느 쪽은 후하게 하고 어느 쪽은 박하게 하여 차별을 둔다는 의미.

嚴君의 家眷과 金毅漢 一家와 石吾 先生은 벌서 移舍하엿든 것이다.

上海서 費 夫人의 報告하든 말은 如下하다. 自己가 "下面에서 유리 창으로 門外을 삶여본 즉, 얻언[어떤] 동저고리 바람으로 自己네 廚房으로 들어가는 中國人 勞動者 모양이 들어가든 것을 따라 가서 何許人고 質問 한즉 其人의 對答이, '나는 洋服店人인데 宅에 洋服 지을 것이 잇는가 무러보고저 왓음니다.' 費 夫人 曰, '그대가 내 廚房 下人의게 洋服 짓는 것을 問하는가, 殊常하다' 한즉, 懷中에서 法捕房 偵探의 證憑을 내여 보이기로, '外國人家의 함부로 侵入하느냐' 한즉, '對不起'[미안하다] 하고 가드라"는 것인즉, 그 집을 偵探들이 注意케 된 原因은, 硏究하여 보면 費氏 집 電話를 濫用하엿든 緣故인 듯하다.

나는 從此로 嘉興 生活을 繼續하게 되여, 父主 外家 姓字를 冒하여 張姓으로 行世하고 名은 震球라 或은 張震이라고도 하엿다. 嘉興에는 褚 補成(號 慧僧) 氏의 故鄕인데, 褚저氏는 浙江省長도 지낸 境內에 望高德 重한 紳士이고, 其 長子 鳳章(漢雛)은 美國 留學生으로 該縣[가흥] 東門 外 民豊紙廠의 高等 技士이더라. 其家는 南門 外에 있는데 舊式 집으로 그다지 宏傑치는 못하나 士大夫 第宅이라 보여지더라.

褚 先生은 自己 收養子 陳桐蓀[동생桐生] 君의 半洋裝, 湖邊에 精築한 亭子 一所를 내의 寢室로 定하여, 秀綸沙廠과 相望 接近하고 風景도 甚 嘉한데, 나의 眞面目을 아는 者는 褚氏 宅 父子 姑婦[내외]와 陳桐生 內外 인데, 最困難者[-는] 言語라. 비록 廣東人으로 行世를 하지만은, 中語를 넘어도 모르는 中에도 上海 말도 또 달느니 벙어리의 行動이더라.

嘉興에 山은 없으나 湖水는 낙지발 갖이 四通八達하여 七八歲 小兒 라도 다 櫓을 저을 줄 아는 모양이더라. 土地는 極히 肥沃하며 各種 物産 이 豊富하고 人心 風俗이 上海와는 딴 世上이다. 商店에 에누리가 업고, 店房에 顧客이 무슨 物件을 忘置하엿다가 幾日 後에라 찾으면 잘 保管하엿다가 공손이 내여 주는 것은 上海서는 보기 稀貴한 美風더라.

陳同生〔桐生〕內外는 나를 引導하여 南湖 烟雨樓와 西門 外 三塔에는 明朝 壬辰難에 日兵이 侵入하여 隣近 婦女들을 잡아다가 寺院〔혈인사血印寺〕의 囚禁하고 一僧徒의게 守直케 하엿드니, 夜間에 護僧이 婦女들을 擧皆 放送하엿음으로, 倭놈들이 그 중을 打殺하여 血痕이 아즉 石柱에 隱現 云云.

東門 外 十里許에 漢 朱買臣 墓가 있고 北門 外에 落凡亭이 있는데, 朱買臣이가 書痴 모양으로, 自己 妻 崔氏가 農作을 가며서 麥 나락을 보라고 付托한 것을 田地에서 도라와서 본즉, 〔주매신이〕 소낙비(雨)에 漂麥도 不知하고 讀書만 하는 것을 보고 〔처 최씨가〕 木匠의게 改嫁하엿드니, 其後에 朱買臣이 登科하여 會稽太守가 되여 도라오는 길에 修路하는 女子를 보니 自己의 妻라. 命載後車하여 官舍에 드러가 그 女子를 불너 보니, 崔氏가 朱買臣의 榮貴함을 보고 다시 妻 되기를 願한즉, "물 한 동의(盆)를 기러다가 따〔땅〕에 覆하고 다시 收拾하여 한 동의가 되그던 同居하자" 한즉, 崔氏가 그대로 試驗하다가 물이 동의에 채이지 못함을 보고 落帆亭 前 湖水에 溺死하엿다는 事蹟을 다 探覽하엿고,

上海 密報를 據하면 倭仇의 活動이 尤猛하여, '金九가 上海에 잇는 形跡이 없으니 必然 滬杭〔상해-항주〕線이나 京滬〔북경-상해〕線 方面으로 避匿하엿을 거시니, 眼線〔염탐〕을 兩鐵路線으로 派駐 密探하니 極히 注意하라'는 日本 領事館 日人 官吏의 密報로, 今朝에 搜索 隊가 滬杭路로 出發하엿으니, 萬一 金樣〔사마さま: 님〕이 그 方面에 潛伏하엿그던 沿路 停車場에 派員하여 日警의 行動을 注目하라"는 付托을 밧고, 停車場 附近에 派人 暗察한즉 日警이 變裝하고 下車하여 赤眼으로〔눈에 불을 켜고〕 此處 彼處를 巡察하다가 가는 것을 보앗다 한다.

世上에 奇怪莫測한 일도 있다. 四二九 以後에 上海 日人의 삐라에

10-1

'金九 萬歲'라는 印刷物이 排布되엿다는데, 實物은 어더 보지 못하엿다. 日人으로서 우리 金錢을 먹고 密探한 者도 數名이엿드니라. 韋惠林 君의 斡旋으로도 幾名이엿으니, 매우 信用 이섯다.

事已至此하니 不得不 嘉興에 長住키 危險하다 하야, 또다시 나만은 嘉興을 離開할[떠날] 必要가 있으나 去將安之오.

褚漢雛의 妻家는 海鹽縣 城內에 있고, 거기서 西南方 四十數里를 가면 海鹽 朱氏山堂이 있는데 避暑 別莊인데, 漢雛 兄은 自己 夫人[朱佳蕊]과 相議하고, 再娶 後 첫 아들을 나흔 美人[주가예] 單獨으로 나와 一個 汽船을 타고 一日 行程의 海鹽城 內 朱氏 公館에 到着하엿다.

朱氏 舍宅은 海鹽縣 內에 最大 家庭이라 한다. 規模가 宏大하여 내의 宿所는 後面 洋屋 一所인데, 大門 前은 石馬路, 其外는 湖水로 來往 船舶이 通하고, 大門 內로는 庭園이고, 俠門으로 入하면 事務室 卽 家務總經理가 每日 朱宅 生計를 掌理하는 所處이니, 從前은 四百餘名 食口가 共同 食堂에서 處食하드니, 近來는 食口 大部分이 職業을 따라 分散(仕農工商業)하엿고, 其餘는 各炊를 願함으로 物品을 分排하여 自炊한다고 한다.

屋宇 制度는 蜂房[벌집]과 같은데, 每每 三四住室 一家份, 前面에는 華麗한 客廳 一間式이고, 舊式 建築 後面은 幾個 二層 洋屋이 있고, 其 後面은 花園이고, 其 後面은 運動場이니, 海鹽에 三大 花園 中에 朱家花園이 第二요, 錢家花園이 第一이라 하기로, 錢家花園도 求景하엿는데, 花園 設備는 朱家보다 나흐고, 屋宇 設備는 錢家가 朱家만 못하드라.

朱家에서 一夜를 經하고, 汽車로 盧里堰에서 下車하여 西南山嶺 近五六里를 步行할 새, 褚 夫人[朱佳蕊]은 高跟[높은 굽] 皮鞋를 신고, 七八月 炎天에 親庭 女僕 一名의게 내의 食料 各種 肉類를 들녀 가지고, 手帕[손수건]으로 땀을 씻으며 山 고개를 넘는 거슬 보고, 나는 其地에 活動寫眞

機具가 있엇드라면 내의 一行에 此行을 活寫하여〔생생하게 찍어〕永久的 紀念品을 製成하여 萬代 子孫의게 遺傳할 마음이 간절하나, 無奈何이엿다. 우리 國家가 獨立이 된다면 褚 夫人의 勇敢 親切을 우리 子孫이나 同胞가 누가 欽仰치 안으랴. 活動寫眞은 직혀 두지를 못하나 文字라도 記錄하여 後世에 傳코저 이 글 쓴다.

山頂에 朱氏가 建築한 路亭에 休息하고, 다시 起步하여 數百步를 간즉 山腹에 一坐 洋房이 幽雅하게 뵈이는 데를 들어간즉, 守護하는 傭人 家族들이 나와서 褚 夫人을 敬迎한다. 褚 夫人은 傭人의게 自己 親庭에서 가지고 온 肉類와 果菜를 주고 "저 兩班의 食性은 若是하니 注意하여 모시고, 登山하면 一日 三角을 밧고, 某地는 幾何, 鷹窠頂응과정을 가면 四角만 바드라"고 命하고, 當日노 告別하고 本家로 도라가드라.

그 山堂은 褚 夫人 親庭 叔父를 埋葬하기 前에 避署所로서 그의 墓所 祭廳이 되엿드라. 나는 날마다 守墓人을 다리고 山海 風景을 玩賞하는데 無限한 趣味가 잇다. 本國을 떠나 上海에 旅着한 後 十四年間, 他人은 南京·蘇州·杭州의 山川을 玩賞하고 니야기하는 말도 들엇으나, 나는 上海서 雷地〔雷池〕一步를 떠나지 못하여, 山川이 極히 그립든 차에 每日 登山臨水는 趣味는 比할 때 없이 愉快하엿다. 山上에서 前面으로 海上에 帆船 輪舶의 往來와 左右로 蒼松 丹楓의 種種 光景은 自然 游子 悲秋風의 感이 잇드라. 나는 忘世間之甲子〔세월〕하고 日日 日課가 遊山看水이엿다. 十四年 동안 山水의 주림은 十數日 동안에 飽滿되엿다.

守墓人을 따라 鷹窠頂을 간즉, 山上에 一個 尼姑〔비구니〕庵子가 잇는데, 一個 老 尼姑가 出迎하는데 守墓人은 相知의 人事로 "저 高賓은 海鹽 朱家 大姑娘이 모서 왓는데 廣東人이고, 服藥 次로 山堂에 來留하엿는데, 求景 次로 왓다"고 報告한즉, 老 尼姑는 나를 向하여 點頭하며 "阿彌陀佛, 遠地에 잘 와 게시냐. 阿彌陀佛, 內堂으로 들어갑시다. 阿彌陀佛."

11

나는 口不絶聲으로 念佛하는 道高 尼姑를 따라 菴內로 드러섯다. 各房으로 硃脣 粉面에 僧服을 ▼맵시 잇게 입엇고, 목에는 長念珠를 걸고, 손에는 短念珠를 쥐인 妙齡의 尼姑들이 나와서, 抵頭送秋波 式 人事를 하는 모양이 上海 八仙橋 野鷄窟 구경을 하든 光景이 回想된다.

守墓人이 내의 時計줄 끝에 小 指南針이 잇는 것을 보고서, "後面 山邊에 一座 巖石이 있는데, 그 巖石 上에는 指南針을 놓으면 곧 變하여 指北針이 된담니다." 食後에 따라가 본 즉 巖石 上에 銅錢 한 개를 놓을 만한 옴목히 패인 자리에다 指南針을 드려노흔즉 指南針이 指北針이 되여지나니, 나는 礦學을 모로나 必是 磁石礦이나 磁鐵壙인 듯하더라.

一日은 海邊 五里許에 鎭이 있는데, 그날이 市日이니 구경을 안켓는가 하기로, 좋다 하고 따라갓다. 地名은 忘却하엿고〔감포진澉浦鎭〕普通 鎭이 안이고 海邊 要塞이다. 砲垹도 잇는데 舊時 建築인 小城이고 壬辰亂에 建造하엿다 한다. 城裏에는 人家도 櫛比하고 若干의 官廳도 잇는 모양이라. 城裏 一週를 대강 구경하니 僻鎭이라 그런지 場軍도 稀少하다.

一麵店에 들어가 點心을 먹는데, 勞動者와 警察과 老 百姓 等이 숙은거리며 나를 注視하드니, 守山人을 呼去하며, 내의게도 直接 盤問〔자세히 캐물음〕한다. 나는 廣東 商人이라고 서틀은 中語로 대답을 하면서 隔壁에 守山人의 答辯하는 말을 들은즉, "海鹽 朱家 大姑娘이 山堂에 모서다 둔 賓客"이라고 大膽하게 말하는 것을 보와도 朱家의 勢力을 알 수 있드라. 무슨 緣由도 모로고 還山하엿다. 守山人의게 問한즉 答云, "그까짓 警察들 營門도 모로고[40] 張 先生이 廣東人이 아니고 日本人이 아니냐 뭇기로, 朱家 大姑娘이 日本人과 同行하겟는가 하엿드니, 아모 말도 못하든데요."

---

40 '영문'(營門)은 조선 시대 감영(監營)이나 병영(兵營)의 문. 누구나 아는 이것을 모른다는 것은 아무것도 모른다는 의미이다. 그런데 '영문(營門)도 모른다'는 표현이 중국어에는 없기 때문에 위 중국인 수산인(守山人)의 말을 백범이 한국식으로 해석한 것으로 보인다.

數日 後에 安恭根, 嚴恒燮, 陳同生〔桐生〕이 來山하여 鷹窠頂 勝景을 玩賞하고, 다시 嘉興으로 還來하엿다. 他故가 아니라 前日 某〔감포漵浦〕鎮上에 警察이 盤問한 後에는 卽時로 山堂을 秘密 監視를 하나 別般 端緖를 엇이 못하고, 警察局長이 海鹽 朱家에 出張하여 山堂에 留하는 廣東人의 正體를 調査하엿는데, 褚 夫人의 父親은 事實대로 말을 한즉 警察局長은 大驚하여 "果然이면 盡力 保護하겟다"고 하엿다니, 知覺 없은 下鄉 警察을 盡信키 難하니 嘉興으로 도라간 것이다. 그 길에 海寧縣城에 드러가 淸朝 乾隆 皇帝가 南 巡視에 飮酒하든 樓房도 구경하엿다.

嘉興에 도라와 小船을 타고 날마다 南湖 方面으로 船遊로 일을 삼고, 鄉下로 가서 鷄를 買하여 船中에서 烹食함이 趣味 津津하드라. 嘉興 南門 外 運河로 十餘里 嚴家浜이란 農村에는 陳同生의 田地가 있으며, 其村에 孫用寶란 農人은 陳同生과 극히 親한 터임으로, 나는 孫用寶의 집의 旅住하게 되엿다. 날마다 田舍翁이 되여 食口들이 全部 田地로 나가고 뷔인 집에 乳兒가 哭하면, 나는 抱兒하고 田地로 乳母를 차저가면, 兒母는 惶恐無地하드라.

五六月 蠶業 時期이다. 집집에 養蠶하는 것을 도라다니며 考察하며, 婦女들이 繅紗〔繅絲〕하는 것〔누에고치를 켜서 실을 뽑는 것〕을 보앗다. 六十餘歲 老婆가 工作을 하는데, 文勞 한 개 겻혜 솟(鼎)을 걸고, 물네 底部에 足板을 달아 발노(右足) 누르면 輪이 轉動되고, 左手로 起火 (장작) 烹繭팽견하고 右手 雙紗〔絲〕를 물네에 감는 것을 보니, 내가 自少로 東國에서 婦人들이 繅絲하는 것을 본 데 比하면 天壤之判이라.

나는 發問한다.

"당신 今年 春秋 幾何."

老婆 曰, "六十幾歲요."

"당신 몇 살부터 이 긔계를 使用하엿음니까"

"七歲時부터요."

"그러면 近 六十年 以前에도 繰絲하는 機械가 이것이요."

"녜, 無變改이요."

나는 實地로 七八歲 小兒가 繰絲함을 目睹하고 疑心치 안엇다.

農家에 寄宿하느니만치 農具를 周密히 調査하고 其 使用하는 것을 본즉, 우리 本國에 農具의 比하면 비록 舊式이라도 우리 農具보다는 퍽 進步되엿다고 본다. 田畓에 灌漑 一事로만 보아도 木齒輪〔물레방아〕으로, 牛馬로 男女 數人이 踏轉하여 一丈 以上의로 湖水를 引上 灌漑하니 그 얼마나 便利한가. 移秧 一事로 論하여도 移秧日에 預算 刈稻之日字 하나니, 부稻는 八十日, 中稻는 百日, 晩稻는 百二十日이라 한다. 우리나라에서 줄모는 日人의 發明으로 아랏으나, 中國에서는 自古代로 줄모를 심으(植)든 것은 기심매는〔김매는〕 機械를 보아도 可知라.

農村을 視察한 나는 不可無一言이라. 우리나라에서 漢 唐 宋 元 明 淸 各 時代에 冠蓋〔지붕이 있는 수레를 타는 고위〕 使節이 往來하엿다. 北方보다도 南方 明朝 時代〔명나라 초기에〕에[41] 우리의 先人들이 使節노 단일 때의 擧皆 眼盲者이엿든가, 必是 幻想으로 國計民生이 무엇인지를 想覺도 못하엿든 것이니, 豈不痛恨哉아.

文永[42]이란 先民〔선조〕은 棉花씨(核)를, 文勞〔文來〕[43]란 先民〔-은〕 繰絲機(물네)를 中國서 輸入하엿다 하나, 其外에는 言必稱 오랑캐라 指稱하며서도, 明代에 衣冠文物을 悉遵華制라 하고〔모두 중국식이라 숭상하며 따르

---

41 명은 1368년 건국 당시 남경을 도읍으로 정했다가, 자금성을 완성하고 난 뒤 1421년에 북경으로 천도하였다. 여기서 남쪽 지방 명대는 초기 남경에 도읍하던 시기의 명나라를 말한다.

42 문영(文永)은 문익점(文益漸)의 손자로 면포 짜는 법을 고안한 인물이다. 목화씨를 가지고 온 선조는 문영이 아니라 문익점이다.

43 문로(文勞)가 아니라 문래(文來)가 타당하다. 문래는 문익점의 아들로, 물레라는 이름도 그것을 최초로 고안한 그의 이름을 따서 붙인 것이다.

고), 實地에 아모 利益도 없고 不便 苦痛 例하면 網巾 笠子 等 亡種 器具야말노 생각만 하여도 齒酸하다.

우리 民族의 悲運은 事大思想의 制造라고 안을 수 없다. 國利民福의 實地는 度外視하고, 朱憙 學說 같은 것은 그대로보다 朱憙 以上으로 强固한 理論을 主倡함으로 四色의 派黨이 생기여 屢百年 競軋하는 데 民族的 元氣가 소진 澌盡無餘하여, 發達된 것은 오즉 依賴性뿐이니 不亡而何오, 歎哉로〔다.〕

今日노 두고 보아도 靑年들이 老者들을 指稱하기를 老朽니 封建殘滓니 하니 肯定할 點이 不無하나, 社會主義者들이 强硬 主張하기를 革命은 流血的 事業이니 一番은 可커니와 民族運動 成功 後에 또다시 社會運動을 하는 것은 絶對 反對라 하드니, 俄國 國父 네린〔레닌〕이 '殖民地 民族은 民族運動을 만저 하고 社會運動 後에 하는 것이 可하다'는 言下에는 조곰도 躊躇없이 民族運動을 한다고 떠들지 안는가.

程朱가 放屁방비〔放尿방뇨〕를 하여서도 그대로 香臭로 主張한다고 非笑하든 그 口舌로 네린의 放岀〔방비放屁: 방귀〕는 甘物이라 할 듯하니, 靑年들 좀 精神 차릴지어다. 나는 決코 程朱 學說을 信奉者가 아니고 馬克思〔맑스〕와 레린主義 排斥者가 안이다. 우리 國性 民度의 相孚〔相符〕한 主義 制度를 硏究 實施하랴고 腦를 쓰는 者 있는지ㅡ, 萬一 없으면 悲莫悲於此라 하노라.

嚴家浜에서 다시 砂灰橋 嚴恒爕 君 家에 와 五龍橋 陳同生 家에 宿食하며, 晝間은 朱愛寶의 小艇을 乘하고 隣近 運河로 各 農村 구경이 唯一 任務인 듯하다.

嘉興 城內 幾個 古蹟이 있는데, 古代 致富에 有名한 陶朱公의 家岱(鎭明寺)가 있고, 畜五牸[44]하는 外에 鑿池 養魚場이 잇는데, 門前에 陶朱公 遺址라는 碑石 잇드라.

一日은 無聊하여 東門으로 가는 大路邊 廣場 軍警의 操鍊場이 있어 軍隊가 訓鍊하는데, 來人去客이 雲集 觀操함으로 나도 停步하고 구경하드니, 操場으로부터 一軍官이 나를 留心히 보드니 突然 馳來하여 問我 "何地方人." 我 答曰, "廣東人." 그 軍官이 廣東人일 줄이야 何以知之오.

當場에 保安隊 本部로 가서 取調를 받게 되엿다.

"나는 非中國人인데, 그대네 團長을 面對하여 주면 本來 面目을 直接 筆談으로 說明하겟다"고 하엿다. 團長은 아니 나오고 團副가 出面하기로, "나는 韓人인데 上海 虹口炸案 以後에 上海 居住가 困難하여, 暫時 此地 褚漢雛의 紹介로 五龍橋 陳同生의 집에 寓住하고 姓名은 張振球"라 하엿다.

警察은 그 길노 南門 褚宅과 陳宅에 가서 嚴密 調査를 한 모양이다. 四點鍾〔4시간〕 後에 陳兄이 와서 擔保하고 被釋하엿다.

褚漢雛 君은 내의게 이런 勸告를 한다.

"金 先生의 避身 方法은, 金 先生은 鰥居〔홀거〕시니 내의 親友 中 寡婦로 年 近 三十인 中學敎員이 있으니, 보시고 合意하시면 娶室함이 何如오" 하나, 나는 "中學敎員으로는 卽刻으로 내의 秘密이 綻露되리니 不可타" 하고, "차라리 搖船女〔여뱃사공〕를 親近하여 依托하면, 朱女가 目不識丁한 즉 내의 秘密을 可保"라 하고, 從此로는 아조 船中 生活를 繼續하드니라. 今日 南門 湖裏 宿하고, 明日은 北門 河邊 宿하고, 晝間은 陸上 行步나 할 뿐이다.

---

44 오자(五牸)는 소, 말, 돼지, 양, 나귀 등 다섯 가지 동물의 암놈을 지칭한다. 여기서 축오자(畜五牸)라는 동물농장을 말한다.

南京: 蔣介石 면담과 민족운동

나는 潛伏한 反面에 朴南坡〔박찬익〕, 嚴一坡〔엄항섭〕, 安信菴〔안공근〕 三人은 不斷히 外交와 情報 方面을 置重하여 活動하여, 物質上으로 中國人 親友의 同情과, 美州 同胞들도 내가 上海를 脫出한 消息을 알고 漸次 援助가 增加되여 活動하는 費用은 그다지 窘絀〔窘拙〕치 안음으로, 朴南坡 兄은 從來 南京에서 中國 國民黨 黨員으로 中央黨部에 就職하든 關係로〔국민당〕 中央 要人 中에도 熟親이 多함으로〔국민당〕 中央 方面으로 交涉한 結果, 中央 黨部 組織部長 江蘇省 主席인 陳果夫의 紹介로 蔣介石 將軍의 面談의 通知를 接하고, 安恭根·嚴恒燮을 帶同하고 南京에 到着하엿다. 貢沛誠·蕭錚 等 要人이 陳果夫〔-의〕 代表로 出迎하여 中央飯店에 宿所를 定하엿다.

翌日 夜間에 中央軍校 內 蔣 將軍의 自宅으로, 陳果夫의 汽車에 南坡를 通譯으로 帶同하고 蔣第의 到達하엿다. 蔣氏는 溫和한 顔色에 中服으로 着하고 接應하여 준다. 彼此 寒喧〔날씨 인사〕를 畢한 後에, 蔣氏는 簡單한 語調로 "東方 各 民族은 孫中山〔손문孫文〕 先生의 三民主義의 符合되는 民主的 政治를 하는 것이 便當할 듯하다"고 하기로, 나는 "그럿타"고 對答한 後에, "日本의 大陸 侵略의 魔手가 刻一刻으로 中國에 侵入하니, 辟左右하여 주면 筆談으로 數句를 陳達하겟다" 한즉, 蔣氏가 "好好" 하매, 陳果夫·朴南坡는 門外로 退去 後 筆硯을 親히 갓다 주기로, "先生이 百萬元金을 許諾하면 二年 以內에 日本 朝鮮 滿洲 三方面에 大暴動을 起케 하여, 日本의 大陸 侵略의 橋梁을 破壞할 터이니, 尊意如何오."

蔣氏는 擧筆書之 日 "請以計劃書祥示"라 하기로 告退하엿다.

翌日에 簡略한 計劃書를 보내엿드니, 陳果夫 氏가 自己 別莊에서 設宴하고 蔣氏 意思를 代陳云, "特務工作으로는 天皇을 죽이면 天皇이 또

잇고, 大將을 죽이면 大將이 또 있지 안은가. 將來 獨立하려면 武人을 養成〔해야〕하지 안은가"함에, 對하한〔대한〕 내의 所答은 "固所願不敢請이다. 地帶 問題, 物力 問題"이라 하엿다. '地帶는〔중앙육군군관학교〕洛陽分校로, 物力은 發展을 따라 供給한다'는 約束 下에, 軍官 百名式 一期에 養成하기로 決議하고, 東三省에 派員하여 舊日 獨立軍人들을 召集할세, 李靑天·李範奭·吳光善·金昌煥 等 將校와, 其 部下 數十名의 靑年들과, 關內 北平·天津·上海·南京 等地에 잇든 靑年을 總集하여, 百名을 第一次로 進校케 하고, 李靑天·李範奭은 教官·領官으로 入校 視務케 하엿다.

此時 우리 社會에서는 또다시 統一風이 起하야, 對日戰線 統一同盟의 發動으로 議論이 紛紛하드니, 一日은 義烈團長 金元鳳 君이 特別 會面을 請하기로, 南京 秦淮 河畔에서 密會하엿다. 金君이 "現下 發動되는 統一運動에 不得不 參加하겟으니 先生도 同參 如何오"함으로, 나는 金君의 뭇기를, "내 所見에는 統一의 大體는 同一하나 同床異夢으로 看破되니, 君의 所見은 何如오." 金君 答云, "弟가 統一運動에 加參하는 主要 目的은 中國人들의게 共產黨이란 嫌疑를 免코저 함이올시다." 나는 "그런 目的 各異한 統一運動에는 參加키 不願"이라 하엿다.

그로 좇아 所謂 五黨 統一 會議가 開催되니 義烈團, 新韓獨黨〔新韓獨立黨〕, 朝鮮革命黨, 韓國獨立黨, 美州大韓人獨立團이 統合하여 朝鮮民族革命黨으로 出世되엿다〔1935년 7월〕.

五黨 統一 裏에는 臨時政府를 眼中釘〔눈엣가시〕으로 認하는 義烈團員 中 金枓奉·金若山 等의 臨時政府 取消 運動 極烈함으로, 當時 國務委員 金奎植·趙素昻·崔東旿·宋秉祚·車利錫 七人 中 金奎植·趙素昻·崔東旿·梁起鐸·柳東說 五人이 統一에 心醉하여, 臨時政府 破壞의 無關心함을 본 金枓奉은 臨時 所在地인 杭州에 專往하여 宋秉祚·車利錫 兩人을 보고 "五黨 統一이 되는 此時에 名牌만 남은 臨時政府를 存在케 할 必要

가 없으니 取消하여 버리자"고 强硬할 主張을 하나, "宋·車 二氏는 强硬 反對를 하고 있으나, 國務員 七人에 五人이 棄職하고 보니 國務會를 進行 치 못한즉 無政府 狀態"라는 趙琬九 兄의 親函을 받고, 甚히 憤慨_{분개}하여 急히 杭州에 가서, 該地에 住在하든 金澈은 已爲 病死엿고, 五黨 統一에 參加하엿든 趙素昻은 벌서 民族革命黨에서 脫退하엿드라〔1935년 9월〕.

12-1

其時 杭州에 住居하는 李始榮·趙琬九·金朋濬·楊小碧·宋炳祚·車 利錫 等 議員들과 臨時政府 維持 問題를 協議한 結果 意見이 一致됨으 로, 一同이 嘉興에 到着하여 李東寧·安恭根·安敬根·嚴恒燮·金九 等이 南湖 遊艇 一隻을 泛하고 議會를 船中에서 開하고, 國務委員 三人을 補 選하니 李東寧·趙琬九·金九와 宋秉祚·車利錫 合 五人이니, 於是乎 國 務會議를 進行케 되엿드라.

五黨 統一이 形成될 當時로부터 우리 同志들은 團體 組織을 主張하 엿으나 나는 極히 挽止하엿다. 理由는 他人들은 統一을 하는데, 그 統一 內容의 複雜으로 因하여 아즉 參加는 안이 하엿으나, 내가 엊이 참아 딴 團體를 組織하겟느냐 하엿으나, 至今은 趙素昻이 韓獨 再建設이 出現한 다. 이제는 내가 團體를 組織하여도 統一 破壞者는 아니다. 臨時政府가 種種의 危險을 當하는 것은 튼튼한 背境이 없음이니, 이제 臨時政府를 形 成하엿으니 政府 擁護를 目的한 一個 團體가 必要타 하고 韓國國民黨을 組織하엿다〔1935년 11월〕.

洛陽軍校 韓人 學生 問題로 南京 日 領事 須麻〔스마 야키치로須磨弥吉郎〕 가 中國에 嚴重 交涉하며, 더욱 警備 司令 谷正倫의 交涉하기를 "大逆 金 九를 우리가 逮捕하겟는데, 及其 逮捕할 時에 入籍이니 무엇이니 딴 말을 하여 안 된다"[45] 하기로, 谷氏는 "日本서 重賞을 懸하고 金九를 내가 逮捕

---

45 입적(入籍)은 국적에 편입되거나 호적에 올리는 것. 여기서 일본 영사의 언급은, 김구가 일본

하면 賞金을 달나고 하엿으니, 南京에서 謹愼하라"는 付託을 내가 親聞하엿다.

洛陽軍校 韓人 學生은 겨오 一期를 畢業한 後는 "다시는 收容을 말나"는 上部 命令의 依辦하게 되니, 中國에서 韓人 軍官 養成은 終幕을 告하엿다.

내의 南京 生活도 漸漸 危險期에 入한다. 倭狗가 내의 足跡이 南京에 잇는 내음새를 맛고 上海로서〔에서〕暗殺隊를 南京으로 派送한다는 報道를 接하고, 〔남경〕夫子〔공자孔子〕廟 近邊에 派人 視察한즉, 七名의 便衣 日警이 作隊 巡探하드라 한다.

나는 不得已 嘉興의 朱愛寶 船女를 每月 十五元式 그 本家의 주고 다려다가 淮淸橋에 房을 租得 同居하며, 職業은 古物商이라고 依然 廣東 海南島人이라고 假冒하엿다. 警察이 戶口調査를 와도 愛寶가 先發 說明하고, 나와는 接語를 謹避之하엿다.

그리자 〔1937년 7월 7일〕盧溝橋事件으로 中國은 抗戰을 開始하엿다〔중일전쟁〕. 韓人의 人心도 不安케 되는데, 五黨 統一이든 民族革命黨은 쪽쪽이 分裂되 朝鮮革命黨이 또 한 개 〔생〕기고, 美州 大韓人獨立團은 脫退되고, 根本 義烈團 分子만이 民族革命黨을 持支케 되는데, 그갖이 分裂되는 內容은 겉으로는 民族運動을 標榜하고 裏面으로는 共産主義를 實行한다는 것이다.

時局은 漸漸 急迫함으로 우리 韓國國民黨과 朝鮮革命黨과 韓國獨立黨과 美包 各 團體를 聯結하여 民族陣線〔한국광복운동단체연합회〕을 結成하고 臨時政府를 擁護 持支하게 되니, 政府는 漸漸 健全 道徑으로 進步케 되엿다.

국적에 올라 있지 않다는 이유로 체포할 수 없다고 항의해서는 안 된다는 의미인 듯하다.

上海戰事〔1937년 8월 13일에 일어난 제2차 상해사변〕는 漸漸 中國 側이 不利케 되여, 南京의 倭 飛機의 暴炸은 日日 尤甚 하다. 내가 居住하는 淮淸橋 집에서 初전역〔저녁〕에 敵機의 困難을 밧다가 警報 解除 後에 就寢하여 잠이 깊이 들엇드니, 忽然 잠결에 空中에서 機關炮聲이 들니는지라 警而起床하여 房門 外를 나스자, 霹靂이 震動하며 내가 누엇든 天窓이 壞下하는지 後房에서 자는 愛寶를 呼出하니 죽지는 앗엇드라. 後面 各房에 同住者들은 塵土 中으로 다들 나오는데, 後壁이 倒壞되고 其外는 屍體가 無數하드라. 各處에 火光이 動天한데 天色은 紅氈〔붉은 융단〕과 如하다.

그러자 날이 밝으니 馬路街 母親 宅을 차저갈 새 여긔저긔 죽은 者, 傷한 者가 街路에 遍滿한 것을 보면서, 母親 宅 門을 叩한즉, 母親께서 親히 나오서서 開門하시는지라,

"놀나섯지요."

母親은 우스시면서, "놀나기는 무엇을 놀나. 寢床이 들석들석하두군. 그래, 사람이 많이 죽엇나."

"녜. 오면 보니 이 근처에서도 사람이 傷하엿든데요."

"우리 사람들은 상치 안엇나."

"글세올시다. 至今 나가서 보럅니다."

곧 나와 白山〔이청천〕 집을 訪問하니, 房屋 震動으로 驚惶을 經하고 別故는 없고, 藍旗街 大多數 學生 及 家眷이 無故하니 萬幸이라. 醒菴 李光 宅 子女 七人인데, 深夜에 警報 避難을 가다가, 中路에서 天英 一名은 자는 것을 忘却함을 覺하고, 越墻而入하여 자는 兒孩를 抱來한 笑事도 있다.

13

長沙로 이동과 어머님에 대한 추억

南京이 刻一刻 危險하여 간즉, 中國 政府는 重慶으로 戰時 首都로 定하고 各 機關이 紛紛히 遷移하는지라. 우리 光復陣線 三黨 人員 及 家眷 百餘名이 物價가 平易한 湖南 長沙로 爲先 移住하기로 決定하고 上海, 杭州, 溧陽 古堂菴에서 仙道를 修하는 雩岡 梁起鐸 兄의게까지, 各地 食口의 南京 올 旅費를 보내여 召集令을 發하엿다.

安恭根을 上海로 派遣하여 "自己 家眷과 大兄嫂(重根 義士의 夫人)는 期於히 보시고 오라"는 重托하엿는데, 及其 家族을 率來하는 데는 自己의 家屬들이고, 大嫂가 없다. 나는 大責하엿다.

"兩班의 집에 火災가 出하면 祠堂부터 抱出하나니, 革命家가 避難을 하면서 爲國家 殺身成仁한 義士의 夫人을 倭仇의 占領區에 遺棄함은, 君의 家通[46]는〔은〕 勿論하고 革命家의 道德으로도 不忍의 事니라. 그런데 君의 家族도 團體生活 範圍 內에 編入하는 것이 今日 生死苦樂을 갖이 하는 本意가 안인가."

恭根은 自己 食口만은 重慶으로 移住케 하고 團體 編入을 不願함으로 自意에 任하고, 나는 安徽 屯溪中學에 在學中인 信兒를 招來하고 母親을 모시고, 安恭根 食口와 갖이 英國 輪船으로 漢口에 向往하고, 大家族 百餘口는 中國 木船 一隻에 行李까지 滿載하고 南京을 疏開하엿다.

나는 母親을 모시고 先次 漢口에 到着하여 長沙에 抵하니〔향하니〕, 先發隊로 先到한 曺成煥·趙琬九 等은 鎭江에서 臨時政府 文簿를 갖이고 南京 一行보다 數日을 先到하엿고, 南京 一行도 風浪 中에도 無事하엿으

---

46 원래는 "大嫂"였으나, 펜으로 "家通"으로 수정하였다. 《필》(『전집』 2권 350면)에는 "家族"으로 되어 있다.

나, 藍旗街 事務所에서 汲水雇人 蔡君은 母親께서 爲人이 忠實하니 同行하라는 命令을 밧고 編入而來하다가 蕪湖〔남경 남쪽에 있는 도시〕 附近에서 風浪 中 汲水 失足하여 溺水死한 一事만은 不幸이다.

南京서 出發할 時에 朱愛寶는 本鄕인 嘉興으로 보내엿다. 그 후 種種 後悔되는 것은, 送別 時에 旅費 百元밧게는 더 주지를 못하엿음이라. 近 五年 동안 나를 爲하여 한갓 廣東人으로만 알고 不知中 類似夫婦이엿드니라. 내의게는 功勞가 없지 안은데, 後期가 잇을 줄 알고 돈도 넉넉이 돕지 못한 것이 遺憾千萬이다.

漢口까지 同行한 恭根의 食口는 重慶으로 移住하엿고, 百餘口 同志 同胞들은 共同生活를 할 줄 모름으로 各自 租屋 各自 炊事하엿드니라.

母親의 生活 問題를 漏記되엿음으로 溯考하여 쓴다. 내가 上海에서 民國 六年〔1924년〕 一月 一日 喪配하니, 妻는 信兒 産後에 몸이 채 튼튼치 못하엿 때에, 永慶坊 十號 二層에서 洗面水를 母親드러 버리라 〔하-〕기가 惶悚한지 洗手器를 들고 下層으로 나려가다가 失足하여 層階에 구르나서 脇膜炎으로 肺病이 되여서, 虹口 西洋人이 經營하는 肺病院에서 死亡하는데, 내가 그곧에 못 가는 고로 普隆醫院에서 나는 最後 作別를 하엿고, 家妻 臨終으로는 金毅漢 夫妻가 訪問가서 臨終을 보앗 주엇고, 도로 도라와 報告함으로 알엇다. 美洲서 來滬한 柳世觀이 入院 時와 入葬 時에 많은 受苦를 하엿드니라.

母親은 三歲인 信兒를 牛乳를 먹여 기르는데 밤에 잘 때는 母親의 뷔인 젓을 물녀 재우드니라. 上海 우리 生活은 極度로 困難하다. 그때 우리 獨立運動하는 同志 中에 就職者·營業者들을 除하면 數十人에 不過하다. 母親께서는 靑年 老年들의 굼주림을 愛惜히 생각하시나, 救濟 方法은 兩個 孫兒도 上海 生活노는 保育키 不能함을 보시고, 還國코저 하실 때의 우리 집 後面 씨럭이〔쓰레기〕 筒 內에 近處 菜蔬商이 白菜것대〔배추 겉대〕를 버린 거시 많음으로 每夜 深後에 可히 먹을 것으로 擇하여다가 鹽水에 潛 入하여 菜料를 ▼하기 위하여 여러 缸(항)아리를 맨드섯드니라.

아모리 생각하여도 上海 生活을 維持키 難함을 보신 母親께서 四歲 未滿인 信兒를 다리시고 歸國의 길을 떠나시고, 나는 仁兒를 다리고 呂班 路에 一平房을 租得하여 石吾 先生과 尹琦燮·趙琬九 等 幾位 同志들과 同居하며 母親께서 담아 주신 욱어지 김치를 오래 두고 다 먹엇다.

母親께서 入國 時에 旅費를 넉넉이 들이지를 못하여 겨오 仁川에 上 陸하시쟈 旅費가 告乏[고갈]되는지라, 떠나실 제는 그런 말슴을 딀인 바도 없건마는 仁川 東亞日報 支局에를 가서 말슴한즉, 該 支局에서는 "上海 消息으로 新聞에 登載됨을 보고 벌서 알앗따"고, 京城 갈 路費와 車票를 사서 들이엿고, 京城 東亞日報社를 차자가신즉 亦是 沙里院까지 治送하 엿다.

上海를 떠나실 적의 나는 부탁하기를, "沙里院에 到着하신 後 安岳 金鴻亮 君의게 通知하여 보아서, 迎接을 오그던 따라가시고, 消息이 없그 던 松禾 得聖里(水橋 東 十餘里) 姨母 宅(張雲龍 妹從弟 집)으로 가시라" 는 付托대로 "沙里院에서 安岳으로 오섯다"는 通知를 하엿으나, 〔김홍량 군 이〕 아모 回報가 없음으로 松禾로 가섯든 것이다.

二三個月 後인 陰曆 正初에 安岳에서 金善亮(庸濟의 長子) 君이 母 親께 來謁하고 安岳으로 모서 갈 意思를 告하엿는데, 理由는 "'할마님이 安岳으로 오시지를 안코 中路에 계시게 하고, 우리 집안에서 할마님의게 金錢을 보내여 上海 게신 金 先生님의게 獨立資金을 供給한다'고, 警察 署에서 日人이 屢次 우리 집에를 와서 惹端을 함으로 집안 얼은들이 가서 모서 오라기로 왓음니다."

母親 大怒 曰, "내가 沙里院에서 왓다는 通知를 하엿으되 아모 대답 이 없다가 至今 日 巡査의 심부림으로 왓느냐."

善亮은 曲眞[曲盡]히 "그리 된 것도 情 不足이 아니옵고 環境 關係이오니 容恕하시고 갖이 가십시다."

母親 말슴, "네 말 잘 알엇다. 日氣가 溫和하거든 海州 故鄕에 다녀서 安岳으로 가마" 하시고 善亮은 돌녀보내고, 春節에 得聖里에서 떠나서 陶古路 林善在(셋재 三寸의 壻)의 집과 白石洞 孫鎭鉉(姑母之子) 집을 訪問하시고, 海州 基洞 金泰運(再從弟)과 幾個 族人들과 父親 墓所의를 막음[마지막]으로 다녀서 安岳으로 가섯는데, 먼저 善亮의 집으로 들어가섯는데 金門에서 알고 多情한 庸震·鴻亮 等이 來謁하고, "母親 오시기 前에 住宅과 一應[47] 器具며 食糧 衣料를 다 準備하엿은즉 安寧이 게십시샤" 하고 모서 가드라고 말슴하드니라.

母親께서는 晝夜로 上海에 子孫을 忘却지 못하시고, 生活費에서 節用하여 若干의 金錢도 付送하시나 紅爐點雪될 것을 아심으로, "다시 仁兒를 보내라"는 命令을 밧고, 金鐵南(永斗) 君의 三寸의 便에 仁兒까지 歸國케 되니, 子子單身으로 一點의 家累[가족]가 없게 되엿다.

歲月이 如流하여 나의 나히 五十餘라. 過去를 回想하고 將來를 推想하니 身勢 自憐이라. 西大門監獄에서 發願하기를, '天佑神助로 우리도 어느 때 獨立政府가 成立되그던 政府 門 把守를 하다가 死亦無恨이라' 한 所願에 超過하여 最高職을 經한 나의 責任을 무엇으로 履行할가 하는 생각에서, 冒險 事業의 着手할 決心하고 『白凡逸志』 上編을 쓰기 始作하여 一年 二個月에 上編을 終記하엿는데, 經過 事實의 某年 某月 某日을 記入한 것은 每每 本國 게신 母親의게 上書하여 下答을 받아 記入하엿으나, 至今 下編을 쓰는 때에도 母親 곧 生存하엿드라면 도음이 많을연만 哀哉

---

47 일본식 한자어 一応(이치오우). '우선', '일단' 등의 뜻인데, 여기서는 "우선 필요한"의 의미이다.

로다.

母親은 安岳 게시며서, 東京事件이 發生된 後 住宅을 包圍하고 巡査隊가 幾日을 警戒하엿고, 虹口事件에는 尤甚하엿다 한다. 나는 秘密히 報告하엿다. "母親께서 兒孩놈들을 다리고 다시 中國에 오서도 年前과 갓이 飢餓는 當치 안을 情勢이오니, 나올 수만 잇으시거든 오십시오" 하엿드니, 母親께서는 本是 勇敢은 他 女流로는 不能及이라, 安岳 警察署에 出國願을 提出하엿다.

理由는 "年老 死無幾日하니 生前에 孫子 兩個를 다려다 渠父의게 맛기겟다"는 것이다. 當幸이 安岳 警署에 許可를 得하시고 束裝하든 즈음에 京城 警視廳으로 專員을 安岳으로 派遣하여 母親을 威脅 曉諭하기를, "上海에서 우리 日本 警官들이 當身 아들을 逮捕하려 하여도 찻지를 못하는 터이니, 老人이 無謂한 苦生을 當할 것 없음으로 上部 命令으로 當身 出國은 不許함이니, 그리 알고 집으로 도라가서 安心하고 지내시오" 하는 말을 들은 母親은 大怒 曰,

"내 아들을 찾는 데는 내가 그대네 警官보다 나흘 터이고, 언제는 出國을 許可한다기로 家産什物을 다 處理케 하고 至今은 不許出國 云하니, 남에 나라를 奪取하여 政治를 이갓이 하고 長久할 줄 아느냐." 老人이 넘어 興奮되여 昏倒하심으로 警察은 金門〔김용제 집안〕에 委托하여 保護를 命하고, 母親께 다시 뭇기를, "내내 出國할 意思를 갓이는가."

母親은 "그갓이 말썽 많은 出國은 不爲키로 決心한다" 하시고 도라오서서, 土木工을 召하여 家屋을 修理하며 家具什物을 準備하야 久住之計를 示하시고, 數月 後에 "松禾 同生의 病問安을 간다"고 信兒를 다리고, 信川邑까지 自動車 票를 사가지고, 信川서는 載寧으로 沙里院으로, 平壤에 到着하여서는 崇實中學에 在學中인 仁兒를 呼出하야, 安東縣 直行 車를 타시고, 大連에서 日警 調査에 "仁兒가 幼弟〔김신金信〕와 老祖母를 同行

威海衛 親戚 집에 依托코저 간다"니까, "잘 가라"고 特許함으로, 上海 恭根 君 家에 들어가 一夜를 經하고, 嘉興 嚴恒燮 君의 집으로 오신 消息을 南京에서 듯고, 卽時 嘉興으로 가 離別 後 九年 만에〔1934년 3월말〕母親을 뵈옵고 這間 本國서 지낸 情形을 ──히 들엇다.

九年 만에 母子 相逢하는 첫 말슴에 큰 恩典을 받앗으니, 卽是라. 母親 말슴, "나는 自今爲始하야 '네'라는 말을 고처 '자네'라 하고, 잘못하는 일이라도 말노 責하고 撻楚를 不用하겟네. 理由는 聽聞컨댄 자네가 軍官學校를 하면서 多數 靑年을 거느린다니, 남의 師表가 된 모양이니 나도 體面 보와주자는 것일세."

나는 年滿 六十에 母親께서 주시는 大恩典을 蒙하엿다.

南京서 母親 生辰에 靑年團과 우리 老同志들의 收金 獻壽하려는 눈치를 채인 母親은, 그 돈대로 주면 내 口味대로 飮食을 맨드러 먹겟다 하심으로 그 돈을 드린즉, 短銃을 사서 日本놈 죽이라고 도로여 보태여 靑年團에 下賜하섯다.[48] 其後에 南京으로 모서다가 一年을 經過한 後 南京 陷落일 迫近함으로 長沙로 모시고 간 것이다.

南木廳 사건

이제부터는 다시 長沙 生活의 大槪를 記錄하기로 하자. 百餘名의 男女老幼와 靑年을 끄을고 人地 生疎한 湖南省 長沙에를 간 것은, 但히 多數 食口가 穀價 至賤한 곳이며, 將來 香港을 通하여 海外 通信을 繼續할 計劃으로 長沙에 오게 되어, 先發隊를 보내고 安心을 못하고 뒤밎어 長沙

---

48 "南京서 ~ 下賜하섯다": 용지의 여백 상단에 기입된 글이다. 자세한 사항은 해제 참조.

에 到着하자, 天佑神助로 己往에 熟親인 張治中 將軍이 湖南省 主席으로 就任됨으로 萬事가 順便하여 保護가 切實함으로 우리의 宣傳 等 工作도 有力하게 進展되고, 經濟 方面으로는 旣爲 南京서부터 中國 中央으로 每月 多少의 補助도 있는 外에 美國 韓僑의 援助로서, 物價 至賤한 탓으로 多數 食口의 生活이 高等 難民의 資格을 保有케 되엿드니라.

내가 本國을 떠나 上海에 到着된 後 우리 사람을 初面에 人事할 때 外에는, 本姓名을 내여노코 人事를 못하고 每每 變姓名의 生活을 繼續하 엿으나, 長沙에 到着 以後는 忌憚없이 金九로 行世하엿든 것이다.

當時 上海에[-서] 杭州에[-서] 南京에서 長沙로 來會한 食口는 光復陣 線 遠東 三黨 黨員 及 家族과 臨時政府 職員들인데, 種種 三黨 統一 問題 가 同行 中에 提起되든 것이라. 三黨은, 朝鮮革命黨이니 重要 幹部로는 李靑天·柳東說·崔東旿·金學奎·黃學秀·李復源·安一淸·玄益哲 等이 오, 韓國獨立黨이니 幹部 趙素昻·洪震·趙時元 等이며, 내의 創立인 韓 國國民黨은 李東寧·李始榮·趙琬九·車利錫·宋秉祚·金朋濬·嚴恒燮· 安恭根·楊墨·閔丙吉·孫逸民·曺成煥 等이 幹部이엿나니, 三黨 統一 問 題를 協議키 爲하여 五月 六日에 朝鮮革命黨 黨部인 南木廳에 聚餐키로
14-1[49] 하고 나도 出席하엿드니라.

精神을 차려 본즉 내의 住所가 아니고 病院인 듯한데 몸이 極히 不便 하다. 내가 "어듸를 왓느냐" 問한즉, "南木廳에서 飮酒 卒倒되여 入院하엿 다" 한다.

"醫師가 자조 와서 내 가슴을 診察하고, 가슴에는 무슨 傷痕이 있는 듯하니 何故오."

---

49 14-1면 상단 여백에 "正處印封" 4자가 적혀 있다. '거처를 비밀에 부치다'라는 의미로 아마도 목차용 단어였을 것으로 추정된다.

"卒倒 時에 床角에 없더저서 微傷" 云云하니 吾亦信之 無他疑러니, 一個月이 幾近하여 오매 入院한 眞相을 嚴恒燮 君이 詳細 報告함을 들은 즉, 當日 南木廳에서 宴飲이 開始될 時에 朝革[朝鮮革命]黨員으로 南京서부터 上海로 特務工作을 가고 싶흐다 하여 金錢 保助도 하여 주든 李雲漢[李雲煥]이 突入하여, 短炮로 亂射하여 第一發에 내가 맛고, 第二發에 玄益哲이 重傷, 第三發에 柳東說이 重傷, 第四發에 李靑天 輕傷되여, 玄益哲은 醫院에 當到하자 絶命되고, 나와 柳東說은 入院 治療하여 成績 良好로 同時 退院되리라 하며, 犯人은 省 政府 緊急 命令으로 逮捕 囚獄되고, 嫌疑犯 朴昌世·姜昌濟·宋郁東·韓成道 等도 囚禁 云云하니, 一大 疑竇의 두[의혹]는 姜昌濟·朴昌世 兩人의게 있나니, 姜·朴 兩人은 從前 上海에서 李裕弼의 指揮로 丙寅義勇隊라는 特務工作 機關을 設立하고, 一種 革命亂類로 金錢을 携帶한 同胞는 强奪도 하고, 日本의 偵探을 銃殺도 하며 親隨[추종]도 한즉, 우리 社會에 信用은 없으나 反革命者로 規定하기는 難한지라.

數十日 前에 姜昌濟가 내의게 請하기를, "上海서 朴昌世가 長沙로 올 마음이 있으나 旅費가 없어 오지를 못한다니 旅費를 補助하라" 請求하기로, "上海 機關에 委託하여 處理하마" 하엿다. 그 理由는 朴濟道(昌世의 長子)가 日本 領事館 偵探이 된 것을 나는 仔細히 알고, 朴昌世가 自己 집에 安住하는데 特別 注意함이여섯다. 旅費가 없어 오지를 못한다든 朴昌世는 長沙를 와서 나도 한 번 맛나 보앗다.

李雲漢[이운환李雲煥]은 必是 姜·朴 兩人의 惡宣傳의 利用되여 政治的 感情으로 衝動되여 南木廳 事件의 主犯이 된 것이다. 警備司令部 調査로 朴昌世가 長沙에 來着 以後, 即時 上海로서 朴昌世의게로 二百元 金錢이 匯到[계좌 송금]되엿으나, 李雲漢의 逮捕(數十里 鄕下 火車站에 步到)된 後 身邊에는 但只 十八錢뿐을 所持한 것으로나, 李雲漢이 犯行 以後 柳

東說의 義壻〔수양딸(유미영柳美英)의 남편〕 崔德新(東旿之子)의게 短炮를 向하고 十元을 强要하여 가지고 長沙를 脫出한 實情으로 보아서도, 姜·朴의 魔手에 利用된 것이 事實 갖고, 戰事가 長沙도 危急될 境遇에 中國 法庭에서 首從 犯人들을 依法治罪치 못하고 擧皆 放送하고, 李雲漢까지 脫獄하여 貴州 方面으로 乞人 모양으로 오는 것을 歐陽群〔본명 박기성朴基成〕이가 相逢하여 말까지 하엿다는 報告를, 내가 重慶서 드럿드니라.

當時 長沙는 一大 騷動이 되여, 警備司令部에서는 其時 長沙서 出發하여 武昌으로 向往한 火車를 다시 長沙까지 後退하여 犯人 搜索을 하엿고, 우리 政府로서는 廣東으로 派員하여 中韓合作으로 犯人 逮捕의 努力하엿고, 省 主席 張治中 將軍은 湘雅醫院에 親到하여 나의 治療의 任何 方法〔어떤 방법〕으로나 治療 費用은 省 政府가 負責할 터이라 하엿다 한다.

南木廳에서 汽車에 載去한 나는 湘雅醫院에 到着한 後, 醫師의 診斷으로 無望을 宣布하고 入院 手續도 할 必要도 없이 門房에서 絶命을 기달일 뿐인데, 一二時로 乃至 三時를 連長되는 것을 본 醫師는 "四時間 동안만 生命이 連長되면 辦法이 있을 듯하다"고 하다가, 及其 四個 鍾點〔시간〕後에 優等 病室에 入院하고, 治療에 着手하엿든 것이다.

其時 安恭根은 重慶에 安接식인 自己 家族, 廣西로 移住하든 仲兄 定根 家族까지 香港으로 移住식일 일노, 仁兒는 上海工作 가는 길에 亦是 香港에 잇는 故로, 내가 自動車에 載去하여 醫院 門房에서 醫師 診斷으로 無望의 宣告를 하는 卽時로 香港에 發한 電報는, 被人 槍殺의 餘地 없은 電報가 갓든 것이라.

그럼으로 數日後 仁兒와 恭根이 葬禮에 參加키 爲하여 長沙로 回還하엿드니라. 當時 漢口에서 戰事를 主理하든 蔣介石 將軍은 一日에도 數次의 電問이 있다가, 一個月 後 退院 後에는 蔣氏 代表로 羅霞天 氏〔-가〕治療費 三千元을 帶하고 長沙에 와서 致慰하엿드니라.

退院 後는 卽時로 步行하여 母親께 가서 뵈엿다. 母親께는 事實을 直告치 안코 지내오다가 거의 退院될 時의 信兒가 報告하엿다는데, 及其 가서 뵈옵는 時 말슴은 조곰도 動念되시는 빛이 없이, "자네의 生命은 上帝께서 保護하시는 줄 아네. 邪不犯正이지. 한갓 遺憾은 李雲漢 韓奸놈도 韓人인즉 韓人의 銃을 맞고 生存함이 日人의 銃의 死亡함만 不如.[50] 이 말슴뿐이고, 當身이 自手로 炊成하신 飲食을 먹으라 하심으로 먹고, 〔내가〕 嚴恒燮 君 住所에서 休養 中이드니, 一日은 忽然 神氣 不便하고 口逆와 右便 脛脚이 麻秘됨으로, 다시 湘雅醫院에 가서 診斷할 새 X光線으로 心傍에 棲在한 彈丸을 檢查한즉, 位置가 變動되여 右便 脅骨 側에 移在하다. 西洋 外科 主任의 主張은 "本是 心室傍에 棲在하든 彈丸이 大血管으로 通過하여 右脅으로 移在한즉, 不便하면 手術도 容易하고 그대로 두어도 生命에 아모 關係가 無하고, 右脚의 麻秘는 彈丸이 大血管을 壓迫하는 所以이나, 漸次 小血管들이 擴大됨을 따라 減少된다" 云云.

重慶: 臨政의 확대와 韓獨黨

次際에 長沙에 敵機 空襲이 甚하고, 中國 機關들도 避難 中이라. 三黨 幹部들이 會議한 結果, 廣東으로 가서 南寧이나 雲南 方面으로 海外 交線을 持支할 計劃이나, 避難人이 如山如海한데, 遠地는 姑舍하고 百餘人口와 山積한 行李를 携帶하고 近地 鄉下로도 移接키 極難한지라.

蹇脚〔절름발이 다리〕을 끄을고 省 政府 張 主席을 訪問하고 廣東 移接을 商議한즉, 鐵路 火車 一節을 우리 一行에게 獨用 無料의 命令을 發하

---

50 "한갓 ~ 不如": 용지의 여백 상단에 적혀 있는 글이다. 해제 참조.

고, 廣東省 主席 吳鐵城 氏의게 介紹信을 親筆로 作成하여 주니, 大問題 〔이하 대거 절삭〕[51]는 解決되었다.

大家族 一行보다 〔내가〕 一日을 先發하여 廣州에 到着하니, 以前부터 中國 軍界에 服職하든 李俊植·蔡元凱 兩人의 周旋으로 東山柏園은 臨時政府 廳舍로, 亞細亞 旅館은 全部 大家〔-族이〕 收容케 되었으니 安心하고, 〔내가〕 香港으로 간 것은 特히 安定根·安恭根 兩人의게 付託할 大事件이니, 그들 兄嫂 義士 夫人을 上海에서 모서 내여 倭놈 佔〔占〕領區를 免케 할 目的이였드니라. 當初 南京서 大家族을 長沙로 移接하기로 定하고, 恭根을 上海에 密派(滬寧鐵道〔상해~남경 간 철도〕가 戰爭로 因하여 不通됨) 時에 自動車를 使用하여, 自己 家族을 南京으로 退來케 할 時에, 兄嫂 宅 食口를 갗이 運來하라 하엿으나 成功치 못한 것이 一大 遺憾이엿든 故이다.

香港서 맞음〔마침〕 上海로 秘密 工作으로 派送하든 柳絮와 갗이 安君 兄弟와 會議 時에, 나는 强硬 主張으로 兄嫂로 하여곰 上海 淪陷區를 免케 하자고 하나, 그들은 難色이 있음으로, 나는 據理責之 曰, "兩班의 집에서 火災가 나면 祠堂부터 移出[52]하느니, 우리 革命家로 義士 夫人을 淪陷區에서 救出함 以上에 大急務가 없다" 하였으나, 事實上 其時는 不可能일 것이다.

또 한 가지 遺憾事가 있으니, 南京서 大家族을 長沙로 移接코저 할 時, 以前브터 仙道를 硏究코저 漂陽 戴埠鎭 古堂庵 中國 道士 任漢廷의

---

51 다음이 15-1면이나, 이 면은 대거 절삭되고 마지막 1행 "言約하고 三日 後에 廣州에 回還한즉, 大家族과 母親께서 無事히 安着되엿다. 亞細亞 旅館 全部를 家族 住宅으로 柏園은" 부분만 남아 있다. 그러나 이 부분도 15-2면의 내용과 중복되어 결과적으로는 필요 없게 되었다. 하권 15~16면 사이의 대대적인 삭제는 안공근과 관계되는 것이다. 해제 참조.

52 『백범일지』 하권 13면에는 "抱出"이라 썼다.

게 依托 修道하는 梁起鐸 先生의게 旅費를 보내고, "卽時 南京으로 와서 갓이 長沙 出發에 參加하라" 하엿으나, 到期 不來함으로 不得已 그저 떠나서 □□□□를 □□하드라[53]

▼(會하고),[54] 廣州에 敵機 空襲이 甚하여 大家族과 母親을 佛山[이하 먹으로 지움][55] 路에 辦公處를 置하고, 事務員들만 職守케 하고 二個月을 廣州에 逗遛[逗留]하다가, 中國 政府는 戰時 首都가 重慶으로 定하엿음으로 蔣介石 將軍의[-에] 電請[56]하엿드니 "來渝[重慶]하라"는 回電을 接하고, 曺成煥·羅泰燮 兩 同志와 同伴하여 粤漢鐵道[광동廣東과 한구漢口 간의 철도]로 다시 長沙에 到着하여 張治中 省主席을 面會하고, 重慶行의 便宜를 請한 즉 快諾하고, 公路車票 三枚와 貴州省 主席 吳鼎昌 氏의게 介召信를 作送하엿기로, 重慶으로 出發하여, 十餘日에 貴陽에 到着하엿다.

16

多年 南中國 土地 肥沃하고 物産 豊富한 곳에만 보와서 그런지는 不知나, 貴陽市에 往來하는 사람 中 極少數를 除한 外에는 絶對多數가 衣服이 懸鶉百結[57]이고 顏面菜色[58]이라. 山川은 石多土少하여, 農家에서 흙은 저다가 岩石 上에 布하고 發種한 것을 보아도 土壤이 極貴함은 可知라. 其中에도 漢族보다도 所謂 苗族들의 形色이 極히 貧乏하고 行動이 野昧하여 보이더라.

---

53 안공근과 양기탁 이야기는 13-1면에서 이미 한 것이다. 여기서 조금 더 자세하다.
54 ( )는, 1차 원본을 잘라내고 새로운 원고를 붙이면서 연결 부분에 남아 있는 일종의 췌사(贅辭)이다.
55 불산(佛山)은 광주 남쪽에 인접해 있는 소도시.
56 《원》에서는 삭제되었으나, 원본을 필사한 《필》(『전집』 2권 356면)에는 "電請"의 내용 중 "重慶을 갈 터이니 回示하라"는 구절이 남아 있다.
57 '현순백결'(懸鶉百結)은 메추리를 매단 듯이 너덜너덜하게 옷을 백 번이나 기워 입었다는 뜻이다.
58 '안면채색'(顏面菜色)은 굶주림으로 얼굴에 혈색이 없고 오래된 푸성귀처럼 누르스름한 얼굴빛이라는 뜻이다.

中語를 모르는 나로는 言語로는 漢·苗族을 區別키 難하나, 衣服으로 苗族 女子는 逈異〔특이〕하고 苗族 男子는 文野의 眼光으로 分別할 수 있으나, 苗族化한 漢人도 많은 듯하다.[59]

苗族도 四千餘 前 三苗[60] 氏의 子孫이리니, 三苗 氏는 前生에 무슨 業報로 子孫들이 屢千年 歷史上에 特異한 人物이 있다는 史記를 보지 못하엿기로, 나는 三苗 氏라는 것은 古代에 名稱을 殘存할 뿐이고 近代에는 없어진 줄 알앗드니, 이제 苗族도 幾十幾百 種別노 變化되여, 湖南·廣東·廣西·雲南·貴州·四川·西康 等地에 遍滿한 形勢인데, 近代에 漢族化한 苗族 中에 英傑이 있다는데, 風便 傳說에는 廣西 白崇禧 將軍과 雲南 主席 龍雲 等이 苗族이라 하나, 未知其先〔조상〕인 나로는 眞假를 말할 수 없다.

貴陽에서 八日을 經過하고 重慶까지 無事 到着하엿으나〔1938년 10월 26일〕, 其間에 廣州가 失守되니 大家族의 消息이 極히 궁금하든차, 一行이 高要로, 桂平으로, 柳州에 來着〔1938년 11월 30일〕한 電信을 밧고 적윽이 安心은 되나, 重慶 近地로 移舍를 식여 달나는 데는 큰 問題라.

中國 中央으로도 車輛 不足으로, 軍需 運輸에 千輛도 不足인데 百輛 밧게 없으니 愛莫助之이라〔사랑하지만 도와줄 수 없다〕 한다. 交通部와 中央黨部에 屢次 交涉하여 汽車 六輛으로 食口와 行李를 運搬케 旅費까지 辦送하엿고, "食口 安接地를 어듸로 하랴느냐" 問하는데, 貴陽서 重慶 오며서 沿路에 보든 中에는 綦江이 좋아 보임으로 綦江으로 定하고, 晴蓑〔조성환 曺成煥〕 兄을 派遣하여 房屋과 若干 家具 等物을 準備케 하고, 美·包로 重慶 移接을 通知하고 날마다 回報를 보기 爲하여 郵政總局에를 親히 往來

---

59 뒤의 문맥과의 일치성이나 역사적 사실로 볼 때 '근래 한족화한 묘족도 많다'고 해야 타당할 것이다.

60 '삼묘'(三苗)는 중국 요순 시대에 있던 남방 묘족의 선조이다.

하든 것이다.

一日은 郵政局을 갓드니 仁兒가 와서 人事를 하는데, "柳州서 祖母님이 病이 나섯는데 '急速히 重慶을 가시겟'고 말슴하심으로 信이와 兄弟가 모시고 왓읍니다." 따라가 뵈오니 내의 旅館인 儲奇門 鴻賓旅舍 對面이라. 모시고 鴻賓으로 와서 一夜를 經過하신 後, 金弘敍 君이 自己 집으로 모시기로 하고, 南岸 鵝宮堡 孫家花園으로 가섯다. 당신의 病은 咽喉症이니, 醫師의 말을 듯건대 廣西의 水土病이라 한다. 高齡만 아니면 手術을 施할 수 있으며, 病이 發作된 初이면 辦法이 있으나 時亦晩矣라 한다.

16-1

母親께서 重慶으로 오실 줄을 알고 老衰하신 母親을 侍奉할 誠心을 품고 重慶으로 率眷하여 온 一家族이 있으니, 그는 달은 사람이 아니라 上海서 同濟大學 醫科를 卒業하고 牯嶺 肺病療養院 院長으로 開業하다가, 牯嶺이 戰爭 據點될 것을 看破하고, 宜昌으로 萬縣으로 重慶으로 來着하엿으니, 劉振東 君과 그 夫人 姜暎波이다. 그들 夫妻는 上海서 學生時代로부터 나를 特別 愛護하든 同志들이다.

나를[61] 愛重하는 그들 夫妻가 내의 情勢가 母親을 잘 모시지 못하게 된 것을 알고, 그들 夫妻가 母親을 侍奉하고, 나는 放心하고 獨立 事業에 專務하라는 것이다. 그들이 그런 誠心을 품고 南岸에 當到한 時는 仁濟醫院에서도 束手[無策]되여 退院하고 時日을 기다리든 때라. 千古遺恨이다.

---

61 "나를" 앞에 원래 "내가 長沙에서 生命을 保存한 것은 自己愛子 □星(五歲時)이가 代身 死亡(在宜昌時)하였다고 까지"가 있었다. 의창(宜昌)은 중국 호북성(湖北省)의 도시 이름. 유진동(劉振東) 강영파(姜暎波) 부부가 자신의 아들보다 더 백범의 생명을 소중하게 생각하였다는 것을 특별하게 기록했는데, 해방 이후 이 부분을 먹으로 지웠다. 《필》(『전집』 2권 357면)에도 기록했다가 다시 펜으로 삭제 표시를 하였다.

다시 溯及〔遡及〕하여 重慶을 처음 到着하연 進行한 일을 말하여 보자. 事件은 有三하니 (一)은 中國 當局을 交涉하여 車輛을 得하여 移舍 費用 辦備하여 柳州로 보내는 일, (二) 美·包 各 團體의〔-에〕臨時政府와 職員 眷屬으로〔을〕重慶으로 移住하는 것을 通知하고 援助를 請하는 일, (三) 은 各 團體 統一 問題를 提起함이라.[62]

南岸 鵝宮堡 朝鮮義勇隊와 民族革命黨 本部를 訪問하엿다. 金若山 (元鳳)은 桂林에 잇으나, 其 幹部는 尹琦爕·成俊用〔성주식成周寔〕·金弘敍 ·石丁〔윤세주尹世胄〕·崔錫淳·金尙德 等 諸人인데, 卽時로 歡迎會를 開함 으로 其 席上에서 統一 問題를 提出하되 民族主義 單一黨을 主張한즉 一 致 讚成되는 故로, 進一步하여 柳州와 美·包에 一致를 求하엿다.

美·包에서는 回答 오기를, "統一은 贊成하나, 金若山은 共産主義者 니 先生이 共産黨과 合作하여 統一하는 날은 우린 美國 僑胞와는 立場上 因緣과 關係를 끈어지는 줄 알고 統一 운동을 하라"는 것이다. 나는 若山 과 相議한 結果 聯名宣言〔1939년 5월,「동지·동포 제군에게 고함」〕으로 "民族運 動이라야 祖國 光復에 必要하다"고 發布하엿고, 柳州 國民黨 幹部들은 左 右間 重慶 가서 討論 決定하자고 回答이 왔다.

綦江 先發隊가 到着되고, 連하여 百餘 食口들은 다들 無故히 安着하 엿건마는, 惟獨 母親만은 病이 漸漸 重態에 入하여 당신도 回生치 못할 것을 覺悟하시고, 어서 獨立 成功되도록 努力하여 成功 歸國할 時는 내 의 骸骨과 仁이 母의 骸骨까지[63] 獲歸하여 故鄕에 埋葬하라 하시며, 五十 餘年 苦生하다가 自由 獨立되는 것을 보지 못하고 죽는 것이 極히 寃痛하 시고, 大韓民國 二十一年〔1939년〕四月 二十六日 孫家花園 內에서 不歸의

---

62 위에서 이미 (一)과 (二)를 언급하였기 때문에 이하 (三)을 주로 언급한다.
63 이하의 글(16-1면의 후반부 하단)에《원》의 망실 부분이 있어,《필》(『전집』2권 357면)에서 보 완했다.

길을 가섯다. 五里許 和尙山 共同墓地에 石室을 造하여 入窆〔하관下棺〕하엿다.

母親은 生前에도 大家族 中 最高齡이심으로 尊丈 대접을 받으시드니, 死後 埋葬地 附近에 玄正卿·韓一來 等 數十名의 韓人 年下者들의 地下 會長인 듯싶으다. 從前에 奴僕을 使用 時代는 故舍 勿論하고, 國家가 被倂된 後는 京鄕을 勿論하고 同胞들의 良心 發動으로 '내가 日人의 奴隷가 되고 엇이 참아 내 동포를 종으로 使用하랴' 하고 不謀而同으로 奴僕制는 廢하고 雇傭制를 使用하엿나니, 母親의 一生 生活이 奴僕은 尙矣勿論이고〔말할 필요도 없고〕 八十 平生에 雇傭 二字도 沒相關이엿다. 도라가실 때까지 自手縫衣 自手炊飯이고, 一生에 他人의 手로 自己 일을 싴여 보지 못하신 것도 特異하다고 하겟다.

大家族이 綦江에 安着되자, 趙琬九·嚴恒燮 等 國民黨 幹部들을 招來하여 統一 問題를 討論하여 본즉 내의 意思와는 正反對라. 幹部는 勿論이고 國民黨 全體 黨員뿐 아니라 朝革〔조선혁명당〕·韓獨〔한국독립당〕 兩黨도 一致하게 "聯合 統一을 主張한다"는 것이니, 理由는 "主義 不同한 團體와는 ▼單一 組織이 不可能이라"는 것이다.

나의 理想으로는 "各黨이 自己 本身을 그래 두고 聚合 組織을 한다면 統一 機具 內에서 各其 自己 團體의 發展을 圖謀할 터이니 도로혀 摩擦이 尤甚할 터이고, 또는 己〔已〕往애는 社會主義者들이 民族운동을 反對하엿으나, 至今은 社會운동은 獨立 完成 後 本國에 가서 하고, 海外 운동은 純全히 民族的으로 國權 完復에만 專力하자는 것이 共產主義들도 極力 主張한즉 打成一片 할〔한덩어리 될〕 수 있지 안은가" 한즉, "理事長〔백범〕 意見이 그러면 速히 綦江에를 同行하여 우리 國民黨 全體 黨員들과 兩 友黨〔조선혁명당, 한국독립당〕 黨員들의 意思가 一致되도록 努力하지 안으면 成功키 難한 거슨, 柳州에서 國民黨은 勿論이고 朝革·韓獨 友黨 黨員들까지

17

도 聯合論이 强하다"는 것이다

나는 母親 喪事 後어〔에〕身體 不健康으로 休養中이엿으나, 事機 如此함으로 綦江行을 强作하엿다. 綦江에 到着한 後 八日間은 國民黨 幹部와 黨員 會議로 單一的 統一의 意見 되엿고, 兩個 友黨 同志들과는 近 一個月만에 單一的 意見의 一致를 得하게 되엿다. 於是乎〔이즈음〕綦江에 七黨統一會議를 開催하니〔1939년 8월 27일〕韓國國民黨, 韓國獨立黨, 朝鮮革命黨 以上 光復陣線 遠東 三黨과 朝鮮民族革命黨, 朝鮮民族解放同盟, 朝鮮民族前衛同盟, 朝鮮革命者聯盟 以上 四個 團體는 民族戰線聯盟이다.

開會 後에 大多數 論點이 單一化됨을 看破한 解放 前衛 兩盟은 自己 團體를 解消키 不願하는 理由(그들 共産主義者의 團體임으로 民族운동을 爲하여 自己 團體를 犧牲키 不能하다고 已往부터 主張하든 터이니 大驚小怪할 것 없다)를 說明하고 退席한 後, 그대로 五黨 統一의 階段으로 入하여, 純全한 民族主義的 新黨을 組織하여, 八個條를 立하고, 各黨 首席 代表들이 八個 條項의 協定의 親筆 署名하고, 幾日間 休息中이드니, 民族革命黨 代表 金若山 等이 突然 主張하기를, "統一 問題 提唱 以來로 純全히 民族운동을 力說은 하엿으나, 民革黨 幹部는 勿論이고 義勇隊員들까지도 共産主義를 信奉하는 터에, 至今 八個條를 修改치 안코 單一 組織을 하면 靑年들이 全部 逃走케 되엿으니 脫退한다" 宣言하니, 統一 會議는 破裂되엿다.

나는 三黨 同志들과 美 · 包 各 團體의 向하여 謝過하고, 遠東 三黨 統一 會議를 繼開하여 韓國獨立黨이 新生되엿다. 七黨, 五黨의 統一은 失敗되엿으나, 三黨 統一이 完成될 때의 하와이 愛國團과 가와이〔Kauai〕團合會가 自己 團體를 取消하고 韓國獨立黨 하와이 支部가 成立되니, 實은 三黨이 아니고 五黨이 統一된 것이다.

韓國獨立黨 執行委員長은 金九, 執行委員으로는 洪震 · 趙素昻 · 趙時

元·李靑天·金學奎·柳東說·安勳·宋秉祚·趙琬九·嚴恒燮·金朋濬·楊墨·曹成煥·朴贊翊·車利錫·李復源, 監察委員長으로 李東寧·李始榮·公鎭遠·金毅漢 等 諸人이더라.

臨時議政院에서는 臨時政府 國務委員을 改選하고 國務會議 主席을 從來와 갖이 輪回 主席制를 廢止하고, 會議에 主席인 밧게〔외에〕 對內外 負責하는 權를 附與케 하엿고, 나는 國務會議 主席으로 被任되고〔1940년 10월〕, 美京 華盛頓〔워싱턴〕에 外交委員部를 設置하고 李承晩 博士로 委員長을 任命하여 就任하엿다〔1941년 6월 6일〕.

光復軍

내가 重慶에 來着한 以後에 中國 當局에 交涉한 結果로는 交通 機具가 困難한 時에 汽車 五六輛으로 無料로 大家族과 多數 行李를 數千里 險路에 無事 運搬하엿으며, 振濟委員會에 交涉하여 土橋 東坎瀑布 上面에 地段을 買入한 後 瓦家 三棟을 建築하엿고, 街上에 二層 瓦家 一棟을 買入하여 百餘 食口를 奠接〔살 곳을 결정〕한 것 外에, 우리 獨立운동에 關한 援助를 請함에는 冷淡한 態度가 보임으로, 中央黨部에 交涉하기를 "中國 對日抗戰이 如是 困難한 時에 도로혀 援助를 求함이 極히 未安하니, 나는 美國에 萬餘名의 韓僑들이 있어 나를 오라 하며, 美國은 富國이며 將次 美日 開伏〔開戰〕을 準備中인즉 對美 外交도 開始하고 싶으니, 旅費도 問題가 없으니 旅行卷 手續만을 請求하노라" 한즉, 當局者의 말이 "先生이 中國에 있느니맑음〔만큼〕, 中國과의 若干의 關係를 짓고 出洋함이 好不好오." 云云, 나는 所答이 "吾亦 是此意思로 數年을 中國 首都를 따라 온 것이나, 中國이 五六個의 大都市를 喪失한 남아에〔나머지〕 自己네 獨戰만

17-1

으로도 極度 困難한 것을 보고, 韓國 獨立을 援助하라는 要求를 하기가
極히 未安한 所以로라."

當事者 徐恩曾은 責任的으로 나〔백범〕의 計劃書를 上部에 呈報할 터
이니, 一部를 作送하라는 데 對하야, "光復軍 卽 韓國國軍을 許施하는 것
이 三千萬 韓族의 總動員的 要素"임을 說明하여 蔣介石 將軍의게 送致하
엿드니, 卽時로 "金九의 光復軍 計劃을 嘉贊한다"는 批覆비부〔답변〕을 接受
하고, 臨時政府에서 李靑天을 光復軍 總司令을 任命하고, 所有의 力量을
다 하여(三四萬元, 美·包 同胞들 援助인 것) 重慶 嘉陵賓館에서 中·西
人士를 招請하여, 우리 韓人을 摠動員하여 光復軍 成立 典禮式을 擧行하
엿다〔1940년 9월 17일 새벽 6시〕.

連하여 三十餘名의 幹部를 先發하여 西安으로 보내여, 年前에 西安
에 先派하엿든 曺成煥 一行을 合하여 韓國光復軍 司令部를 置한 後, 羅
月煥 等의 韓國靑年戰地工作隊가 光復軍으로 歸編되여 光復軍 第五支隊
가 되엿고〔1941년 1월〕, 在來 幹部 中 李俊植을 第一支隊長으로 任命하여
山西省 方面으로, 高雲起(公鎭遠)를 第二支隊長으로 任命하여 綏遠省 方
面으로, 金學奎를 第三支隊長으로 任命하여 山東省 方面으로 各各 排置
하여, 徵募·宣傳·情報 等 事業을 着手 進行케 〔하고〕, 江南 江西省 上饒
에 中國 第三戰區 司令部 政治部에 視務中인 黃海道 海州人 金文鎬 君은
日本 留學生으로 大志를 抱하고 中國에 渡來하여 各地를 遊覽하다가, 浙
江省 東南 金華 方面에서 偵探 嫌疑로 被捕, 硏訊之際에〔심문 받을 때〕 中
國人 日本 同學을 適遇하여 同學들과 갖이 第三戰區 司令部에 服務中이
다가, 金九란 姓名이 新聞上에 登載됨을 보고 先以書信으로 事情을 通하
다가 後에는 重慶으로 來到하여 一切을 報告함으로, 上饒에 韓國 光復軍
徵募處 第三分處를 置하고 金文鎬를 主任으로, 申貞淑(鳳彬)을 會計組
長으로, 李志一을 情報組長으로, 韓道明을 訓練組長으로, 宣傳組는 主任

金文鎬 兼任으로 各各 任命 後 上饒로 派遣하엿다.

一切 黨·政·軍의 費用은 美·包·墨·큐 韓僑들이 滿腔熱誠으로 收送하는 것을 가지고 約略 分排하여 三部 事業을 進行中, 蔣 夫人 宋美齡 女士의 婦女慰勞總會로서 自動的[자발적]으로 韓國 光復軍에 中貨 十萬元의 慰勞金의 特助를 受하엿드니라.

第三 徵募處 申鳳彬 女士의 來歷이 하도[64] 異常함으로 記錄하는 것이다. 내가 年前 長沙 湘雅醫院에서 胸部에 銃을 맛고 治療하든 際이다. 하로는 病床에 坐하야 房外를 望見한즉, 房門이 半開하드니 엇던 女子가 一封信을 내의 房中에 投入한 後 形跡이 없어지는지라.

專任 看護婦 唐華英이 適在[마침] 房內임으로 "그 書信을 拾하라" 하여 開閱하니, 此 所謂 莫明其妙로다. 郵便으로 온 書信이 아니고 人便으로 送來한 書信인데, 申鳳彬이란 女子가 尙德 俘虜 收容所에 俘虜의 一人이 되어 解放하여 주기를 請願한 陳情書인데, 自己는, "上海에 留居(同夫人)하다가 四二九 虹口炸案 後 歸國한 李永根의 妻弟요, 當時 民團 事務員으로 被捕 歸國한 宋鎭杓(眞姓命 張鉉根)의 妻인데, 親兄[이영근의 처] 親夫[송진표]의게 先生님[백범]이 兄의 집에 오시면 冷麵하여 待接하든 이약이 잘 듯고 仰慕하엿드니, 商業 次로 山東 平原에서 中國 遊擊隊에 被捕되어 此地까지 오는 路次에 長沙를 經過하엿으나, 先生의 게신 곤을 不知하여 그대로 尙德까지 끄을녀왓으니, 死地에서 救出하라"는 辭意이다.

나는 百番思之하여도 此信의 所從來를 알 수 없다. 此 女子가 李永根의 妻弟만은 無疑이고 曾往에 本國서부터 나를 聞知함도 事實이나, 囚人의 書信이 從何處而來며, 本國에서 내 名字는 聞知하엿을녀니와, 至今   18[65]

---

64 17-1면 상·하단의 원본이 망실되어 《필》(『전집』 2권 360면)을 비교·검토하여 보완하였다.

내가 長沙 湘雅醫院에서 入院 治療하는 것을 數百里 尙德 收容所에서 알고 送信을 하엿으며, 郵票도 없고 日附印도 없은 純全히 人便信인즉, 앗가 房門 外에 影子만 얼른 하고 없어진 女子는 天使이엿는가. 何如튼지 調査하여 볼 必要가 있다고 認定되여, 退院 後 漢口 蔣 委長의게 請求하여 俘虜 面査의 特權을 得한 後, 盧泰俊·宋冕秀 兩人을 尙德에 派遣 調査한 結果는 如下하다.

尙德 俘虜 收容所에는 韓人 俘虜가 三十餘名이고 日人은 數百名인데, 韓·日人을 一室에 渾處하는 外, 俘虜로도 韓人은 日人의 指揮를 밧게 되는데, 運動 體操에도 日人이 命令 指導하고, 一切 事物의 日人의 權利가 많은데, 其中 申鳳彬은 極端으로 日人의 指揮와 干涉을 不受하고, 流理[流暢]한 日語로 日人으로 더부러 抗爭을 剋烈하게 함을 보는 中國 管理員들이 申鳳彬의 人格者임을 알게 되여 秘密 訊問으로 鳳彬의 排日 思想의 所由來를 調査한 後, "中國에서 活動하는 韓國 獨立運動者 中에 親熟한 사람이 있는가." 問함에 鳳彬은 "金九를 잘 아노라" 하엿다. 管理員이 다시 問曰, "然則 金九가 至今 何處 在오." 答曰, "不知라." 更問, "金九의게 送信하고 救援을 請하면 金九가 너를 救援하여 줄 信念이 있는가." 申曰, "金九 先生이 알기만 하면 必然코 나를 救援하리라."

그 調査를 하는 管理員은 卽 長沙人이며 五月 六日 事變[남목청 사건]으로 長沙 一境의 大騷動을 起하엿음으로 金九가 狙擊을 當하여 湘雅醫院에서 治療中이라는 消息은 無人不知하든 時에, 管理員이 長沙 自己 집에 오는 便에 鳳彬의 書信을 帶來하여 湘雅醫院에 가서 金九가 어느 房에 있는 것을 探問한 後, 나의 房門 外는 憲兵派出所가 監視함으로 直接 傳信을 못하고, 親한 看護婦로 하여곰 片紙를 房 안으로 投入함을 본 管

65　18면, 18-1면은《필》속에 첨부되어 있는《원》이다. 권두 사진 및 해제 참조.

理員은 疾足而退 云云.

從後로 收容所에서 鳳彬을 特待하엿다 하드니라. 그리고 長沙의 危急으로 廣州로 退出한 後, 나는 重慶行으로 [광주廣州에서] 다시 長沙까지 火車를 乘하고, 長沙로부터는 汽車를 乘하고 尙德을 經過하엿으나, 時間 關係로 俘虜 收容所를 尋訪하지 못하고, 申鳳彬의게 一封信을 投하여 重慶에서 救援의 道를 講究하엿드니, 重慶에 와서 아라본즉 義勇隊로서 俘虜 解放을 벌서 交涉하여 一部 申鳳彬 等은 釋放하여, 申鳳彬이 累累히 내의게 오기를 要求함으로, 金若山 君의게 送信하여 申鳳彬을 桂林에서 重慶으로 다려다가 親見하고, 綦江과 土橋 大家族들과 同住하다가 上饒로 보낸 것이다. 鳳彬은 비록 女性이나 聰明 果敢하여 戰時 工作의 效果 能律[能率]이 中國 方面에까지 讚許를 受한다고 하며, 鳳彬 自身도 恒常 驚人의 貢獻을 自期하는 것이니, 將來 囑望하는 바이다. 這[이하 삭제] ……▼痛한 事이다.[66]

18-1

大家族

大家族 中에 脫漏된 食口들이 있으니 上海 吳泳善 李義橚(李東輝之女) 內外와 其 子女인데, 그들 中에 吳泳善 君이 身體의 故障으로 動作을 못함으로 大家族의 編入이 不可能하엿는데, 吳泳善 君은 年前 作故 云云하나 上海가 完全히 敵의 淪陷되엿으니 用手할 餘地가 없이 되엿고,

李溟玉[이광복李光福] 君의 家族이니, 溟玉 君은 本是 金川人으로 三一

---

66 18면의 마지막 "這"(저)와 18-1면 시작 "痛한 事이다" 사이는 절삭 삭제되어 내용을 알 수 없다. 대가족 중에 무엇인가 애통한 사연이 기록된 듯하다.

운동의 參加하야 日本의 偵探을 暗殺한 後 上海에 渡來하여 民團 事務員이 되엿다가, 그 妻子가 나온 後는 生活을 爲하여 英商電車 査票員을 視務하면서, 내가 南京으로 移住한 後에도 種種 秘密한 工作으로 往來하다가 日寇의게 被捕되여 本國에 가서 二十年 懲役을 受하엿고,

滇玉 君의 夫人 李貞淑 女士는 그대로 子女를 다리고 上海 生活을 繼續함으로, 내가 南京에 居住 時는 生活費를 補助하다가 大家族으로 編入하기를 通知한[67]즉, 李 夫人은 上海 生活을 하며서야 本國 監獄에 있는 男便의게 兩月 一次式 往復하는 書信할 誠心으로 不忍離開上海하고[차마 상해를 떠나지 못하고] 지내든 바, 長子 好相이 朝鮮義勇隊에 參加하여 浙東[浙江省 浙江 以東] 一帶에서 工作하다가 母親과 弟妹들이 글입든[그립던] 모양인지 二三人의 同志를 帶同하고 上海에 潛入 活動하며 間間 自己 母親의게를 秘密 往來하다가 倭仇의게 發覺되여, 李 夫人이 被捕되며 愛子 好相의 所住를 嚴訊하나 直告치 안음으로 當場에 打殺을 當하엿고, 好相은 同志 三人과 火車를 乘하고 逃亡하다가 車中의서 四人이 被捕하여, 好相은 當場 被捕되 內地로 護送中 船中에서 자근 親妹를 相見[則] 妹兒가 "母親과 어린 동생은 倭놈의게 被殺되고 自己는 內地로 押送한다"는 말을 듣고 氣絶而死 云云하니, 痛哉라 哀哉라.

上天이 無心乎. 幼子幼女도 毒手에 致命乎아. 尙在 人間乎아. 亡國以來에 倭寇의게 全家 屠戮이 凡 幾百幾千家이랴만은, 己未 以來 上海에서 운동하든 場面에는 滇玉 君의 當한 慘毒이 第一位에 居하겟다. 凡 我國 同胞 子孫들의게 一言을 遺하노니, 光復 完成 後에 李滇玉 一家를 爲하야 忠烈門을 遂安 本鄕에 立하여 永久 紀念케 하기를 付托하여 두노라.

自初로 大家族들과 갓이 動作하든 中에는 長沙事變[남목청 사건]으로

---

67 《원》19면에도 위 아래 망실 부분이 망실이 있어 《필》(『전집』 2권 360면)로 보완하였다.

因하여 倭仇의 鷹犬 李雲漢의게 飮彈 殉國한 玄益哲(黙觀) 君은 年未滿 五十이고, 爲人이 慷慨 多知하여, 過去 滿洲에서 正義部 主腦로 倭仇의 게와 共産黨의게와 張作霖 部下 親日者들의게 三面 抱圍 中에서 獨立運 動을 爲하여 激烈 鬪爭하다가, 畢竟은 倭寇의게 被捕하여 新義州監獄에 서 重懲役을 經한 後, 滿洲는 完全히 倭寇의 天地가 되엿음으로 關內로 入하여, 李靑天·金學奎 等 舊 同志들과 朝鮮革命黨을 組織하여, 南京에 義烈團의 主催인 民族革命黨을 갖이 組織하엿다가(所謂 五黨 統一) 脫退 하고, 光復陣線 九個 團體(遠東에 朝鮮革命黨, 韓國獨立黨, 韓國國民黨, 美洲國民會, 包哇[하와이]國民會, 愛國團, 婦人救濟會, 團合會, 同志會) 中에 參加하엿다가, 南京서 長沙로 大家族에 編入하여, 夫人 方順熙와 幼 子 鐘華를 帶하고 長沙에 到着 後로, 同苦同行하는 三黨 統一부터 實現 하자는 黙觀의 提議의 應하여 會議를 約束하고, 吾 亦是 宴席에 參加하 엿다가 不幸히 黙觀 一人만 致命되엿든 것이다.

其後 廣州서 曹成煥·羅泰燮 兩 同志와 갖이 重慶으로 오든 길에 長 沙에서 貴陽 汽車를 기다리든 時는 卽 陰歷 秋夕節을 當하고, 玄黙觀의 墓所 尋拜를 主張한즉, 兩 同志는 나의 參墓를 極力 挽止하고, 兩 同志만 酒肴를 帶하고 가는 것은 내의 身體가 아즉 完全 復舊가 되지 못하고 遠 行中인데, 내가 黙觀의 墓前에 當到하면 哀切痛切하여 精神上 身體上에 무슨 變化가 생길 憂慮에서임으로 同行을 못하엿든 터이라.

及其 長沙에서 貴陽 汽車를 乘坐하고 가는 路中에서 兩 同志는 路邊 山腹에 立한 碑石을 手指하여 "彼是 玄黙觀 墓"라 하기로 目禮를 送하엿 다. '君의 不幸으로 因하여 우리 事業의 多大한 支障이 생기나, 奈何오. 君은 安息하라. 貴夫人 貴子들은 安全 保護합니다.' 無情한 汽車는 碑石 조차 보여 주지를 안코 疾走하여 버리엿다.

母親께서는 重慶서 下世하시고, 大家族을 따라 綦江에 來到하여 一

年을 經過 後 石吾 李東寧 先生이 七十一歲 老齡으로 作故하여 該地에 安葬하엿다〔1940년 3월 17일〕. 先生을 내가 처음으로 三十餘年 前 乙巳新條約 時에 京城 尙洞 耶蘇敎堂에 進士 李石으로 行世할 時에 相逢하여 갗이 上疏運動에 參加하엿다가, 合倂 後에 京城 梁起鐸 舍廊에 密會하여 西間島의 武官學校를 設立하여 將來에 獨立戰爭을 目的하고 先生의게 該 事務를 委任하엿으며, 己未年〔1919년〕上海에 또다시 相逢하여 二十餘年을 同苦楚 同事業을 一心一意로 지내엿다. 先生은 才德이 出衆하나 一生을 自己만 못한 同志를 도와서 先頭에 내여 세우고, 自己는 他의 不足을 補하고 不足를 改導함이 先生의 一生의 美德인데, 先生의 最後 一刻까지 愛護를 받은 사람은 卽 吾 一人이엿다.[68] 石吾 先生이 逝世한 後는 逢事則捷思하나니 顧問이 없음이라. 豈特 나 一人이랴. 우리 운동계의 大損失이다.

其次는 孫逸民 同志의 死亡이니, 年踰六十에 恒常 抱病客으로 지내다가 畢竟은 綦江에 一墳土가 되엿으니, 그는 靑年 時부터 復國 大志를 懷하고 滿洲 方面에서 多年 活動하다가 北京으로 南京으로 長沙로 廣州로 柳州로 綦江까지 大家族에 編入되엿든 것이니, 그는 子女가 없고 近 六十 된 未亡人이 잇다.

綦江에 大家族이 兩年餘를 經過하는 사이에 怪異한 喪事로는 趙素昂의 父母가 俱是 七十餘歲 高齡으로, 慈堂이 逝世 後에 父親이 溺水 自殺하엿나니, 情死인지 厭世인지 一種 稀怪事이엿다.

大家庭이 土橋로 移舍한 後로 近 兩年에 二十四年〔1942년〕二月에 金光耀 慈堂이 肺病으로 逝世 後, 宋新岩 秉祚 同志가 年 六十五에 病死하니, 臨時議政院 議長으로 韓國獨立黨 中央執行委員과 臨時政府 顧問으

---

68 《원》19-1면의 망실 부분은《필》(『전집』 2권. 361~362면)로 보완하였다.

로 兼 會計檢查院 院長이며, 曾往 國務委員으로 同人 等 七人이 棄職하
고 南京 義烈團의 主倡인 五黨 統一로 다라나고, 車利錫 委員과 兩人이
政府를 固守한 功勞者인데, 臨時政府의 國際的 承認 問題가 登坦[登壇]
되는 此際에 千秋의 怨恨을 품고 不歸의 遠行을 作하고 土橋에 一墳土를
남긴 것은 長使英雄淚滿襟[69]이로다. 臨時政府와 獨立黨과 光復軍은 三位
一體로 中心人物이 韓獨黨員임으로, 韓國 革命의 老輩들이 集中한 곳이
라. 生産律보다 死亡律이 超過함은 免不得의 事實이엿다.

  이제 大家族 名簿를 作成하여 後世에 傳코저 하노니, 己未運動으로
因 上海에 來住하든 五百餘 同胞가 거의 大家族이라 稱謂할 수 있으나,
至於逸志[이 책]에 記載하는 大家族은 虹口炸案으로 因하여 上海를 退出
한 同志들과 그 家族들이 大部分이고, 孫逸民·李光 等 同志들은 北京 方
面에 多年 住居하다가 蘆溝橋戰事 爆發 以後 南下하여 南京에로 率家 來
會하엿고, 大部分이 上海 退出한 家族 中에도, 南京을 退出 兩派이니, 金
元鳳 君 朝鮮民族革命黨과 우리 側으로는 韓國國民黨·朝鮮革命黨·韓國
獨立黨 三黨이니, 同時에 南京을 退出하여 金元鳳은 同志들과 眷屬을 率
하고 漢口를 經하여 重慶으로 移住하고, 나는 同志들과 그 家眷을 率하고
漢口을 經하여 長沙, 長沙에서 八個月, 長沙를 退出하여 廣州에서 三個
月, 廣州 退到 柳州, 柳州서 數朔 後 退到 綦江서 近 一年 後 土橋 東坎이
니, 此地는 新建 家屋 四棟에 大部分 家族이 居住하고, 其外는 重慶에 黨
部 政府 軍部의 機關에 服務 同志들과 家族이다. 大家族 名簿는 別紙로
作成한다.

69 두보(杜甫)가 제갈공명을 노래한 「촉상」(蜀相)의 미련(尾聯), "出師未捷身先死(출사미첩신선
사: 군사를 내었으나 이기기도 전에 몸이 먼저 죽으니) /長使英雄淚滿襟(장사영웅루만금: 길이 후
대의 영웅들 옷깃에 눈물 가득 채우게 하네.)"

참고문헌

1. 백범일지

1) 영인본, 등사본, 필사본

영인본: 『백범일지』, 집문당, 1994〔흑백 영인본: 『白凡金九全集』 1권, 105~321면〕

등사본: 『백범일지』 상, 소장처: 미국 콜롬비아대학 도서관〔『白凡金九全集』 2권, 31-211면〕

필사본: 『백범일지』 상·하, 이석희(李奭熙) 소장〔『白凡金九全集』 2권, 215~365면〕

2) 탈초본, 직해본

김구, 윤병석 직해, 『직해 백범일지』, 집문당, 1995.

김구, 백범학술원 탈초, 『활자본 白凡逸志』, 나남출판사, 2002.

3) 교열본, 주해본

김구, 『백범일지』, 국사원, 1947〔『白凡金九全集』 2권, 417~839면〕

김구, 우현민 역, 『백범일지』, 서문당, 1989.

김구, 김학민·이병갑 주해, 『백범일지』, 학민사. 1997.

김구, 도진순 주해, 『백범일지』, 돌베개, 1997〔개정판: 돌베개, 2002〕

김구, 도진순 엮어옮김, 『쉽게 읽는 백범일지』, 돌베개, 2005.

김구, 배경식 풀고보탬, 『올바르게 풀어 쓴 백범일지』, 너머북스, 2008.

2. 신문, 사전, 전집

『독립신문』

『대한매일신보』

『漢典書法』《http://sf.zdic.net》

단재신채호전집편찬위원회, 『단재신채호전집』 7, 독립기념관 한국독립운동사연구소, 2008.

백범김구선생전집편찬위원회, 『白凡金九全集』 1~13권, 대한매일신보사, 1999.

3. 고전, 사료

『승정원일기』《http://sjw.history.go.kr/main.do》

『조선왕조실록』《http://sillok.history.go.kr/main/main.do》

김무득 편저, 『眞言集』, 김영사, 1993.

김형진, 『노정약기』, 『白凡金九全集』 3권, 대한매일신보사, 1999.

朴晶東, 『侍天敎宗繹史』, 侍天敎本部, 1915 ; 동학농민전쟁백주년기념사업추진회 편, 『동학농민혁명사료총서』 29권, 사운연구소, 1996《http://db.history.go.kr/item/level.do?levelId＝prd_163》

안중근, 「안응칠 역사」, 신용하 편, 『안중근 유고집』 역민사, 1995.

오지영, 『東學史(草稿本)』, 동학농민전쟁백주년기념사업추진회 편, 『동학농민혁명사료총서』 1권, 사운연구소, 1996《http://db.history.go.kr/item/level.do?levelId＝prd_002》

柳麟錫, 『昭義新編·續編』, 1902 ; 국사편찬위원회 편, 『한국사료총서』 제21집, 1975《http://db.history.go.kr/item/level.do?levelId＝sa_038》

柳麟錫, 『毅菴集(毅菴先生文集)』, 1917 ; 한국고전번역원 편, 『한국문집총간』 제337집, 2013《http://www.dbpia.co.kr/Article/3169601》

최명식, 『안악사건과 삼일운동과 나』, 긍허전기편찬위원회, 1970.

한국정신문화연구원 편, 『한국구비문학대계』 2집 4책, 한국정신문화연구원, 1983.

涵虛得通, 이인혜 옮김, 『금강경오가해 설의』, 도피안사, 2009.

鈴木彰, 『黃海道 東學黨 征討略記』, 『白凡金九全集』 3권, 대한매일신보사, 1999.

4. 연구 논저

김도형, 「동학민요 파랑새노래 연구」, 『한국언어문학』, 67, 한국언어문학회, 2008.

김상구, 『김구 청문회』 1~2, 매직하우스, 2014.

도진순, 「1895~96년 김구의 聯中義兵과 치하포 사건」, 『한국사론』 38, 서울대 국사학과, 1997

도진순, 「백범 김구의 평화통일운동, 그 연원과 생명력」, 『백범과 민족운동 연구』 1, 백범학술원, 2003.

도진순, 「백범일지의 원본·필사본·출간본 비교연구」, 『한국사연구』 92, 한국사연구회, 1996.

도진순, 「안중근 가문의 유방백세와 망각지대」, 『역사비평』 90호, 역사비평사, 2010.

도진순, 「육사의 〈청포도〉 재해석: '청포도'와 '청포(靑袍)', 그리고 윤세주」, 『역사비평』 114(봄)호, 2016.

신순철·이진영, 『실록 동학농민혁명사』, 서경문화사, 1998.

이정식 김학준 김용준, 『혁명가들의 항일 회상』, 민음사, 2005.

장석흥, 「19세기 말 安泰勳 書翰의 자료적 성격」, 『한국학논총』 26, 국민대학교 한국학연구소, 2004.

조동걸, 「최준례여사 이장 봉안식 추도사」, 『白凡金九全集』 10권, 1999.

최영방·최영화, 김대구 엮음, 『대한독립운동 최후의 광경』, 한국이민역사연구소, 2008.

찾아보기

ㄱ

가와바타 데이지河端貞次 411

강성모姜聖謨 269, 270

강창제姜昌濟 437

고능선高能善〔고석노高錫魯, 고 산림高山
林, 고 선생高先生〕 68, 142, 144~153,
166~171, 174, 195, 198, 243, 253~257,
409

공종열孔鍾烈 219~221

구니토모 시게아키國友重章 306

구자록具滋祿 283, 284

기노시타 쇼조 木下昌藏〔이봉창 李奉昌〕
400

김갑金甲 368, 394

김광언金廣彦 224

김구金九 351, 381~384, 386, 391, 403,
404, 406, 408, 411, 413~415, 417, 418,
427, 436, 446, 448, 450

김구金龜〔김구金九〕 251, 252, 266, 271,
282, 283, 285, 286, 293, 297, 298, 300,
301, 303, 305~308, 310, 315~318, 347,
359, 360, 366

김규현金奎鉉 162, 164

김두래金斗來〔김구金九〕 244

김립金立 389, 390

김맹문金孟文 223

김맹열金孟悅 223

김문호金文鎬 448, 449

김백석金白石〔강백석姜白石〕 206, 208,
209

김보연金甫淵 364, 377, 382

김삼척金三陟 219

김성택金聖澤 266

김순영金順永〔김순영金淳永, 부친父親, 아부
님〕 111~126, 130, 145, 166, 167, 170,
171, 180~182, 184, 194, 204~206, 209,
210, 225, 237, 243, 253, 258, 259, 277,
350

김신金信 107, 365~367, 369, 394, 430~
432, 434, 439, 443

김용승金庸昇 275, 357, 361

김용제金庸濟 273, 275, 297, 308, 314~
316, 352, 361, 432

김용진金庸震 275, 277, 297, 356, 357,
360, 363, 433

김원봉 金元鳳 426, 444, 455

김윤오金允伍 263

김윤정金潤晶 187, 188, 190, 191, 193, 194

김윤태金潤泰 244~248

김은경金恩敬 357

김의한金毅漢 383, 394, 414, 416, 431, 447

김이언金利彦 159, 160, 162~165, 168

김인金仁 107, 305, 361, 365, 367, 394,
395, 432~434, 438, 443, 444

김일성金一聲〔김일성金日成〕 392

김정홍金正洪 290

김주경金周卿 202, 203, 245, 248, 269

김준영金俊永 118, 243, 259, 261, 278,
312, 354~356

김진경金鎭卿 244~249, 269

김 진사金進士〔김종명金鐘明〕 335~337,
340~343, 385

김창수 金昌洙〔김구金九〕 130, 134, 137,
138, 142, 145, 149, 167~170, 178, 181,

188~191, 193, 195~204, 208, 212, 214, 223, 243, 245~247, 249, 251, 254, 316, 347, 348, 350, 351

김창암金昌巖〔김구金九〕 120, 124

김철金澈 368, 379, 394, 412, 427

김치경金致景 170, 171

김학규金學奎 436, 447, 448, 453

김해산金海山 409, 410

김형진金亨鎭 152, 153, 160, 162, 165, 171, 222, 223, 370

김홍량金鴻亮 275, 277, 281, 286, 292, 293, 295, 297, 298, 302, 308, 311, 314, 315, 324, 343, 345, 357, 360, 363, 432, 433

김홍식金弘植 302

김화경金化敬〔김화경金花慶〕 312~315, 324, 351, 353

김희선金羲善 343, 395

ㄴ

나가이永井 314

나석주羅錫疇 289, 369, 405

나월환羅月煥 448

나하천羅霞天 438

노무라 기치사부로野村吉三郎 411

노백린盧伯麟 290, 343, 385

노종균盧宗均 390

노형극盧亨極 358, 359

노형근盧亨根 359, 360

ㄷ·ㄹ·ㅁ

다나카 기이치田中義一 381

도인권都仁權 275, 297, 308, 314, 315, 343, 344, 350

루스벨트Franklin D. Roosevelt 375

문종칠文種七 348

미우라 고로三浦梧樓 173, 174

민영철閔泳喆 181

민영환閔泳煥 272

ㅂ

박도병朴道秉 275, 295, 297, 315

박영문朴永文 185, 350, 351, 369

박영효朴泳孝 256, 305

박은식朴殷植 393

박찬익朴贊翊 413, 447

박창세朴昌世 437

박태병朴台秉 249, 250

방기창邦基昌 264

백범白凡〔김구金九〕 346, 365, 380, 385, 393, 403

보경 대사寶鏡大師 232~235, 276

ㅅ

서경장徐慶璋 159, 161

서광범徐光範 256

서옥생徐玉生 161, 168, 171

서은증徐恩曾 448

성낙영成樂英 283, 284

성태영成泰英 251, 252, 258, 259, 369

손과孫科 375

손두환孫斗煥 309~311, 382

손문孫文 425

손일민孫逸民 436, 454, 455

손창렴孫昌濂 309, 310

송미령宋美齡 449

송식표宋式 407, 408

송영서宋永瑞 275, 360

시게미츠 마모루重光葵 411

시라가와 요시노리白川義則 409, 411

신봉빈申鳳彬 448~451

쓰치다 조스케土田讓亮 178, 301, 409

ㅇ

아카시 모토지로明石元二郎 304, 306, 345

안공근安恭根 143, 387, 390, 397, 402,

412, 415, 421, 425, 427, 430, 431, 435, 436, 438, 440

안명근 安明根   293, 294, 296~299, 301, 306~308, 312, 314, 315, 322, 323, 345, 346, 376

안신호 安信浩   265, 266

안정근 安定根   143, 438, 440

안중근 安重根   142~144, 284~286, 323, 430

안 진사 安進士〔안태훈 安泰勳〕136, 137, 140~146, 148~152, 168, 169, 195, 235, 243

안창호 安昌浩   265, 292, 364, 380, 391, 397, 411, 412

안창호 安昌鎬   397, 398

양기탁 梁起鐸   292, 293, 297~299, 307, 308, 314, 315, 321, 323, 378, 426, 430, 441, 454

양봉구 梁鳳求〔양봉구 梁鳳九〕206, 209

양성진 楊成鎭   295

양성칙 梁聖則   269

양주삼 梁柱三   265, 266

어머님〔모친 母親, 곽낙원 郭樂園〕111~113, 116, 118, 120, 122, 139, 166, 167, 171, 180~185, 189, 190, 198, 201, 202, 204, 205, 210, 237, 257~259, 261, 263, 269, 279, 312~314, 324, 325, 345, 349, 351, 353, 354, 356, 358, 360, 361, 365, 367~370, 381, 394, 429~435, 439~441, 443~446, 453

엄항섭 嚴恒燮   394, 397, 412, 421, 423, 425, 427, 435~437, 439, 445, 447

여옥 如玉   260

여운형 呂運亨   387, 389

오면직 吳冕稙   390

오성륜 吳成倫   381

오순형 吳舜炯   264

오영선 吳永善   368, 394

오웅선 吳膺善   128, 131, 297

오인성 吳仁星   290, 291

오인형 吳寅炯   262, 264, 278, 279

오철성 吳鐵城   440

와타나베 渡邊   187, 188, 192, 194, 300, 301, 302, 316, 347

왕백수 王伯修   401, 405, 407, 408

왕웅 王雄〔김홍일 金弘壹〕401, 405, 407, 408

우동선 禹東鮮   271

우에다 겐키치 植田謙吉   411

우종서 禹鍾瑞〔西〕135, 262, 263, 273, 275

원세훈 元世勳   381

원인상 元仁常   275, 302

원종 圓宗〔김구 金九〕232~235, 239, 241

유동열 柳東說   293, 297, 426, 436, 438, 447

유완무 柳完茂〔유인무 柳寅茂〕245~252, 258, 259, 268, 269, 369

유인석 柳麟錫〔의암 毅菴〕254, 255

유치 劉峙   401

유해순 柳海純   179, 180

윤기섭 尹琦燮   394, 432, 444

윤봉길 尹奉吉   405, 406, 409, 411, 413

윤세주 尹世冑〔석정 石丁〕444

은주부 殷鑄夫   413, 415

이강년 李康年〔이강년 李康秊〕271, 321

이광 李光   429, 455

이광수 李光洙   364, 377, 395

이규홍 李圭洪   394

이동녕 李東寧   271, 292, 293, 307, 364, 367, 377, 378, 384, 391, 393, 394, 401, 411, 427, 436, 447, 454

이동엽 李東燁   138~140

이동휘 李東輝   297, 315, 379, 387, 389, 451

이명옥 李溟玉〔이광복 李光馥〕451, 452

이범석 李範奭   426

이봉창 李奉昌   396, 398, 400~404, 408, 413

이상설李相卨 273
이상진李相晉 275, 295, 297
이석관李錫寬 265
이순보李順甫 209
이승만李承晩 333, 375, 379, 387, 393, 397, 398, 447
이시발李時發 250, 251
이시영李始榮 379, 411, 427, 436, 447
이완용李完用 290~292
이용선李龍善 138~140
이운한李雲漢〔이운환李雲煥〕 437~439, 453
이원형李元亨 308
이유필李裕弼 391, 412, 437
이인배李仁培 275, 286, 352, 353
이재명李在明 290, 291, 323, 327
이재정李在正 188, 192, 200
이준李儁 271
이천경李天敬 250, 252
이청천李青天 375, 426, 436, 437, 447, 448, 453
이춘백李春伯 246~250
이토 히로부미伊藤博文 283, 284
이화보李和甫 177, 178, 185, 190, 194
임성우林成雨 398
임종현林宗鉉 139

ㅈ

장개석蔣介石 425, 438, 441, 448
장명선張明善 275, 295, 297
장작림張作霖 391, 453
장진張震〔김구金九〕 416
장진구張震球〔김구金九〕 416
장치중張治中 404, 436, 438, 441
저보성褚補成〔저보성褚輔成〕 415, 416
저봉장褚鳳章〔저한추褚漢雛〕 416, 418, 424
저 부인褚夫人〔주가예朱佳蕊〕 418, 419,

421
전덕기全德基 271, 292
전봉준全奉準 132
전봉훈全鳳薰 281, 282, 295
전효순全孝淳 238, 239
정덕현鄭德鉉 135, 139, 259
정문재鄭文哉 123
정순만鄭淳萬 271, 272
정인과鄭仁果 385, 395
조덕근曹德根 196, 197, 206~211, 214, 217, 218, 223, 412
조성환曹成煥 271, 430, 436, 441, 442, 447, 448, 453
조완구趙琓九 391, 411, 427, 430, 432, 436, 445, 447
조지 쇼우George L. Shaw 364, 377
주애보朱愛寶 423, 428, 429, 431
주윤호朱潤鎬 252, 268, 269
진과부陳果夫 425
진동생陳同生〔진동생陳桐生〕 416, 417, 421, 423, 424

ㅊ

채원개蔡元凱 440
채정해蔡廷楷 404
최광옥崔光玉 264~266, 275, 281, 282, 292
최군선崔君善 222
최덕만崔德萬 202, 203, 245, 249
최도명崔道明 128, 448
최수운崔水雲 129
최시형崔時亨 128, 129, 131, 139
최유현崔琉鉉 128, 131
최익현崔益鉉 271
최재학崔在學 237~241, 265, 271
최준례崔遵禮 269, 270, 312, 313

ㅋ·ㅍ·ㅎ

쿤스Edwin. W. Koons〔君芮彬〕 270, 313

피치George A. Fitch〔費吳生〕 412, 415, 416

피치 부인Geraldine Fitch〔비 부인費夫人, 비
   씨 부인費氏夫人, 비취 부인費취夫人〕
   412, 415, 416

하은당荷隱堂 137, 138, 232, 233, 276

한규설韓圭卨 204

한필호韓弼浩 275, 298, 314

한형권韓亨權 387~390

허위許蔿 271, 321

헌트William B. Hunt〔韓衛廉〕 270

현익철玄益哲 436, 437, 453

혜정慧定 236, 237, 239, 242

호덕삼扈德三 232, 276

홍진洪震 436, 446

황순용黃順用 208, 209